大道之源

山东周易研究会
成立三十周年纪念文集

颜炳罡 ◎ 主编

齐鲁书社
·济南·

图书在版编目（CIP）数据

大道之源：山东周易研究会成立三十周年纪念文集 / 颜炳罡主编. -- 济南：齐鲁书社, 2023.10
ISBN 978-7-5333-4777-2

Ⅰ.①大… Ⅱ.①颜… Ⅲ.①《周易》－文集 Ⅳ.
①B221.5-53

中国国家版本馆CIP数据核字(2023)第168007号

责任编辑：许允龙　张　涵
装帧设计：亓旭欣

大道之源：山东周易研究会成立三十周年纪念文集
DADAO ZHI YUAN SHANDONG ZHOUYI YANJIUHUI CHENGLI SAN SHI ZHOUNIAN JINIAN WENJI
颜炳罡　主编

主管单位	山东出版传媒股份有限公司
出版发行	齐鲁书社
社　　址	济南市市中区舜耕路517号
邮　　编	250003
网　　址	www.qlss.com.cn
电子邮箱	qilupress@126.com
营销中心	（0531）82098521　82098519　82098517
印　　刷	山东临沂新华印刷物流集团有限责任公司
开　　本	787mm×1092mm　1/16
印　　张	24
插　　页	4
字　　数	452千
版　　次	2023年10月第1版
印　　次	2023年10月第1次印刷
标准书号	ISBN 978-7-5333-4777-2
定　　价	168.00元

编委会

序

《汉书·艺文志》曰："易道深矣，人更三圣，世历三古。"周易文化源远流长，广大精微。伏羲氏"始画八卦"，点亮了东方智慧的灯火；文王重《易》六爻，大易规模始得定基；孔子作《十翼》，大易文化冲破蒙昧，理性的光芒开始普照天下。有汉以来，《周易》有群经之首、大道之源之称，备受历代执政者、文士学者、社会贤达、民间术数家的关注和研究。诚如《四库全书》馆臣所说："易道广大，无所不包，旁及天文、地理、乐律、兵法、韵学、算术，以逮方外之炉火，皆可援《易》以为说。"易学对中国文化影响之大，对中国人思想、信仰乃至日常生活影响之深，可谓无远弗届，无孔不入。

山东作为中华文明的重要发祥地，作为人类轴心文明核心区域之一，作为儒学发源地与兴盛之区和中华易学创发与传承的重镇，山东易学在中国易学史上占有重要地位。从春秋时期的孔子，汉代的杨何、梁丘贺、孟喜、郑玄，三国魏晋时代王肃、管辂、王弼，到宋代的穆修、李之才，清代的张尔岐、郝懿行、马国翰等，山东学者对《周易》经传或注解，或阐释，或辑佚，或理论创发，各有建树，贡献重大。新中国成立以后，早在1963年，著名易学家、考据学家高亨先生在山东大学成立了周易研究小组。该小组开启了学术引领、强基固本的治易传统。进入二十世纪八九十年代后，《周易》研究在全国成为显学，在国学热、易学热方兴未艾之际，山东学人在赓续前人解易阐易传统的基础上，对《周易》经传进行了多维度地审视和研究，取得了举世瞩目的成就。

在这一背景下，在山东易学研究者、爱好者的热切期盼之中，山东周易研究会于1993年在济南成立了。该会是山东省民政厅注册的从事易学乃至中华传统文化学术研究、推广普及的合法社团组织，荟聚了山东地区高等院校、科研单位的专家学者、社会贤达以及民间易文化的研究者、爱好者等。学会敦聘山东省委原书记苏毅然、著名易学家刘大钧先生为顾问，首任会长为山东省社会科学联合会主席刘蔚华教授，副会长（姓氏笔画为序）：丁冠之、王赣、张晓雨、周立升、赵宗正、董治安等，张晓雨教授兼任秘书长，张益友女士为办公室主任。王德敏、陈启智、于孔宝、李洪陵、刘玉建、林忠军、高晨阳、蔡德贵、陈绍燕、王钧林、苗润田、程奇立、于介川、杨朝明、徐国亮、王承略、赵卫东、白如祥、王广、颜炳罡等学者皆为学会重要成员和支撑。学会三十年来，先后经历了三任会长，大致可划分三个时斯，刘蔚华先生是第一任会长，也是创会会长，为学会的创立时期。刘先生在丁冠之、王赣、周立升、董治安、张晓雨等先生的辅佐下，成功创立山东周易研究会，开创山东易学事业的新格局。第二时期是进在入 21 世纪以后，是山东周易研究会平稳发展时期。学会得以平稳发展，与第二任会长张晓雨教授的领导是分不开的。在内外环境不利的情况下，山东周易研究会一度经历各种磨难、挫折，在张晓雨会长、于介川秘书长的努力下，克服种种不利因素，冲破种种困难，顽强地生存下来并得到平稳顺利发展，没有张晓雨会长带领一班人团结奋斗，不懈努力，就没有山东周易研究会今天兴旺发达的局面。目前，山东周易研究会已经进入步入"而立之年"，进入第三个发展时期，学会选举颜炳罡任会长，以赵卫东、王承略先后任秘书长的领导班子。第三时期最大特点是由第一、第二时期的"潜龙勿用"步入到"见龙在田"时代，即由原来的"韬光养晦"进入到"有所作为"。要求全体周易研究会会员，秉承大易精神，放大心量，自强不息，以"学大道、干大事、做大人"的姿态，投身到中国易学文化创造性转化和创新性发展之中。研究会是全体易友的研究会，以文会友、以友辅仁是本会的办会宗旨，为山东全体易友提供施展才华、展示才华的平台是本会的办会方针；山东周易研究会的存在与永续发展依靠全体会员的共同努力，办会靠大家，学会发展靠大家，群策群力，各尽心力，办好山东周易研究会，一切荣誉归于周易研究会的全体会员。

三十年来，山东周易研究会一向重视党的组织建设，积极参与服务社会活动。许多会员主动走进机关、走进社区、走进企业、走进学校、走进村庄，大力宣讲、弘扬中华优秀传统文化，注重理论联系实际，以大易精神办易学事业，多次受到山东省社会科学联合会的肯定与表彰，多次被评为省级优秀社团组织。学会成立以来，大力推动学术交流，保持与国内外易学、国学、儒学等研究机构、学术组织的密切联系和学术交流。本会会员多次出席国际国内各种层次的学术会议。

研究会的生命在于研究，研究需要研究人才。山东周易研究会聚集着一大批蜚声海内外的学者，他们立足学术，深耕易学，对《周易》、易学文化乃至传统文化进行了多角度、多层次的梳理研究，引领了现当代易学研究诸多领域，为现当代易学研究和易学发展做出了重要贡献。学会三十年的发展，取得了丰硕的学术研究成果，见证了当代易学研究的发展、嬗变与兴盛的历史进程。为庆祝山东周易研究会成立三十华诞，同时也为习近平总书记 2013 年考察山东曲阜 10 周年纪念增光添彩，经山东周易研究会会长办公会研究，决定出版《大道之源：山东周易研究会成立三十周年纪念文集》。文集汇集了山东学界很多现当代易学研究的重要成果，或为已刊行的鸿文旧著，或为尚未付梓的新人新作等。根据论文主要内容，文集大致分为以下几类：一、《周易》经传研究，主要偏重于《周易》筮法、象数、卦爻辞的形成、文字勘误、哲理阐释等；二、中国易学史研究，有两汉易学史的梳理，有儒道关系探究，有出土文献的关注，有易教传统的探讨等；三、易学与中国哲学研究，着重梳理易学的历史进路与儒学发展的互动关系，易道关联的文本依据，易学发展与诸子思想的内在契合等；四、易学与中国文化研究，此类研究成果秉承了易道广大、无所不包的思想内涵，广泛探究了易学与中国传统文化方方面面的关系，如易学与礼学、易学与医学的关系等。

水有源，树有根，报本反始，礼之本意。回眸三十年山东周易研究会的发展历程，我们深切缅怀已经逝世的易学界前辈，高亨先生、刘蔚华先生、丁冠之先生、周立升先生、董治安先生、王赣先生、王德敏先生、王兴业先生、陈启智先生等，感谢他们对山东易学事业发展做出的重大贡献。每每缅怀与追思先贤与前辈，备感责任重大，使命光荣。山东周易研究会全体同仁将接过他们的旗帜，沿着他们开辟出的道路，弘扬他们的治易精神，继续开拓前行！

因文集收录的论文成果时间跨度大，行文各异，为求体例统一，在不改变作者本意和论文结论的基础上，文集对收录的部分论文的注释格式、文字内容进行了删改。时间仓促，加之水平有限，不尽如人意之处必定存在，好在很多成果都已刊发，有文本可以勘误，使文集编撰节省了很多人力物力。最后感谢齐鲁书社许允龙编审的严格把关，感谢齐鲁师范学院王长红教授、山东大学儒学高等研究院闫晓涵等同学，为文集出版付出辛劳！

文集出版之际，受山东周易研究会常务理事会的委托，略陈数语。

谨为序。

颜炳罡

癸卯年秋于曲园

目　录

一、《周易》经、传研究

周易筮法新考

高　亨

司马迁曰："三王不同龟，四夷各异卜。"（《史记·太史公自序》）又曰："蛮、夷、氐、羌，虽无君臣之序，亦有决疑之卜，或以金石，或以草木，国不同俗。"（《史记·龟策列传》）允哉斯言！卜筮之法，因时演变，随地差殊，稽古验今，均有明征，不须申述也。《周礼·大卜》："大卜掌三易之法，一曰《连山》，二曰《归藏》，三曰《周易》。其经卦皆八，其别皆六十有四。"《连山》《归藏》，其书久佚，经卦、别卦虽与《周易》同，而筮法或与《周易》异。盖筮书非一本，筮法非一制，乃极可能之事也。

考筮之工具，最初当用竹，其后分用蓍草。《说文》："簭，《易》卦用蓍也。从竹，从巫。巫，古文巫字。"通作筮。又《说文》："蓍，蒿属，生十岁百茎，《易》以为数，天子蓍九尺，诸侯七尺，大夫五尺，士三尺，从艸，耆声。"盖古之筮用竹，巫掌之，故筮从竹，从巫。可见最初之筮，当用竹而非用蓍。《楚辞·离骚》："索藑茅以筳篿兮，命灵氛为余占之。"王注："藑茅，灵草也。筳，小折竹也。楚人名结草折竹以卜曰篿。"可为旁证。

《周易》筮法，最初可能仅用六十四卦以筮，当斯时仅有六十四占。其后并用三百八十四爻以筮，当斯时则有四百四十八占。又后增入《乾》之"用九"、《坤》之"用六"，当斯时则有四百五十占。东周时代之《周易》，即四百五十占之筮书也。

筮法之发展，当由简易而繁难。《周易》最古之筮法无可考，但东周之筮法尚可略知。东周之筮法，历世儒生相继研讨，前人之谬，后人匡之；前人之阙，后人补之；渐达详密之境。然皆明于成卦而昧于变卦，得之成卦而失之变卦，故成卦之法已有定案，而变卦之法尚须商论也。自有《周易》以来，其筮法盖代代相传，时时演进。近世之筮法中当有古代之遗则，而亦不免有所阙误。吾人研求东周筮法，自须参照近世之筮法，并以《周易·系辞》所载之筮法，与《左传》《国语》所记之筮事融合裁度而言之。《系辞》所载之筮法，略而不详，非参以《左》《国》，无以究其变；《左》《国》所记之筮事，杂而无贯，非本乎《系辞》，无以明其术。兼观并考，融合而裁度之，晚周筮法，庶几可知。然昔儒犹明于成卦而昧于变卦，得之成卦而失之变卦者，其虑有所未及，其察有所未照也。余探索筮法，采览旧说，知夫成卦之法涣乎无疑，变卦之法滞而未通，如《左传·襄公九年》所云"遇《艮》之八☶……是谓《艮》之《随》☷"，《国语·晋语》所云"得贞《屯》悔《豫》皆八也"，向无人能说其究竟也。乃取《系辞》《左》《国》反覆推究，旷然有悟，得其变卦之法。《系辞》无用之言因而有用；《左》《国》难解之语因而可解。乃采取昔儒之论述作《成卦法》，根据个人之考索作《变卦法》。

一、成卦法

《易·系辞传上》曰："大衍之数五十，其用四十有九。分而为二以象两，挂一以象三，揲之以四以象四时，归奇于扐以象闰。五岁再闰，故再扐而后卦。天一，地二，天三，地四，天五，地六，天七，地八，天九，地十。（此二十字原误窜入下文，今据《汉书·律历志》引移正）天数五，地数五，五位相得而各有合。天数二十有五，地数三十，凡天地之数五十有五，此所以成变化而行鬼神也。《乾》之策二百一十有六，《坤》之策百四十有四，凡三百六十。当期之日。二篇之策，万有一千五百二十，当万物之数也。是故四营而成《易》，十有八变而成卦，八卦而小成。引而伸之，触类而长之，天下之能事毕矣。"此筮法之大略也。

筮人以椟盛蓍五十策，筮时仅用四十九策，即所谓"大衍之数五十，其用四十有九"也。以四十九策演之如下：

一变，以四十九策演之如下：

一演将四十九策任意分为两部分，即所谓"分而为二以象两"也。

二演取此一部分挂其一策，即所谓"挂一以象三"也。

三演将挂余之策，每四策为一组，数之，即所谓"揲之以四以象四时"也。

四演数至最后，或余一策，或余二策，或余三策，或余四策，取而夹之指间，即所谓"归奇于扐以象闰"也。

五演取彼一部分，每四策为一组，数之，所谓"再揲之以四"也。

六演数至最后，或余一策，或余二策，或余三策，或余四策，取而夹之指间，即所谓"再归奇于扐"也。

七演取指间所夹之策而挂之，所谓"再扐而后卦"者，包括五演、六演、七演而言也。

上一变毕，其结果有两种：

1. 余四十四策。

2. 余四十策。

二变，以一变所余之策演之如下：

八演如一演。

九演如二演。

十演如三演。

十一演如四演。

十二演如五演。

十三演如六演。

十四演如七演。

上二变毕，其结果有三种：

1. 余四十策。

2. 余三十六策。

3. 余三十二策。

三变，以二变所余之策演之如下：

十五演如一演。

十六演如二演。

十七演如三演。

十八演如四演。

十九演如五演。

二十演如六演。

二十一演如七演。

上三变毕，其结果有四种：

1. 余三十六策，九揲之数，是为九，是为老阳，是为可变之阳爻。

2. 余三十二策，八揲之数，是为八，是为少阴，是为不变之阴爻。

3. 余二十八策，七揲之数，是为七，是为少阳，是为不变之阳爻。

4. 余二十四策，六揲之数，是为六，是为老阴，是为可变之阴爻。

至此初爻成。所云"三变而成爻"也。阳爻画"—"，如其为老阳，则记一"九"字于画旁；如其为少阳，则记一"七"字于画旁。阴爻画"– –"，如其为老阴，则记一"六"字于画旁；如其为少阴，则记一"八"字于画旁。"九""七"奇数为阳，"八""六"偶数为阴，所谓"天一，地二，天三，地四，天五，地六，天七，地八，天九，地十"。此占其四。又"九""八""七""六"谓之四营。《易》以四营而成卦，又以四营而变卦，故曰"四营而成《易》"。《周易集解》引荀爽曰："营者，谓七、八、九、六也。"是也。

二、三、四、五、上各爻皆依初爻之演法而得出。六爻俱得而卦成。每卦六爻，每爻三变，故十八变乃成一卦，即所谓"十有八变而成卦"也。

《周易》筮法，以"七""八"为不变之爻，"九""六"为宜变之爻者何也？盖筮法以四营象四时，即以"七"象春，以"九"象夏，以"八"象秋，以"六"象冬。春时阳气渐壮，故象春之"七"为少阳。夏时阳气渐老，故象夏之"九"为老阳。秋时阴气渐壮，故象秋之"八"为少阴。冬时阴气渐老，故象冬之"六"为老阴。由春而夏，乃由阳而阳，时序虽改而阳气未变，故"七"为不变之阳爻焉。由夏而秋，乃由阳而阴，时序既改，阳气亦变，故"九"为宜变之阳爻焉。由秋而冬，乃由阴而阴，时序虽改而阴气未变，故"八"为不变之阴爻焉。由冬而春，乃由阴而阳，时序既改，阴气亦变，故"六"为宜变之阴爻焉。

《周易》筮法，以"七"象春，以"九"象夏，以"八"象秋，以"六"象冬者何也？盖《易》卦之基本观念，以奇数象阳，以偶数象阴，故一画之"—"为阳爻，两画之"– –"为阴爻，所谓"天一，地二；天三，地四；天五，地六；天七，地八；天九，地十"，正因天为阳，故以奇数象之，地为阴，故以偶数象之耳。四营之数，"七""九"为奇数，"八""六"为偶数。四时之序，春夏阳气当令，秋冬阴气当令，故筮法以"七""九"象春夏，以"八""六"象秋冬也。由春而夏，其气温逐渐上升，植物逐渐生长，故以"七"象春。以"九"象夏，由"七"而"九"，其数字正在上升焉。由夏而秋，由秋而冬，其气温逐渐下降，植物逐渐衰落，故以"八"象秋，以"六"象冬。由"九"而"八"，由"八"而"六"，其数字正下降焉。再由冬而春，其气温又转而上升，植物又转而滋长，故以"六"象冬，以"七"象春，由"六"而"七"，其数亦正上升焉。由此可见，四营数字之长消循环，乃与四时气温之长消循环及植物生命之长消循环相配合，然则筮法之以"七"象春，以"九"象夏，以"八"象秋，以"六"象冬，固非随意安排也。

二、变卦法

《易·系辞传上》所云："天一，地二；天三，地四；天五，地六；天七，地八；天九，地十。天数五，地数五，五位相得而各有合，天数二十有五，地数三十。凡天地之数五十有五，此所以成变化而行鬼神也。"此言果何所为而发哉？由"天一，地二；天三，地四；天五，地六；天七，地八；天九，地十"，可知"九"与"七"为阳，"六"与"八"为阴，吾人已明其故矣。又云："天数五，地数五，天数二十有五，地数三十，凡天地之数五十有五"者，其故安在？夫天数五个奇，一、三、五、七、九，其和二十五；地数五个偶，二、四、六、八、十，其和三十。两和之总五十五，此简单之数，五尺童子皆能计之，何待烦言！如此数与筮法无关，则此言岂非无用哉？又云"此所以成变化而行鬼神也"，此又何所指哉？余详求其故，始知此五十五之数，为变卦而言，所云"此所以成变化而行鬼神也"者，谓五十五之数所以定卦之变化也。请述其法：

每卦六爻，每爻或"九"或"八"或"七"或"六"，是谓四营，即不出于此四种营数也。每爻各有一种营数，六数之和，可称之曰"卦之营数"。如六爻皆"六"，其营数为三十六，此营数之最小者；如六爻皆"九"，其营数为五十四，此营数之最大者；如六爻"九""八""七""六"参差错综，其营数不出三十六与五十四之间；天地之数五十有五，比营数之最大者多一。古人之设此数，盖有微意矣。余以为欲定变卦，当以卦之营数与爻之序数凑足天地之数，其法于五十五内减去卦之营数，以其余数自初爻上数，数至上爻，再自上爻下数，数至初爻，更自初爻上数，如此折回数之，至余数尽时乃止，所止之爻即宜变之爻也。兹制一详表如次：

求宜变之爻方法表

天地之数	减号	卦之营数	等号	余数	数法及其所止						宜变之爻
					初爻	二爻	三爻	四爻	五爻	六爻	
55	-	54	=	1	1						初
55	-	53	=	2	1	2					二
55	-	53	=	2	1	2	3				三
55	-	51	=	4	1	2	3	4			四
55	-	50	=	5	1	2	3	4	5		五
55	-	49	=	6	1	2	3	4	5	6	上
55	-	48	=	7	1	2	3	4	5	6 7	上
55	-	47	=	8	1	2	3	4	5 8	6 7	五
55	-	46	=	9	1	2	3	4 9	5 8	6 7	四
55	-	45	=	10	1	2	3 10	4 9	5 8	6 7	三
55	-	44	=	11	1	2 11	3 10	4 9	5 8	6 7	二
55	-	43	=	12	1 12	2 11	3 10	4 9	5 8	6 7	初
55	-	42	=	13	1 12 13	2 11	3 10	4 9	5 8	6 7	初
55	-	41	=	14	1 12 13	2 11 14	3 10	4 9	5 8	6 7	二
55	-	40	=	15	1 12 13	2 11 14	3 10 15	4 9	5 8	6 7	三

（续表）

天地之数	减号	卦之营数	等号	余数	数法及其所止						宜变之爻
					初爻	二爻	三爻	四爻	五爻	六爻	
55	－	39	=	16	1 12 13	2 11 14	3 10 15	4 9 16	5 8	6 7	四
55	－	38	=	17	1 12 13	2 11 14	3 10 15	4 9 16	5 8 17	6 7	五
55	－	37	=	18	1 12 13	2 11 14	3 10 15	4 9 16	5 8 17	6 7 18	上
55	－	36	=	19	1 12 13	2 11 14	3 10 15	4 9 16	5 8 17	6 7 18 19	上

　　筮时所得之卦，谓之"本卦"，所变之卦，谓之"之卦"。四营之别，"九""六"为可变之爻，"七""八"为不变之爻，故"本卦"六爻皆"七""八"，是为不变之卦。不变之卦，主要以"本卦"卦辞占之，不须求其宜变之爻也。"本卦"六爻皆"九""六"，是为全变之卦。全变之卦，《乾》卦以"用九"爻辞占之，《坤》卦以"用六"爻辞占之，他卦以"之卦"卦辞占之，亦不须求其宜变之爻也。此两者外，均须求其宜变之爻。宜变之爻为"九"则变为"六"；为"六"则变为"九"，而得"之卦"，主要以"本卦"变爻爻辞占之，其余各爻之或"九"或"七"或"六"或"八"皆不计也。宜变之爻为"七"为"八"则不变，其占法比较复杂。此其大要也。今分别述之：

　　一、六爻皆七八：

　　是为不变之卦，不须求其宜变之爻，以"本卦"卦辞占之。如筮得《升》卦，六爻全不变，即以《升》卦卦辞占之。

二、一爻为九六：

（1）如此爻适为宜变之爻，其为"九"则变为"六"，为"六"则变为"九"，而得"之卦"。主要以"本卦"变爻爻辞占之。例如筮得 ䷯《井》卦。其营数为四十七。自五十五减四十七，余八。依法数之，至五爻而八尽，故五爻为宜变之爻。五爻适为"九"，乃变为"六"而成 ䷭《升》卦，是为"遇《井》之《升》"。主要以《井》卦九五爻辞占之。

（2）如此爻非宜变之爻，主要以"本卦"卦辞占之。例如筮得 ䷥《睽》卦。其营数为四十六。自五十五减四十六，余九。依法数之，至四爻而九尽，故四爻为宜变之爻。四爻为"七"，不变，是谓"遇《睽》之七"。主要以《睽》卦卦辞占之。

又一爻为"九""六"，亦可能不须求其宜变之爻，其为"九"即变为"六"，其为"六"即变为"九"，而得"之卦"，主要以本卦变爻爻辞占之。

三、两爻为九六：

（1）如其一爻为宜变之爻，其为"九"则变为"六"，为"六"则变为"九"，而得"之卦"。主要以"本卦"变爻爻辞占之。例如筮得 ䷫《姤》卦。其营数为四十三。自五十五减四十三，余十二。依法数之，至初爻而十二尽，故初爻为宜变之爻。初爻为六，乃变为九而成 ䷀《乾》卦，是谓"遇《姤》之《乾》"，以《姤》卦初六爻辞占之。

（2）如两爻均非宜变之爻，主要以"本卦"卦辞占之，因其可变之爻少于不变之爻也。例如筮得 ䷅《困》卦。其营数为四十九。自五十五减四十九，余六。依法数之，至上爻而六尽，故上爻为宜变之爻。上爻为"八"，不变，是谓"遇《困》之八"。主要以《困》卦卦辞占之。

四、三爻为九六：

（1）如其一爻为宜变之爻，其为"九"则变为"六"，为"六"则变为"九"，而得"之卦"。主要以"本卦"变爻爻辞占之。

（2）如其三爻均非宜变之爻，则变三爻之"九"为"六"、"六"为"九"，而得"之卦"。主要以"本卦""之卦"卦辞合占之。因其可变之爻与不变之爻相等，是贞悔相争之卦，故以两卦辞占之也。《国语·晋语》所记重耳"筮得贞《屯》悔《豫》皆八"，即其例。详见后。

五、四爻为九六：

（1）如其一爻为宜变之爻，其为"九"则变为"六"，为"六"则变为"九"，而得"之卦"。主要以"本卦"变爻爻辞占之。

（2）如其四爻均非宜变之爻，则变四爻之"九"为"六"，"六"为"九"，而得"之卦"。主要以"之卦"卦辞占之。因其可变之爻多于不变之爻也。

六、五爻为九六：

（1）如其一爻为宜变之爻，其为"九"则变为"六"，为"六"则变为"九"，而得"之卦"。主要以"本卦"变爻爻辞占之。

（2）如其五爻均非宜变之爻，则变五爻之"九"为"六"，"六"为"九"，而得"之卦"。主要以"之卦"卦辞占之，因其可变之爻多于不变之爻也。《左传·襄公九年》所记穆姜"筮遇《艮》之八☶……是谓《艮》之《随》☶"，即其例。详见后。

七、六爻皆九六：

是为全变之卦，不须求其宜变之爻，变六爻之"九"为"六"，"六"为"九"，而得"之卦"。遇《乾》之《坤》，主要以《乾》用九爻辞占之。遇《坤》之《乾》，主要以《坤》用六爻辞占之。遇他卦主要以"之卦"卦辞占之，因其全卦变也。例如筮得☳《震》卦，则变为☴《巽》卦，是谓"遇《震》之《巽》"。主要以《巽》卦卦辞占之。

要而言之，以天地之数与卦之营数为定变爻之主干。不变之卦，则以"本卦"卦辞占之；全变之卦，则以"之卦"卦辞占之（《乾》《坤》例外）。此二者外，若宜变之爻与可变之爻相值，则以"本卦"变爻爻辞占之。若宜变之爻与可变之爻不相值，可变之爻少于不变之爻，则以"本卦"卦辞占之；可变之爻多于不变之爻，则以"之卦"卦辞占之；可变之爻等于不变之爻，则以"本卦""之卦"卦辞合占之。此其大概也。此法在《左传》《国语》中，或有征，或无征。有征者，以其征知之；无征者，以其有征者推知之；当无大谬也。

三、东周筮法之实征

《左传》《国语》所记之筮事，可作东周筮法之实征，兹分类述之：

一、六爻皆不变者：

（1）《左传·僖公十五年》："秦伯伐晋。卜徒父筮之，吉。涉河，侯车败。诘之。对曰：'乃大吉也。三败必获晋君。其卦遇《蛊》☴☶，曰："千乘三去，三去之余，获其雄狐。"夫狐、蛊，必其君也。《蛊》之贞，风也，其悔，山也。岁云秋矣，我落其实而取其材，所以克也。实落材亡，不败何待？'三败及韩。……壬戌，战于韩原。……秦获晋侯以归。"

（2）《左传·成公十六年》："楚晨压晋军而陈。……苗贲皇言于晋侯曰：'楚之良在其中军王族而已。请分良以击其左右，而三军萃于王卒，必大败之。'公筮之，史曰：'吉。其卦遇《复》☷☳，曰："南国蹙，射其元王，中厥目。"国蹙王伤，不败何待？'"

上两条盖六爻皆七八者，不变之卦也。其遇《蛊》为☴☶，其遇《复》为☷☳。此变卦法中一之类也。但其繇辞不见于《周易》，盖据别种筮书，其繇辞当为卦辞，其卦名与《周易》同，可为《周易》筮法之旁证。

（3）《国语·晋语》："十月，惠公卒。十二月，秦伯纳公子。……董因迎公于河。公问焉，曰：'吾其济乎？'对曰：'……臣筮之。'得《泰》之八，曰：'是谓天地配，"亨，小往大来"。今及之矣，何不济之有？'"

上一条乃一爻或两爻为九六，而宜变之爻与可变之爻不相值者，其宜变之爻，不值"九""六"而值"八"，故云"得《泰》之八"。所云"亨，小往大来"，《泰》卦卦辞也。是以"本卦"卦辞占之。此变卦法中二之（2）或三之（2）之类也。

二、一爻变者：

（1）《左传·昭公十二年》："南蒯之将判也……枚筮之，遇《坤》☷☷之《比》☵☷（《坤》五爻变），曰：'黄裳元吉。'（《坤》六五爻辞）以为大吉也。示子服惠伯曰：'即欲有事，何如？'惠伯曰：'吾尝学此矣。忠信之事则可；不然，必败。

外强内温，忠也；和以率贞，信也；故曰："黄裳元吉。"黄，中之色也；裳，下之饰也；元，善之长也。中不忠，不得其色；下不共，不得其饰；事不善，不得其极。外内倡和为忠，率事以信为共，供养三德为善。非此三者弗当。且夫《易》不可以占险，将何事也，且可饰乎？中美能黄，上美为元，下美则裳，参成可筮。犹有阙也，筮虽吉，未也。'"

（2）《左传·哀公九年》："晋赵鞅卜救郑，遇水适火。……阳虎以《周易》筮之，遇《泰》▤之《需》▤（《泰》五爻变），曰：'宋方吉，不可与也。微子启，帝乙之元子也。宋、郑，甥舅也。祉，禄也。若帝乙之元子归妹而有吉禄（《泰》六五云："帝乙归妹以祉元吉。"）我安得吉焉？'乃止。"

（3）《左传·僖公二十五年》："秦伯师于河上，将纳王。狐偃言于晋侯曰：'求诸侯，莫如勤王，诸侯信之，且大义也。继文之业而信宣于诸侯，今为可矣。'……公曰：'筮之。'筮之，遇《大有》▤之《睽》▤（《大有》三爻变），曰：'吉。遇公用亨于天子（《大有》九三云"公用亨于天子"）之卦。战克而王飨，吉孰大焉！且是卦也，天为泽以当日；天子降心以逆公，不亦可乎！《大有》去《睽》而复，亦其所也。'晋侯辞秦师而下。"

（4）《左传·庄公二十二年》："陈厉公……生敬仲。其少也，周史有以《周易》见陈侯者，陈侯使筮之。遇《观》▤之《否》▤（《观》四爻变），曰：'是谓："观国之光，利用宾于王。"（《观》六四爻辞）此其代陈有国乎！不在此，其在异国；非此其身，在其子孙。光，远而自他有耀者也；《坤》，土也；《巽》，风也；《乾》，天也；风为天于土上，山也。有山之材而照之以天光，于是乎居土上，故曰"观国之光，利用宾于王"；庭实旅百，奉之以玉帛，天地之美具焉，故曰"利用宾于王"；犹有观焉，故曰其在后乎；风行而着于土，故曰其在异国乎。若在异国，必姜姓也。姜，大岳之后也，山岳则配天。物莫能两大，陈衰，此其昌乎！'及陈之初亡也，陈桓子始大于齐，其后亡也，成子得政。"

（5）《左传·昭公五年》："初，穆子之生也，庄叔以《周易》筮之，遇《明夷》▤之《谦》▤（《明夷》初爻变），以示卜楚丘。曰：'是将行而归为子祀，以谗人入，其名曰牛，卒以馁死。《明夷》，日也。日之数十，故有十时，亦当十位。自王已下，其二为公，其三为卿。日上其中，食日为二，旦日为三。《明夷》之《谦》，明而未融，其当旦乎！故曰为子祀；日之《谦》，当鸟，故曰"明夷于飞"；明之未融，故曰"垂其翼"；象日之动，故曰"君子于行"；当三在旦，故曰"三日不食"。《离》，火也；《艮》，山也。《离》为火，火焚山，山败。于人为言，败言为谖，故曰"有攸往，主人有言"。（《明夷》初九爻辞云："明夷于飞，垂其翼。君子于行，三日不食。有攸往，主人有言。"）言必谖也；纯离为牛，世乱谖胜，胜将适离，故曰其名曰牛；谦不足，飞不翔，垂不峻，翼不广，故曰其为子后乎！吾子，亚卿也，抑少不终。'"

（6）《左传·襄公二十五年》："齐棠公之妻，东郭偃之姊也。东郭偃臣崔武子。棠公死，偃御武子以吊焉。见棠姜而美之，使偃取之。偃曰：'男女辨姓。今君出自丁，臣出自桓，不可。'武子筮之，遇《困》䷮之《大过》䷛（《困》三爻变），史皆曰'吉'。示陈文子，文子曰：'夫从风，风陨妻，不可取也。且其繇曰："困于石，据于蒺藜，入于其宫，不见其妻，凶。"（《困》六三爻辞）困于石，往不济也；据于蒺藜，所恃伤也；入于其宫，不见其妻，凶，无所归也。'崔子曰：'嫠也，何害！先夫当之矣。'遂取之。"

（7）《左传·僖公十五年》："初，晋献公筮嫁伯姬于秦，遇《归妹》䷵之《睽》䷥（《归妹》上爻变）。史苏占之，曰：'不吉。其繇曰："士刲羊，亦无衁也；女承筐，亦无贶也。"（《归妹》上六云："女承筐实无实，士刲羊无血。"《左传》所引与今本《周易》稍异）西邻责言，不可偿也；《归妹》之《睽》，犹无相也。《震》之《离》，亦《离》之《震》，为雷，为火，为嬴败姬。车说其輹，火焚其旗，不利行师，败于宗丘。《归妹》："睽孤，寇张之弧。"（《睽》上九云："睽孤见豕负涂，载鬼一车，先张之弧，后说之弧，匪寇婚媾。"）侄其从姑，六年其逋，逃归其国，而弃其家，明年其死于高梁之虚。'及惠公在秦，曰：'先君若从史苏之占，吾不及此夫！'韩简侍，曰：'龟，象也；筮，数也。物生而后有象，象而后有滋，滋而后有数。先君之败德，及可数乎？史苏是占，勿从何益！'"

上七条皆以"本卦"变爻爻辞占之者，而（7）条兼以"之卦"变爻爻辞占之，此在《左》《国》中少见之例也。

（8）《左传·昭公七年》："卫襄公夫人姜氏无子，嬖人婤姶生孟絷。孔成子梦康叔谓己：'立元！余使羁之孙圉与史苟相之。'史朝亦梦康叔谓己：'余将命而子苟与孔烝鉏之曾孙圉相元。'史朝见成子，告之梦，梦协。晋韩宣子为政，聘于诸侯之岁，婤姶生子，名之曰元。孟絷之足不良，能行。孔成子以《周易》筮之，曰：'元尚享卫国，主其社稷。'遇《屯》䷂。又曰：'余尚立絷，尚克嘉之！'遇《屯》䷂之《比》䷇（《屯》初爻变），以示史朝。史朝曰：'元亨，又何疑焉。'（《屯》卦辞）成子曰：'非长之谓乎？'对曰：'康叔名之，可谓长矣。孟非人也，将不列于宗，不可谓长。且其繇曰"利建侯"（《屯》初九爻辞），嗣吉何建，建非嗣也。二卦皆云。（谓《屯》《比》皆云"元亨"。今本《周易·比》爻辞云："吉，原筮元，永贞无咎。"元下脱亨字。）子其建之！康叔命之，二卦告之，筮袭于梦，武王所用也。弗从何为？弱足者居。侯主社稷，临祭祀，奉民人，事鬼神，从会朝，又焉得居？各以所利，不亦可乎？'故孔成子立灵公。"

上一条以"本卦"卦辞、"本卦"变爻爻辞、"之卦"卦辞合占之，此亦《左》《国》中少见之例也。

（9）《左传·闵公二年》："成季之将生也，桓公使卜楚丘之父卜之……又筮之，遇《大有》䷍之《乾》䷀（《大有》五爻变），曰：'同复于父。敬如君所。'及生，有文在其手曰友，遂以命之。"

右一条"同复于父，敬如君所"，非《大有》六五爻辞也，乃言本卦之卦象也。盖《大有》上卦之《离》变为《乾》。《乾》为父为君。《离》变《乾》，有复于父处，往于君所之象。如，往也。所，处也。此未引卦辞爻辞，只以卦象占之也。

（10）《左传·闵公元年》："初，毕万筮仕于晋，遇《屯》䷂之《比》䷇（《屯》初爻变）。辛廖占之曰：'吉。《屯》固《比》入，吉孰大焉！其必蕃昌。《震》为土；车从马，足居之，兄长之，母覆之，众归之。六体不易，合而能固，安而能杀，公侯之卦也。公侯之子孙，必复其始。'"

上一条未引卦辞爻辞，只以卦名及卦象占之。

上十条皆以《周易》筮之者也，皆宜变之爻与可变之爻相值者也。其卦如有一爻为"九""六"，则"变卦法"中二之（1）之类也；如有两爻为"九""六"，则"变卦法"中三之（1）之类也；如有三爻为"九""六"，则"变卦法"中四之（1）之类也；如有四爻为"九""六"，则"变卦法"中五之（1）之类也；如有五爻为"九""六"，则"变卦法"中六之（1）之类也。当其筮时，盖不出五类。

三、三爻变者：

（1）《国语·晋语》："公子亲筮之，曰：'尚有晋国！'得贞《屯》（䷂）悔《豫》（䷏）（《屯》初、四、五爻皆变），皆八也。筮史占之，皆曰：'不吉。闭而不通，爻无为也。'司空季子曰：'吉。是在《周易》，皆利建侯。不有晋国，以辅王室，安能建侯？我命筮曰："尚有晋国！"筮告我曰："利建侯。"得国之务也，吉孰大焉！《震》，车也；《坎》，水也；《坤》，土也；《屯》，厚也；《豫》，乐也。车班外内，顺以训之，泉原以资之，土厚而乐其实，不有晋国，何以当之！《震》，雷也，车也；《坎》，劳也，水也，众也。主雷与车而尚水与众。车有震，武也；众而顺，文也；文武具，厚之至也，故曰"屯"。其繇曰："元亨，利贞，勿用有攸

往，利建侯。"（《屯》卦辞）主震雷，长也，故曰"元"；众而顺，嘉也，故曰
"亨"；内有震雷，故曰"利贞"；车上水下，必伯。小事不济，壅也，故曰"勿用
有攸往"，一夫之行也；众顺而有武威，故曰"利建侯"。《坤》，母也；《震》，长
男也；母老子强，故曰"豫"。其繇曰"利建侯行师"（《豫》卦辞），居乐出威之
谓也。是二者，得国之卦也。'"

上一条初、四、五爻皆变者也。当其筮时，盖得 ䷂ 《屯》卦。其营数为四十
八。自五十五减四十八余七。依法数之，至上爻而七尽，故上爻为宜变之爻。而上
爻为"八"，乃不变之爻，是得《屯》之八也。不得以《屯》之上六爻辞占之矣，
遂变《屯》之九为六，六为九，则得 ䷏ 《豫》卦。《屯》卦上爻之八，亦即《豫》
卦上爻之八，故曰"得贞《屯》悔《豫》，皆八也"。贞者，"本卦"；悔者，"之
卦"也；故以《屯》《豫》两卦卦辞合占之。此变卦法中四之（2）之类也。非以
余所言之变卦法，则此文"得贞《屯》悔《豫》皆八也"终莫能解，可见余所言
之变卦法非臆撰也。

（2）《国语·周语》："单襄公曰：'……成公之归也，吾闻晋之筮之也，遇
《乾》 ䷀ 之《否》 ䷋ （《乾》初、二、三爻皆变），曰："配而不终，君三出焉。"
一既往矣，后之不知，其次必此。'"

上一条初、二、三爻皆变者也。当其筮时，盖得 ䷀ 《乾》卦。其营数为四十
八。自五十五减四十八，余七。依法数之，至上爻而七尽，故上爻为宜变之爻。而
上爻为七，乃不变之爻，是得《乾》之七也。不得以《乾》之上九爻辞占之矣，
遂变《乾》之九皆为六，则得 ䷋ 《否》卦，宜以《乾》《否》两卦卦辞合占之，
《国语》略而未言也。此亦变卦法中四之（2）之类也。

四、五爻变者：

（1）《左传·襄公九年》："穆姜薨于东宫。始往而筮之，遇《艮》之八 ䷳，史
曰：'是谓《艮》之《随》 ䷐（《艮》初、三、四、五、上爻皆变）。随其出也，
君必速出。'姜曰：'亡！是于《周易》曰："随，元亨，利贞，无咎。"（《随》卦
辞）。元，体之长也；亨，嘉之会也；利，义之和也；贞，事之干也。体仁足以长
人，嘉德足以合礼，利物足以和义，贞固足以干事，然故不可诬也，是以虽随无
咎。今我妇人，而与于乱，固在下位，而有不仁，不可谓元；不靖国家，不可谓
亨；作而害身，不可谓利；弃位而姣，不可谓贞。有四德者，随而无咎；我皆无

之，岂随也哉？我则取恶，能无咎乎！必死于此，弗得出矣。'"

上一条初、三、四、五、上爻皆变者也。当其筮时，盖得 ䷳《艮》卦，其营数为四十四。自五十五减四十四，余十一。依法数之，至二爻而十一尽，故二爻为宜变之爻。而二爻为八，乃不变之爻，故曰"遇《艮》之八"。不得以《艮》之六二爻辞占之矣，遂变《艮》之九为六，六为九，则得 ䷐《随》卦，故曰"是谓《艮》之《随》"。引《随》之卦辞曰"元亨，利贞，无咎"，是以"之卦"卦辞占之也。此变卦法中六之（2）之类也。非以余所言之变卦法，则此文"遇《艮》之八是谓《艮》之《随》"，终莫能解，亦可见余所言之变卦法非臆撰也。

综观《左传》《国语》所记之筮事，则东周之筮法，大略可知矣。要而言之，筮法有六端：一曰成卦，即得"本卦"也；二曰变卦，即得"之卦"也；三曰观筮辞，即观其卦辞爻辞也；四曰观卦象，即观其贞悔之象，如《左传》所云"《蛊》之贞风也，其悔山也"是也；五曰观卦名，如《国语》所云"《屯》厚也，《豫》乐也"是也；六曰观人事，如《左传》所记南蒯遇《坤》之"黄裳元吉"而不吉，穆姜遇《随》之"元亨，利贞，无咎"而有咎是也。其后四端，参错复杂，不可格以一规。盖卜筮之道，事托鬼神，理涉虚幻，或休或咎，往往随筮人等之引申附会而无成轨。如《国语》所记重耳筮得贞《屯》悔《豫》皆八，筮史皆以为不吉，司空季子独以为吉；《左传》所记崔武子筮《困》之《大过》，史皆以为吉，陈文子独以为不吉；可证休咎之断亦因人所见而异。故余此文以述成卦法、变卦法为主；于观筮辞一端，详其通例而略其特例；于观卦象、观卦名、观人事三端，则暂阙而不论焉。

吾人居今之世，不复迷信鬼神，亦不欲以上古之巫术惑世欺人，然则考究古代筮法有何益哉？曰：因其有助于吾人研读古书耳。盖非略通古代筮法，则研读《周易》古经、《周易大传》及《左传》《国语》，有时不易明悉其义蕴，此可确言者也。今举例说明之。

《周易》古经之爻题，以"初""二""三""四""五""上"表示六爻之位次，此易解者；以"九"表示爻之阳性，以"六"表示爻之阴性，则非易解者矣。吾人初观之，仅知"九"为奇数，故以表示阳性；"六"为偶数，故以表示阴性。然而试问奇数有"一""三""五""七""九"，《周易》何以只用"九"字？偶数有"二""四""六""八""十"，《周易》何以只用"六"字？即不能答也。吾人略通筮法，则知是爻所以用"九"者，乃筮时所得之爻为九揲蓍草（一揲四策，一策意同今语所谓一根），乃可变之阳爻也；阴爻所以用"六"者，乃筮时所得之爻为六揲蓍草，乃可变之阴爻也。其例一。

《周易大传》载有属于筮法之言，如非略通古代筮法，当即无从理解，观前文所述则知之，不重论。今欲阐明此义，再举前文所已提及之几句以为例。《系辞传上》曰："《乾》之策二百一十有六。《坤》之策百四十有四。凡三百有六十，当期之日（一年三百六十日）。"《周易·乾》卦六爻皆九，据筮法，每爻皆九揲蓍草，每揲四策。以六与九与四相乘，正得二百一十六策；《周易·坤》卦六爻皆六，据筮法，每爻皆六揲蓍草，每揲四策。以六与六与四相乘，正得一百四十四策。两数相加，正得三百六十策。其算式如下：

6 爻×9 揲×4 策 = 216 策……………………《乾》卦策数

6 爻×6 揲×4 策 = 144 策……………………《坤》卦策数

216 策+144 策 = 360 策……………………两卦总策数

《系辞传上》又云："二篇之策万有一千五百二十，当万物之数也。"《周易》古经上下两篇共六十四卦，每卦六爻，共三百八十四爻。阳爻为九者与阴爻为六者各居其半，即各为一百九十二爻。据筮法，阳爻为九者九揲蓍草，每揲四策；以一九二与九与四相乘，得六千九百一十二策；阴爻为六者六揲蓍草，每揲四策，以一九二与六与四相乘，得四千六百零八策。两数相加，正得一万一千五百二十策。其算式如下：

64 卦×6 爻 = 384 爻……………………全书爻数

384 爻÷2 = 192 爻……………………全书阳爻阴爻皆此数

192 爻×9 揲×4 策 = 6912 策……………………全书阳爻策数

192 爻×6 揲×4 策 = 4608 策……………………全书阴爻策数

6912 策+4608 策 = 11520 策……………………全书总策数

以上所述，如非略通古代筮法，即难于理解。其例二。

至于《左传》《国语》所记筮事，有遇某卦者，有遇某卦之某卦者，有遇卦之八者，如非略通古代筮法，更不能洞晓，复案前文，可证吾言不诬，不须申说矣。

本文摘自高亨先生所著《周易古经今注》卷首之第七篇"周易筮法新考"，清华大学出版社 2010 年 8 月版，第 103~120 页

谈易数之谜

——中国古代的数理哲学

刘蔚华

历史的尘埃湮没了古人走向文明的足迹，使许多普通的事物，蒙上了一层神秘的面纱。它留下了一些依稀难辨的古奥文字，仿佛是存心让人猜不透的哑谜一样，吸引了无数学者倾注自己的精力，绞尽其脑汁。号称"言天下之至赜"的古文献——《周易》，就是一部记载了我国古代哲学思想、科学知识、历史事件和筮占巫术的神秘典籍。古今不少学者，从不同方面探究其义蕴，力图揭明《周易》的真面目。说《易》之书，卷帙浩繁，足以汗九牛。但是有一些谜，至今还没有解开，《易》数就是其中之一。

现存《周易》，分为经与传两部分。《易经》基本上是周初的作品，《易传》十篇文字则是由春秋中期至战国后期逐步形成的，传是对经的阐发和解释。在中国，凡言及数的起源，总要同伏羲氏创八卦联系起来。伏羲氏可谓是数学家的鼻祖，而易数则是古代数学的胚胎。关于易数，《汉书·律历志》云："自伏羲画八卦，由数起。"《左传·僖公十五年》云："龟，象也；筮，数也。物生而后有象，象而后有滋，滋而后有数。"《易传·系辞上》说，易卦中"参伍以变，错综其数。通其变，遂成天下之文；极其数，遂定天下之象"。

综上可见，八卦乃至六十四卦，都起于数，而数又来自多种多样的物象，物象的不断滋生繁衍，使数参合错综，越来越复杂，物象的无限性同数的不可穷尽的连续性是联系在一起的。不通其变，就无从极其数。所以，整个易数体系，都是用以说明事物运动变化的。上述文献对于易数来源的解释，具有一定的唯物主义因素。但是，对于易数的作用，《易传》特别是后来出现的一些纬书，都做了神学唯心主义的夸张，认为凭借着易数就可以"极深而研几"，"以通天下之志，以定天下之业，以断天下之疑"，"此所以成变化而行鬼神也。"（《系辞上》）这样，就使得其中所含有的科学知识，不能不屈居于神学之下的地位。

研究易数的文献根据，主要是《易经》和《易传》。由于《易经》是用数而不言数，所以它所提供的证据，主要是运用易数的实际，而不是易数的原理。《易传》是系统研究易数的开端，它的许多结论是符合《易经》实际的，初步形成了一套易数原理。但是由于《易传》是言数而不加详解，所以要想揭开谜底仍然是颇费思索的。历来对于易数的研究，有各种不同的态度。一种认为，这是术数小道、江湖方技，背离了易学正宗，鄙不屑谈。另一种，则崇之如神术，奉之似灵物，把易数视为冥冥中主宰天地、万物与人事的"天数"。所以过去对于易数的探讨，不是流于猜测，便是失之荒诞。今天，如果我们以科学的数学知识做向导，对易数重新做一番研究，就不难发现其中孕育着许多可贵的数学科学知识，它曾经启迪过不少数学家的智慧，也向许多哲学家灌输过朴素自然辩证法的观念。当他们运用这些知识和观念试图说明世界万物的各种关系时，易数之学实际上成了世界上最早的一部具有独特风格的古奥的数理哲学，或者说是非常古老的数理逻辑。

一、阴阳之爻与奇偶数律

《易》有三个要素：象、数、理。《系辞下》云："古者包羲氏（即伏羲氏）之王天下也，仰则观象于天，俯则观法于地，观鸟兽之文，与地之宜，近取诸身，远取诸物，于是始作八卦，以通神明之德，以类万物之情。"我们且抛开那些属于神话传说方面的内容，单就观物取象而作卦来说，并没有什么神秘性。"日月为易，象阴阳也。"（《说文》）《易》把阴阳两种特性，作为探究天地、万物、人事各种关系的基础，这样就把一切事物的本质关系归结为对立统一。——是阳的象，——是阴的象。这两个符号又是一和二两个古写的数字，阳为奇数，阴为偶数。宇宙间有物体，就有数量关系，人逐个地去数，就形成了自然数列，如1、2、3、4、5……。古人在无限多的自然数中，抽象出奇数与偶数两种基本特性，这也是认识上的飞跃。

《易》的象、数、理是统一的。就象而言，是——与——；就数而言，是奇与偶；就理而言，是阴与阳的对立统一。这个三位一体的观念，便构成了易数哲学的理论基石。过去许多易学家对——、——两个符号的涵义，有种种说法。有的认为是男女生殖器图腾的遗迹，有的认为是龟卜兆纹的演进，有的认为是筮占所用蓍草的象征，有的则认为仅仅代表奇数与偶数，当然多数都认为这两个符号象征着阴阳。总之，有的侧重于考证其特殊涵义，有的侧重于探讨其一般涵义；但是，他们共同的特点都是肯定这两个符号只有一种涵义。其实，《说卦》中早已说过："参天两地而倚数，观变于阴阳而立卦。"可见，象、数、理是应当统一起来理解的，这似乎更符合《易》的本貌。

倚数而言，《系辞上》说："天一、地二，天三、地四，天五、地六，天七、地八，天九、地十。""天数五，地数五，五位相得而各有合：天数二十有五，地数三十，凡天地之数五十有五。"乍一看来，好像是无聊的数字游戏。但是仔细分析一下，这里说的是推求连续奇数之和、连续偶数之和以及连续奇偶数（即自然数）之和的涵义与方法。

我们知道，求连续奇数之和的公式：前 n 个奇数之和 $= n^2$。"天数五"即 n 为5，则天数为：

$$1+3+5+7+9 = 5^2 = 25$$

求连续偶数之和的公式：前 n 个偶数之和 $= n(n+1)$。"地数五"即 n 为5，则地数为：

$$2+4+6+8+10 = 5 \times (5+1) = 30$$

求连续奇偶数（自然数）之和的公式：$\dfrac{n(n+1)}{2}$。"天数五"与"地数五"共十项，即 n 为10，则天地之数为：

$$1+2+3+4+5+6+7+8+9+10 = \frac{10 \times 11}{2} = \frac{110}{2} = 55$$

亦即奇偶数之和：25+30=55

作为数学知识，这并没有什么高深的地方，值得重视的是其中的哲学观点。

《易》把阴阳作为一切事物的基本矛盾，同时又把奇偶律作为自然数中的基本矛盾，它们之间确有许多共同之处。首先，事物的矛盾属性，非阴必阳，非阳必阴；而自然数的属性，则非奇必偶，非偶必奇，都是对立统一的。其次，奇偶同阴阳一样，都可以在一定条件下互相转化。奇数±1＝偶数，偶数±1＝奇数，加减一就是条件，奇数和偶数的相互转化，可以连续地无止境地发展下去，这样就构成了自然数的无穷序列。同样，阴阳无休止地转化下去，便构成了宇宙发展的无限性。所谓"通其变，遂成天下之文；极其数，遂定天下之象"的命题，就是朴素地表达了这一观念。再次，《系辞下》说："阳卦多阴，阴卦多阳，其故何也？阳卦奇，阴卦耦。"又说："唯变所适，其出入以度。"这说明，《易传》所以重视易数，是把事物的变化同数量的变化联系在一起的，并以粗浅的形式接触到了事物转化中量变与质变的关系。阴与阳，具有不同的质，它们之间的转化，其数量方面，在《易》作者看来，是服从于奇数与偶数的转化法则的。

二、八卦成列与排列组合

阳奇阴偶之数，是构成易数体系的基础或元素。我们如果停留在这里，还只是管中窥豹。

——与——，是成卦的爻。"爻也者，效天下之动者也。"（《系辞下》）《说文》："爻，交也。"合而言之，爻是阴阳交错而生变化的矛盾运动。从易数来说，阴阳两爻的交错排列，便形成了易卦体系。《系辞上》说："易有太极，是生两仪，两仪生四象，四象生八卦。"所谓太极，指的是天地未分、宇宙混一的状态；太极是完整的、统一的，其数为一。混沌分化为阴阳，形成天地，称为两仪，这是《易传》中关于矛盾的概念。阴阳交错，产生了四象：——太阳，——少阴，——少阳，——太阴。关于四象，有多种解释。我取此一说，是因为它符合由—— ——两爻形成八卦、六十四卦的内在逻辑。这四种象，是从两类不同元素（—— ——）中每次取两个元素的有重复的排列。如把元素的种类数作 m，每次取数作 n，其所有排列种数的式子为 m^n，即 $2^2=4$。这样，阴阳一对矛盾，进而演化为太阳与太阴、少阳与少阴两对矛盾。在易数体系中，如果说阴和阳的转化服从于奇偶数转化法则，那么矛盾的演化发展则服从于排列数学的法则。按照这种易数逻辑，必然会演变出八卦、六十四卦来，如果必要，也可以推衍出更多的卦象。但是，易数毕竟不是单纯的数学，它始终是为阐明一种宇宙观和方法论服务的。因此，由四象演为八卦以至六十四卦，都以一定的哲理为根据。

"易之为书也，广大悉备。有天道焉，有人道焉，有地道焉，兼三材而两之，故六。六者非它也，三材之道也。"（《系辞下》）又说："六爻之动，三极之道也。"（《系辞上》）三材或三极之道，指的是天、地、人的矛盾关系。把——与——按照三个一组进行排列，就是"八卦成列"：乾☰、坤☷、震☳、巽☴、坎☵、离☲、艮☶、兑☱。$2^3=8$。八种卦象包含了乾坤、震巽、坎离、艮兑四对矛盾。

八卦是单卦，共有二十四爻之变，还不足以说明较复杂的矛盾关系。所以又按照"兼三材而两之"的原则，再使"八卦相错"，发展为"重卦"，如乾☰、坤☷、泰☷☰、否☰☷等。即以六爻为一组进行排列，或者说以八卦相叠，便形成了六十四卦的体系。$2^6 = 8^2 = 64$。由八卦的四对矛盾，演变为三十二对矛盾，共有三百八十四爻。在《周易》的作者看来，这样就可以说明较为复杂多变的矛盾关系了。

根据《左传》《国语》的占例记载，在春秋初期已盛行"双卦占法"，前卦为"本卦"，后卦为"之卦"即"变卦"，把两卦联系起来相互印证，加以比较，推究爻变的义理，用以分析更加复杂的矛盾关系。这实际上等于在重卦的基础上又将指数增加了一倍，即 $2^{12} = 64^2 = 4096$，其中的爻变自然就更多了。在古人看来，这是一个很神妙的体系，可以"变动不居，周流六虚"，囊括世界上一切复杂的矛盾变易关系。"易简而天下之理得矣。"（《系辞上》）从占卦的实用价值来说，单卦发展为重卦，又运用双卦占法，已经足够了，无需再迭加下去了。但是从数的发展来说，有了上述排列知识为基础，就可以无限地推演下去。所以，易卦是个不封闭的体系，六十四卦以"未济"卦作结束，表明《易》作者是意识到了这一特点的。将这一观点应用于分析矛盾，恰好说明矛盾运动具有无限多样性。尽管排列数学并不能揭示矛盾运动的一般规律，但是阐明矛盾运动的无限多样性，却是一个合理的观念。

易数不仅含有丰富的哲理，也是我国数学知识发展的摇篮。《九章》与《周髀》，是我国最早的算经，论其渊源都和易数有关，或同出一源。晋代数学家刘徽在《九章序文》中说："昔在包羲氏始画八卦，以通神明之德，以类万物之情，作九九之术，以合六爻之变。暨于黄帝，神而化之，引而伸之，于是建历纪，协律吕，用稽道原，然后两仪四象精微之气，可得而效焉。"这一说法，早在《管子·轻重戊》中已有记载："虙戏（伏羲）作造六峜，以迎阴阳，作九九之数，以合天道。"关于"六峜"，近人多认为是指乾、离、艮、兑、坎、坤"六卦"。这说明，易数确实是与九九术、编制历法、协调乐律、测定方位的应用数学同出一源的，甚至是它们的滥觞。《周髀》是一部天文算学，相传周公向商高问以"周天历数"，答曰："数之法出于圆方，圆出于方，方出于矩，矩出于九九八十一。"这里说的也是九九术。至于数出圆方，《周髀》经解把它直接同河图洛书、太极四象联系起来，正好表明《周髀》算学同易数的渊源关系。在我国古代，易数被运用于天文、历数、音律、丈量、罗盘与筮占等各个方面，堪称一门古老的应用数学。

三、一分为二与宇宙级数

宇宙生成论，是《周易》探索宇宙起源的基本观点。从太极→两仪→四象→八卦→六十四卦的演变程序来看，一分为二是宇宙由混沌状态，生成天地，化育万物的基本规律。这种宇宙观，在我国历史上具有极其深远和广泛的影响，甚而至今不绝。兹举几例如下：《礼记·礼运》"必本于大（太）一，分而为天地，转而为阴阳，变而为四时……"隋代杨上善在《黄帝内经·太素·知针石篇》中注曰："从道生一，谓之朴也；一分为二，谓天地也；从二生三，谓阴阳和气也；从三以生万物……"这是把老子的"一生二"和《易传》的"一分为二"的观点结合起来注释《内经》。宋代象数学家邵雍根据太极、两仪、四象、八卦、万物的分衍观念，指出："是故一分为二，二分为四，四分为八，八分为十六，十六分为三十二，三十二分为六十四，……合之斯为一，衍之斯为万。"（《皇极经世书·观物外篇》）朱熹也指出："一分为二，二分为四，四分为八，又细分将去"（《语类》卷六），"此只是一分为二，节节如此，以至于无穷，皆是一生两尔。"（《语类》卷六七）明代张介宾在解释《内经》时说："道者，阴阳之理也。阴阳者，一分为二也。"（《类经》卷二）

这些例证说明，不论是唯物主义者还是唯心主义者，他们所说的太极、太一究属物质本体，还是精神本体，都企图把一分为二说成是宇宙生成的基本法则。这一思想，无疑包含着关于宇宙万物矛盾分析的某些合理观念，但由于它把宇宙间极其复杂的矛盾结构，仅仅归结为简单的等比级数的世界模式，所以这一观念又是简单的、贫乏的。正如列宁在分析毕达哥拉斯学派用"数"的一般概念说明世界时指出："在他们那里，实体、物和世界的'规定'是'枯燥的、没有过程（运动）的、非辩证的'。"[①]

在易数中，级数占有重要地位。在前面第一题里，讲的阳奇阴偶之数，都是等差级数（算术级数）。进展到这一题，则是等比级数（几何级数）。我们知道，等比级数的特点是每一项和前一项的比值等于一个常数，即公比。一分为二的等比级数，可以表示为：

1，2，4，8，16，32，64，……M

---

① 列宁：《列宁全集》（第三十八卷），人民出版社1985年版，第273页。

$$2^0, \ 2^1, \ 2^2, \ 2^3, \ 2^4, \ 2^5, \ 2^6, \ \cdots\cdots 2^n$$

这是一个并不复杂的无穷级数，M 的发展是趋向于无穷尽的。在古人看来，用这一观念说明世界万物生成发展的无限性，是十分恰当的。因此，一分为二的等比级数，也就被上升为宇宙观了。这是从宏观方面说的。

同样，这一观念也被古人应用于微观方面。例如，《庄子·天下篇》中记载了战国时辩者提出的"一尺之棰，日取其半，万世不竭"的命题，生动地表述了物体无限分割的思想，并在数学上提出了一个很有价值的"极限"观念。这也是一种一分为二，可以表示为：

$$1, \ \frac{1}{2}, \ \frac{1}{4}, \ \frac{1}{8}, \ \frac{1}{16}, \ \frac{1}{32}, \ \frac{1}{64}, \ \cdots\cdots \frac{1}{M}$$

$$1, \ \frac{1}{2^1}, \ \frac{1}{2^2}, \ \frac{1}{2^3}, \ \frac{1}{2^4}, \ \frac{1}{2^5}, \ \frac{1}{2^6}, \ \cdots\cdots \frac{1}{2^n}$$

这里的 $\frac{1}{2^n}$ 越来越趋近于 0，而永远不能达到 0，是"万世不竭"的。

在 0→无穷尽之间，从微观到宏观，似乎都服从"一分为二"的级数法则，使不少古代学者倾倒于这一"神数"之下，以为是发现了世界演化的奥秘，领悟了神奇的宇宙级数。的确，即使是科学真理，只要超过了它的应用范围，盲目地加以崇拜，也会成为神学的工具。

四、周易三角与二项式系数

正当哲学家们神化"一分为二"的时候，自然科学家们却使它朝着科学发展的方向前进。我国宋代数学家杨辉编写的《详解九章算法》一书，载有一个叫作"开方作法本源"的图，这就是数学史上著名的杨辉三角。如下图：

图一

在这个三角中，除边数"一"外，每个数都等于它肩上两个数之和。这是数学史上的一个光辉的成就。因为三角中各横行中的数字，正是二项式展开式的系数表。例如，$(a+b)^4 = a^4+4a^3b+6a^2b^2+4ab^3+b^4$，它的系数正好是杨辉三角中第五行的"一四六四一"各数字。在欧洲，这样的三角是由法国数学家巴斯加于1654年发明的。杨辉三角比巴斯加三角早了近四百年。据杨辉说，早在十一世纪贾宪在其《释锁算书》（已佚）中已经用过这种三角。这样算来，比巴斯加三角要早五百多年。

可是，谁也没有考察出"贾宪—杨辉三角"究竟从何而来？它和易数有什么关系？近年来，我在研究易数时发现，"贾宪—杨辉三角"来源于太极—两仪—四象—八卦的"周易三角"，它是"一分为二"级数的另一种概括。请看图二：

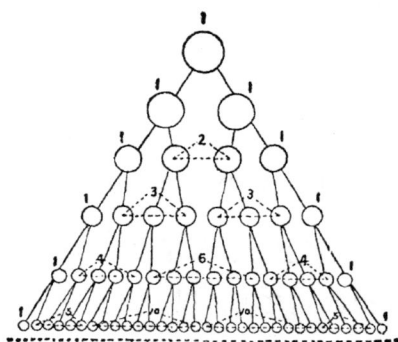

图二

从图二可以看出，一个分为两个，无休止地分下去，就形成了一个金字塔形的很整齐的等比级数的网络结构，各个因子处在第几层上，就按照对称的原则合并为几项，这就自然形成了"贾宪—杨辉三角"。例如，第三层上有四个因子，中间两个因子合并为2，就形成了1、2、1三项；第四层应有四项，今有八个因子，对称地合并为1、3、3、1；第五层应有五项，今有十六个因子，也对称地合并为1、4、6、4、1……以此类推。

同样，我们还可以根据易卦中各种卦象所包含的阳爻（——）、阴爻（— —）的数量，作分类统计，也能列出这样一个三角，我称它为"周易三角"。例如：太极，未经分化，古人称为"太一"，为1。两仪是——、— —，为1+1。四象共有三种类型：两个阳爻（⚌）的1个，一个阳爻一个阴爻（⚎与⚍）的2个，两个阴爻（⚏）的1个，为1+2+1。八卦共有四种类型：三个阳爻（☰）的卦1个，两阳一阴（☱☲☴）的卦3个，两阴一阳（☶☵☳）的卦3个，三个阴爻（☷）的卦1个，为1+3+3+1。十六卦共有五个类型：六十四卦体系恰当地分为四部分，每一部分都是十六卦，每十六卦都可以按照阴爻与阳爻的数量的不同，划分为 1+4+6+4+1 五类。六十四卦体系，也可以恰当地分为两部分，每三十二卦也可以用同样的方法，划分为 1+5+10+10+5+1 六类。这里，着重说一下六十四卦按阴阳爻所占数量的七种类型：六个阳爻的卦 1 个，五个阳爻一个阴爻的卦 6 个，四个阳爻二个阴爻的卦 15 个，三个阳爻三个阴爻的卦 20 个，二个阳爻四个阴爻的卦 15 个，一个阳爻五个阴爻的卦 6 个，六个阴爻的卦 1 个，即 1+6+15+20+15+6+1。把上述这些数列堆垒起来，不就是一个"周易三角"吗？

前面，我已说过易数中的排列问题，这里实际上又涉及了组合问题。排列要看次序，组合不管次序。所以——与－－两个符号按六个一组搭配起来，可以组合为七种类型，排列为六十四卦。因此，在"周易三角"中又可以看出易卦中排列与组合的相互关系。

如此看来，"贾宪—杨辉三角"也嫌太晚，应当溯源于《易传》产生的战国时期，它的实际应用还应当上溯到重卦时代，即出现六十四卦的西周早期。如只从《易传》年代算起，"周易三角"也要比"巴斯加三角"早了将近两千年。当然，也应指出，《易传》虽然包含了这一高超的数学思想，但并没使它图表化、数列化，这是因为《易传》讲的是数理哲学。

五、河图洛书与方圆九宫

伏羲氏依据什么画了八卦？《系辞上》说："河出图，洛出书，圣人则之。"究竟什么是河图、洛书，历来众说纷纭，颇多怪诞。以致后来考证迭出，注家蜂起，形成了一门河洛之学。但是，问题并未妥善解决，所以这仍然是中国思想史上的一个悬案。

最先提到河图的文献是《尚书·顾命篇》，其中记载了周成王死后致丧时，在东、西两个厢房中陈列了五组精美的玉器，其中的两组，即"大玉、夷玉、天球、河图，在东序"。玉琢的"河图"是什么呢？《顾命传》曰："河图，八卦；伏羲王天下，龙马出河，遂则其文以画八卦，谓之河图。"《春秋纬》则说："河以通乾，出天苞；洛以流坤，吐地符。河龙图发，洛龟书感。河图有九篇，洛书有六篇。"孔子在不得意时便哀叹："凤鸟不至，河不出图，吾已矣夫！"（《论语·子罕》）这都是把河图洛书同龙马、洛龟、凤鸟一类"神兽祥瑞"联系起来，视为圣人受命的符验，这当然是很荒唐的。但是，由此也可以看出河图洛书同易卦确有密切关系。

把河图洛书同易数联系起来考察，眉目就清楚多了。《周髀》中讲到"数之法出于圆方"，《周髀经解》云："河图者，方之象也；洛书者，圆之象也；太极者，圆之体，奇也；四象者，方之体，偶也。"这说明，河图洛书和一定的空间形式与数量关系相联系。太极是个球体，四象是个立方体，而河图洛书则是平面的方圆图像。这个提示，仍然是模糊的。

《大戴礼记·明堂篇》载：作为文王之庙的"明堂"，设有"九室"，其形制是"上圆下方"，以象征天覆地载；其数制为"二九四，七五三，六一八"。如何理解？北朝时，数学家甄鸾在注《数术记遗》中的"隶首注术，乃有多种，……其一八卦，其一九宫"时说："九宫者，即二、四为肩，六、八为足，左三右七，戴九履一，五居中央。"这正和《大戴礼记·明堂篇》所载相吻合。如图三所示：

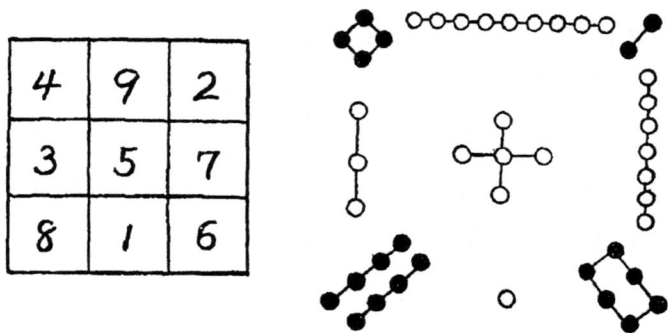

图三

这是一种最古老的幻方，这些数目纵横斜各向相加，都等于阳爻之九与阴爻之六的和数 15。这就是著名的"九宫算"。

为什么要凑 15 这个数呢？一则因为《周易》筮卦时，"四营成卦"即算出 9、8、7、6 四个数来画卦的，9、7 为阳爻，8、6 为阴爻。本来 9+6 与 8+7 都等于 15，是阴阳爻营数之和。《周易》中一般是阳爻用 9，阴爻用 6，这是因为 9、6 是变爻，预示着事物的运动变化，而 8、7 不是变爻。再则，据《大戴礼记·明堂篇》解释：在"明堂"四周，种有"朱草"，"朱草日生一叶，至十五日生十五叶；十六日一叶落，终而复始也"。就是说，这种红色的草，满十五日长足十五片叶后，从十六日开始，每日落一叶又长一叶，始终保持十五叶，以象征"德泽洽和"[①]。可见，十五这个数字是和古人的祥瑞观念联系在一起的。

---

① 另一说是十五叶落尽，又开始长十五叶，终而复始。

　　汉代以后，有的学者把"九宫算"作为河图，有的作为洛书，直到宋代朱熹在其《易学启蒙》中才把"九宫算"明标为洛书，此后多数学者才不再更易了。那么，河图又是什么呢？郑玄在《系辞传》的注中说："天数五"是1、3、5、7、9五个奇数；"地数五"是2、4、6、8、10五个偶数；它们的和是55，是"天地之数"；"五位相得"是指五行所处的方位；1、2、3、4、5是"生数"，与代表五行之5分别相加，产生出6、7、8、9、10五个"成数"。用1、6配水，列于下（北）；2、7配火，列于上（南）；3、8配木，列于左（东）；4、9配金，列于右（西）；5、10配土，列于中央。这样就构成了一个"天地生成之数"，如下图四所示：

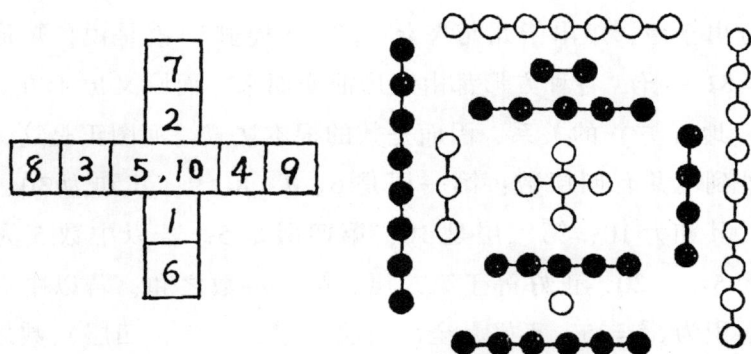

图四

　　汉儒、宋儒都对河图做过解释，但都深感困难，不像洛书那样容易看出各个数字的关系。英国人李约瑟在他的名著《中国科学技术史》数学部分认为，河图是"一个用从1到10的十个数字所组成的十字阵"，"在抛开中间的5和10时，奇数和偶数各自相加都等于20"。他画了下面这样一个图（见图五），说明各数的关系：

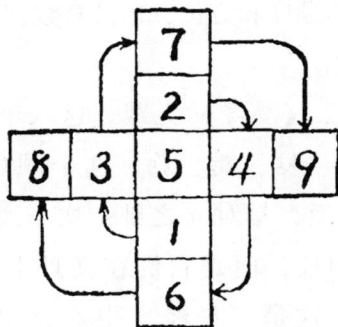

图五

他认为河图只是一些"简单数字排列"。李氏是研究我国科技史的杰出专家，确有许多重要发现，但是对河图的解释则未必妥善。他没有确切说明这些数字的涵义，低估了河图的智慧。在他列的十字阵中没有 10 的位置，也是不符原义的，奇偶数之和各为 20，也体现不出中国古代人的思想特征及其深意。这使我们忆起埃及金字塔的墓碑上刻的一组数字：2520，不少学者和数学家以浓厚的兴趣研究了这组数字的涵义，竟至毫无结果，致使一些人断言这几个数字是偶然凑在一起的。但终于有一位数学家揭开了谜底，原来 2520 是 1~10 这些自然数的最小公倍数。河图的数字关系远比 2520 这个数的涵义要费解得多。

我初步认为，河图的数字关系表示了圆和方的关系。"数之法出于圆方，圆出于方，方出于矩，矩出于九九八十一。"（《周髀》）就是说，矩形出于一边自乘，如 $9^2 = 81$ 一样；各种方形都由矩形演变而来，而圆又出于方。圆方的关系是天（圆）地（方）的关系，因而是数的根本法式。河图正是这一思想的体现。河图从外到内共有四层数：第一层是 6、7、8、9，其和为 30；第二层是 1、2、3、4，其和为 10；第三层是 10；第四层是 5。若以中数 5 为正方形边长，其周长为 5×4 = 20，正好等于第二层、第三层数之和；若以中数 5 为正方形边长，其面积为 $5^2 = 25$，正好是全部内层（第二、三、四层）数之和。若以这一正方形的边长 5 为半径画圆，其周长按"径一周二"的古圆周率计算：（圆周长 = $2\pi R$）2×3×5 = 30；这正好是河图外层 6+7+8+9 = 30。在天圆地方观念占统治地位的时代，圆出于方而大于方，所以天能覆盖九州大地。这正是古人常说的圆中容方，天覆地载之象也。

六、易卦方位与太极函数

易学中八卦与六十四卦的顺序和方位，也具有数理与哲理方面的涵义，这也是易学家们竞相探讨的一个问题。

关于八卦的顺序与方位，《易经》无载。这八个卦在六十四卦中出现的顺序是：乾、坤、坎、离、震、艮、巽、兑。这个顺序，主要是根据卦象排列的，乾全是阳爻，坤全是阴爻，是对立之卦；坎与离也是对立之卦；震☳与艮☶、巽☴与兑☱的象正好相反，但是它们在义理上却不是对立之卦，而震与巽、艮与兑应是对立之卦。这是《易经》中八卦顺序中象与理的牴牾之处。《易传》在解释八卦的顺序与方位时，不仅与《易经》卦序的实际有出入，而且它自身的论断也不尽一致。这样就引起了许多易学家的种种猜测。

《说卦》云："天地（乾坤）定位，山泽（艮兑）通气，雷风（震巽）相薄，水火（坎离）不相射。八卦相错，数往者顺，知来者逆，是故易逆数也。"[①]按照这个原则排列八卦的顺序，应体现出卦与卦的对立而又不相对抗的关系，从宋代的陈抟到邵雍，都认为这是原始的伏羲八卦方位。如图六所示：

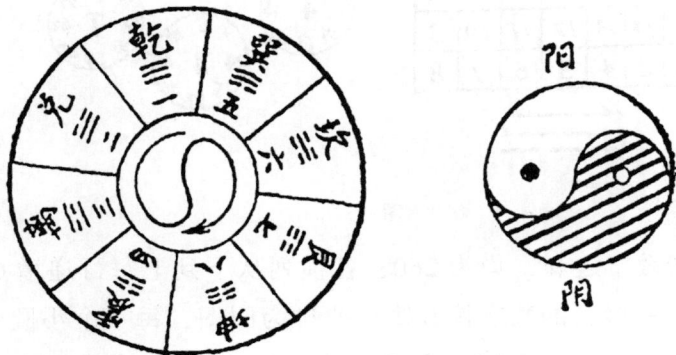

图六

图中的 S 形就是所谓的"太极图曲线"，它的来源就是从乾一、兑二、离三、震四，转至巽五、坎六、艮七、坤八。前者象征天左旋，"数往者顺"；后者象征阴阳相错，"知来者逆"。从一到八，是逆转运行的，所以各对立卦之间，并不形成直接冲突，S 形曲线表现了相反相成的观念。由此而形成的太极图，阴阳各半，但不是一刀切开的各半，而是阴阳在旋转运动中此消彼长的两种力量。太极图中的两条"阴阳鱼"，头尾互接，一边从小到大，另一边则从大到小，互为因果，这是用一种函数关系来表示阴阳消长转化的法则。应当承认，这是易数在数学思想上的一大贡献。

上图还说明，各相对卦的数字相加，一八、二七、三六、四五，都是九。它提示了一种排列数字方阵与圆阵的简便方法：即按照 S 曲线排列自然数，就可以形成各种数学图阵。例如把六十四卦分成八组，形成以下两种方阵与圆阵图（见图七）：

---

① 《说卦》还说：震东方也，巽东南也，离南方，坎北方，乾西北，艮东北云云，后人推测为文王八卦方位，与伏羲八卦方位不同。本文不再赘述。

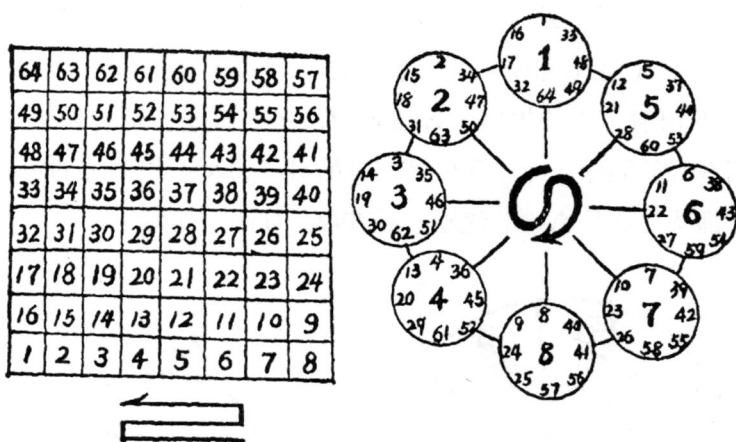

图七

　　方图中各竖行数字之和，均为260；各横列从下到上每行递增64，是很整齐的。将方图中每一竖行的数字按S线路改排为圆图，每一个小圆图中三个一线相连数之和都相等；而大圆图中亦复如此，都是529。古代军事家运用这种方法巧布兵力，大摆八卦阵、八门阵、八阵图等，使敌人在各条路径上都会遇到优势的兵力，互相策应，运转灵活。古代数学家也运用它演变出更为复杂的幻方，启迪人们的智慧。因此，这绝不是无谓的数字游戏。

　　关于六十四卦的顺序问题，在明确了八卦方位的基础上，就比较容易解决了。《易经》中六十四卦顺序都是按照正反卦（互卦）的形式成对排列的，其深意在于突出卦象中的矛盾对立和相互转化。《易传·序卦》详细分析了各卦的关系和联系，以天地（乾坤）为万物滋始，中经养育、生死、进退、损益、升困、动止之道，最后以"物不可穷也，故受之以未济终焉"。很明显地反映了宇宙生成论的观点。但是从易数的内在逻辑来看，《易经》卦序显得有些混乱。所以许多易学家试图另作一番排列，提出了各式各样的新卦序，有的注重于阐发易理，有的则着眼于易数。北周时易学家卫元嵩在其《元包》一书中列了"先天方图横卦图"，宋代陈抟、邵雍、朱熹等人都提出了一套卦序图。其中以邵雍的六十四卦顺序与方位图，更符合数学的原则。详见图八：

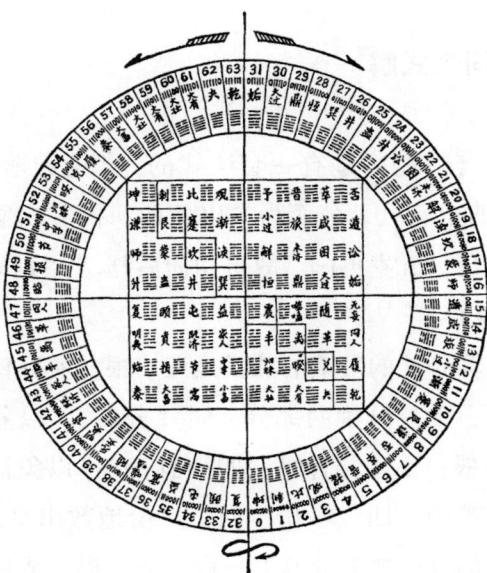

图八

这个圆图，从乾至复，按太极曲线逆转向姤再到坤，体现了"数往者顺，知来者逆"的原则。方图从右下角的乾至左上角的坤，在这条对角线上，恰好是乾一、兑二、离三、震四、巽五、坎六、艮七、坤八，同八卦方位图相一致。方图中的四个小方，各有十六卦；任意两个小方之和，各为三十二卦，如以其每一卦所含有的阴爻与阳爻数统计分类，恰好符合"杨辉三角"的各项系数。

邵雍的卦序与卦位图，还经得起二进制数学的检验。十七世纪德国哲学家与数学家莱卜尼兹，看到了中国的易卦后，赞叹不已，认为这是一个古老的二进制的数列。如果以阴爻为 0，阳爻为 1，那么八卦的顺序应是：乾 111（七），兑 110（六），离 101（五），震 100（四），巽 011（三），坎 010（二），艮 001（一），坤 000（零）。这正好说明"易，逆数也"。同样，用二进制检验邵雍的六十四卦图，乾是 111111（63），至坤 000000（零），0→63，共 64 卦，全部卦序符合要求。如果用电子计算机来排列六十四卦的顺序，会准确无误地得出邵雍式的六十四卦图。在中国哲学史上，邵雍虽常被说成是一个相当蹩脚的哲学家，但是他确实是一个颇有才智的数学家，是一个长期不被人理解的数理逻辑学家。他的错误在于不能唯物地、正确地解释这些数的关系，而把它看成是某种神秘的先验的形式、先天存在的一种秩序，在冥冥中支配着人类社会和人们的时运，提出了一套"元会运世"的历史循环论，以致以相当丰富的数学知识为神学服了务。

七、揲蓍之法与同余式解

关于筮卦与断占，《易经》是有一套法式的，但是已经失传了。《易传》云："大衍之数五十，其用四十有九。分而为二以象两；挂一以象三；揲之以四，以象四时；归奇于扐，以象闰；五岁再闰，故再扐而后挂。""是故四营而成易，十有八变而成卦。"（《系辞上》）

大意是说：全面演算卦爻的筹策的数目是五十根，实际使用的是四十九根。第一步，先把这四十九根，随意分为两部分，叫"分二"，以象征两仪；第二步，从第一部分筹策里拿起一根，不参与计算，叫"挂一"，以象征天、地、人三才；第三步，从第一部分的筹策中，四个一份、四个一份地数出来，叫"揲四"，以象征四时；第四步，把第一部分中剩下的筹策一根、或二根、或三根、或四根，也都拿出来，不加入计算，叫"归奇"，即舍去四以下的零头，以象征闰年；第五步，再把第二部分筹策，按"揲四"的方法分开，和第三步一样；第六步，把第二部分剩下的筹策一至四根"归奇"，和第四步一样；第七步，把两部分中挂一归奇的筹策或五根、或九根拿开不用，叫"再扐而后挂"，以象征"五岁再闰"。

这样就完成了第一变，四十九策去掉五策或九策，必定剩下四十四策，或四十策。

第二变是用第一变剩下的四十四策、或四十策为基数，经过"分二"→"挂一"→"揲四"→"归奇"等七个步骤后，或去四策、或去八策。因而，必定剩下四十策、或三十六策、或三十二策。因为，$44-4=40$；$44-8=36$；$40-4=36$；$40-8=32$。可见，余数只有三种可能。

第三变又以第二变的余策为基数，以同样七个步骤，或去四策、或去八策，必定剩下三十六策、或三十二策、或二十八策、或二十四策，只有四种可能。

将第三变的余策，约之以四，则得九、或八、或七、或六；奇数为阳爻，偶数为阴爻。这四个数，称为"四营"。八、七为阴、阳不变之爻；六、九为阴、阳可变之爻。经过三变形成一爻，一卦六个爻，要经过"十有八变而成卦"。这只是形成了"本卦"，至于"变卦"的占法，没有多少哲学与数学上的意义，这里不再赘述。

易卦中上述揲蓍之法，在我国哲学史与数学史上，也是一个争论不休的问题。我们今天研究这个问题，当然不是为了学会算卦，而是为了弄清楚古人的这套精心设计的成卦法，究竟反映了什么样的数理哲学观念，它在认识史上有没有价值。

历史上许多神秘的东西，大都有其世俗的来源，拆穿了，倒是极平常的事。易数的神秘性，是它的原始性和后人的故弄玄虚造成的。譬如，什么是"大衍之数"？何以"其用四十有九"？玄学家王弼注曰："演天地之数所赖者五十也。其用四十有九，则其一不用也；不用而用以之通，非数而数以之成，斯易之太极也。"五十之中用了四十九，当然是"其一不用"，像这样的解释毫无用处。留一不用，又是"不用而用""非数而数"，则纯属玄虚。当然他在这里是以"贵无"观点来解释太极的。与易之本义，实无大关系。京房云："五十者，十日、十二辰、二十八宿，凡五十。其一不用者，天之生气，将欲以虚来实，故用四十九焉。"马季长云："易有太极，谓北辰也。"太极生两仪、日月、四时、五行、十二月、二十四节气，共四十九；"北辰居位不动，其余四十九运转而用也。"（均见《周易正义·系辞上·疏》）如此等等，不一而足。大多出于凑数，很难说有什么根据。如果我们考察一下我国计算工具的发展史，先是结绳，一根绳作纲，其余的绳在纲上系结，用以计数；其后是算筹，根据出土资料和文献计载，算筹一束多少不等，随算器"中筹"的容量而异，少的 31 枚，多的 271 枚。为什么不可能是 50 枚为一握呢？所以我认为，大衍之数五十是指全面演算卦的筹策或蓍草为五十枚。其一不用，是抽出一枚作档，以区分上下或左右，方便运筹，恰与结绳计数中的纲、算盘的中档的作用一样。完全是出于计算的实际需要，没有什么神秘性。所谓象征太极、北辰、太初之类的说法，都是附会之词。

至于筮法，在数学方面，基本上属于"中国剩余定理"的特殊应用。南宋时大数学家秦九韶在其《数书九章》中运用"大衍求一术"即一次同余式解法，来阐述《易传》揲蓍之法。他在该书自序中说："昆仑旁薄，道本虚一。圣有'大衍'，微寓于《易》。奇余取策，群数皆捐。衍而究之，探隐知原。"由于他使用了"衍母""衍数""奇数""用数"等独创名词，不易看懂。由于他的解释同传统说法不一致，故不为一般易学家所接受。其实这是一个很可贵的尝试。李约瑟十分重视秦九韶的这一研究成果，他认为中国古代有大量不为人注目的著作中存在着"属于内算（秘传的数学）"的遗产，"我相信，如果有一个汉学家兼通数学，那么，通过对隐晦难解的中国中世纪占卜术著作的探索，他在这方面是会大有收获的"。这个任务，在今天可以通过汉学家与数学家的合作来实现。

八、吉凶休咎与概率统计

在易学史上，断占也是一个很多人索隐探秘的问题。早在《尚书·洪范》中就探讨过卜筮稽疑的多种可能性。它重视以多数决疑的原则，"三人占，则从二人之言"。如果一国的君主有重大疑问需要解决，就要"谋及乃（你）心，谋及卿士，谋及庶人，谋及卜、筮"。根据君意、臣意、民意和神意（卜、筮）的相互关系来判断行事的吉凶。它划分了六种情况：一、君臣民卜筮五方皆同，"是之谓大同"，大吉。二、君卜筮三者同，臣与民逆（反对），仍吉。三、臣卜筮三者同，君与民逆，仍吉。四、民卜筮三者同，君与臣逆，仍吉。五、君卜二者同，筮、臣、民三者逆，"作内（家事），吉；作外（国事），凶"。因为臣意、民意、一半神意都反对，与家事无碍，对国事就不利了，所以基本属凶。六、"龟筮共违于人，用静，吉；用作，凶。"神意与人意全违，不要有所行动，是吉利的；若有所作为，就凶险了。

从这段叙述中可以看出，其判断吉凶的五个因素中，首先注重神意，卜筮一违于人或全违于人，都有凶险；其次注重多同少逆的原则，即使在五者中出现君臣之意反对，仍然是吉祥的；又次注重吉凶依条件而转化，如在外事、处动方面遇凶，则可在内事、处静中得吉。除这些哲学观点外，明显含有排列组合与概率统计的思想。

《周易》作为筮占之典，必以预断吉凶休咎为己任。它同样运用了概率统计思想来探索各种机遇与偶然事件得失成败的最大可能性。算卦，可以说是一种猜度术，它不是依据客观必然性来预言后果，而是依据偶然性的概率来猜度后果。我粗略地把《易经》中卦爻辞的吉凶断语，分为大吉、一般的吉、利、无咎无悔、悔吝咎不利、凶、厉七类，对其出现的次数和所占比重，做了一个统计，如图九所示：

断语	大吉元吉	有利	吉祥	无咎元悔	悔吝咎不利	凶	厉
次数	21	103	125	124	65	56	27
比率	4%	19%	24%	24%	12%	11%	6%
合计	373（71%）				148（29%）		

图九

这是一个两头低、中间高的概率曲线，而且吉祥类远远超过非吉祥类的比重，吉占 $\frac{5}{7}$，凶占 $\frac{2}{7}$。无怪乎宋代郑樵《六经奥论·无咎悔亡篇》云："自《易》之既作而观之，则六十四卦未有一卦不可为也，三百八十四爻，未有一爻之不吉也。《易》之爻辞，有所谓无咎者，夕惕若厉无咎之类是也。""是谓事虽非吉，能从圣人之训则反为吉矣！"不吉的卦爻概率小，是大可告慰于筮占者的。然而令人惊叹的是，上述这些易数的知识与观念，竟出现在人类进入文明时代的早期阶段，这是颇耐人寻味的！

一九七二年五月初稿
一九八〇年四月改定

《杂卦》不杂说

——兼论《易》卦序与学派问题

王兴业

《杂卦》是《易大传》的最后一篇，从来不被人们重视，注解者皆以"杂"字说之。如虞翻说：

> 《杂卦》者杂六十四卦以为义，其于《序卦》之外别言也。……王道踳驳，圣人之意或欲错综以济之，故此《序卦》以其杂也。（《周易正义》孔颖达疏引）

韩康伯说：

> 《杂卦》者，杂糅众卦，错综其义，或以同相类，或以异相明也。（《周易正义·杂卦》注）

干宝说：

> 凡《易》既分为六十四卦，以为上下经，天人之事，各有始终。夫子又为《序卦》以明其相承受之义。……又重为《杂卦》以易其次第，《杂卦》之末，又改其例，不以两卦反覆相酬者，以示来圣。后王明道非常道，事非常事也。（《周易集解·杂卦》注）

孔颖达说：

上《序卦》依文王上下而次序之。此《杂卦》孔子更以意错杂而对辨其次第，不与《序卦》同。(《周易正义·杂卦》疏)

今人高亨说：

《杂卦》一篇分别论述《易经》六十四卦之意义。其论述不尽依各卦之顺序，错综交杂其卦而说之，故题曰《杂卦》。①

古今说《易》者，都认为《杂卦》"错综""杂糅"了《易经》的"次第"，故称之曰"杂"；又认为，《杂卦》虽"杂"，但和其他九传属于同一系统，都是今本《易经》的传注。他们认为，《易经》只有今本《易经》一种，解释《易经》的十传原是一家一派。我认为这种传统说法大有商榷之必要。下面我想从三个方面谈谈这一问题。

一

在这部分中，让我们先谈谈古代《易》学的多家多派问题。《汉书·艺文志》说："仲尼没而微言绝"，"《易》有数家之传"。战国时"诸子之言，纷然殽乱"，说《易》的派别愈来愈多。以战国魏襄王墓中出土的竹书而论，一个坟墓中即藏有几种不同的《周易》本子：一是与今本《易经》"上下经同"的经书；二是与今本《易经》"略同，繇辞则异"的《易繇阴阳卦》。此外，还有"似《说卦》而异"的《卦下易经》(《晋书·束皙传》)。西汉时，言《易》者多"本之田何"，民间仍有费直、高相和焦延寿等"隐士之说"(《汉书·儒林传》)。而马王堆出土的帛《易》又是司马迁、刘向等不曾闻知的另一学派的传本。《汉书·艺文志》说："凡《易》十三家，二百九十四篇。"实际的数目，恐不止于此。据此，我认为：研究《周易》必须打破传统的一家一派的观念，从有多家多派和多种《易》书的实际情况出发，才能抓住问题实质，恢复其本来面目。

其次，古代《易》学既然有多家多派，让我们考查一下《杂卦》与田何学派的关系问题。《史记·仲尼弟子列传》说："孔子传《易》于瞿，瞿传楚人馯臂子弘，弘传江东人矫子庸疵，疵传燕人周子家竖，竖传淳于人光子乘羽，羽传齐人田

① 高亨：《周易大传今注》，齐鲁书社 2009 年版，第 578 页。

子庄何。"《汉书·儒林传》说："要言《易》者本之田何"。田何间接师承孔子，是汉初传《易》的最大学派。《史记·孔子世家》说："孔子晚而喜《易》，序《彖》《系》《象》《说卦》《文言》。"田何既然师承孔子，必然也传授了《彖》《系》《象》《说卦》《文言》等传。司马迁没有说《序卦》和《杂卦》，而《淮南子·缪称训》的"故《易》曰：《剥》之不可遂尽也，故受之以《复》"是《序卦》的"物不可以终尽，《剥》穷上反下，故受之以《复》"的简文，可证当时已有解释田何传本《易经》的《序卦》。从战国和汉初的文献看，今本《周易》的九传皆有所见，只有《杂卦》不见踪迹。王充《论衡》的《正说篇》云："孝宣皇帝之时，河内女子发老屋，得'逸易'……一篇，奏之。宣帝下示博士，然后《易》……益一篇。"从此，《易传》成了十篇。《汉书·艺文志》说："《易经》十二篇，施、孟、梁丘三家。""十二篇"即上下经两篇和《易传》十篇。张岱年先生说：增益的一篇"当是《杂卦》"①，完全正确。施雠、孟喜、梁丘贺是田何的四传弟子，他们把《杂卦》作为《易传》的十篇之一，从而"逸《易》"补入田何传本，孔子"序《彖》《系》《象》《说卦》《文言》"也成了"孔子为之《彖》《象》《系辞》《文言》《序卦》之属十篇"（《汉书·艺文志》）。

由此可见，名为《杂卦》的"逸《易》"，晚出于民间，原本不是田何传本，更不是孔子所作，宣帝把它塞入传本《周易》，田何后学者名为《杂卦》，虞翻猜测为圣人"或欲错综以济之"，干宝、孔颖达去掉"或欲"，干脆说孔子"以意错杂"，而"易其次第"。于是"逸《易》"成了田何传本《周易》的螟蛉之子。

二

《杂卦》的思想在许多地方和其他几传即田何原来的传本不合，甚至格格不入。

第一，卦义方面有许多不同之处。如：《杂卦》的"《谦》轻而《豫》怠也"的"《豫》怠"。《豫》卦的卦辞是"利建侯行师"。《彖传》解释为"天地""圣人""以顺动"，乐得其时，说"《豫》之时，大矣哉"。《象传》说雷动万物（"雷

---

① 《隋书·经籍志》："及秦焚书，《周易》独以卜筮得存，唯失《说卦》三篇，后河内女子得之。""三篇"指《说卦》《序卦》《杂卦》。张岱年先生说："但是，《淮南子》已引过《序卦》，司马迁已提到《说卦》，近年马王堆出土帛书《周易》有《系辞》，那《系辞》中包括通行本《说卦》的一段。这都可证《隋书·经籍志》之说是不可凭信的。王充所说增益'一篇'是正确的。这一篇当是《杂卦》。"（《中国哲学发微》，山西人民出版社1981年版，第365~366页）

出地奋"）则"豫"，"作乐崇德"。《序卦》说："有大而能谦必豫"，认为谦虚者必豫。三者都把"豫"解释为"乐"。《杂卦》说："《豫》怠也"，"怠"是厌倦，其义与三者不合。再如：《杂卦》的"《履》不处也"。《履卦》卦辞为"履虎尾，不咥人。亨。""履"，古训为"践"，《诗经·生民》："履帝武敏"。《毛传》："履，践也"；又训为"礼"，帛《易》的《礼卦》即《履卦》。《彖传》说："履帝位而不疚"。《象传》说："君子以辨上下，定民志。"《序卦》说："《履》者，礼也。履而泰然后安。"都是强调君主践位以礼。《杂卦》说"不处"，"不处"为不践不礼，"履虎尾"岂不成了反背的"不履。"又如：《杂卦》的"《大壮》则止"。《大壮》卦辞为"利贞"，是吉卦。《彖传》以"正大"为"大壮"，象征"天地之情"。《象传》以"雷在天上"为"大壮"，象征君子"非礼弗履"。《序卦》说："物不可以终壮，故受之以《晋》，《晋》者进也。"意谓"天地""君子"因"壮"而"进"。《杂卦》以"《大壮》则止"否定了"进"，也否定了"吉"。

历代注解家从十传为一家一派的思想出发，总是把《杂卦》和其他九传的思想牵强附会地糅合为一体。其实认真检查一下，《杂卦》卦义与其他九传不合者颇多。其不合的情况有二：一是在今本《易经》中可找到一定的根据。如："《大壮》则止"的根据是九三爻辞："小人用壮，君子用罔，贞厉。羝羊触藩，羸其角。"还有九四爻辞："贞吉，悔亡。藩决不羸，壮于大舆之辐。"意思是小人"大壮"反抗时，大人以法"罔"制止，不然就像对触破藩篱的羝羊一样，不系其角，必将撞毁车辐。可见，"《大壮》则止"的说法有爻辞可据，不是随意造说；二是在今本《易经》中找不到任何根据。如《杂卦》的"《升》不来也"。《升卦》的卦辞是："元亨。用见大人，勿恤。南征吉。"其爻辞初六为"允升"，九三为"升虚邑"，六四为升祭岐山，六五为"升阶"，上六为"冥升"，主要讲升登问题。《序卦》说："聚而上者谓之升。""聚"是"升"的前提，《杂卦》说《升》"不来也"，"不来"则不聚，不聚则不升。但上述卦爻辞中都没有这方面的根据。其九二"孚乃利用禴"，讲忠信可禴祀，也无"不来"之意。不过，我认为《杂卦》的说法必有所本，也非随意造说，这就不能不使人考虑《杂卦》依据的本子是否与今本《易经》完全相同的问题。

第二，《乾》《坤》两卦思想方面的不同。《杂卦》之外的其他各传都以《乾》《坤》代表天地，阐述天地产生万物的理论。如对《乾卦》，《彖传》说："大哉乾'元'，万物资始，乃统天。"认为万物赖"天德"而有生。《文言》说："乾'元'者，始而亨者也。""乾始能以美利利天下"。天的美德使万物有始有利而亨通。对于《坤卦》，《象传》说："地势坤。"《彖传》说："至哉坤'元'，万物资生，乃顺承天。坤厚载物，德合无疆。"地顺承天意，以厚德载负和养育万物。《文言》说：《坤》，"地道也"，"承天而时行"，"含万物而化光（广）"。地顺承天时，包罗和广化万物。对于天地的结合，《系辞》说："天尊地卑，乾坤定矣。""乾知大始，坤作成物。""天地绷缊，万物化醇。"《文言》说："天地变化，草木蕃。"《序卦》直接以天地代表《乾》《坤》，说："有天地，然后万物生焉。"从而产生了《屯》到《离》的二十八卦。又说："有天地然后有万物，有万物然后有男女。"有男女而后有"夫妇""父子""君臣""上下"和"礼义"，从而产生了《咸》（"夫妇"）以下的三十四卦。

《杂卦》与此不同。它虽然把《乾》《坤》放在最前面，但是只说"《乾》刚《坤》柔"，没有讲《乾》《坤》代表天地和天地生万物的问题。而"刚""柔"只是"君子道长，小人道忧"（《杂卦》)的"君子""小人"之道。在和其他卦的关系方面，它没有《系辞》的"《乾》《坤》其《易》之门邪"和"《乾》《坤》成列而《易》立乎其中矣"的思想，更没有像《序卦》那样，表现出《乾》《坤》产生其他六十二卦的系列。

第三，在六十四卦关系的论述上，《序卦》的卦与卦之间，表现了因承与转化的关系。《杂卦》没有这种思想。

因承是前一卦为后一卦之因，后一卦为前一卦的结果。如"《屯》者，物之始生也，物生必蒙，故受之以《蒙》。《蒙》者，蒙也，物之稚也，物稚不可不养也，故受之以《需》。《需》者，饮食之道也，饮食必有讼，故受之以《讼》。"（《序卦》）《屯》《蒙》《需》《讼》为万物由始生、稚弱、需要饮食之养而发生争讼，四者的先后次第表现了相因与相承。再如："《比》者，比也，比必有所畜，故受之以《小畜》。物畜然后有礼，故受之以《履》。履而泰然后安，故受之以《泰》。""《蛊》者，事也，有事而后可大，故受之以《临》。《临》者，大也，物大然后可观，故受之以《观》。可观而后有所合，故受之以《噬嗑》。""《姤》者，遇也，物相遇而后聚，故受之以《萃》。《萃》者，聚也，聚而上者谓之升，故受之以《升》。"（《序卦》)等等，都是以前者为后者之因，后者为前者之果，果又成为后者之因。《杂卦》不同，卦与卦之间，不相因承，其相偶之卦，多是相斥。如："《乾》刚《坤》柔。《比》乐《师》忧。《临》《观》之义，或与或求。"《乾》与《坤》，《比》与《师》，《临》与《观》是三组对偶，各对偶内的卦相互反对，对偶与对偶之间互不相关。其他如："《震》起也，《艮》止也。《损》《益》盛衰之始也。""《咸》速也，《恒》久也。《涣》离也，《节》止也。《解》缓也，《蹇》难也。《睽》外也，《家人》内也。

《否》《泰》反其类也。"　"《丰》多故也,亲寡《旅》也。《离》上而《坎》下也"
的"起"与"止","盛"与"衰","速"与"久","离"与"止","缓"与
"难","外"与"内","反其类","多"与"寡","上"与"下",都是对偶内两
卦之相斥。而诸对偶之间,《震》《艮》与《损》《益》,《咸》《恒》与《涣》《节》,
《涣》《节》与《解》《蹇》,《解》《蹇》与《睽》《家人》,《睽》《家人》与《否》
《泰》,《丰》《旅》与《离》《坎》之间,也无任何联系。

转化是由前一卦转化为意义相反的后一卦。如:"《震》者,动也。物不可以终
动,止之,故受之以《艮》。《艮》者,止也。物不可以终止,故受之以《渐》。《渐》
者,进也。进必有所归,故受之以《归妹》。"(《序卦》)《震》《艮》《渐》《归妹》
的关系为"动"变为"止"、"止"变为"进"、"进"变为"归",通过三个否定,
发生了三次转化。在转化中,《序卦》还表现了一些物极必反的思想。如:"缓必有
所失,故受之以《损》。损而不已必益,故受之以《益》。益而不已必决,故受之以
《夬》。"　"聚而上者谓之升,故受之以《升》。升而不已必困,故受之以《困》。"
"《丰》者,大也,穷大者必失其居,故受之以《旅》。旅而无所容,故受之以《巽》。
《巽》者,入也。"《损》"不已"变《益》,《益》"不已"变《夬》,《升》"不已"
变《困》,《丰》"穷大"变《旅》,《旅》至"无所容"变《巽》。所谓"不已""穷
大""无所容"都是向穷极发展的思想。事物发展到极点便"穷则变"(《系辞下》),
转向它的反面。而《杂卦》与《序卦》不同,如"《萃》聚而《升》不来也。"
"《兑》见而《巽》伏也。"　"《离》上而《坎》下也。"其"聚"与"不来","见"
与"伏","上"与"下",都是对立并存,没有转化,更没有物极必反的思想。

《杂卦》和今本《易经》的卦序实际上都是二二相偶。《序卦》通过因承转化,
把六十四卦连成一条发展链条,掩盖了对偶。《杂卦》强调两卦相斥,突出了对偶
特征。从哲学上看,前者高于后者,从卦序特点看,后者比前者符合。但是哲学思
想上的不同却是不同学派分野的表现。

从上述三方面看,《杂卦》和其他几传的思想体系不同,它不是田何传本,也
不是今本《易经》的传注。

三

《序卦》是田何传本,它的卦序即今本《易经》六十四卦的顺序。现在让我们
从卦序排列方面,比较一下《杂卦》与今本《易经》的不同。请看下表一:

	今本易经卦序	杂卦卦序		今本易经卦序	杂卦卦序
1 2	（上经） ☰ 乾 ☷ 坤	☰ 乾 ☷ 坤	33 34	䷠ 遁 ䷡ 大壮	䷙ 涣 ䷻ 节
3 4	䷂ 屯 ䷃ 蒙	䷇ 比 ䷆ 师	35 36	䷢ 晋 ䷣ 明夷	䷧ 解 ䷦ 蹇
5 6	䷄ 需 ䷅ 讼	䷒ 临 ䷓ 观	37 38	䷤ 家人 ䷥ 睽	䷥ 睽 ䷤ 家人
7 8	䷆ 师 ䷇ 比	䷂ 屯 ䷃ 蒙	39 40	䷦ 蹇 ䷧ 解	䷋ 否 ䷊ 泰
9 10	䷈ 小畜 ䷉ 履	䷲ 震 ䷳ 艮	41 42	䷨ 损 ䷩ 益	䷡ 大壮 ䷠ 遁
11 12	䷊ 泰 ䷋ 否	䷨ 损 ䷩ 益	43 44	䷪ 夬 ䷫ 姤	䷍ 大有 ䷌ 同人
13 14	䷌ 同人 ䷍ 大有	䷙ 大畜 ䷘ 无妄	45 46	䷬ 萃 ䷭ 升	䷰ 革 ䷱ 鼎
15 16	䷎ 谦 ䷏ 豫	䷬ 萃 ䷭ 升	47 48	䷮ 困 ䷯ 井	䷽ 小过 ䷼ 中孚
17 18	䷐ 随 ䷑ 蛊	䷎ 谦 ䷏ 豫	49 50	䷰ 革 ䷱ 鼎	䷶ 丰 ䷷ 旅
19 20	䷒ 临 ䷓ 观	䷔ 噬嗑 ䷕ 贲	51 52	䷲ 震 ䷳ 艮	䷝ 离 ䷜ 坎
21 22	䷔ 噬嗑 ䷕ 贲	䷹ 兑 ䷸ 巽	53 54	䷴ 渐 ䷵ 归妹	䷈ 小畜 ䷉ 履
23 24	䷖ 剥 ䷗ 复	䷐ 随 ䷑ 蛊	55 56	䷶ 丰 ䷷ 旅	䷄ 需 ䷅ 讼
25 26	䷘ 无妄 ䷙ 大畜	䷖ 剥 ䷗ 复	57 58	䷸ 巽 ䷹ 兑	䷛ 大过 ䷫ 姤
27 28	䷚ 颐 ䷛ 大过	䷢ 晋 ䷣ 明夷	59 60	䷺ 涣 ䷻ 节	䷴ 渐 ䷚ 颐
29 30	䷜ 坎 ䷝ 离	䷯ 井 ䷮ 困	61 62	䷼ 中孚 ䷽ 小过	䷾ 既济 ䷵ 归妹
31 32	（下经） ䷞ 咸 ䷟ 恒	䷞ 咸 ䷟ 恒	63 64	䷾ 既济 ䷿ 未济	䷿ 未济 ䷪ 夬

从上表看，《杂卦》卦序和今本《易经》卦序，在排列上有两大不同：

第一，今本《易经》分为上下两经，上经以《乾》《坤》为首，下经以《咸》《恒》为首。《彖传》和《象传》按照上下经之别，各分为上下两篇。《序卦》为了体现上下经之分，前面用"有天地然后万物生焉"，中间用"有天地然后有万物，有万物然后有男女，有男女然后有夫妇"两段话，把六十四卦分为三十与三十四两部分。《杂卦》的《乾》《坤》《咸》《恒》四卦虽然与今本《易经》的位置相同，依次为一、二与三十一、三十二卦，但无上下经之别。其排列顺序自《乾》卦开始，连续而下，而《咸》《恒》上面的三十卦，不尽是今本《易经》上经的三十卦，下面的三十二卦也不尽是下经的卦。如：《需》《讼》《小畜》《履》《泰》《否》《同人》《大有》《颐》《大过》《坎》《离》十二卦，在今本《易经》属上经，在《杂卦》则位于《咸》卦之下。《晋》《明夷》《损》《益》《萃》《升》《困》《井》《震》《艮》《巽》《兑》十二卦，在今本《易经》为下经，在《杂卦》则位于《咸》卦之上。

第二，今本《易经》的六十四卦按照"二二相偶"的原则，分为三十二对。相偶的特点是"非覆即变"。所谓"覆"，即两卦爻画互相倒置，如《屯》䷂与《蒙》䷃；所谓"变"，指两卦的阴阳画相反，如《坎》䷜与《离》䷝。《杂卦》有五十六卦成偶，为二十八对。其最后的《大过》《姤》《渐》《颐》《既济》《归妹》《未济》《夬》八卦不成对偶。宋人蔡渊根据今本《易经》，改定为《大过》与《颐》，《既济》与《未济》，《归妹》与《渐》，《姤》与《夬》四组对偶。朱熹说："自《大过》以下，卦不反对，或疑其错简。今以韵协之，又似非误。"（《周易本义》）其实改定后仍然是协韵的：

> 《大过》颠也，《颐》养正也。《既济》定也，《未济》男之穷也。《归妹》女之终也，《渐》女归待男行也。《姤》遇也，柔遇刚也。《夬》决也，刚决柔也，君子道长，小人道忧也。①

"正""定""穷"与"终"，"行"与"刚"，"柔"与"忧"都相协韵。蔡渊的改定是正确的。据此，则六十四卦的对偶与今本《易经》完全相同。不过，《杂卦》除有六十卦，即三十对偶卦的位置全然不同于今本《易经》外，更值得注意

---

① 高亨：《周易大传今注》，齐鲁书社 2009 年版，第 586 页。

的是对偶两卦的次序有许多是反背的。如今本《易经》的《师》与《比》、《无妄》与《大畜》、《巽》与《兑》、《困》与《井》、《蹇》与《解》、《家人》与《睽》、《泰》与《否》、《遁》与《大壮》、《同人》与《大有》、《中孚》与《小过》、《坎》与《离》、《颐》与《大过》、《渐》与《归妹》、《夬》与《姤》的前后次序在《杂卦》中却是前者成了后者，后者成了前者。

　　《杂卦》及今本《易经》的卦序虽然有些不同，但都具有对偶特征，与此相近的卦序还有《归藏》。马国翰《玉函山房辑佚书·经编·易类》所载《归藏》的卦序大致如下：

奂（坤）	乾	瞿（睽）	散家人（家人）
屯	蒙	节	奂（涣）
溽（需）	讼	蹇	荔（解）
师	比	员（损）	诚（益）
小毒畜（小畜）	履	钦（咸）	恒
泰	否	规（夬）	夜（姤）
同人	大有	巽	兑
狠（艮）	釐（震）	离	犖（坎）
大过	颐	兼（谦）	分（豫）
困	并	归妹	渐
革	鼎	晋	明尸
旅	丰	岑釐（既济）	未济
小过		逸（遁）	
林祸（临）	观	蜀（蛊）	马徒（随）
萃	称（升）	荧惑	
仆（剥）	复	耆老	
母亡（无妄）	大毒畜（大畜）	大明	

　　此卦序主要引自宋李过《西溪易说·原序》所引《三坟书》语。对《归藏》有人曾表示怀疑，查该书《归藏》卦序的卦名，与今本《易经》不同者将近一半，其中的《林祸》为《临卦》，《钦》为《咸卦》，与出土的帛《易》相同，仅此一点，即可证明《归藏》不是后人伪造的。

　　《归藏》的六十四卦已经缺佚不全，有的卦名不能确定，但卦序的排列顺序仍然清楚可辨。它和《杂卦》以及今本《易经》一样，也是"二二相偶"，对偶与对偶之间没有一定联系。三个卦序的卦位大部不同，但《归藏》的《屯》到《大有》十二卦和《蹇》《荔》（解）等卦的位置与今本《易经》相同。而《大过》与《颐》《瞿》（睽）与《散家人》（家人）、《离》与《坎》《归妹》与《渐》等对偶的前后位置同于《杂卦》，反于今本《易经》。同时，《归藏》和《杂卦》一样，也没有上下经之别。这说明三者是相近而又独立的三个卦序。郑玄《易赞·易论》说："夏曰《连山》，殷曰《归藏》，周曰《周易》。"（《四库全书·经编·易类·周易郑康成注》）《连山》《归藏》早于《周易》，但三者都是八经卦六十四别卦。《周礼·大卜》云：大卜"掌三《易》之法：一曰《连山》，二曰《归藏》，三曰《周易》"。西周春秋时，仍然"三《易》"并用。晚于《连山》《归藏》的《周易》，既然也是八经卦六十四别卦，又被一起用来占筮，其卦序必然与前者有着继承关系。因而我认为今本《易经》和《杂卦》的卦序当由上述《归藏》的对偶卦序演化而来，两者虽异，而又属于同一系统。

　　这里，我想顺便说一下，《杂卦》不仅继承了《归藏》的对偶特点，而且保存了它的协韵特征。如《归藏》有："瞿有瞿有，瓠宵梁为酒，尊于两壶两羭，饮之三日然后鲦，士有泽，我取其鱼。"（《尔雅·释畜》疏）又如："鼎有黄耳，利得鳣鲤。"（《艺文类聚》卷九十九）"有凫鸳鸯，有雁鹈鹕。"（《艺文类聚》卷九十二）《杂卦》继承了这一特点，通篇都合乎韵律。如："《乾》刚《坤》柔，《比》乐《师》忧，《临》《观》之义，或与或求。""《睽》外也，《家人》内也。《否》《泰》反其类也。"等等。

　　《周易》卦序除对偶系统外，还有连体系统，马王堆汉墓出土的帛《易》是其代表。帛《易》的六十四卦分为八组，每组中的八别卦都由同一经卦为上体，如表二：

一组	1 ䷀ 键（乾）	2 ䷋ 妇（否）	3 ䷠ 掾（遯）	4 ䷉ 礼（履）	5 ䷅ 讼	6 ䷌ 同人	7 ䷘ 无孟（妄）	8 ䷫ 狗（姤）
二组	9 ䷳ 根（艮）	10 ䷙ 泰蓄（大畜）	11 ䷖ 剥	12 ䷨ 损	13 ䷃ 蒙	14 ䷕ 繁（贲）	15 ䷚ 颐	16 ䷑ 箇（蛊）
三组	17 ䷜ 习赣（坎）	18 ䷄ 襦（需）	19 ䷇ 比	20 ䷦ 蹇	21 ䷻ 节	22 ䷾ 既济	23 ䷂ 屯	24 ䷯ 井
四组	25 ䷲ 辰（震）	26 ䷡ 泰（大）壮	27 ䷏ 余（豫）	28 ䷽ 少（小）过	29 ䷵ 归妹	30 ䷧ 解	31 ䷶ 丰	32 ䷟ 恒
五组	33 ䷁ 川（坤）	34 ䷊ 泰	35 ䷎ 嗛（谦）	36 ䷒ 林（临）	37 ䷆ 师	38 ䷣ 明夷	39 ䷗ 复	40 ䷭ 登（升）
六组	41 ䷹ 夺（兑）	42 ䷪ 夬	43 ䷬ 卒（萃）	44 ䷞ 钦（咸）	45 ䷮ 困	46 ䷰ 勒（革）	47 ䷐ 隋（随）	48 ䷛ 泰（大）过
七组	49 ䷝ 离	50 ䷍ 大有	51 ䷢ 缙（晋）	52 ䷷ 旅	53 ䷥ 睽	54 ䷿ 未济	55 ䷔ 噬嗑	56 ䷱ 鼎
八组	57 ䷸ 筭（巽）	58 ䷈ 少簌（小畜）	59 ䷓ 观	60 ䷴ 渐	61 ䷼ 中复（孚）	62 ䷺ 涣	63 ䷤ 家人	64 ䷩ 益

帛《易》的卦位除《乾》《恒》与今本《易经》及《杂卦》相同外，还有《巽》《中孚》与今本《易经》相同，其他则全然不同。它不讲对偶，不分上下经，组卦方法以乾☰艮☶坎☵震☳坤☷兑☱离☲巽☴的八经卦作为上体即上卦，以乾坤艮兑坎离震巽八经卦为下体即下卦，上八经卦依次与下八经卦相配而成八组六十四别卦。每组都以上体经卦中的一卦与下体经卦中的同卦相重作为第一卦，而后按顺序与其他七经卦相配。如第二组，上经卦艮☶与下经卦艮☶重叠为纯艮☶卦，是为第一卦，而后再与乾坤兑坎离震巽相配而成《大畜》《剥》《损》《蒙》《贲》《颐》《蛊》七卦。这样，每组卦的上体因同是一个经卦，便相连而成一体，八组形成八个连体小组，而连体小组之间也无任何联系。

唐人贾公彦在《周礼·大卜》疏中提出了一种与帛《易》相近的卦序。他说：

　　据《周易》以八卦为本，是八卦重之则得六十四。……重之法，先以乾之三爻为下体，上加乾之三爻为纯《乾卦》。又以乾为下体，以坤之三爻加之为

《泰卦》。又以乾为本，上加震之三爻于上为《大壮卦》。又以乾为本，上加巽于上为《小畜卦》。又以乾为本，上加坎卦于上为《需卦》。又以乾为本，上加离卦于上为《大有卦》。又以乾为本，止加艮于上为《大畜卦》。又以乾为本，加兑卦于上为《夬卦》。此是乾之一重得七为八；又以坤之三爻为本，上加坤为纯《坤卦》。又以坤为本，上加乾为《否》卦。又以坤为本，上加震为《豫卦》。又以坤为本，上加巽为《观卦》。又以坤为本，上加坎为《比卦》。又以坤为本，上加离为《晋卦》。又以坤为本，上加艮为《剥卦》。又以坤为本，上加兑为《萃卦》。是以通本为八卦也。自震巽坎离艮兑其法皆如此，则为八八六十四。

按照贾氏的说法，其六十四卦的卦序，如表三：

	1	2	3	4	5	6	7	8
一组	乾	泰	大壮	小畜	需	大有	大畜	夬
	9	10	11	12	13	14	15	16
二组	坤	否	豫	观	比	晋	剥	萃
	17	18	19	20	21	22	23	24
三组	震	无妄	复	益	屯	噬嗑	颐	随
	25	26	27	28	29	30	31	32
四组	巽	姤	升	恒	井	鼎	蛊	大过
	33	34	35	36	37	38	39	40
五组	坎	讼	师	解	涣	未济	蒙	困
	41	42	43	44	45	46	47	48
六组	离	同人	明夷	丰	家人	既济	贲	革
	49	50	51	52	53	54	55	56
七组	艮	遁	谦	小过	渐	蹇	旅	咸
	57	58	59	60	61	62	63	64
八组	兑	履	临	归妹	中孚	节	睽	损

这种卦序与帛《易》的不同点是：其一，上体与下体的八经卦顺序相同，都是乾坤震巽坎离艮兑，上下经卦的重叠，实即"还自重之"（《周礼·大卜》疏）。其二，每组的共有经卦是下体，不是上体。相同点是：第一，也分为八组，各组中的别卦都由一个共同的经卦相连；第二，各组第一卦也由该组的共有经卦相重而成。贾氏这种卦序是否真实呢？我认为是真实的：其一，其八经卦序与《说卦》中重复

了五遍的乾坤震巽坎离艮兑次序相符。如《说卦》云："乾，天也，故称乎父。坤，地也，故称乎母。震一索而得男，故谓之长男。巽一索而得女，故谓之长女。坎再索而得男，故谓之中男。离再索而得女，故谓之中女。艮三索而得男，故谓之少男。兑三索而得女，故谓之少女。"在这段话前后，此次序又申述过四遍。经卦卦序实即组配六十四卦的次序。贾氏本自《说卦》，《说卦》当来自实际配卦的顺序；其二，帛《易》的出土证实了贾氏卦序的真实性。贾氏组卦方法与帛《易》大同小异，也是把六十四卦分为八组，每组由同一经卦相连，其首卦为同一经卦重叠而成。这种相似绝非偶然巧合，刘大钧同志说："贾氏此说，必有所本。"[①] 我认为很有道理，想必贾氏见到过先秦遗存的此种卦序，从而提出了如是的组卦方法。

与贾氏卦序相近的还有宋人的"伏羲六十四卦卦序"，也是八组连体。帛《易》、贾氏和宋人"伏羲"三种卦序大同小异，都属连体系统。

郑玄和贾公彦说，《连山》《归藏》《周易》都是八经卦"通本相乘"，即每经卦除自身重叠外，又与其他七经卦相重，是谓"得七为八"（《周礼·大卜》注疏）。八经卦为八组，每组八别卦，共计六十四卦。这就是说，"三《易》"都是连体卦序。郑贾二氏的说法是否可信呢？我认为可信：其一，按照人类思维由简单到复杂的规律，"三《易》"应当先有用一经卦依次与八经卦相配而成的连体卦序，而后有按照矛盾对立思想排列出来的"非覆即变"的对偶卦序；其二，宋代出土的《三坟书》中，"三《易》""经卦皆八，每卦之下皆有七卦，遂为八八六十四"。（《西溪易说·原序》）虽属早期八组连体，但也证实了郑、贾述说的正确性。据此，我认为具有母系氏族社会特征的《归藏》卦序最早应该是以《坤》为首的连体，后来分化出了对偶。当《归藏》的连体、对偶两种卦序并存到父系氏族时代，或者由于社会发展不平衡，由母系氏族传到父系氏族部落后，以《坤》为首的两种卦序改变为以《乾》为首的连体、对偶，从而出现了帛《易》和今本《易经》代表的两种卦序系统。由于种种原因，帛《易》亡佚，"逸《易》"被贬以"杂"字，郑贾二氏的说法被当作组卦空论，伏羲六十四卦卦序又因晚出而不可信，于是田何传讲的《易经》成了先秦唯一的六十四卦卦序。但是，这和历史事实并不相符。

从宏观的角度看，先秦到西汉的说《易》传《易》者有多家多派，卦序有连体和对偶两大系统，每系统都有一些大同小异的排列次序。今本《易经》和"逸

---

① 刘大钧：《帛〈易〉初探》，《文史哲》1985 年第 4 期，第 56 页。

《易》"就是对偶系统中两种不同的卦序。两者代表两个学派,有不同之处,也有相同之处。相同之处为:其一,二者都是对偶卦序,其《乾》《坤》《咸》《恒》四卦在六十四卦中的位置相同;其二,有些思想相同。如:《杂卦》的"《姤》者,遇也,柔遇刚也"与《序卦》的"《姤》者,遇也"、《彖传》的"《姤》,遇也,柔遇刚也"相同。再如:《杂卦》的"《夬》,决也,刚决柔也,君子道长,小人道忧也"与《序卦》的"《夬》者,决也"、《彖传》的"《夬》,决也,刚决柔也"、《泰》"君子道长,小人道消也"相同。这些相同不足以证明"逸《易》"和田何本是同一学派,只能证明二者是兄弟关系。二者都来自《归藏》,但谁早谁迟?何为兄、何为弟?其相同之处又是谁取自谁?尚需进一步研究。

最后,我的结论是:古代传《易》、说《易》者有多家多派,《杂卦》不杂,它是另一家说《易》者的序卦传。《汉书·儒林传》说,京房"独得隐士之说"。"逸《易》"不是田何传本,又出自民间,也是汉初"隐士"所传。它的写成和《序卦》一样,都是为了宣扬自己学派的卦序和卦义,招揽门生。由此可见,《杂卦》不是今本《易经》的传注,更不是孔子的作品。这是其一;其二,从已知的卦序看,如果说帛《易》是先秦《周易》的第一种卦序,贾公彦所说的卦序是第二种,今本《易经》是第三种,《杂卦》则是第四种。此外,还可能有第五种、第六种,尚待进一步发掘。不过,大体说来,不外连体和对偶两大系统。这就是我对于《杂卦》的论述和由此引出的兼论。

1985 年九月写于山东大学

论《易传》的学派属性

——与陈鼓应先生商榷

陈启智

在近年的学术界，陈鼓应先生所著《易传与道家思想》不啻空谷跫音，石破天惊。《易传》一向被视为与《易经》并传的儒家经典，数千年来，无人质疑，但被陈先生断给了道家学派。历史上分野鲜明的中国哲学两大流派——道家与儒家，两者的差别被陈先生消融了，消融到道家一边，儒家则变得不知去向。历代传易诸家，荀卿、扬雄以至周敦颐、邵雍、朱熹等皆是道家。所谓儒家也者，成为只剩冠冕缨缕、褒衣博带，矩行规步，无非揖让之礼；口宣指划，全是仁义说教；并无哲学语言，甚而面目不清的一群衣冠人物。

陈书所有文章都贯穿着"道家文化主干说"的一条主线。先生初来也，即声言大陆批儒不深不透，应该继续。然而扬汤止沸，无如釜底抽薪，于是有"道家文化主干说"出；复因不破则不立，于是又有《易传》乃道家思想的一系列论证。用力之勤，收功之伟，为近年所仅见。而且影响广泛，一时洛阳纸贵矣。

《易传》的著作年代，经过宋代欧阳修质疑之后，一直被视为悬而未决的问题。无论坚持春秋末期，还是战国前期、中期以及晚期诸说，都有当代名家的论证成说。几乎不须考据，根据需要取用即可。陈鼓应先生即是引据疑古大师之论断，将《易传》的著作年代订为战国晚期的。这样就使《易传》不仅产生在《庄》《孟》之后，亦在《管子》书后。而且出于同一目的，取唐兰先生将马王堆出土的《经法》等书确定为战国早中期说，而将帛书《易之义》《要》断定为秦火之后。这样一来，形势便很明显了。后出之书，承袭前人思想，这是思想发展的通则，加之陈先生的如椽妙笔，缜密论证，一座精彩的"七宝楼台"便被构筑起来。予观陈先生书，虽目迷五色，而心不能无疑也，仅献其愚，以就正于陈先生及海内外方家。

一、关于《系辞传》的著作年代及名义问题

先考察一下《易传》的著作年代。自欧阳修疑古成说，提出"系辞非圣人之作"后，《易传》的著作年代便成为悬而难决的问题。现代以来，最为流行的是战国晚期说，比较慎重的是中期说，只有少数学者坚持孔子和春秋末期说。诸说之间聚散分合，远非如此崭然分明。其间值得注意的问题还有：其所确定之年代，是指书的创始、流传、写定还是勒成卷帙、汇编成册等问题，都须搞清。不可用编成、产生等不确定语塞责。不然，纷纭聚讼，永无止息之日矣。总之，摈弃信史于不顾，仅以个别字词为据，推翻成说，窃以为不可。予取《易传》创始于孔子，初具规模于孔子商瞿师徒之间，口耳流传于春秋战国之际，写定亦即成书于战国前期，早于庄、孟为说。兹博采众家，述之如后：

《周易》本是占筮之书，但到春秋时期，人们在占筮之余，已经开始对卦象进行分析，作出义理的解释。如《左传》庄公二十二年，周史以《周易》见陈侯，筮遇《观》之《否》，其解爻辞曰："光，远而自他有耀者也。坤，土也；巽，风也；乾，天也。风为天于土上，山也。有山之材而照之以天光，于是乎居土上，故曰'观国之光，利用宾于王'。"《左传》《国语》此类卦象分析的筮例甚多，表明这时人们已不满足于爻辞的占断，还必须作出所以然的解释。不在于这种分析与后来的《易传》如何的相似，而在于这种需要构成了对《周易》卦象爻辞作出义理分析的普遍社会需求。而且此时已经有了类似的专书。据《左传》记载，韩宣子聘鲁时，在太史处见到《易象》和《鲁春秋》两书，赞叹道："吾乃今知周公之德与周之所以王也。"（《左传·昭公二年》）杜预认为《易象》就是《周易》上下经之象辞。然晋也有《周易》流传，如无新解创意，韩宣子就不会如此倾倒赞叹了。李学勤先生判断说："《易象》应该是论述卦象的书。"① 既有社会需要，又有先行文献，《易传》产生在春秋末期的充足条件已经具备。那么剩下的就是孔子与《易传》的关系了。

孔子整理传授包括《周易》在内的六经，史籍备载，诸子称道，要想一笔抹杀殊非易事。"夫儒者以六艺为法，六艺经传以千万数"（《史记·太史公自序》）。

---

① 李学勤：《走出疑古时代》，辽宁大学出版社 1997 年版，第 76 页。

"六艺于治一也，《礼》以节人，《乐》以发和，《书》以道事，《诗》以达意，《易》以神化，《春秋》以义。"（《史记·滑稽列传》）问题在于孔子的整理传授工作，是否如其所自云的"述而不作"。此语是谦词还是实述，余意兼而有之。述是继承讲述，作是创制著作。《诗》《书》《易》《礼》皆作自前人，而《春秋》却作自孔子，孟子说"孔子成《春秋》，而乱臣贼子惧"。在一些人的眼中，这种所谓作，不过是在原有史书基础上的笔削删述而已。然而所以笔削的标准，发凡起例的原则，却非孔子不能为。这背后是需要一个思想体系作支撑的。诚然如陈先生所说，仁义的观念早在孔子之前就已存在。但将仁与义的观念提升到哲学的高度，并以之建成一个学术系统的，却是孔子。正如道字出现于老子之前，并无碍于老子享有道论哲学的发明权一样。所以孔子道仁义，可以称之为述中有作。对于《易》《礼》《诗》《书》等，也应当作如是观。述是不能理解为转述或徒事背诵的，只能是讲述，讲述就离不开多方为喻，比兴发挥，务以阐明其所蕴含之义理为指归。那么这种讲述也就是作。但"作"在当时似乎仅指经典的著作，为什么只说孔子作《春秋》，而不说孔子作《易传》乃至于《诗》《书》《礼》《乐》呢？固然是因为《诗》《书》《礼》《乐》原本就作自往圣先贤，比如"作《易》者，其有忧患乎？"是说文王；"制《礼》作《乐》"则属于周公；传说《诗经》的作者也都是前代的大贤。孔子的自谦，有其必然性。但更为重要的是，在这些被孔门视若大经大法的著作中，缺少社会历史观的经典，不得不由孔子笔削补著，《春秋》的删述是堪与《诗》《书》《礼》《乐》比美的大制作，故尔被孟子称之为"作"。而对于《易》《诗》《书》《礼》《乐》，孔子只是删定、只是述而已。至于《易传》只是述《易》的产品，本来就不在"作"的范围之内，当然也就谈不上孔子"作"《易传》的问题了。但其属于"述"的范围，是述中之作。

《论语·述而》篇记有："子曰：加我数年，五十以学《易》，可以无大过矣。"《子路》篇还有孔子引《易》之文的记述："子曰：'南人有言曰，人而无恒，不可以作巫医'，善夫！'不恒其德，或承之羞。'子曰：不占而已矣。"（意为：根据《恒卦》爻辞，无恒之人，必承其羞，这是不待占而可知的）这是孔子学《易》并倾向义理的直接证据。邓立光博士指出《宪问》篇载："子曰：不在其位，不谋其政。曾子曰：'君子思不出其位。'"[1] 曾子的补充论证正是引用《艮·象传》：

---

① 邓立光：《从帛书〈易传〉析述孔子晚年的学术思想》，《周易研究》2000 年第 3 期，第 14 页。

"兼山，艮，君子以思不出其位"之辞。若非曾子其时已有《象传》，亦必是其援引孔子论《易》语。据《史记·孔子世家》记载："孔子晚而喜《易》，序《彖》《系》《象》《说卦》《文言》。读《易》，韦编三绝，曰：假我数年，若是，我于《易》则彬彬矣。"《仲尼弟子列传》和《儒林列传》都载有孔子传《易》于商瞿，自瞿六传而至齐人田何，再传至淄川人杨何的渊源系统。据《太史公自序》言，司马谈为太史公，受《易》于杨何。迁传父学，则其述《易》之辞，有自来矣。此而不可信，则将何信？颇为耐人寻味的是，迁于《易传》只举《彖》《系》《象》《说卦》《文言》，不及《杂卦》《序卦》。又偏于之前着一"序"字。序者，发端、次第之谓也。《尔雅·释诂》云："序，绪也，字亦作叙，谓端绪也。"透露了此几种《易传》皆作始于孔子，而并非完成于孔子也。(孔颖达《正义》云："序，《序卦》也。"从之则整句难通，异读则愈加费解，故不从)

据子贡"夫子之言性与天道，不可得而闻"(《论语·公冶长》)的慨叹，说明一般弟子，只能接闻"夫子之道德文章"。至于"性与天道"，以其高深而属于术业专攻的学问。朱熹解释此语时就认为"盖圣门教不躐等"，因而"学者有不得闻者"(《四书集注》)。根据孔子因材施教的原则，如《易》与《春秋》之义理，必是另有讲授，有类今之研究班之属，不仅口耳相授，而且相与切磋。当时或无讲稿，然而孔子学《易》心得，师徒论学语要，不容没有提纲和笔录。即使口耳相传，尔后勒之于简策，有所遗漏，有所增补，有所舛误，要非初不出于孔子也。则《易》之十翼，孔门传《易》者讲授之类编也。孔子殁后，七十子必有整理孔子遗教之议，《易传》的整理与《论语》的编辑，大约是同一时期或稍后的工作。

马王堆出土帛书《周易》经传，并《二三子问》《要》《易之义》诸篇，更进一步说明《易传》与孔子的关系。《要》篇记载"夫子老而好《易》，居则在席，行则在囊"。子贡以此为疑，孔子则认为《周易》"有古之遗言焉。予非安其用，而乐其辞"。又说："后世之士疑丘者，或以《易》乎？吾求其德而已，吾与史巫同涂而殊归者也。"又"子曰：《易》，我后其祝卜矣，我观其德义耳也"。不仅证明了《史记》不误，而且可以和今本《系辞》相印证。李学勤先生在《周易经传溯源》一书中一一做了比勘。同时指出"后世之士疑丘者，或以《易》乎？"一语与《孟子》所记"孔子曰：知我者，其惟《春秋》乎？罪我者，其惟《春秋》乎？"句式的相似。既然后者是因笔削《春秋》而发，则前者也必因于《易》有所述作而言，而此述作只能是解释其所乐卦爻辞的《易传》。

张岱年先生曾批评将《易传》成书限定在秦汉之间的说法"疑古过勇"，经过缜密论证，他指出："《易大传》的基本部分是战国中期至战国晚期的著作。"① 刘大钧先生接着做了更为深入的研究和详密的考证，将《易大传》各篇文字与老庄、思孟的传世著作相比勘，认定"《易大传》的基本部分是战国初期至战国中期写成"；"《易大传》之《彖》《象》《文言》为思孟学派所整理、润色，《系辞》中亦有思孟学的内容"。②

高亨先生认为《彖传》是《易传》中最早的一篇，只解卦名义和卦辞，《象传》不解卦辞只解爻辞，应在其后。因其用韵多系楚地方言，作者当为馯臂子弓及其后学。易卦名义和卦爻辞，是学《易》首要讲论的问题，孔子商瞿不应不赞一语，而待再传弟子解决。子弓之学得自商瞿，或其用楚语改定而已。荀子常以孔子、子弓并称，誉为"圣人""大儒"，足以说明子弓易学的渊源所自。若为其所自著，则径自名家可矣，何须强调师承关系？又，战国前期的古书，如《礼记》中子思所作的《坊记》《中庸》《表记》《缁衣》《深衣》等篇，体裁句式，辞采文气，都与《文言》《系辞》极其近似，且有引《易》之文，可见是子思在模仿《易传》的文风。据高亨先生考证《礼记·深衣》称引"《易》曰：'六二之动，直以方也'"，出自《象传》，足证《象传》作于《深衣》之前。而公孙尼子所作《乐记》"天尊地卑，乾坤定矣"以下二十二句，确系袭用《系辞》而略加改动。馯臂子弓、子思和公孙尼子都在"七十子之弟子"之列。根据以上诸先生的论断，可见《易传》不会晚于七十子活动的战国前期。

欧阳修之疑《易传》，是因为他认定，"孔子之文章，《易》《春秋》是已（《易》字当系笔误），其言愈简其义愈深。吾不知圣人之作，繁衍丛脞之如此也。虽然辨其非圣之言而已，其于易义，尚未有害也"（《易童子问》）。在欧阳修看来，孔子著作只能是言简义深的经书，而《易大传》则不惟词繁而且相互矛盾，圣人必不如此。斯论未免过于绝对，按照李零先生的考证，古书的形成确有其逐渐定型的通例，应该首先承认有一孔子以及商瞿草创的著作文本，亦即廖名春先生所称之祖本。孔子师徒间相与讨论的心得、议论，主攻易学的商瞿诸子，不容没有简单的笔记和课后的整理，不然如何记诵如何传播？今查《论语》所记孔子言行，也并不皆词约义丰。笔削《春秋》是著书，可按义例删改；讲解《易经》是授课，更多随文发挥，此坛堂讲录当与《论语》相去不远。何况讨论之辞不尽出自孔子。除

---

① 张岱年：《论〈易大传〉的著作年代与哲学思想》，载《周易研究论文集》（第 1 辑），北京师范大学出版社 1987 年版。

② 刘大钧：《周易概论》，齐鲁书社 1988 年版，第 37 页。

"子曰"者外，余者当系从学弟子述师意之言。唯其如此，才能有"老师名家之世学，长者先生之余论，杂于其间者在焉"（同上）。欧阳修说："至于何谓子曰者，讲师之言也。"此语尤误。凡标明"子曰"者，仿《论语》之例，皆当时及门弟子所记授课之要也。如系讲师之言，当标以某子，如曾子、公孙尼子之类。战国儒家之书，皆以传孔子之学为号召，余者或有发挥，或稍变其语，大抵皆孔子讲易论道之意。至于欧阳修所谓二三其说以至于五，有的不过述异闻，有的则是从不同角度、不同层次论《易》而已。如易卦起源问题即是。由之亦可证孔子讲《易》非一次，听讲之徒非一人。后经历传分合，至于战国前期写定。欧阳修其误在于不知《易传》多系弟子手记师言，并据以再加发挥的结果，与《论语》成书一样，未经孔子手定也。但欧阳修承认其虽非圣人之言，"而圣人法天地之缊则具存焉"（欧阳修《崇文总目叙释·易类》），以及《易传》产生在去圣未远的三代之末，仍不失为卓识。

再说名义。陈先生认为帛书《系辞传》尾题一"系"字，因而疑及今本《系辞传》与《彖》《象》一样，应该称为《系传》。引证《说文解字注》系为总持、结束之意。"《系》之尾题以综论总括经义，这种体例，颇似《楚辞》每篇之后多附以'乱'以结括全篇。《楚辞·离骚》汉王逸注：'乱，理也，所以发理词指，总撮其要也。'"① 陈先生同时指出"称之为《系》，绝非《系辞》的省称，因为它们是完全不同的概念"。此论甚有见地，可备一说。但因此认为，《系辞传》之名是抄定者不知"系"的含义，见传文中多次出现"系辞"一词，便随意改题《系辞》，则恐有违于事实。

司马谈《论六家要旨》所引《系辞传》语称之为《易大传》，后人遂以通称。欧阳修则说："古之学经者，皆有大传，今《书》《礼》之传尚存，此所谓《系辞》者，汉初谓之《易大传》也。至后汉已为《系辞》矣。"并且认为"《系辞》者谓之《易大传》，则优于《书》《礼》之传远矣"。朱伯崑先生认为"此传是通论《周易》之大义，不是如《彖》《象》那样，逐句解经"②。此所以称大传也。高亨先生也认为：《系辞传》之系辞与文内系辞其义不同。然则以何不同，则语焉不详。实则一以指系于爻下者，一以总论六十四卦三百八十四爻爻下系辞之总体义涵者也。因为《易经》之精神俱已分见之于卦爻系辞，再加总括综理其各卦爻辞串讲以

---

① 陈鼓应：《易传与道家思想》，生活·读书·新知三联书店1996年版，第147页。
② 朱伯崑：《易学哲学史》（上册），北京大学出版社1986年版，第39页。

见其整体义理精神，谓之为经立传可矣，称之为系辞立传亦可矣。系辞本指爻下所系之辞，《系辞传》系指为系辞所作之传，久而久之，《系辞传》亦简称《系辞》，如《象传》径称《象》然。是以卦爻之系辞与《系辞传》之系辞，其名义之不同端在于此，岂有他哉。由此可以判定《易大传》是系统阐述、发挥《易经》精神的哲学论著，立论的依据全是《易经》卦象及其系辞，故有《系辞传》之称。所谓传有传达义，即须忠实地阐发经典的原意，容许传者从不同角度多方阐述发明，也可有不同的理解，但不容许自相矛盾。如《春秋》三传即是从不同侧面对《春秋》经文的传述，《左传》则史实，《穀梁》则义理，《公羊》事理兼顾，各有侧重。《易》之十翼，亦孔门先儒攻《易》之十面受敌法也。

二、关于天道等概念及学派属性问题

陈书将"子贡曰：夫子之文章，可得而闻也；夫子之言性与天道，不可得而闻也"（《论语·公冶长》），解释为孔子哲学没有性与天道，从来不谈性与天道，干脆就是无此概念。可说是对古代文法语式的挑战，比如某之友家藏历代名画，为某所亲见，然不轻以示人。于是某说："友之藏画，近代以来可得而见也，明清以上不可得而见也。"不可得而见就一定是没有？此犹不足为喻。因为是人皆知明清书画民间尚有深藏者。而性与天道则不然，孔子不言"性与天道"子贡何从而知之？并且明确说是"孔子所说的性与天道"，可见子贡知道孔子说过。这个"不可得而闻"，向来含有不可轻易得闻之的意思。以"不可得而闻"等于罕言等于不言等于无闻等于没有，是否有武断之嫌。子贡所云"不可得而闻"者，未闻之前，遗憾之辞也；既闻之后，赞叹之辞也。按照现代逻辑"否命题包含着正命题"的通则，此语恰恰证明了孔子哲学是包含着天道观的。

陈书认为《易传》道德概念的哲学含义与老庄相同。韩愈《原道》曾分析儒道之别曰："其所谓道，道其所道，非吾所谓道也。其所谓德，德其所德，非吾所谓德也。凡吾所谓道德云者，合仁与义言之也，天下之公言也。老子之所谓道德云者，去仁与义言之也，一人之私言也。"（《原道》）合仁与义，就是包含仁与义，而且不仅仁与义，因为以为仁与义之和等于道德，则去仁与义之后，也就等于没有了道德。只是"仁与义为定名，道与德为虚位"而已，虚位就是可以向里填充不同的内容。显然认为孔孟所谓道德只是仁与义的人伦道德，是不符合韩愈原道之意的。也就是说孔孟之道，比老庄之道，含有更为丰富的内涵。如韩愈所理解的圣人之道是："二帝三王之道，日月星辰之行，天地之所以著，鬼神之所以幽，人物之所以蕃，江河之所以流。"（《送浮屠文畅师序》）岂止仁义而已。这个"学究天人之际"的所以然之道，正是儒家所独有的特色。而与道家的"以辅天地之自然而不敢为"的自然之道，是有严格区别的。

笔者承认孔子晚于老子，并曾问学于老聃。东周学术氛围还是颇为浓厚的，谈论天道与人事、道与德异同的现象普遍存在。《左传·昭公十八年》记载与孔老并世的子产就说过："天道远，人道迩，非所及也。"只是老子对天道作了全新的解释。孔子是了解老子哲学的，但并没有全盘接受。孔子同意老子效法天道的"无为而治"是一种理想的最高境界，但认为只有尧舜才能做到。然而世无尧舜，人竞有为，而儒门的主张是推行符合天道的有为。孔子认为老子所云"以德报怨"的思想，不符合公平原则，所以提倡"以直报怨，以德报德"（《论语·宪问》）。

更何况，儒家认为人伦道德本来就是上承于天道天德的。而且这种思想来源于孔子整理前的《诗》《书》《易》所体现出的天道人事观念。如《诗》有"维天之命，於穆不已。於乎不显，文王之德之纯"（《周颂》）；"天生烝民，有物有则，民之秉彝，好是懿德"（《大雅》）；《书》有"天其命哲，命吉凶，命历年"（《召诰》）。按朱熹的解释，天命就是天道。这个"於穆不已"的天道，就是《易传》"生生不息"的天德。《烝民》诗则说明了天则与民德之和谐。《召诰》的天命观，更是超越于宗教之上，天不仅命吉凶、命历年，而且命人以明哲。都说明了儒家的人伦道德与天道的关联。至于说"孔子谈道与德，都属人伦规范之义"，亦恐有误。

在《论语》中，"道"字凡六十余见，其含义至为复杂。从抽象到具体；从自然到社会；从哲学、伦理到道德修养、政治举措，包罗宏富而且深微。如"君子务本，本立而道生"（《学而》）。虽则是谈孝悌，却是由一般论及特殊；又如"朝闻道，夕死可矣"（《里仁》），其义蕴岂人伦一语可了？要了解孔子这句话的深刻含义，首先应当理解和把握孔子此处所说之"道"的真正内涵。细加体味，此所谓"道"，应是一带有规律性、全局性的概念。用朱熹的话来解释，它是"人事当然之实理，乃人之所以为人而不可以不闻者"（《论语或问》）。试想，此处所谓道，仅是仁义礼智信之属，朝闻之而夕死，无乃太过轻简乎?! 孔孟确有为道德理想献身的精神，"杀身成仁""舍生取义"，为了正义，曾不吝惜身家性命者有矣。人世固有重于生者，然而在鱼与熊掌可以兼得的情况下，就没有必要"舍生取义"。而此处之"朝闻"，本没有"夕死"之必然和必要，所以言之者，乃是就其价值等量甚而逾值而言也。这就意味着孔门将闻道视为人生的最高追求。此道对于道德而言，乃是指其所以然之故。也就是说人固应为事业而生，也应为理想而死。但应该明白为什么要这样，即一定了悟所以生死的意义。唯有如此，方能达到一个自觉的境界，而非凭借血气之勇，抑或信仰痴迷。所以说，此处之道，既是自然的普遍法则，又是由之而下贯人生的崇高意境。唯其如此，才可以说早上听到这样高妙的道理，即使夕死也不枉此生了。

《论语》里与《易》相联系的天道概念是天命，如"五十而知天命"（《为政》）。知天命即是知天道；"唯天为大，唯尧则之"（《泰伯》）。"唯天为大"似乎只是赞叹天体的广漠，可是有"唯尧则之"，则只能将其理解为天道，如此方可效法之；"畏天命"（《季氏》），即敬畏天道；以及《阳货》篇所说"天何言哉，四时行焉，百物生焉，天何言哉"。正是借天行以明天道，怎么能说儒家没有效法天道的思想？

小戴《礼记》应是春秋末至汉初儒家著作的总集，其中子思《中庸》的"天地之道，可一言而尽也，其为物不贰，则其生物不测"，以及"天命之谓性，率性之谓道，修道之谓教。道也者，不可须臾离也，可离非道也。是故君子戒慎乎其所不睹，恐惧乎其所不闻"。这里的道，明显的是属于自然规律和包括人性法则在内的天之道。"中也者，天下之大本也，和也者，天下之达道也。致中和，天地位焉，万物育焉。"明确指出天道自然规律是致中和。天地之所以各得其所，万物之得以生长发育，都是天道平衡中和作用的产物。《中庸》的道论，与《易大传》的道论是极为相近的，而与《老子》的道论大相径庭。子思的思想，如果不是传自或本于孔子，也不出七十子论学的范围。

《周易》经传皆取象于自然而效法之也，宜可称之为自然哲学。古人称之为天人之学。道与天道的观念出在孔老之前，两位圣哲不仅各作了不同解说，更为重要的是将之引向了不同的方向。

陈书引李镜池先生从六十四卦检出"大哉乾元，万物资始""雷雨作而百果草木皆甲坼"等象辞，名之曰自然主义哲学。似乎任何探讨万物起源于自然及其成长过程和条件的论述，都是自然主义哲学。而且是自然哲学就一定是老庄哲学。如此，中西自然主义哲学者多矣，皆称之为道家可乎？又引《豫·象传》"天地以顺动，故日月不过而四时不忒，圣人以顺动，则刑罚清而民服"，曰："迹近'无为主义'的道家主义思想。"（见《〈象传〉与老庄》一文）省刑罚或使刑罚措而不用即刑罚清，与老庄的根本反对法令刑罚也是大异其趣的，更何况以顺动也是有为，一点也不迹近无为主义。足见都在谈论天道，可是对待天道的视点与态度，却截然不同。至于又说《易传》阴阳刑德思想承袭黄老道家，则是道家思想互相矛盾，自乱其例矣。

　　道家之道，似乎只是用来修身。庄子说"道之真，以治身，其绪余以为国家，其土苴以治天下。由此观之，帝王之功，圣人之余事也。非所以完身养生也。"（《庄子·让王》）儒家之圣人异于是，《系辞传》明确宣示圣人"明于天之道"的目的在于"察于民之故，是兴神物以前民用"。《中庸》也说："诚者，非自成己而已也，所以成物也。"是说人效法实在的天道，不仅成就一己，还要仁民而爱物。与《泰·象传》"裁成天地之道，辅相天地之宜，以左右民"的精神是一致的。什么是裁成辅相？就是尽人、尽物之性，就是赞天地之化育。"赞天地之化育，则可以与天地参矣。"（《中庸》）这是《尚书·尧典》"天工人其代之"思想的深化。道家则主张"不以心捐道，不以人助天"（《庄子·大宗师》）。《秋水》篇明确反对"落马首穿牛鼻"的"尽物之性"，当然也就反对裁成辅相和积极地参"赞天地之化育"了。

　　《系辞传》记有："子曰：'天之所助者，顺也；人之所助者，信也；履信思乎顺，又以尚贤也；是以自天佑之，吉无不利也'。"（《系辞传》）金景芳先生曰："盖顺者，顺于命也，故天助之；信者，信于道也，故人助之……孔子所独具之精神，端在于此。盖所贵于知命者，乃在明了宇宙变化之法则，以求得人生行为之法则，而此行为法则，非以顺应自然为已足，乃在'裁成辅相'，以增进人类之幸福。"[①]而《老子》则是"以辅万物之自然，而不敢为"。在自然面前，人是被动的，顺应而已，而不敢有任何积极的作为。主张坐而守之，等待"万物将自化"。并且认为这种"无为之益，天下希及之"。不否认老子哲学的合理性，也无论这种无为哲学，是否过于消极，只想说明《易传》与《老子》思想悬隔甚远，并不相似。

　　儒家关于天道变化的认识更多地来自《易经》本身，如欧阳修《易童子问》论《文言传》卦象与义理之关系："童子问曰：《象》曰'天行健，君子以自强不息'，何谓也？曰：其传久矣，而世无疑焉，吾独疑之也。盖圣人取象所以明卦也，故曰'天行健'，《乾》而嫌其执于象也，则又以人事言之，故曰'君子以自强不息'。六十四卦皆然也。"其余如相对的观念等，可以说儒、道都是得自《易经》，而两家不相沿袭。

　　陈书认为《易传》中《复》卦之复即老子"万物并作，吾以观复"之复，故

---

①　金景芳：《学易四种》，吉林文史出版社 1987 年版，第 75~76 页。

属道家思想。《系辞下》引："子曰：'颜氏之子，其殆庶几乎，有不善未尝不知，知之未尝复行也。'"按《复》卦震下坤上，一阳来复，天地之心见，为复善之义，也有重复之义。《象》曰："刚反，动而以顺行。""刚反"就是阳刚返回。孔子因之与颜回的改过复善之勇联系起来。其结果就是《复》卦六二爻辞"不远复，无祗悔，元吉"了。此"复"与孔子"克己复礼"之"复"义同。《易传》解"复"，完全是根据《复》卦爻辞和卦象震下坤上在六十四卦中顺序而言。一阳来复与老子"万物并作，吾以观复"大异其趣。老子并不赞赏勃勃生机的万物并作，而主张冷眼观看万物向原点的复归。老子给无以名之的道，"强为之名曰大，大曰逝，逝曰远，远曰返"。"反者道之动"，其所谓"复"，即是返，即是万物按照道的规律，发展变化，复归于无的过程，是一完整过程的终结。而一阳来复，是指阴霾充塞到极点之后，阳气又从阴极之下复生，从而获得新的增长点，虽只一阳，而复兴之势已具，故称之为"复"，是一过程终结之后，从旧一轮过程中获得新基点的新一轮过程的开始。同是一复，一是走向兴盛，一是走向衰亡，旨趣根本不同。也可说两者之复，同来自《复》卦，但理解不同。

　　因此，与其说《易传》承袭道家，不如说儒道两家天道观皆源自《易经》，所谓"易老同源"说之易是指《易传》的话，是有一定道理的，然而易老同源，必须加上同源而异流，方才符合事实。何以见得？《庄子·天下》篇说："《易》以道阴阳"，是说《易经》。儒家《易传》哲学与道家老子哲学也都讲阴阳，只不过儒是乾坤并建，阴阳兼重，但如不当其位，则阴阳皆贱。道家是重阴而轻阳。比较而言，儒家更合于《易经》原典精神，所以儒家为之作传，直接解《易》，属于继承发展；道家只取其一偏，故另起炉灶另建新体系，属于创新改造。儒道两家不可能不互相影响，但影响有多种形式，应包括反面影响，儒道思想正是从相反的影响中，互相论辩而相去愈远。一个思想体系，绝非东拼西凑（即使杂糅，也须糅而使之融合方可）可以建立起来的。所以不可看到字句相同便以为从另一家抄袭而来。而且孰先孰后，并无定论。即使论定，由于文字词语更多是公用的沟通工具，专用的概念范畴，也可能成为辨析争议的对象，同一概念范畴因之会有不同的解释与含义。即使含义相同，也还有个所以然之不同在。即使其有许多观念范畴相同，但这些范畴概念在其学派体系中所占据之地位，是否能影响到学派的主旨属性，也是应予优先考虑的。

　　按照这一原则，再分析一下《易传》"太极"的观念是否来自《庄子》。

　　《庄子》书的文句是："在太极之先而不为高"（《大宗师》）；而《易传》的文

句为："是故易有太极，是生两仪。"通观上下文意，是论证语，一概念初次出现方有此句式。而《庄子》书之"太极"是现成语，即首先以肯定有此太极为前提，然后才可谈及有物在其上下。此又为否命题，按照逻辑，否命题当然出现在正命题之后。《易传》自太极以下，即是所谓道。而《庄子》之道"生天生地"，复在"太极"之上，是对儒家将太极置于最高地位的否定。所以太极概念的原创权还应属于儒家。太极作为本体的概念出现，当与《尚书》皇极观念有关，其辞亦由皇极演化而来。在《洪范》九畴之中，皇极是最具哲学义蕴的概念。然其所阐发乃中正哲学，与宇宙生成模式或本体论关系不大。惟其"皇极，皇建其有极"，与"会其有极，归其有极"两语，予人本体论思维颇有启发。皇本训大，以此易彼而赋予新意，使成一新范畴，是完全有可能的。

儒家不具有原创性，本来是需要证明的论题，而在陈先生书中实际上成为前提。凡与其他各家共有的概念范畴，皆为儒家受之于他人。不仅《彖传》"时"的概念来源于道家《老子》、《经法》和《管子·白心》，而且《孟子》的天时地利亦来自兵家，是受战国时代"审势度势"思想的影响，而不违农时则"是受了管子学派和稷下学派的经济思想的影响"。总之，造时势者，虽有百家，儒家不与焉。那么，孟子所说"孔子圣之时者也"，岂不真成圣之趋时髦者了吗？

关于道家与黄老道家，司马谈明说其"因阴阳之大顺，采儒墨之善，撮名法之要"，是道家综合众家之长的一派，所取于儒家者正多。今反说儒家尚刚尚阳重时重义的观念，都来自稷下与黄老道家，将置服膺黄老的司马谈说于何地？正是因为黄老学派兼采众长之后，渐失老庄处柔守雌自然无为的宗旨，学派性质发生根本变化，原始道家之学反无传人，学派亦因之式微，固有其内在原因为之先导也。

太史公未将阴阳家归入道家，而其学已为道家袭取。《庄子·天下》说："《易》以道阴阳。"道阴阳不等于就是阴阳家，可能是道家也可能是儒家。就像《易大传》论道，而非道家一样。儒家治《易》系统彰彰详明，见之于《史记·孔子世家》，哪一位是阴阳家？阴阳是当时之通识，要在于做何解释，如何利用而已。关心民情农事的儒家，岂得不通四时阴阳？"夫阴阳四时八位十二度二十四节"，"序四时之大顺不可失也"。阴阳家不过只是阐明事实，进而祈福避祸，使人动辄触忌，而未作超升之形上思维。建立天道人道合德之存在之价值者，是由孔子商瞿师徒相与论《易》而完成的。这一论《易》成果就是被称为十翼的《易大传》。太史公父子亲得其传，考订为八种。或以为太史公父子俱传史学，而其术不同，谈服膺黄老，而迁则属意于儒。但于《易》之所属，并无异辞。司马迁于《滑稽列传·

传论》中说："六艺于治一也，《礼》以节人，《乐》以发和，《书》以道事，《诗》以达意，《易》以神化，《春秋》以义。"并将《易传》属之孔子。司马谈亦尝言之矣："夫儒者以六艺为法，六艺经传以千万数，累世不能通其学，当年不能究其礼，故曰博而寡要。"六艺经传之简篇动以千万，故尔叹息儒学难于通习。《易》为六艺之一种，是其承认包括《易》在内的六艺为儒家世守之学，论学而首引《易大传》，而未闻道家有传《易》者。

关于古书学派属性的判定，首先，固然要根据历史的记载，但更为重要的是，要看其最高范畴、核心观念，即其世界观哲学体系，是由哪些概念范畴组成，此而确定之后，其余概念隶属什么层次，哪些是原创，哪些是引进，引进后做了怎样的改造？虽属直接引进，并无改变，但只要与整体相统一，不相抵牾，也将无碍于成为其体系的有机组成部分。因之，不能将其肢解，以其一部分思想概念来自他家，而随意改变其学派属性。

其次，看其学术方向，即其社会历史观，其所设计的社会理想蓝图以及操作的方式方法，亦即其学其术到底要把社会引向何处？这是不能不察的，因为都属于确立学派所必备的条件。在这些方面，儒道名法墨，确实是界划清楚的。此其所以为不同学派也。至其命名，当然要以原始学派的性质而定。而其后学之徒的学派属性，就要视其与原始学派承袭的关系和程度而确定。如果其改变了以上两大方面之一，而又没有明确的解释，不能直通也非曲通，则其将不属于该学派必矣。

最后，还要考察其与既有历史文献的关系。应该说儒道两家，其思想来源之经典依据，皆为上古之两部文献，《书》与《易》也。儒家孔子受其熏陶而皆继承发扬之；道家老子所受影响，虽亦是这两部书，但各取所需矣。于《易》顺取者少，而于《书》逆取者多。此所以儒道殊途也。

以此原则律帛书《易传》与传本《系辞》的歧异，亦可概见其学派属性。据专家考订，两本固然有早晚之别，但也不排除并行之成分。"儒分为八"，当时理解或已不同；嗣后口耳相授，讹传自所难免，传抄之舛误亦可断言。更何况传习者，语音不同，性情有异，所受所解因之也就不同，加之多历年所，遂形成不同传本。但考其概念范畴未出儒家范围也。楚地固然为道家发祥盛行之地，然楚地亦不乏儒者，帛书《易》出于楚地便以为道家传本，其误已如前述。陈来先生齐鲁楚三派说可谓确论。①

---

① 陈来：《帛书易传与先秦儒家易学之分派》，《周易研究》1999 年第 4 期，第 6~13 页。

　　关于学派的特质，不能将儒家说成仅仅崇尚阳刚，这只是就其与道家的纯任阴柔相比较而言。严格地讲，儒家是两者兼重。儒家理想的人格如《易传》所讲，是"知微知彰，知柔知刚，万夫之望"（《系辞传下》）；又要"不刚不柔"（《诗经·商颂》），"宽猛相济"（《左传·昭公二十年》），认为"一阴一阳"同不可测（《系辞传上》），未发之前，无分轩轾；发用之时，所重所取之标准，惟在随时权变之中而已。真正只重阳刚主张用强的是法家，只主阴柔而用弱的是道家。"不得中行而与之，必也狂狷乎？狂者进取，狷者有所不为也。"（《论语·子路》）狂者的阳刚之美，狷者的阴柔之美，皆为孔子所称许。如果与法家比较，儒家又显得注重阴柔了，因为法家是纯任刚阳。如果说道家不止老庄，甚至老庄不能代表道家主流，黄老学也是主张刚柔相济的，这就大谬不然了。一学派的定名往往是由原始名家及其学术的根本特征而定。如果失去了这一特征，也就脱离了这一学派，甚至也就失去了其存在的充足理由和条件。所以吾固曰：黄老之学兴而道家之学遂亡。

　　向见陈先生论《老子》成书早于《论语》，引崔述认为《论语》是"孔子既殁数十年后，（按：不知为何非要待数十年门弟子星散之后？）七十子之门人追记其师所述以成编"。"而《老子》则为老子所自撰，它的成书早于《论语》"。自撰书是否早于编辑所成书，暂置毋辨，奇怪的是陈先生论证的逻辑标准。陈先生说"先秦典籍引孔子说，无称《论语》者；唯《礼记》曾引述，而《礼记》编成于汉初"。但"《老子》成书甚早，从先秦其他各家多曾引述《老子》原文或论述《老子》思想可为明证"。前者是说书名，后者是说引文，不知如何可比？更有甚者，标题"古籍记载，与孔子同时的叔向曾引述《老子》"，而证据竟然出之于《说苑》。刘向编《说苑》于西汉末不知要比大小《戴记》晚几何年。《说苑》可以为据，而《礼记》不可，是陈先生论孔老用双重标准也。不意此一方法复见之于《易传与道家思想》一书。如说："天行健（键），君子以自强不息。"《蛊·彖传》："终则有始，天行也。""天行"二字，"悉为道家黄老学派所习用"（31页），其来源，当然也是出自道家典籍。如《十大经·正乱》"夫天行有正信，日月不处，启然不息，以临天下"；《文子·上德》"天行不已，终而复始"；《庄子·天道》"日月照而四时行，若昼夜之有经，云行而雨施矣"（73页）。果真如此，则文、庄之"天"又何从而来？《天道》篇历言孔子，独不受"天何言哉，四时行焉，百物生焉，天何言哉"（《论语·阳货》）以及"子在川上曰：逝者如斯夫，不舍昼夜"（《子罕》）之影响？在陈先生看来，孔子的话，"只具常识意义，而无特殊的哲学意涵"（32页）。因此，虽字面相同，道家和《易传》也非受其影响。而"天行健"与《老子》"建德若偷"（四十二章）及"周行而不殆"（二十五章），虽文异而义同（47页）。这种随意性较强的双重论证法，如何让天下人折服？

　　总之，无论从著作成书年代、主要学术概念，还是学派特质诸方面分析，《易传》为儒家所著典籍，殆无疑义。因此，陈先生所说《易传》与黄老、稷下道家相同之处，只能说明是《易传》对这两派道家的影响，而不是相反。名家论学，往往如九方皋之相马，志在千里，而遗其骊黄（见《列子·说符》）。而今陈鼓应先生之立论也，则并良马与毛色两失之矣。

原载《周易研究》2002 年第 1 期

从帛书《易传》看孔子易学解释及其转向

林忠军

一、孔子对于《周易》文本性质的界定

《周易》有着卦爻符号和与之相关的文字构成的一套卜筮的话语系统，自这个话语系统产生起，就为当时专门负责卜筮的官吏所掌管，与其他的"神明"数术一起，参与国家各种事务的决策，因此，早期的《周易》当为卜筮之书。生活在春秋末期的孔子认同这种观点。他认为"法马（象）莫大乎天地，变迥莫大乎四时，垂马（象）著明莫大乎日月"，"定天下之勿勿者莫善乎筮龟"（帛书《系辞》）①，所以圣人效法天象吉凶、自然变化、龟蓍神物、河图洛书而作《周易》，其功用彰往察来，断天下之疑，定天下之吉凶。孔子本人曾用《周易》占筮过，传世文献记载过孔子用《周易》占筮事实，如孔子曾占得贲卦和旅卦。②孔子明确说过，"吾百占而七十当。"（《要》）正因为《周易》是卜筮之书，年轻的孔子轻视之，在他看来，真正有德行和智慧的人不需要卜筮，即可以预知和分辨吉凶，做到趋利避害。"孙正而行义，则人不惑矣"。（同上）孙，遵循③，说的是遵循正道而施行德义，人就可以明察是非而不惑。而那些善于运用卜筮获取吉庆之人是智慧不足和德性缺

---

① 本文中帛书《易传》的内容，悉引自廖名春《帛书易传初探》之释文，以下所引仅注篇名。为方便起见，均写作通用简体字。

② 《吕氏春秋·慎行论》和《说苑·反质篇》有孔子占得贲之记载。《易纬·乾坤凿度》有孔子偶筮得旅之记载。

③ 李学勤说："'孙'读为'循'，音近通假。"见李氏著《周易溯源》，巴蜀书社 2006 年版，第 374 页。

失的表现，如他说："德行亡者神灵之趋，智谋远者卜筮之繁。"（同上）这是孔子年轻时不学《周易》的主要原因。如廖名春所言："孔子晚年以前不但不曾'好《易》'，反而视'好《易》'为求'德性''孙正而行义'的对立面。在这时的孔子看来，《周易》是卜筮之书，为君子所羞称。"①

　　孔子晚年发现了《周易》中"古之遗言"，这里"古之遗言"是文王之教②，即文王以仁为核心的德性。《要》所说的"文王仁，不得亓志，以成其虑"，说的就是文王在纣王无道之时推行仁德谋求推翻商王朝而不得其志。孔子看来，这种以仁为核心的德性在现实中往往表现为一种不偏不倚、知柔知刚的处世方法。他说："川（坤）之至德，柔而反于方；键（乾）之至德，刚而能让。"（《衷》）此是说乾坤至德刚中有柔，柔中带刚，刚柔相济，二者不能偏废。若只有刚无柔，或只有柔而无刚，则必然有一失，"不刚则不勤（动），不勤（动）则无功，恒勤（动）而弗中则［亡，此刚］之失也。不柔则不静，不静则不安，久静不动则沈，此柔之失也"（《衷》）。《易》之用就在于刚柔并重，刚者知柔，柔者知刚，去人之弊。如《要》所言："夫《易》，刚者使知瞿（惧），柔者使知刚，愚人为而不忘，慚人为而去诈。"（《要》）如此，"文而能朕"，"武而能安"。（《衷》）由于此缘故，孔子一改年轻时轻视《周易》的态度，老而好易"居则席，行则囊"，把《周易》定为德性之书。这里德性主要指人的德性，当然也包括天地自然之德性，《二三子》云："德义广大，瀌物备具者，亓唯圣人乎。"即是其证。

　　那末，孔子如何改变《周易》文本的性质、实现由卜筮解释向德性解释转换的呢？

二、见仁见知的易学解释原则的确立

　　为了实现《周易》卜筮向德义转变，孔子儒家在解释道时，提出见仁见知的原则。帛书《系辞》云：

　　　　一阴一阳之胃（谓）道。瀌（继）之者，善也；成之者，生也。仁者见之胃（谓）之仁，知者见之胃（谓）之知，百生日用而弗知也，故君子之道鲜。

---

① 廖名春：《帛书〈易传〉初探》，台湾文史哲出版社 1998 年版，第 173 页。
② 李学勤：《周易溯源》，巴蜀书社 2006 年版，第 374 页。

　　这里的道，是宇宙之本。世界万物皆产生于道，它虽不显形迹，不露声色，不可感知，却能流行于世界万物之中，支配着世界万物，世界万物变化显示着道的功用。道的意义是非常确定的，它内涵阴阳，阴阳表现为仁知。阳生生不息为知，阴安静敦厚为仁。由于道本身存在仁和知两个方面的内涵，而秉承道而形成的解释者有仁知之差异，故对于道的解释，或偏于仁，或偏于知，或既无仁也无知，对于道的理解和解释从而表现出三种倾向：偏重于仁者将道理解为仁之道，而偏重于知者将道理解为知之道，从事体力而无仁无知的劳动者则在日常生活中用道却无法理解道。仁者知者见仁见知属于解释学问题。

　　同时，道又具有不确定性，这种不确定性表现为"〔变〕勤不居，周流六虚，上下无常，刚柔相易也，不可为典要，唯变所次"（帛书《系辞》），它决定了处于不同历史时期和同一历史时期不同视域之下的解释者，对于道的理解和解释也就不是固定的一成不变的，总是历史性的和创造性的，持续不断地呈现出新的意义。孔子及其儒家所谓"见仁见知"和"唯变所次"，其实就是承认了解释的对象——道，具有确定的意义，同时又具有抽象的非现时性的、流动开放的不确定性。就解释者而言，他所做出的任何解释都在其前见之中，任何解释本身都是一种偏见。所谓的前见，就是处在历史条件下解释者已有的观念和知识。"理解甚至根本不能被认为是一种主体性行为，而要被认为是一种置自身于传统过程中的行动，在这过程中过去和现在经常地得以中介。"①　所谓偏见就是用自己已有的前见对文本或事物所做出的理解和解释，"偏见并非必然是不正确的或错误的，并非不可避免地会歪曲真理。事实上，我们存在的历史性包含着从词义上所说的偏见，为我们整个经验的能力构造了最初的方向性。偏见就是我们对世界开放的倾向性"②。偏见其实是一种自我理解，"一切理解都是自我理解"。"仁者"之"仁"和"智者"之"知"是认同了理解前见的存在，见仁见知承认了自我理解或偏见的合理性，按照这样的原则，要求解释者以变化趋时的、非封闭孤立视域，依据传统赋予自己的诸如仁或知之类的前见，来理解和解释道。

---

　　① 〔德〕伽达默尔著，洪汉鼎译：《真理与方法》，商务印书馆 2007 年版，第 296 页。

　　② 〔德〕伽达默尔著，夏镇平、宋建平译：《哲学解释学》，上海译文出版社 1994 年版，第 9 页。

三、"后亓祝卜观亓德义"的易学解释的转向

当今德国大哲学家伽达默尔指出："一切诠释学条件中最首要的条件总是前理解，这种前理解来自于与同一事情相关联的存在。正是这种前理解规定了什么可以作为统一的意义被实现，并从而规定了对完全性的前把握的应用。"[①] 见仁见知作为易学解释学原则，为孔子及其后学进一步用儒家的眼光理解和解释《周易》奠定了基础。孔子提出"后其祝卜、观亓德义"的易学解释，显然是以"见仁见知"作为其理论预设，就是说孔子依据见仁见知的原则而把易学解释重点放在德义上，将自己的易学与巫史之筮相区分。"观其德义"即是"见仁"，表明孔子是个仁者，而不是祝卜，仁者是以仁德解《易》，而不是以卜筮解《易》。

但是，面对着这个复杂的、具有双重性的易学文本，孔子未采取那种过于简单的方法，完全舍弃《周易》固有的卜筮性，直接进入《周易》德性的解释，而是从卜筮入手，对《周易》的卜筮作用、客观依据等问题做出解释；然后由卜筮明吉凶，进而察天道（易道）观得失、以德行获吉庆，真正实现了易学解释的转变。

1. 关于卜筮的解释

按照孔子的理解，自然界有阴阳变化，客观存在吉凶，效法自然变化的《周易》的阴阳变化，具有预测功能，"[《易》无思]也，无为也，[寂]然不勤，钦而述达天下之故，非天下之至神，谁[能与于]此？""是以君子将有为，将有行者，问焉[而以]言。其受命也如错，无又远近幽险，述知来勿"。（帛书《系辞》）之所以如此，取决于天人感应，即是人借助于自然界中一种神的力量完成的。因为这种感应快捷迅速，神妙莫测，是一般常人难以想象的，故被称为神，"唯神也，故不疾而数（速），不行至"。（同上）而人之所以能感通天，关键在于《周易》这部书和运用《周易》这部书的人。

就《周易》而言，它有一套独特的、内涵天地之道的阴阳符号和囊括古今智慧的话语系统及其效法宇宙演化的筮法。《周易》卦爻符号是古代圣人仰观俯察而成的，爻效法自然变化，卦蕴藏智慧，卦之德方以知，通神明之德。用于预测的工具——蓍草与神龟，久远而有灵气，是神明的化身。行蓍过程效法宇宙天地之演化，其德圆而神，也就是说《周易》能够预知未来，定天下之吉凶，取决于它是一

---

① ［德］伽达默尔著，洪汉鼎译：《真理与方法》，第300～301页。

部圣人效法自然而成的天书。如帛书《系辞》所言"深备错根（探赜索隐），枸（钩）险（深）至远，定天下之吉凶，定天下之勿勿者，莫善乎蓍龟。是故天生神物，圣人则之。天变化，圣人效之。天垂马（象），见吉凶，而圣人马（象）之。河出图，雒出书，而圣人则之。《易》有四马（象），所以见也。系辞焉，所以告也。定之以吉凶，所以断也"。因《周易》是效法天地万物而作，故内涵了天、地、人三才之道和永恒变化之理，如孔子所言："《易》又天道焉，而不可以日月生辰尽称也，故为之以阴阳；又地道焉，而不可以水火金木土尽称也，故律之以柔刚；又人道焉，不可以父子君臣夫妇先后尽称也，故为之以上下；又四时之变焉，不可以万物尽称也，故为之以八卦。"（《要》）因此，它能够感通天人成为预测吉凶的著作。由于孔子过多解释卜筮客观性，尤其是《周易》效法天地变化而成书，强调了人的德性在卜筮中举足轻重的作用，客观上冲淡了卜筮的神秘色彩。

2. 关于观天地之变知吉凶的解释

《周易》乃圣人仰观俯察自然之作，无论是《周易》的卦爻符号系统及其与符号密切相关的文字系统，还是行蓍的过程和工具皆本之于客观世界，与客观世界契合齐准，易之道就是客观世界之道，《周易》中阴阳变化所显示的吉凶即是现实世界变化的吉凶。孔子关注的是《周易》中的形而上的道，而不是形而下的卜筮。在他看来，理解和探讨《周易》的目的，在于细观其中天地阴阳变化之道，明察事物吉凶转换之理。只要顺从这种易道即天地自然之道，无须通过《周易》卜筮，即可以把握吉凶。他以《周易》中的损益之道说明之：

夫损益之道不可不审察也，吉凶之［门］也。益之为卦也，春以授夏之时也，万勿（物）之所出也，长日之所至也，产之室也，故曰益。授者，秋以授冬之时也，万物之所老衰也，长［夕］之所至也，故曰产。……益之始也吉，亓冬也凶；损之始凶，亓冬也吉。损益之道，足以观天地之变，而君者之事已，是以察于损益之变者，不可动以忧憙。故明君不时不宿，不日不月，不卜不筮，而知吉与凶，顺于天地之心，此胃易道。（《要》）

这段话，与《淮南子》和《说苑》等传世文献的记载可相互印证。《淮南子·人间训》："孔子读《易》至《损》《益》，未尝不愤然而叹曰：'益损者，其王者之事与！事或欲以利之，适足以害之；或欲害之，乃反以利之。利害之反，福祸之门户，不可不察也。'"《说苑·敬慎》："孔子读《易》至于损益，则喟然而叹。子夏避席而问曰：'夫子何为叹?'孔子说：'夫自损者益，自益者缺，吾是以叹也。'"比较《淮南子》和《说苑》与帛书《要》，可以看到，虽然其论述有详略之分，但其中孔子所谈论的损益的道理完全一致，说明孔子谈论损益确有其事。

在《要》中，孔子将损益两卦与春秋季节联系起来，以益卦象征春季，万物由微而盛；以损卦象征秋季，万物由盛而衰。损益两卦之转化，预示着春秋两季相互更替，世间万物兴衰枯荣，周而复始，循环往复。而其中的福祸、吉凶及其相互依存的关系由此展示出来，因此，他提出"损益之道"是"吉凶之〔门〕"，以《易》之损益之道"足以观天地之变"，"足以观得失""不可不察也"，作为聪明的当权者只要能做到这一点，不借助于祭祀、择吉日、星占、历法占、龟卜、筮占等，就可以"知吉与凶，顺于天地之也"。其实，孔子这里的损益之道，即是阴阳之道，也就是易道。益为阳长，则为吉。阳长至必消则阴生，则为凶。损为阴长，为凶，阴长极必消则阳生，则为吉。随着阴阳转化，吉凶流转。只要通晓和驾驭《易》之损益之道，明察吉凶之理，顺从天地，则可以无咎。同时，孔子还强调"时"，以损益之道，观乎天文察时变，顺天道而时行，时至则福获。"古之君子时福至则进取，时亡则以让。"（《缪和》）这种观天文察时变、顺天应时、趋利避害的思想，是知者所为，孔子说的"福祸毕至，知者知之"（《二三子》），"知者不惑"（《论语》之《子罕》《宪问》）就是知者见知。虽然这种知者见知，有先秦道家之风。但他并没有停留在这种道家式的见知上，而是遵循"《易》所以会天道人道"（《语丛一》）①观念，以见知为前提，把易学研究的重点落实到见仁上，用儒家的观念和理论理解和解释其德义，凸显德性在易学中的地位。

3. 关于超越巫史而达乎德的解释

在孔子看来，顺天道固然可以取代卜筮，但天道远而难以把握，人道近而易习行，故他又把"见仁"即《周易》中的人道（德义）视为易学解释重中之重，如他指出：

> 幽赞而达乎数，明数而达乎德，又仁〔守〕者而义行之耳，赞而不达于数，则亓为之巫，数而不达于德，则亓为之史。史巫之筮，乡之而未也，好之而非也。……吾求亓德而已，吾与史巫同涂而殊归者也。（《要》）

---

① 荆门市博物馆：《郭店楚墓竹简》，文物出版社 1998 年版，第 194 页。

众所周知，《周易》本为卜筮之书，内含象数理占四要素。象是《周易》中卦爻符号及其所象征的事物的形态特征及其意义，附在这些符号之后的文辞所表示的则是它的全部意义。它在筮占活动中，作为筮占的记号或标识，记录着"神秘"的行著结果，有着传递神明信息功能。而数是指筮数，即"天地之数"和本于天地之数的大衍之数，它是行著过程的直接参入者，"参伍以变，错综其数"，"著之德圆而神"，说的就是著数的推衍形式上效法了宇宙演化，其过程变化无常，神妙莫测，从而确立一卦之象，极其数遂定天下之象，因此它是确立象的工具和整个筮占的关键。占是根据象对事物未来所作出的推断，六画符号一旦求出，筮问者的吉凶福祸由表示符号意义的文辞显示出来。卜筮的结果就是占，筮占是理解和解释《周易》所追求的终极目标。理是作为筮占担当者，即象数文辞所内涵的天地人三才之道。孔子变换新的视角，以儒家独特眼光审视《周易》象数理占，提出"后亓祝卜、观亓德义"，其方法是由筮占之术而通达《易》之理，然后再由数理通晓德义。①德义成为孔子理解和解释《周易》所达到的终极目标和追求的易学最高境界。为此，孔子把《周易》研究区分为卜筮、数理、德义三个层次。第一个层次，深明筮占之术，未知《易》之数理系统，此为巫；第二层次，精通《易》之数理系统未能到达儒家德性，此为史；第三层次，能深求卜筮之术，又能由卜筮而精通易之数理，然后由数理推衍人道之德义。孔子认为史巫之占，非《周易》真精神，《周易》真精神当是以德代占，他告诫人们说："史巫之筮，乡之而未也，好之而非也。"（《要》）因此。孔子将求德或德占视为他自己与史巫最本质的区别。即"吾与史巫同涂而殊归"。

4. 关于拟德而占的解释

人皆有预知未来、驾驭命运的需求和趋利避害、获取福庆的愿望，然而如何满足这个需求、实现这个愿望？这是包括孔子在内的古代圣贤一直苦苦思虑和探索的问题。星占、历法占、龟卜、梦卜、筮占等各种占是中国古代先民在长期生活和生产实践中总结和探索出的不同的预测方法。孔子站在儒家的立场，认为人之德性修养优越于卜筮的预测。卜筮是人对于自身缺乏自信的一种表现，当德行丧失和智慧缺乏时，则多用卜筮。而德行除了可以净化社会环境、协调人与人的关系、稳定社会秩序外，也可以明察秋毫。换言之，真正有道德和智慧的人无需卜筮，就可以洞

---

① "幽赞而达乎数，明数而达乎德"的解释参照了日本池田知久《马王堆汉墓帛书〈周易〉之〈要〉篇释文（下）》，见《周易研究》1997年第3期。

察几微，预知未来。孔子曾明确指出："德行亡者神灵之趋，智谋远者卜筮之繁。"这是说，丧失德行的人才乞求神灵，缺乏智谋的人才频繁卜筮。孔子说的"仁者不忧，知者不惑"（《论语·宪问》）也是此意。进而，他认为德行和卜筮是两种截然不同的获取吉庆的方法，如他说：

> 君子德行焉求福，故祭祀而寡也，仁义焉求吉，故卜筮而希也。（《要》）

此是说君子德行求福和仁义求吉，故很少运用祭祀和卜筮。基于此，孔子提倡以德获得福庆。这种以德求福观点与《文言》思想完全一致："积善之家，必有余庆；积不善之家，必有余殃。"他提倡以《周易》中德义求福。认为真正善为《易》者，则必是大德大智慧之人，此种人无需占筮，可以洞察吉凶，即所谓"不占而已"。这里不占，是以德代占。"赞以德而占以义者。"（《衷》）"疑德而占，则《易》可用也。"（《衷》）相反，没有德行的人不可真正理解和掌握《周易》。即所谓"无德则不能知《易》"。"无德而占，则《易》亦不当。"（《衷》）故他提出了"德义无小，失宗无大"（《二三子》）观点，此句话是说获得善德不在小，遭失宗庙之灾不论大，即福祸善恶不论大小。[①] 孔子还举小人为例，说明小人不去恶行善，最终遭受杀身之祸，"善不责（积）不足以成名，恶不责，不足以灭身。小人以小善为无益而弗为也，以小恶［为］无伤［而弗去也，故恶积而不可］盖也，罪大而不可解也。"（帛书《系辞》）小人所作所为，无需占卜可知凶多吉少。由此看来，以仁为核心的德义重于卜筮、取代卜筮是孔子易学解释的目的。

四、孔子易学解释学的意义

孔子提出见仁见知和观其德义的原则和观点，然后将这种原则和观点运用于易学解释之中，由卜筮解释转向超越卜筮的德性解释，再转向以顺天道、以德代占的解释，从而使《周易》文本性质、内容和作用发生根本性的转变，由本为卜筮之书转变为以德义为主的哲学著作，凸现出先秦儒家独特解释理论，即一开始就以一种宏大的、流动的、开放的解释视野，对待文本或作者问题。文本意义不是唯一的，是多元的，是变化的。而理解和解释则是特定历史和传统条件下解释者个体以已有

---

① 廖名春：《〈周易〉经传与易学史新论》，齐鲁书社 2001 年版，第 127 页。

见识和经验对于文本做出的创造性、合理的见解，或称为"偏见"，这样充满张力和创造性的解释学，关注的重点不是文本或作者本义，更重要的是隐而未显的意义，其解释不是千方百计地复原文本或作者的思想，而是超越文本，探赜索隐，钩深致远，穷尽天地之道或作者（圣人）之意，这就与单纯的以文字解释为主、以重现文本之义为宗旨的解释学传统区分开来。很显然，孔子关于易学解释已具有了西方哲学解释学的意味。他的"见仁见智"的易学解释原则接近伽德默尔等人关于理解和解释的观点。与他们不同的是，孔子不但未放弃中国传统的文字、象数和史学等解释方法，而且把它作为哲学解释进路。具体说，在许多情况下，孔子的解释是由解释方法进入到哲学解释。

我们应当看到，孔子的解释学虽然把解释对象道或易道意义视为不确定的，即多元的和变化的，但这种不确定性只是流于形式，其基本的内容是阴阳，阳尊阴卑，是千古永远不变的。解释者的理解和解释虽然具有创造性和差异性，承认这种解释者个体创造和差异的合理性，看到了人在理解和解释过程中的积极作用，并且启迪后世易学家或哲学家依自己的见解去探寻方法，理解和解释道，认知和驾驭道，成贤成圣，但是由于道的基本内容为阴阳，清晰确定不容混淆，而解释者又是秉承道而产生，具有道的某种属性，故无论解释者的解释是如何创造和开放，都不能超出道之阴阳仁知意义，因此，这种见仁见知的理解和解释，最后必然归于解释的循环。更确切地说，孔子及其后学的易学解释学，是道的自我解释循环。

原载《北京大学学报》（哲学社会科学版）2007 年第 3 期

《易传》的道德观及其启示

徐国亮

习近平总书记在庆祝中国共产党成立一百周年大会上提出："新的征程上，我们必须……坚持把马克思主义基本原理同中国具体实际相结合、同中华优秀传统文化相结合。"① 他在党的二十大报告中指出："中华优秀传统文化……同科学社会主义价值观主张具有高度契合性。我们必须……把马克思主义思想精髓同中华优秀传统文化精华贯通起来……让马克思主义在中国牢牢扎根。"② 在中华优秀传统文化中，《周易》一直被崇奉为"群经之首，大道之源"，《易传》作为《周易》的重要组成部分，蕴涵着丰富的道德思想，新时代研究《易传》的道德观及其启示，无疑具有重大价值和深远意义。

一、《易传》的核心道德观念

《易传》在阐释《易经》的卦象、卦名、卦辞、爻辞的过程中，较为系统、深刻地表达了自己的道德观点。它不仅对《易经》中已具萌芽性质的道德观点予以阐发和深化，而且还善于借题发挥，提出了一系列具有独创性的新观念，其核心道德观念为"顺天应人""中正为德""渐积为法"。

1. 顺天应人

顺天应人，就是人与天地合德。所谓"合德"，就是人的主体行为既遵循自然

---

① 习近平：《习近平谈治国理政》（第四卷），外文出版社 2022 年版，第 10 页。
② 习近平：《高举中国特色社会主义伟大旗帜 为全面建设社会主义现代化国家而团结奋斗：在中国共产党第二十次全国代表大会上的报告》，人民出版社 2022 年版，第 18 页。

界的客观规律，又应合大众的合理愿望。"顺天应人"出自《革》卦《彖》辞："顺乎天而应乎人，革之时，大矣哉。"如果人的行为顺应了自然发展规律和广大民众的要求，就是"与天地合其德，与日月合其明，与四时合其序，与鬼神合其吉凶"（《易传·文言传》）的，这样一来，不仅翻天覆地的大革命能够成功，即便是日常大小事务也能顺利完成。

顺天应人，就能"说以利贞""大亨以正"。《易传·彖·兑》曰："兑，说也。刚中而柔外，说以利贞，是以顺乎天而应乎人。"这里的"说"同"悦"。"刚中"，阳刚居中，内心光明正大、刚健有为之意；"柔外"，外在柔和，待人平易近人、和蔼柔顺之意。"刚中"与"柔外"兼具一身，"顺乎天而应乎人"，方能万事亨通、皆大欢喜。倘若有"刚中"无"柔外"，会阳刚太过，失之暴躁，悦而无亨；有"柔外"而无"刚中"，会阴柔有余，失之诌媚，悦而不正。只有刚柔并济，顺天应人，"说以先民，民忘其劳。说以犯难，民忘其死"（《易传·彖·兑》）。由此可见，只有顺天应人，才能"文明以说，大亨以正。"（《易传·彖·革》）

2. 中正为德

中正为德，就是居中行正、内外合宜、不偏不倚，合于时宜，以此作为道德原则。《说文解字》对"中"的解释是："内也。从口丨，下上通也。"段注："中者，别于外之辞也，别于偏之辞也，亦合宜之辞也。"《易传》里的"中"德，既指方位上的"得中道"，也指处理事情上不极端、"行中"和"中行"，还指合于时宜、"时中"。例如，"黄离元吉，得中道也"（《易传·象上传》）、"大君之宜，行中之谓也"（《易传·象上传》）、"中行无咎"（《易经·夬·九五》）、"蒙，亨，以亨行时中也"（《易传·彖上传》）。《说文解字》云："正，是也。从止，一以止。"许慎认为"正"就是纠正，使恰当。《易传》里的"正"德，就是合乎天道、合乎天地之大义。《易传·彖传》曰："家人，女正位乎内，男正位乎外。男女正，天地之大义也。"《易传·文言传》曰："大哉乾乎！刚健中正，纯粹精也"；"君子黄中通理，正位居体，美在其中，而畅于四支，发于事业，美之至也"。《周易》义理认为，"得正"之爻，象征着事物的发展遵循"正道"、符合规律；"失正"之爻，象征背逆"正道"、违反规律。《易传·系辞下传》云："天地之道，贞观者也；……天地之动，贞夫一者也。"天地有其基本规律，守正就能被人们所敬重。天下所有万事万物的变化规律，都应该专一守正。总之，人要参天地之化育，要促使天地人万物"各正性命""保合太和"，最根本的就是要以中正为德，刚健有为，与时偕行。

3. 渐积为法

渐积为法，就是指道德的增益变化遵循"渐"和"积"的规律法则。"渐"揭示了道德变化的过程性、递进性。《易经》里《渐》的卦辞曰："女归吉。利贞。"《彖传》对此解释为："渐之进也。女归吉也，进得位，往有功也。进以正，可以正邦也。其位刚得中也。止而巽，动不穷也。"这里的"渐之进也"就是说"逐渐前行而进"的意思。《象传》曰："山上有木，渐。君子以居贤德善俗。"这里，将君子的德性比喻成山上的树木，逐渐长大，这就是"渐"的征象。《易经》爻辞以"鸿渐于干""鸿渐于磐""鸿渐于陆""鸿渐于木""鸿渐于陵""鸿渐于陆"来描述"渐"前行而进的轨迹，其间有两次"于陆"，而具体情况不同。这里比喻道德发展也如鸿的运动轨迹一样，是一种复杂的变速曲线渐进运动。"积"揭示了道德变化的内涵、状态、程度和效果。"积"道出了《易经》第四十六卦《升》的精义。《升》的卦辞曰："升，元亨，用见大人，勿恤，南征吉。"《彖传》解释道："柔以时升，巽而顺，刚中而应，是以大亨。用见大人，勿恤，有庆也；南征吉，志行也。"《象传》曰："地中生木，升；君子以顺德，积小以高大。"这里将"积"的内涵比喻成树木的生长与发展变化，其效果就是"积小以高大"、量变促成质变。《系辞下传》云："善不积，不足以成名。恶不积，不足以灭身。"《文言传》以家道变化作喻："积善之家，必有余庆；积不善之家，必有余殃。"总之，《易传》通过"渐""积"运动变化规律来说明善恶的量变与质变转化规律，告诫人们修行德善需遵循渐积之法。

二、《易传》的主要道德理论

《易传》在阐释《易经》过程中不仅深刻地表达了自己的道德观点，而且还系统构建了引领未来时代发展方向的独特的道德理论体系。这些理论主要有："为仁由己"的道德主体论、"元亨利贞"的道德本体论、"进德安邦"的道德价值论、"守礼致和"的道德体系论、"刚柔并济"的道德精神论、"直内方外"的道德修养论。

1. "为仁由己"的道德主体论

"为仁由己"（《论语·颜渊》），意思是实行仁德服务于人类，完全在于人类自己。《易传》在秉承《易经》所隐含的主体性思想基础上，提出了"三才之道"的道德命题。"易之为书也，广大悉备，有天道焉，有人道焉，有地道焉……三才之道也。"(《系辞下传》)《易传》认为，人在天、地、人"三才"中居于中心地位，并通过"圣人成能""裁成辅相"和"立功成器"来彰显人的主体性。《系辞下传》云："天地设位，圣人成能。人谋鬼谋，百姓与能。"圣人创成《周易》，以阴阳卦爻变化与天地神妙相沟通，连寻常百姓也具备了运用《周易》卦爻变化规律参与天地万物运化的慧能，这极大地彰显了人类对命运把控的主体能力。《大象传》对《泰》卦的卦象阐发中又提出了"裁成辅相"的命题："天地交，泰。后以财成天地之道，辅相天地之宜，以左右民。"(《易传·象·泰》)这里"财"通"裁"。君主观天地交泰之卦象，裁节成就天地交流感通之道，辅助赞勉天地化生之宜，以便辅佐佑助天下百姓。《系辞上传》云："备物致用，立（功）成器以为天下利，莫大乎圣人。……天生神物，圣人则之。天地变化，圣人效之。天垂象，见吉凶，圣人象之。河出图，洛出书，圣人则之。"圣人通过发挥聪明才智、"立功成器"，引领百姓把握客观规律，展现了圣人之大德以及人类卓越的主体性。总之，人类通过"圣人成能""裁成辅相"和"立功成器"实现了为己服务的目标，展现了"为仁由己"的道德主体性。

2. "元亨利贞"的道德本体论

元亨利贞，语出《周易·乾》，是乾卦之四德。孔颖达疏："元，始也；亨，通也；利，和也；贞，正也。"(《周易正义》卷二)《易传·彖·乾》说："大哉乾元，万物资始，乃统天。云行雨施，品物流形……乾道变化，各正性命，保合太（大）和，乃利贞。"《文言传》说："元者，善之长也，亨者，嘉之会也。利者，义之和也。贞者，事之干也。君子体仁足以长人，嘉会足以合礼，利物足以和义，贞固足以干事。君子行此四德者，故曰：乾，元亨利贞。"从本体论看，《周易》的道论、气论和数论三位一体。由于物质是以气、数、器的方式存在，所以作为物质的道是气、数、器的统一，是客观存在的天、地、人三才。这些客观物质的运动规律是完全可以认识和掌握的。《系辞上传》云："易与天地准，故能弥纶天地之道。……与天地相似，故不违。"这里就提出了用"弥纶相似"之法将道论本体论与认识论贯通，具备了"体道察德"的道德方法性质。在此基础上，《易传》又进一步提出："至哉坤元，万物资生，乃顺承天"(《彖上传》)、"损刚益柔有时，损益盈虚，与时偕行"(《彖下传》)、"君子以遏恶扬善，顺天休命"(《象上传》)、"坤道其顺乎，承天而时行"(《文言传》)等"顺天时行"之论。最后，归结为厚德载物的"坤德"——"地势坤，君子以厚德载物"(《象上传》)、"坤厚载物，德合无疆。含弘光大，品物咸亨"(《彖上传》)。《系辞下传》提出："天地之大德曰生，圣人之大宝曰位。何以守位曰仁。何以聚人曰财。理财正辞，禁民为非曰义。"君子用好仁、财、义三法就彰显了人道对乾坤天地之道的认识和把握，就抓住了"元亨利贞"的道德本体。

3. "进德安邦"的道德价值论

《易传》的道德价值体现在个体进德和治国安邦、推动社会发展等方面。在个体进德方面，《易传》提出了进德修业以自强、公平善待他人、变通处世等观点。《象上传》云："天行健，君子以自强不息。"君子只有善于学习、进德积德、明于出处才能实现自强。在学习方面，要"学以聚之，问以辨之，宽以居之，仁以行之"（《文言传》），"多识前言往行，以畜其德"（《象上传》）；在进德积德方面，"君子以遏恶扬善，顺天休命""非礼勿履"（《象上传》）、"文明以健，中正而应""为能通天下之志"（《象上传》）、"见善则迁，有过则改""反身修德"（《象下传》）；在明于出处方面，"君子之道，或出或处，或默或语"（《系辞上传》）、"君子安其身而后动，易其心而后语，定其交而后求：君子修此三者，故全也"（《系辞下传》）。在公平善待他人方面，提出了"善与人同""君子以同而异"（《象下传》）、"称物平施"（《易·谦》）等观点。在变通处世方面，提出"一阖一辟谓之变，往来不穷谓之通""化而裁之谓之变，推而行之谓之通"等观点。在治国安邦、推动社会发展方面，《易传》强调德治是治国安邦的有效手段。德治的理想境界在于"垂裳而治"："黄帝、尧、舜垂衣裳而天下治，盖取诸《乾》《坤》"（《系辞下传》）；德治需要"裁成辅相"："财成天地之道，辅相天地之宜，以左右民"（《易传·象·泰》）；德治需要"宗族亲友"："同人，君子以类族辨物"（《易传·象·同人》）；德治需要君民协力、上下同心："圣人感人心，而天下和平"（《周易·彖传·咸》）、"上下交而其志同"（《易传·彖·泰》），倘若"上下不交"，则"天下无邦"（《周易·彖传·否》）。

4. "守礼致和"的道德体系论

《易传》认为《易经》中的六十四卦均有道德属性，并以其中九卦为例构建了一个"守礼致和"的道德体系。《系辞下传》云："是故《履》，德之基也；《谦》，德之柄也；《复》，德之本也；《恒》，德之固也；《损》，德之修也；《益》，德之裕也；《困》，德之辨也；《井》，德之地也；《巽》，德之制也。"《尔雅·释言》："履，礼也。"《荀子·大略》曰："礼以顺人心为本""礼者，人之所履也，失所履，必颠蹶陷溺。所失微而其为乱大者，礼也。"有子认为："礼之用，和为贵。先王之道，斯为美，小大由之。有所不行，知和而和，不以礼节之，亦不可行也。"

（《论语·学而》）行礼以致和，求和节之以礼。这反映了礼与和的辩证关系，也是道德践履必须遵循的道德基础。所以，履为德之基，"辩上下"是守礼，"定民志"是致和。除了《履》卦外，《谦》卦"尊而光"、《复》卦"小而辨于物"、《恒》卦"杂而不厌"、《损》卦"先难而后易"、《益》卦"长裕而不设"、《困》卦"穷而通"、《井》卦"居其所而迁"、《巽》卦"称而隐"都各具守礼致和的德性。由此，《易经》中的六十四卦构建成一个"守礼致和"的道德体系。

5. "刚柔并济"的道德精神论

为了引导世人进德修身、劝导王者行仁政施德治，《易传》鲜明地提出自强不息的进取精神、顺天休命的乐观精神、谦虚忍让的宽容精神、革故鼎新的变通精神、居安思危的忧患精神、中正有庆的贵和精神，展现了华夏先民"刚柔并济"的德性伦理智慧和精神风貌。一方面，《易传》发扬了儒家刚健自强精神，主张君子"终日乾乾"（《易经·乾》），毫不懈怠，要"刚健笃实辉光，日新其德"（《易传·象·大畜》），要时常"反身修德"（《易传·象·蹇》）、"思患而豫防之"（《易传·象·既济》）、"见几而作，不俟终日"（《系辞下传》），自强不息；另一方面，《易传》也吸取了道家柔顺恬淡包容精神，主张君子"厚德载物"（《易传·象·坤》），柔顺宽容，谦虚忍让，谨慎戒惧，"乐天知命"（《系辞上传》），"顺天休命"（《易传·象·大有》），顺其自然。

6. "直内方外"的道德修养论

《易传》在阐明自己的道德观念的同时，还提出了一些具有积极意义的道德修养方法和原则，如"直内方外""遏恶扬善""渐积革解""动静反复""中正时行""穷理尽性""损益盈虚"等。这里重点谈谈"直内方外"。《坤卦·文言传》云："直其正也，方其义也。君子敬以直内，义以方外，敬义立而德不孤。""直内"就是要求人们内心正直，通过持"敬"以达到内心正直之目的。"方外"就是要求人们立身处世做到端方而合乎伦理，通过行"义"以达到立身端方之目的。"直内"与"方外"相辅相成，"直内"是"方外"的前提和基础，只有内心正直，才有可能外在表现出端方的品行；"方外"是"直内"的目标和归宿，只有做到"方外"，才算落实了"直内"的宗旨。"直内方外"属于修身正心之道，君子秉持"直内方外"之修养原则，勤于实践，假以时日，就能达至儒家"内圣外王"的道德境界。

三、《易传》的启示

《易传》留给我们的精神财富是十分丰富的，其深刻的道德观启示我们在新时代中国特色社会主义新征程上要秉持"厚德载物""尚中贵和"与"守正创新"的优秀文化传统。

1. 厚德载物

《易传》在强调人们要效法天道的自强不息、刚健有为的优良品格的同时，也提倡人们要效法地道胸怀博大、柔顺恬淡的宽厚美德。在新时代中国特色社会主义新征程上，我们将遇到更多发展问题和社会矛盾，要解决这些问题，就要秉持"厚德载物"的理念。有了厚德载物的博大胸怀，我们就会少一些无知莽撞、骄纵妄为、蛮横逞强，多一些谦虚忍让、谨慎戒惧、柔顺宽厚；我们的生活中就会少一些怄气上火、家庭纠纷、邻里矛盾、生态失衡，多一些和谐有礼、家庭和睦、邻里团结、环境宜人。这样，我们的身心更健康快乐，我们的人生更亮丽，我们的事业更美好。

2. 尚中贵和

《易传》从天道悟出人道，倡导人们"尚中贵和"。依天道而行则为"中"，"中行无咎"（《易经·夬·九五》），按照天道行事就不会犯错误。《易传》"尚中贵和"的理念启示我们，说话办事和重大决策要秉持"中和"的原则。"中和"，首先要中道而行，不偏不倚，不走极端；其次，要谨遵"唯变所适"和"时中"的原则，"时止则止，时行则行，动静不失其时"，把握好"适时而变"，稳步推进全面改革；第三，重"和"。强调事物包含对立和统一两个方面，而以统一为主，追求世界和谐、稳定、统一。特别在新时代中国式现代化道路上，我们要秉持尚中贵和的理念，着力避免、减少和化解前进征途上的民族矛盾和国际纷争，争取以和平方式实现中华民族伟大复兴。

3. 守正创新

《易传》的基本精神就是"日新"与"养正"，它启示我们要秉持"守正创新"的文化传统。《易传·系辞》曰："富有之谓大业，日新之谓盛德，生生之谓易。"对于个体发展而言，要走好自己的人生道路，就要不断学习新知识、吸收新营养，不断丰富和完善自己，做到"苟日新，日日新，又日新"（《礼记·大学》）。同时，要达到"仁"的境界、"义"的规范，必须经过长期艰苦的道德修养过程，要"蒙以养正"（《易传·象·蒙》），从小养成正义的行为习惯和道德观念；要"惩忿窒欲"（《易传·象·损》），控制自己的七情六欲，使之合乎社会人伦道德规范；要"刚健中正"，保持阳光进取心态，时时以"养正则吉"（《易传·象·颐》）警醒自己，自觉抵制不良诱惑和侵蚀，注意"反身修德""自昭明德""懿文德""居贤德善俗"，逐渐培养一种强烈稳固的正义感。对于国家和社会发展而言，要秉持正义、坚持正理、持守正道，顺应人类文明发展大势，与时偕行，敢于创新，维护广大人民群众利益，保护人类生存环境，推进人类文明共同进步。

论高亨先生的《周易》校勘学

——纪念高亨先生逝世十周年

王承略

　　高亨先生是二十世纪著名的《易》学专家。他精通经学、诸子学、文字音韵训诂学，熟悉先秦文化典籍和历代《周易》研究文献，从不同的角度对《周易》进行了深入的探讨，因而取得了多方面的成就。他继承清代朴学的传统，又能超脱象数、义理的拘束，在语辞训诂方面独创新解，卓成一家之言；他摒弃两千年《易》学研究中以《传》解《经》的传统，将《经》《传》分开，开创了《周易》研究的新时代；他精研《左传》《国语》《系辞》的记载，使古筮法失而复得，重见天日，前人百思不得其解的变卦方式，终于被科学地揭示出来；他综合分析《易传》，抽绎其中的象数义例，《彖》《象》之义因而大明，一扫前人牵强附会、妄自揣解的陋习；他参校群书，广征博引，并成功地使用各种方式的理校法，很大程度上完善了《周易》的文本；此外，他对《周易》成书过程、史料价值、文学价值、哲学思想的研究，都有精深的造诣和独到的见解。所有这些，构成了高亨先生博大思精、风格独具的《易》学体系，连同闻一多、于省吾、顾颉刚、郭沫若、李镜池等著名学者研究《周易》的巨大成就，共同代表并体现了二十世纪八十年代以前《周易》研究的最高水平。全面总结和正确评价高氏《易》学的成就和贡献，在很大程度上关系到今后《易》学发展的方向，因而成为当今学界刻不容缓的大事。在此我不揣谫陋，意欲就高亨先生的《周易》校勘学略抒管见。理解偏颇、立论不当之处，请方家批评指正。

　　《易经》是我国现存最早的一部典籍。大概在西周四百年间，由筮人不断修订，基本编成。西周之后，又有人进行过整理加工。《易经》本来是一部筮书，主要为占问人事凶吉而设，因切于实用，社会需求面广，所以从它基本编成的第一天起，在传播过程中就不可避免地出现了文字上的异同和讹误。《左传》《国语》所引，有的完全不见于今本，有的与今本文字有很大的出入。战国期间，陆续出现了解说《易经》的七篇文献，也就是《易传》。《易传》作者所见到的经文，据高先生分析，已经有了为数不少的错讹。《易》以卜筮之书未遭秦火，但因有数家之传，在汉代同样存在着今古文之别。《汉书·艺文志·六艺略》著录《尚书》《诗经》《周礼》《仪礼》《春秋》《孝经》《论语》的古文经，唯独不著录《周易》古文经，前人多以为《周易》的古文、今文经在篇章文字上没有多大的差异，故不需要重复著录。但刘向校书时，明言以中古文校施、孟、梁丘今文经，今文经有脱去"无咎""悔亡"者。又《史记》《汉书》《说文》等汉代典籍所引，与今本文字多有不同，宋翔凤《周易考异》、李富孙《易经异文释》俱有稽考，可见《周易》传本甚多，就文字而言，不论今文、古文，早已存在很多具体的差别。今本《周易》是古文费氏《易》。自东汉起，费氏《易》大盛，今文三家《易》与京氏《易》相继残亡。王弼注《易》，以费氏《易》为底本，已间或指出底本的舛讹。至陆德明《经典释文》、李鼎祚《周易集解》，更胪列了大量的异文异读。还有郭京，自言得到了王弼、韩康伯的手写真本，取以与通行本相比较，改正了一百三处，二百七十三字。此后吕祖谦的《古易音训》，仍然保存有大量的前代注家的异文。朱熹的《周易本义》，言及《经》《传》文字的讹谬多达数十处。直到阮元校刊《周易注疏》，异文仍然不胜胪举。由此不难想见，《周易》在其两千多年的流传过程中，由于各种人为的和自然的原因，佚文错简、文字讹误事实上在不断增加，造成许多新的问题。这都表明，今本《周易》确乎存在为数不少文本上的可议之处；当代《周易》研究，要想建立在坚实可靠的基础之上，是不应该也不可能完全脱离必要的文字校勘工作的；承认不承认文本的讹误，重视不重视文本的校勘，已成为衡量一部追求学术开拓的现代《易》注重要的质量标志。高先生在其数十年《周易》研究过程中，一直对校勘问题保持清醒的认识和足够的重视，这在当代易学家中是绝无仅有的。他坚实深厚的古文献学、文字学、训诂学功力，使他能够充分理解古籍致误的多方面的原因，并由此切入，把《周易》致误的多种缘由与版本的比较和文字的理校结合起来。从高先生在《周易古经今注》和《周易大传今注》中列举的大量实例来看，《周易》文字的致误之由大致可归纳为下列七个方面。

　　第一，转写之误。有文字脱漏者，如《无妄》九五象："无妄之药，不可试也。"药前脱疾字，原当作："无妄之疾，药不可试也。"有文字窜乱者，如《小畜》象："密云不雨，尚往也，自我西郊，施未行也。""尚往也"与"施未行也"二句互相窜乱，当互移。

第二，形近而讹。如《夬》上六："无号，终有凶。"无当作先。《萃》六二："引吉，无咎，孚乃利用禴。"引当作弘。

第三，衍文。如《震》卦辞"震来虩虩，笑言哑哑"八字涉初九爻辞而衍。《说卦》："天地定位，山泽通气，雷风相薄，水火不相射。"不字疑衍。

第四，错简。如《系辞》至少有五处错简，其中"大衍之数五十"一章，高先生以为当在今本《系辞》第七章之后。按此章不见于帛书《系辞》，足以说明此章在今本《系辞》中的位置未必无误。高先生未曾见到帛书而有见于此，尤能显其明识。

第五，正文误入注文。如《序卦》："物畜然后有礼，故受之以《履》。履而泰然后安，故受之以《泰》。"今本"故受之以《履》"之后，无"履者，礼也"一句，此句在传抄刊刻时误入于王弼注中。

第六，误置爻题。《周易》古经本无爻题，爻题大概是战国时人所加。增置爻题时一时失察，就会放错位置。如今本《否》初六："拔茅茹以其汇，贞吉。亨。"六二："包承，小人吉，大人否。亨。"六三："包羞。"高先生以为，初六亨字，当在六二包承之前；六二亨字，当在六三包羞之前。六二象以"大人否亨"断句，说明《象传》作者见到的经文，已经误置爻题了，这正是《象传》之作不早于战国的铁证！高先生这方面的发现和例证很多，对于考察《易经》的成书过程和《易传》的撰写年代，无疑具有重要的意义。

第七，后人妄改。如《震》六二："震来厉，亿丧贝，跻于九陵，勿逐，七日得。"亿，《释文》："本又作噫，同于其反，辞也。"高先生以为亿之初文当作意，其作亿、噫者，皆后人所改。按汉帛书正作意，足证高先生之说非误。

如上所述，《周易》经、传在流传过程中产生了各种各样的讹误，是毋庸置疑的事实。然而前人每每借口《易》无定体，对业已出现的讹误一味回护，牵强附会地做了种种扞格难通的解说，结果注家自己陷入了泥潭，也引导读者误入了迷途。李镜池先生曾经指出，《易》学之所以不昌明，原因就在于此。高亨先生在著述过程中对《周易》经、传是正文字的留意和努力，正是基于同样的认识。从高先生的《易》学著作中，能够抽绎出许多是正《周易》文本的体例和方法，其中对我们有借鉴意义的较重要的方法至少有下列八种。

一、继承前人优秀的校勘成果。高先生在考究《周易》文本的讹误时，十分尊重前贤业已取得的成就。但对前人的成说决不盲从，而是推求多方面的证据重新审视，确有把握或较近情理者方予采录。经过高先生进一步的考证和有选择的取舍，有效地继承借鉴了前人校勘成果的优秀内容。而且凡有所取，皆一一注明其人姓氏，显示了严谨诚实的学风。如《艮》彖："艮其止，止其所也。"参朱熹、朱骏声、俞樾之说，以为艮其止当作艮其背。《乾》文言："乾元者，始而亨者也。利贞者，性情也。"从王念孙说，以为元下当有亨字。《大壮》九三象："小人用壮，君子罔。"参阮元《校勘记》之说，在罔前补用字。其例多不胜举。

二、参校群书中保存的异文，注重利用地下出土文献。今本《周易》的讹误由来已久，一般地说，年代愈晚，错讹愈多，汉唐时期，尚在雕版盛行之前，处于《周易》流传的前期阶段，其时《周易》的错讹相对较少，群书所引和保存的《周易》文字，应该更接近本来的面貌。至于帛书，去古未远，尤足珍贵。高先生有鉴于此，对唐以前群书中保存的异文也就情有独钟，往往取以作为立论的根据。如《系辞上》："备物致用，立成器，以为天下利，莫大乎圣人。"据《汉书·货殖传》所引，在成字前补功字。《丰》六二："丰其蔀，日中见斗，往得疑疾，有孚发若，吉。"据《释文》引孟喜本，以为斗当为主，主即古烛字。按《系辞上》"枢机之发，荣辱之主也"，帛书作"区几之发，营辰之斗也"，足证《周易》经传中确有斗、主相混者，可见高先生古烛字之说，诚然不移。至于参校帛书，其例更多。如《泰》九二："包荒，用冯河，不遐遗朋，亡，得尚于中行。"帛书作："枹妄，用冯河，不瑕遗，弗忘，得尚于中行。"两相比勘，知今本脱弗字，而帛书脱朋字。《明夷》初九："明夷于飞，垂其翼"，帛书翼前有左字。《睽》六五："厥宗噬肤，往何咎。"帛书厥作登。《既济》九五："东邻杀牛，不如西邻之禴祭，实受其福。"帛书杀牛后有以祭二字。凡此之类，高先生以为俱当从帛书。

三、用《易传》推求《易经》文字之误。《易传》七篇，皆作于晚周，是出现最早的也是现存最早的《易经》注解。尽管《易传》作者见到的经文已有讹误，但其时《易经》编撰甫成，最为原始，文字的讹误与后世相比当然不可同日而语。传以解经，传的旨意应该与经文相符。这样就能以传为根据，推求《易经》在《易传》写成以后出现的文字之误。如《坤》六二："直方，大不习，无不利。"《象》曰："六二之动，直以方也，不习无不利，地道光也。"《象传》解经，一条重要的通例就是重举经文，此条重举经文未及大字，则其所据的经文本无大字，决然可知，据此，高先生指出大字当为衍文。高先生还间或根据《传》意纠正前人之失。如《比》初六："有孚，比之无咎，有孚盈缶，终来有它，吉。"于省吾先生尝疑来为未字之讹，"终未有它，故言吉也。"然高先生以为，《象传》曰"《比》之初六，有它吉也。"可见《象传》作者所据《易经》古本确作来，不作未，来，乃语助词。按，高先生参校经、传，比于省吾先生解释得准确圆通，帛书亦作来，正是一个有力的佐证。

四、用《经》《传》通例推求《经》《传》文字之误。《易经》六十四卦的排列和每卦卦爻辞的组合，依准一定的义例。《易传》主要发挥象数说，尽管琐碎而复杂，贯通全书的义例极少，但如果综合分析，亦可略得其要。高先生治《易》的主要特点，就是综观全书，融会贯通，从整体上加以解说，因而抽绎出了许多《经》《传》的义例。《经》《传》义例自全书归纳而来，反过来用这些义例规范《经》《传》，个别文字的讹误也就显而易见，一望可知。用这种方法、从这个角度是正《周易》的文字，是高先生《周易》校勘学最精彩的部分。例如《易经》的通例，每卦先列卦形，次列卦名，次列卦辞，高先生用此通例校读《易经》，指出《履》《否》《同人》《艮》四卦卦名皆误脱。按，高先生这个观点已广为学界所接受。再如，《易经》的通例，一卦中的卦爻辞，文有相同而旨趣必异。然《临》初九云："咸临，贞吉。"九二云："咸临，吉，无不利。"文同而旨趣不殊，与《易经》通例不符。据此，高先生指出，初九、九二中二咸字，必有一讹。结合《象传》的文意进一步推敲，乃知九二的咸字实为威字之讹。就《易传》而言，通例较之《易经》更多，高先生运用时尤为得心应手。如《易传》之例，阳爻居阳位，阴爻居阴位，谓之当位，反之谓之不当位。《需》上六为阴爻居阴位，正是当位，但《象》云："不速之客来，敬之终吉，虽不当位，未大失也。"《象传》文字有误，显而易见。高先生以为虽当读为唯，不当作其，《象传》的"虽不当位"，原当作"唯其当位"。按，《丰》初九："遇其配主，虽旬无咎，往有尚。"帛书虽作唯，足证虽、唯二字确可通用；又不、其二字的篆文相近，极易致误，所以高先生"虽不"当作"唯其"之说，应该确然无疑。历代学人挖空心思不得其解的问题，至此豁然冰释。像这样精彩的例证，在高先生的著作中俯拾即是。面对千年的积疑，高先生挟其功力，体察入微，一一廓清迷雾，还其本真，真是《周易》研究史上的快事！

五、用王《注》孔《疏》推求《经》《传》文字之误。王弼注《周易》时，《周易》文本已有讹误，他间或在注中直接指正，如《既济》六四："繻有衣袽，终日戒。"王注"繻，宜曰濡"之类即是。王《注》孔《疏》是现存最早最完整的两种注本，孔颖达以后，《周易》文本仍在不断地出现讹误，这些讹误正可以参考

《注》《疏》的内容而加以改正。如《贲》彖:"《贲》亨,柔来而文刚,故亨。分,刚上而文柔,故小利有攸往。天文也。文明以止,人文也。"王弼注曰:"刚柔交错而成文焉,天之文也。"孔颖达疏曰:"刚柔交错成文,是天文也。"可见王、孔所见《彖传》,"天文也"之前当有"刚柔交错"四字。又如《系辞上》:"大衍之数五十,其用四十有九。"孔《疏》引姚信、董遇云:"天地之数五十有五者,其六以象六画之数,故减之而用四十九。"可见姚、董本作"大衍之数五十有五",与王弼本不同,盖王弼所见之本已转写脱去"有五"二字。考京房本亦作"大衍之数五十",远在王弼注《易》之前,则"有五"二字脱漏为时已久。幸赖《周易》有数家之传,此家有误,他家或不误,孔《疏》保存的姚、董之说,提供了纠正今本文字错讹最有力的证据。这方面的例证甚多,毋庸多举。

六、从句法、文意推求《经》《传》文字之误。《易经》非作于一人,亦非作于一时,其初只不过是一份简单的筮事记录,后经筮人不断加工创造,始成完书。筮人在订补过程中,注意到了全书句式结构的美观和用词习惯的统一,这在《谦》《渐》等卦中表现得最为突出。《易传》成于战国,有着比较固定的释经和文法体例。所以通过句法、文意推求《经》《传》文字之误,是高先生十分重视和使用的一种本校、理校相结合的方法。例如《师》:"贞丈人吉,无咎。"李鼎祚、吴澄、姚配中俱以为丈人当作大人,高先生同意诸人之说,而从句法的角度加以证明,指出《易经》常言大人,共有十三处之多,只有此处作丈人,与全书用词的习惯不符,《困》云"贞大人吉",与此句句法完全相同,所以此句的丈人亦应作大人。一般地说,高先生不仅仅只从句法或只从文意推求文字之讹,而往往把二者综合起来统一考虑。如《中孚》九二:"鸣鹤在阴,其子和之,我有好爵,吾与尔靡之。"高先生指出,无论是从句法看,还是从文意看,吾字应是衍文。吾字涉上文我字而衍,盖经文我字一本作吾,校者注于字旁,后误入正文并移于与字之上。按高先生此说,既生动有趣,又令人信服。

七、以音韵佐证《经》《传》文字之误。《易经》基本上是散文,但韵文占了其中的三分之一。《易传》的作者更有意使用韵文写作,如《彖》《象》《序卦》,几乎通篇用韵。从音韵的角度,考察《经》《传》韵脚字的讹误和文句的窜乱,宋儒清儒皆曾留意,这种方法亦为高先生借鉴和采用。如《渐》卦,初、二、三、四、五爻皆有韵,唯上九云:"鸿渐于陆,其羽可用为仪,吉。"陆、仪独非韵,而且"鸿渐于陆"与九三相重,可知陆定为讹字。高先生以为陆当作陂,陂、仪谐韵。陂训水池,鸿在水池易于猎取,故其羽可用为仪。按,江永、俞樾等人皆认为陆是阿字之讹。阿、仪固然叶韵，但阿为崇岭，鸿处崇岭实不易弋取，与"其羽可用为仪"在语意上很难驯承吻合，所以高先生不以江、俞等人之说为然。由此一端，足可概见高先生不苟同前人、自创新解的精神和求实的学风。《周易古经今注》《周易大传今注》之所以后来居上，正在于此。又如《未济》初六象："濡其尾，亦不知极也。"九二象："九二贞吉，中以行正也。"极、正不叶韵。朱熹疑极为敬字之误，王引之疑正为直字之误。高先生以为极当作儆，形近而讹，儆与正谐韵。按，朱改极为敬，从前后文意看，不甚确切；王改正为直，二者字形不相近，似无由致误。唯如高先生改极为儆，既能上下相谐，又可文意贯通，且能说明致误之由，其识见之高，较之朱、王，就显得略胜一筹。

八、用同卦之爻互证文字之误。《易经》每卦六爻的排列，一般不是杂乱的组合，粗而言之，有的体现了事物自下而上的一个过程，有的区分了事物的各种情形和各个方面，有的反映了人们处世的不同态度，而变化凶吉寓乎其间。尤其经筮人不断加工修订，六爻爻辞之间一般有比较接近的句法结构。所以根据同卦之爻的意蕴和语法推求文字之误，也是高先生常用的方法。如《困》上六："困于葛藟，于臲卼，曰动悔有悔，征吉。"高先生参校六三"困于石，据于蒺藜"，以为"于臲卼"之前亦当有据字。《旅》六二："旅即次，怀其资，得童仆，贞。"高先生以为九四"旅于处，得其资斧，我心不快"正承此爻而言，则"怀其资"后亦当有斧字。《涣》九五："涣汗其大号，涣王居，无咎。"高先生在《周易古经今注》中指出，九二云"涣奔其机"，六三云"涣其躬"，六四云"涣其群"，上九云"涣其血"，则"涣汗其"当作"涣其汗"。按帛书正作"涣其肝"，与高先生之说合，所以高先生在《周易大传今注》中径直改正了。从此条来看，先据理校而存疑，后据旁证而改字，充分体现了高先生严谨务实的学风。

以上所列校勘八法，是高亨先生在著作中最常用的。这些方法尽管有的借自前人，但大多为高先生所独创，或者即便借自前人，亦有所推陈出新，所以，它们构成了高亨先生《周易》校勘学最主体的部分。需要特别说明的是，高先生在校勘字句时，一般不是孤立地使用某一种方法，而是多种方法并用，从多个角度多个方面进行分析互证。在《周易古经今注》《周易大传今注》两书中，至少有一百五十处涉及文字校勘，高先生通常的做法是提出疑义，论而不改，只有证据确凿者，方予改正，但总计所改，尚不足二十条。若只是孤证，则统在不改之列。所有这些无不体现出高先生校勘方法实事求是、严谨不苟的特点。科学的方法，加上渊博的学识，必然得出笃实的结论。所以高先生有关《周易》校勘的丰硕成果，已广为人们所接受，或至少被公认为一家之言。总之，高先生以他深厚的经学、文献学功力和精湛的训诂学、校勘学造诣，创造性地使用了种种行之有效的校勘方法，最大限度地完善了《周易》的文本，连同高先生在《周易》研究其他方面的成就，终于使二十世纪的易学建立在更加科学的基础之上，进入了一个全新的时代。无论高先生的同时人还是今天的研究工作者，无不汲取借用高先生的研究成果，尤其近些年来易学研究得以突飞猛进，不能不说与高先生业已为我们提供的学术准备有密切的关联。当然，今天我们在充分肯定高先生《周易》校勘成就的同时，也应该看到并体谅高先生的无奈和缺憾。那就是高先生未曾见到马王堆出土的帛书《周易》《系辞》及有关文献的原本或整理本。高先生在书中提到的所谓帛书《周易》，只不过是某学者将帛书校移于通行本上的过录本。过录时难免有脱漏、笔误和不清楚之处，高先生据以立论，间或出现了无法避免的失误。如《蛊》上九谓帛书在今本文字下有"德凶"二字，即与帛书《周易》的整理本不符。校勘成果的取得，很大程度上取决于地下出土文献。如果高先生见到了帛书《易经》和《系辞》，哪怕是个整理本，那么他一定能解决更多的问题，取得更大的成就。帛书出土于一九七二年而高先生竟不之见，已不仅是高先生个人的遗憾和悲哀，更是学术界和易学研究不可弥补的巨大损失。古籍的校勘绝不是文本间的简单核对，而是需要广博的文字、音韵、训诂、文化典籍知识，交互参证，以定是非。愿得博学如高先生者，继承高先生的校勘成果，借鉴高先生的校勘方法，充分利用地下出土文献，把《周易》文本的校勘研究提高到一个更新的水平。

原载《山东大学学报》（社会科学版）1997 年第 4 期

《周易》古经豫卦本义为"备预"考

李尚信

豫卦之豫，多被释为"和乐"之意。王弼《周易注》虽未直接释"豫"字，但由豫卦初爻和上爻注文可知，其释豫为"乐"。孔颖达《周易正义》释之为"逸豫""说豫"，与后来的程朱相近。[①] 程颐《程氏易传》曰："豫者，安和悦乐之义。"[②] 朱熹《周易本义》曰："豫，和乐也。"[③]

然综观豫卦卦爻辞，豫应解为备豫（亦作备预），即凡事事先要有所预备。《荀子·大略》曰："先患虑患谓之豫。"灾患到来之前就思虑如何避免灾患，这就是防患，防患就是豫。要防患，则凡事事先须有所备预。陆德明《经典释文》除释"豫"为"悦豫"、引马融释"豫"为"乐"外，又释"豫"为"备豫"[④]，即是此意。《文言传》"先天而天弗违"，更是将备预上升到了"与天地合其德，与日月合其明，与四时合其序，与鬼神合其吉凶"的高度；《系辞下传》则揭示了备预的关键在于知几。关于知几的问题，下文解豫卦六二爻时会详加阐释。

豫卦的取象，至少有两种说法：一种是《系辞下传》"观象制器"章所蕴含的豫卦取象，另一种是《象传》所讲的取象。

《系辞下传》曰："重门击柝，以待暴客，盖取诸豫。"韩康伯注："取其豫

---

① 刘玉建：《〈周易正义〉导读》，齐鲁书社2005年版，第185~189页。下引该书，仅随文标注书名与页码。

② 〔宋〕程颢、程颐：《二程集》，中华书局1981年版，第778页。下引该书，仅随文标注书名与页码。

③ 〔宋〕朱熹：《周易本义》，中华书局2009年版，第87页。下引该书，仅随文标注书名与页码。

④ 〔唐〕陆德明撰，黄焯汇校：《经典释文汇校》，中华书局2006年版，第39页。下引该书，仅随文标注书名与页码。

备。"《周易正义》孔疏曰:"豫者,取其豫有防备。"(《〈周易正义〉导读》,第407页)刘大钧、林忠军《周易传文白话解》曰:"柝……指巡夜敲击的木梆。待:防备。暴客:盗寇……豫下坤上震,震为动、为木,坤为夜,互体有艮,艮为手,故有击梆巡夜之象。又艮为门阙,震倒象也为艮,故有重门之象。"①

不过,在《周易》古经那里,取象可能并没有那么复杂。豫卦《象传》说:"豫,刚应而志行,顺以动,豫。"豫卦(䷏)下卦为坤,坤为顺,上卦为震,震为动,故曰"顺以动"。"顺以动",就是顺道而动,用今天的话来说,就是顺应规律而动。要事事时时做到顺应规律而动,做到不妄动,不仅要事先认识规律,而且要有预见性,行事之前要事先做出预案,特别是要防止出现不利的结果,这就是备预、预防、防患。

䷏豫,利建侯行师。

卦辞是说:凡事若能事先有所备预,则利于封建诸侯,利于行师用兵。

小事须有备预,须防患;大事更不能没有备预,更不能不防患。封建诸侯与行师用兵皆属大事,非深谋远虑而有备预和防患者不能成其事。建侯和行师皆须谨慎小心,做好各种预案,做到思患而预防,方能立于不败之地。

在《周易》古经中,卦辞往往是对一卦主题的总结,或一卦主题展开的终结状态或最成功结果,亦可以是一卦主题展开的最关键状态等。本卦卦辞描述的当是最成功结果,即以建侯行师作为典型事例来说明备预与防患的重要性。

象曰:豫,刚应而志行,顺以动,豫。豫,顺以动,故天地如之,而况"建侯行师"乎?天地以顺动,故日月不过,而四时不忒;圣人以顺动,则刑罚清而民服。豫之时义大矣哉!

"刚应而志行,顺以动",朱熹《周易本义》说,此为"以卦体、卦德释卦名义"(《周易本义》,第87页)。

"刚应"是卦体,指九四爻一阳与初阴相应,因五个阴爻皆以九四爻一阳为中心,故也可以理解为九四爻一阳与众阴相应。九四爻一阳因刚健而动,且动而得应,则动而有成,动而有功,故曰"志行",即想法、愿望得以实现。此为"刚应而志行"。

"顺以动"是卦德。顺,指下卦坤有顺德;动,指上卦震为动。"以",释为"而"。"顺以动",即顺而动,也就是顺道而动,顺应规律而动。要时时处处做到

① 刘大钧、林忠军注译:《周易传文白话解》,齐鲁书社1993年版,第128页。

顺道而动，顺应规律而动，就必须事先把握事物变化发展的苗头，即"知几"。在知几的基础上做到顺而动，就是备预，就能防患。

"豫，顺以动，故天地如之，而况'建侯行师'乎"，朱熹《周易本义》说，此为"以卦德释卦辞"（《周易本义》，第87页）。天地都遵循"顺而动"的规律，何况"建侯行师"呢？

"天地以顺动"而下，朱熹《周易本义》说，此为"极言之，而赞其大也"（《周易本义》，第88页），就是把古经"顺而动"的道理推到极致，推至天道之极至与人事之极至。天道之极至，无非是日月之运行与四时之流转，人事之极至则无非是圣人之治天下。故曰："天地以顺动，故日月不过，而四时不忒；圣人以顺动，则刑罚清而民服。"此即豫之时义之宏大者，故《彖传》最后总结说："豫之时义大矣哉。"

象曰：雷出地奋，豫。先王以作乐崇德，殷荐之上帝，以配祖考。

豫卦上卦为震为雷，下卦为坤为地。上下卦合观，有雷自地出之象，故曰"雷出"；雷自地而出，有奋迅之势，总是伴随着地动山摇，故曰"地奋"。

雷出地奋，本为地震之象，但因钟鼓齐鸣所引起的震动亦似之，故传统解读以钟鼓齐鸣的和乐之象释之。如朱熹《周易本义》曰："'雷出地奋'，和之至也。'先王作乐'，既象其声，又取其义。"（《周易本义》，第88页）此象义与古经取象、取义明显有别。

但此《大象传》与古经也并非全无关系。由《大象传》可知，先王作乐是为了崇德，而其具体所指之德，显然是卦辞所言"建侯行师"之大德大业，如历史上著名的《韶乐》就是歌颂舜帝的大德大业。在古人看来，此大德大业与上天之眷顾和祖先之保佑密切相关，所以才需要"殷荐之上帝，以配祖考"，即以盛大的仪式荐享上帝，同时也配祭祖先。由此看来，"雷出地奋"也许不仅仅指"作乐"，可能还指翻天覆地之大德大业。

初六：鸣豫，凶。

此爻最难释读。试释如下：

"鸣"，通"名"，当指名声。《广雅·释诂三》："鸣，名也。"[1] 王弼《周易注》注谦卦六二爻"鸣谦"曰："鸣者，声名闻之谓也。"《正义》疏此曰："鸣谦

---

[1] 宗福邦等编：《故训汇纂》，商务印书馆2003年版，第2592页。下引该书，仅随文标注书名与页码。

者，谓声名也。"（《〈周易正义〉导读》，第184页）

"鸣豫"，当指有名无实、徒有虚名的备预、防患。

初六之所以徒有虚名，是因为：一方面，其应爻为震之主爻，有震响之声名；另一方面，其所处之初爻无位，为声名不得其实。

有名而无实的备预、防患根本起不到作用，导致凶的结果是必然的。所以本爻爻辞说："鸣豫，凶。"

备预、防患之所以会有名而无实，是因为没有认识到防患的关键所在。备预、防患的关键，在于认识到《系辞传》引用本卦六二爻爻辞时所阐释的"几"。本爻与六二爻当为正反两方面相互阐释的关系。

谦卦六二、上六爻辞亦有"鸣"字：一为"鸣谦，贞吉"；一为"鸣谦，利用行师征邑国"。在豫为凶，在谦为吉或利，何也？豫之所重不在外在影响，而在于是否能解决所针对的具体问题；而谦重在对他人的态度和给他人的感受，自然更重外在之影响。

象曰：初六"鸣豫"，志穷凶也。

"志"，此处当指心智、智慧。《列子·汤问》"汝志强而气弱"，张湛注："志，谓心智。"（《故训汇纂》，第770页）

"穷"，穷尽、穷乏之意。

"志穷凶"，心智穷乏不足而有凶。

初六有名无实的防患，是因为心智穷乏不足，所以有凶。

初爻为不及、不足，故有"志穷凶"之意。

六二：介于石，不终日，贞吉。

此爻之意颇难索解，但《系辞下传》的"子曰"给我们指明了解读的方向。

《系辞传》有这样一段话："子曰：知几其神乎？君子上交不谄，下交不渎，其知几乎？几者动之微，吉之先见者也。君子见几而作，不俟终日。《易》曰：'介于石，不终日，贞吉。'介如石焉，宁用终日？断可识也。君子知微知彰，知柔知刚，万夫之望。"

这段话的中心意思是讲"知几"，而其经典依据正是豫卦的六二爻辞。也就是说，这里的"子曰"认定豫卦六二爻辞就是讲知几的。我们由此来分析本爻与豫的关系。

《系辞传》中直接解释本爻爻辞最为关键的语句，莫过于"君子见几而作，不俟终日"。在这个关键语句中，"见几而作"明显与爻辞"介于石"相对应，"不俟终日"则与"不终日"相对应。依《系辞传》之意，"介于石"就是讲"见几而作"的，也就是讲"知几"的。

既然"介于石"就是在讲"见几而作"，那它就是以"察几"为主的典型行为。将"介于石"与"察几"联系起来，容易使我们想到辨石与切石的行为。辨别玉石与切割玉石无疑要细致观察，辨别石头的纹理、色泽等，稍有不慎，就会失之千里。所以我认为，"介于石"与辨别和切割玉石有关。

关键是，"介"是否有辨别和切割之义？从字书及各种古籍文献来看，这一点应该是没有问题的。"介"确有"分别""分辨"义或与"分"相混的情况，可作"分辨""分割"解。

"介"可作"分辨"解。如《尔雅·释言》"缡，介也"，陆德明《经典释文》曰："介，别也。"（《经典释文汇校》，第852页）《孟子·尽心上》"柳下惠不以三公易其介"，朱熹《四书章句集注》云："介有分辨之意。"①

"介"与"分"有相混的情况。如《周礼·天官·内宰》"置其叙"郑玄注"叙，介次也"，陆德明《经典释文》曰："介，或作分。"（《经典释文汇校》，第251页）《庄子·庚桑楚》"介而离山"，陆德明《经典释文》云："介，一本作分。"（《经典释文汇校》，第798页）再如，《周易》的豫卦卦名，在马国翰《玉函山房辑佚书》称为《归藏》的文献中写作"分"卦，而在王家台秦简中则作"介"卦②，原以为"分"为"介"之误，现在看来，作"分"未必不对，甚至有可能更合理。

解决了"介"与"分"的相通问题，则"介"与"分"的"分割"义也就不成问题了。《说文解字·八部》即云："分，别也。从八刀，刀以分别物也。"③《方言》"参蠡，分也"，郭璞注："分，谓分割也。"（《故训汇纂》，第218页）

然而，传统解读大多将"介"释为"坚确""耿介"等义，相应地，将"介于石"解为"坚确如石""耿介如石"。如王弼释"介于石"为"操介如石"，孔颖达疏以为，"操介如石"就是"守志耿介似于石"。（《〈周易正义〉导读》，第188页）程颐释"介于石"为"节介如石之坚"（《二程集》，第780页），朱熹则以如石之"安静而坚确"（《周易本义》，第88页）释之。这些解释都是将"介于石"

---

① 〔宋〕朱熹《四书章句集注》，中华书局2011年版，第335页。
② 王明钦：《王家台秦墓竹简概述》，载艾兰、邢文编《新出简帛研究——新出简帛国际学术研讨会文集》，文物出版社2004年版，第32页。
③ 〔汉〕许慎撰，〔清〕段玉裁注：《说文解字注》，上海古籍出版社1981年版，第48页。

释为一种德行操守，以之作为"察几"的前提要件尚可，但它并不是"察几"本身，甚至也不是"察几"的充分条件。所以，这种解释是不正确的。事实上，"察几"不仅对德行有要求，它更需要有专业的知识与智慧。传统的解释存在以德代智的局限，与《周易》古经德智统一的智慧和《易传》仁智统一的智慧是有差距的。

那么，知几与备预、预防、防患是什么关系呢？这个问题其实很简单。知几是备预、预防、防患的关键。因此，六二爻实际上是在讲，备预、预防、防患的关键是知几。

象曰："不终日，贞吉"，以中正也。

此处的"不终日"，是"介于石，不终日"的省略说法。

此《象传》是说：六二爻之所以能"介于石，不终日，贞吉"，是因为六二爻处于既中且正的爻位。本爻处下卦之"中"位，又阴爻居阴位，故为得"正"。

六三：盱豫，悔；迟，有悔。

"盱豫"之内涵亦难以确知。因诸家以乐释豫，其说亦少有参考价值。

以备预、防患释豫，则可推测本爻的大致意思为：如果以"盱"的方式备预、防患，那么就会导致后悔的结果；备预、防患迟缓，也会导致后悔的结果。这是从实际生活的角度做出的推测。

那么，"盱"究竟是一种什么方式呢？

"盱"，《说文解字·目部》曰"盱，张目也"（《说文解字注》，第131页），《广韵·虞韵》谓"举目"（《故训汇纂》，第1542页），则"盱豫"为"张目之豫"。张目之豫，或有二意：一是就张目看东西而言，为看得见的豫；一是就张目之时间长短而言，为一时之豫或短暂之豫，而非自始至终能够坚持的豫。

先说第一种解释。备预、防患显然不是只用眼睛看就能做到的，而是要用心、用智慧。《一切经音义》卷九十二"盱衡"注引司马彪注曰"盱，犹视而无知貌也"（《故训汇纂》，第1542页），即将盱引申为"视而无知貌"。因此，"盱豫"似可释为"没有智慧的备预、防患"。然而，"没有智慧的备预、防患"或"目力所及的备预、防患"，实不能称为备预、防患，故"盱豫"引申为"不备预、不防患"或"轻视备预、轻视防患"似更恰当。不过，这种解释与初爻徒有虚名的备预在意义上有所重复。

相较而言，第二种解释，即把"盱豫"解为"一时之豫或短暂之豫，而非自始至终能够坚持的豫"更为自洽。

本爻"盱豫，悔"，陆德明《经典释文》引王肃云："盱，大也。"（《经典释文汇校》，第 40 页）如此，则"盱豫，悔"为"大备预、大防患有悔"。此释殊为不通，断不可取。

"迟"，指备预、防患迟缓或不及时。

整个六三爻的意思应为：不能自始至终坚持备预、防患，会有悔；备预、防患迟缓或不及时，亦有悔。

象曰："盱豫有悔"，位不当也。

"盱豫有悔"，实即"盱豫……有悔"，是"盱豫，悔；迟，有悔"的省略表达。

此《象传》是说，之所以本爻为"盱豫悔，迟有悔"，是因为其不当位。六三阴爻居阳位，为不当位。

九四：由豫，大有得；勿疑，朋盍簪。

"由"，自也，从也，指经由某种过程或方式（得到某种结果）。惠栋《周易述》释本爻"由豫"和颐卦上九"由颐"皆曰："由，自也。"（《故训汇纂》，第1480 页）陆德明《经典释文》释本爻"由豫"亦云："由，从也。"（《经典释文汇校》，第 40 页）

"得"，指收获。《玉篇·彳部》："得，获也。"（《故训汇纂》，第 751 页）

"由豫，大有得"，经由备预、防患，而大有收获。《礼记·中庸》曰："凡事豫则立，不豫则废。"正是此爻思想的另一种表达。

"盍"，合也，指会聚在一起。《尔雅·释诂上》："盍，合也。"（《故训汇纂》，第 1534 页）《周易集解》释本爻引虞翻曰："盍，合也。"[①]王弼《周易注》释本爻亦曰："盍，合也。"（《〈周易正义〉导读》，第 189 页）

"簪"，本义为将头冠和头发连在一起的器物，引申为连缀。《释名·释首饰》："簪，兓也，以兓连冠于发也……"《仪礼·士丧礼》"以爵弁服簪裳于衣左"，郑玄注曰："簪，连也。"（《故训汇纂》，第 1690 页）

"盍簪"，会合连缀在一起，或会聚联合成一体，为联合动词。

"勿疑，朋盍簪"，不用怀疑，友朋会汇聚联合成一体。

整个九四爻的意思是：经由备预、防患而大有收获以后就不用怀疑，友朋会对其信任有加，会很自然地汇聚到其周围，就像发簪将头冠与头发连结在一起一样。

颐卦上九也涉"由"字，其曰："由颐，厉吉。利涉大川。"此"由"字亦作

① 〔唐〕李鼎祚《周易集解》，中华书局 2016 年版，第 124 页。

"经由"解。颐卦上九爻辞之意为：经由颐养，即使碰到危险，也能逢凶化吉。利于涉渡艰难险阻。

豫卦九四、颐卦上九分别是两卦的主爻，且为阳爻，刚健有为，故为豫之大成、颐之大成者。

象曰："由豫，大有得"，志大行也。

"志"，心愿、想法，所思所想。

"志大行也"，所思所想很大程度上得到了实现。"行"，实行，实现。

六五：贞疾，恒不死。

"贞"本有卜问与正二义。《说文解字·卜部》曰："贞，卜问也。"（《说文解字注》，第 127 页）师卦《象传》曰："贞，正也。"颐卦《象传》亦曰："颐贞吉，养正则吉也。"其贞亦与正相对应。

"贞疾"，一解为"正疾病"，另一解为"占问疾病"，皆可通。

"恒不死"，长久不死亡，指寿命久长。恒，长久之意。

传统解读一般将《周易》古经中的"贞"释为正，但自近代始，有人根据《说文解字》和甲骨文等材料中的用法，将其全部释作"卜问"或"筮问""占问"。如高亨先生说：

> 《周易》贞可训为筮问，以常用之词释之，即占问也。其曰"贞吉"者，谓其占吉也；其曰"贞凶"者，谓其占凶也；其曰"贞吝"者，谓其占难也；其曰"贞厉"者，谓其占危也；其曰"可贞"或"不可贞"者，谓其所占问之事可行或不可行也；其曰"贞某事或某事贞"者，谓占问某事也；其曰"利贞"者，谓其占乃利占也；其曰"利某贞"者，谓其占利某占也。此乃《周易》贞字之初义也。[1]

古今学者多将《周易》古经中的"贞"字释读为"正"，我本人也在许多文章中做此解读。这里我再就《周易》古经中"贞"字释读的方法问题做两点补充：第一，我曾多次指出，卦爻辞要作整体释读，即要把一卦的卦爻辞当成一个有中心思想的整体来进行理解。[2] 按照这样的方法来进行释读，《周易》古经中的"贞"

---

[1]　高亨：《周易古经今注（重订本）》，中华书局 1984 年版，第 112~113 页。
[2]　李尚信：《卦序与解卦理路》，巴蜀书社 2008 年版，第 158~164 页；李尚信：《〈周易〉古经需卦卦爻辞新解——兼谈卦象分析的方法》，《周易研究》2014 年第 2 期，第 41~47 页。

字基本都可以释读为"正"。第二，我们在释读《周易》古经时还可以发现一种现象，就是某些卦爻辞，往往在另一卦中存在与之在思想与形式上相对应的卦爻辞，那么，我们在释读时，就应将它们联系起来加以思考和解读。如坤卦用六"利永贞"，就与乾卦用九"见群龙无首，吉"相对；否卦初六"拔茅，茹以其汇，贞吉亨"，与泰卦初九"拔茅，茹以其汇，征吉"相对。既然乾坤两卦的用九、用六在思想与形式上是相对的，那么，若坤卦直接讲"利永占"，乾卦理应也要讲"利或不利某种占"，但实际上并未出现这种情形。这就说明，以"占"释"贞"是有问题的。如果说，以上针对乾坤二卦的反驳可能还有辩解的余地的话，那么，关于泰否二卦初爻的对比恐怕就很难反驳了。① 否卦初爻的"贞吉亨"，无疑对应于泰卦的"征吉"，其中，否之初爻的"贞"自然又与泰之初爻的"征"相对应。如果否之初爻的"贞"必须释为"占"，那么，泰之初爻的"征"是不是也必须释为占的一种呢？可是"征"有这样的意思吗？高亨先生可能也无法解释。尽管高先生对此二爻进行了对比解读，但其实并未逐字落实，特别是对关键的"贞""征"二字均未做出明确解释，更未进行对比分析。② 就此而言，高先生的解读是有问题的。

　　然而，豫卦六五爻的"贞疾"之"贞"，从形式上看，却既可作"正"解，亦可作"占问"解。

　　作"正"解，就是指正疾病，正疾病就是指疗治疾病。《吕氏春秋·顺民》"汤克夏而正天下"，高诱注："正，治也。"《大戴礼记·千乘》"有君长正之者乎"，王聘珍《大戴礼记解诂》："正者，治也。"（《故训汇纂》，第1179页）

　　作"占问"解，当然是指占问疾病。

　　本卦以备预、防患为中心。"贞疾"无论是解为疗治疾病，还是解为占问疾病，因为都是预防在先，能事先做好预防疾病的工作，所以身体能长久健康，达到"恒不死"即长寿的目的。在这个意义上说，本爻中的"贞"，无论是作"正"讲，还是作"占问"讲，都是可以讲通的。但考虑到《周易》文本统一的思想性问题，我认为，本爻之"贞"，还是释为"正"更好。

　　从本爻来看，在《周易》古经形成之前，中国已经有了预防医学。

　　象曰：六五"贞疾"，乘刚也。"恒不死"，中未亡也。

　　"'贞疾'，乘刚也"，侧重于讲疾病在象上的依据。本爻之所以与疾病有关，

---

　　① 关于泰否二卦初爻的解读，可参见李尚信《〈周易〉古经泰否二卦本义解读——兼释萃涣大过剥鼎等相关卦爻》，《周易研究》2018年第6期，第51、55页。

　　② 高亨：《周易古经今注（重订本）》，第192、196页。

是因为六五爻乘凌九四之刚爻，因阴乘阳而有灾，故有"疾"。之所以最后能"恒不死"，是因为六五居中爻之位，因得中而得吉，故得以"未亡"。

上六：冥豫，成；有渝，无咎。

"冥"，此处当释为幽远、深远之意。陆德明《经典释文》即于本爻下引王廙云："冥，深也。"（《经典释文汇校》，第 40 页）《文选》录陶潜《辛丑岁七月赴假还江陵夜行涂口作》"遂与尘事冥"，张铣注"冥，远也"；又录谢灵运《拟魏太子邺中集八首》"缤纷戾高冥"，吕向注"冥，远也"。（《故训汇纂》，第 206 页）

"冥豫"，即深远之备预、防患，亦即深谋远虑之备预、防患。

"成"，成功，成就。

"有渝"，有变化。指事情起了变化，与原来预期的情况不一样了。

"冥豫，成；有渝，无咎"，是说备预、防患一刻也不能停止，这是走向成功的保证；中间即使情况有变化，也不会有过咎。

升卦上六也有"冥"字，其曰："冥升，利于不息之贞。"此"冥"字当为幽冥之意，引申为看不到尽头。[①] 其与豫卦上六之"冥"字，在意义上当有所差别。豫之"冥"侧重于对人而言，指人备预之深远；而升之冥侧重于对事而言，指事上升之深远。

象曰："冥豫"在上，何可长也？

"冥豫"处在上爻穷极之位，哪里能真正做得到长久不败？

爻辞是就理想状态而言，如果能做到"冥豫"，则可长久立于不败之地；《小象传》是就现实状态而言，没有人能做得到"冥豫"，也就没有人总能长久不败。两者表述角度并不一致，吉凶亦有别。

原载《周易研究》2022 年第 2 期

---

① 李尚信《〈周易〉古经萃升二卦新解》，载《传统文化与现代文明国际论坛论文集》，主办：国际易学联合会，召开地点：沈阳辽宁人民会堂，2014 年。

卦爻辞的形成与《周易》的哲理化

刘保贞

一、卦爻辞与卜筮之辞从内容到形式都大不同

1. 根据兆象来断吉凶是卜筮的大原则

现有的考古和文献资料还很难证明卜和筮的产生孰先孰后，但可以确定的是，二者在很长的一段时间内是被同时采用的，有的人用卜，有的人用筮，或者既用卜又用筮。这二者虽使用的决疑用具不同，但在程式上还是有很大相似性的。卜是心中有疑问了，就去向被认为有灵性的龟或兽询问，在龟甲或兽骨上经钻、凿、灼等程序求得一个兆象，据此断吉凶；筮是心中有疑问了，就去向被认为有灵性的蓍草询问，经揲筮求卦，求得一个卦象，据此断吉凶。

《史记·龟策列传》是汉元、成时代的褚少孙先生亲自"之大卜官，问掌故文学长老习事者，写取龟策卜事，编于下方"的，而汉代的太卜官，又是从秦代传下来的，"至高祖时，因秦太卜官"。（《史记·龟策列传》）汉代去古未远，因而《龟策列传》记述的应该是古太卜之遗法。它记述卜筮①过程曰：

> 卜先以造灼钻，钻中已，又灼龟首，各三；又复灼所钻中曰正身，灼首曰正足，各三。即以造三周龟，祝曰："假之玉灵夫子。夫子玉灵，荆灼而心，

---

① 从《龟策列传》的题目上来看，应该是卜和筮并传，但褚少孙所补只提到了龟卜，没有筮。从包山、望山等地战国楚墓出土的卜筮简来看，卜筮杂用，且事后记述的卜辞、筮辞格式相同，据此可知卜与筮的程式应该大致相同。

令而先知。而上行于天，下行于渊，诸灵数箭，莫如汝信。今日良日，行一良贞。某欲卜某，即得而喜，不得而悔。即得，发乡我身长大，首足收人皆上偶。不得，发乡我身挫折，中外不相应，首足灭去。"

灵龟卜祝曰："假之灵龟，五巫五灵，不如神龟之灵，知人死，知人生。某身良贞，某欲求某物。即得也，头见足发，内外相应；即不得也，头仰足肣，内外自垂。可得占。"

卜占病者祝曰："今某病困。死，首上开，内外交骇，身节折；不死，首仰足肣。"

卜病者祟曰："今病有祟无呈，无祟有呈。兆有中祟有内，外祟有外。"

卜系者出不出。不出，横吉安；若出，足开首仰有外。

卜求财物，其所当得。得，首仰足开，内外相应；即不得，呈兆首仰足肣。

……

从这部分记述可以看出，卜筮的过程是卜筮者经过钻凿、祝祷等准备程序后，向龟提出要卜的问题，并要求龟按卜筮者的要求呈现兆象，即我要卜的事情吉利你就呈现什么兆象，不吉利你就呈现什么兆象。判断吉凶的标准关键不在兆象是什么，而在于事先的约定。但《龟策列传》在后面还记述了另一种吉凶判断法，即卜得某种兆象，预示着对不同的占问之事有不同的吉凶结果，如：

命曰呈兆首仰足开。以占病，病甚死。系者出，有忧。求财物买臣妾马牛请谒追亡人渔猎不得。行不行。来不来。击盗不合。闻盗来来。徙官居官家室不吉。岁恶。民疾疫无死。岁中毋兵。见贵人不吉。行不遇盗。雨不雨。霁。不吉。

无论它是哪种判断吉凶的方法，其根据兆象判断吉凶的大原则是确定不疑的。清华大学于 2008 年 7 月收藏了一批战国竹简，其中有一篇《筮法》，专门记述了占筮"死生、得、享、支、至、娶妻、雠、见、咎、瘳、雨旱、男女、行、贞丈夫女子、小得、战、成、志事、志事军旅、果、祟"等事项时，根据卦象判断吉凶的方法。全篇共列举了 57 个卦例，而每个卦例皆是由基于八卦的四位卦构成，如"娶妻"节：

凡取（娶）妻，参（三）女同男，吉。

凡取（娶）妻，参（三）男同女，凶。

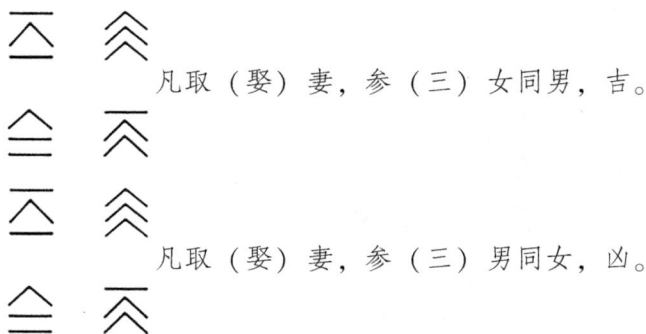

整理者言："前一卦例，离为中女，兑为少女，与坤合为'三女'，艮则为少男。后一卦例，艮为少男，坎为中男，与乾合为'三男'，巽则为长女。"①

尽管清华简《筮法》中的具体筮算方法和占断细节我们还不十分清楚，但其根据所得卦象来断吉凶的大原则也同样是确定不疑的。

2. 一条完整的卜辞包括叙辞、命辞、占辞和验辞四部分，筮辞也类似卜和筮的最后一道程式，就是要把卜筮过程记录下来，以备将来检验。我们现在看到的大量甲骨卜辞和卜筮祭祷竹简，就是拜这一道程式所赐。从内容和形式上来看，一条完整的卜辞，基本上包括叙辞、命辞、占辞和验辞四部分：叙辞又称前辞，记录的是占卜的日期和贞卜者；命辞又称问辞，是指要问的事；占辞是根据兆象做出的吉凶预判；验辞是后来的应验情况。如大家常举的一个比较典型的例子，《甲骨文合集》0657 正（3）：

癸巳卜，殻贞，旬亡囸？王固曰：有［，狝］，其有来艰。气至五日丁酉，允有来［艰自］西。沚馘告曰：土方征于我东啚，［戋］二邑。舌方亦牺我西啚田。②

"癸巳卜，殻贞"为前辞。"旬亡，囸"为命辞。"王固曰：有［，狝］，其有来艰"为占辞。之后的为验辞。但是，这样的卜辞在现今已发现的甲骨卜辞中所占分量是很少的，恐怕连百分之一都不到。（这似乎也从一个侧面说明了卦爻辞系逐渐积累总结奇中或屡中筮辞的说法不可靠）大量的甲骨卜辞的格式为"前辞+占辞"格

① 李学勤主编：《清华大学藏战国竹简（四）》，中西书局，2013 年版，第 88 页。
② 胡厚宣主编：《甲骨文合集释文》，中国社会科学出版社 1999 年版。个别文字、标点有更改。

式，如《合集》13505 正（2）：丁酉卜，争贞，弗其受有年？①

包山、望山等楚地出土的卜筮祭祷简，其格式与甲骨卜辞类似，稍有不同的是，楚简的前辞记述得更详细，某年某月某日谁用什么卜具为谁贞卜，交代得很清楚，且用当时发生的重大事件来纪年。另外，如果卜筮结果不吉利，楚人就接着采用祭祷的方式，给鬼神献上牺牲、酒食，然后再占卜一下，结果一般都会吉利了。如包山楚简 226、227、228、229 号记述了在同一天盬吉和陈乙二人分别用卜和筮两种方法为左尹虻占卜未来一年内自身和出入侍王有没有咎害的卜筮过程：

大司马悼愲将楚邦之帀（师）徒以救郙之岁，荆夷之月己卯之日，盬吉以琛蒙贞：出内寺王，自荆夷之月以庚集岁之荆夷之月，尽集岁，躬身尚毋又咎？占之，恒贞吉，少【226】又慼躬身。以其古敚之。盬祷鱻佚一全豧；盬祷兄弟无后者邵良、邵輖、縣骆公各羿豕、酉饮，蒿之。盬吉占之曰：吉。【227】

大司马悼愲将楚邦之帀（师）徒以救郙之岁，荆夷之月己卯之日，陈乙以共命为左尹虻贞：出内寺王，自荆夷之月以庚集岁之荆夷之月，尽集岁，躬身尚毋又咎？【228】☳☳。占之，恒贞吉，少【226】又慼于宫室。以其古敚之。盬祷宫、行一白犬、酉饮，由攻叙于宫室。五生占之曰：吉。【229】②

3. 卦爻辞与卜辞、筮辞有明显差别

我们再反观《周易》卦爻辞。除了没有前辞和验辞这一明显特征外，即便在表面上看起来和甲骨、竹简的命辞和占辞部分相类似的卦爻辞，细究起来差别也是很明显的。从内容和形式上来划分，《周易》卦爻辞可分为三大类：直接陈述吉凶断语的，表述"象占"的，单纯记事而无吉凶断语的。③表述"象占"的我们还可勉强解释为是对出现的某种"事象"或"物象"进行的占卜，如"羝羊触藩，不能退，不能遂，无攸利，艰则吉"（《大壮·上六》），我们可以勉强说是古人看见"羝羊触藩，不能退，不能遂"这种现象，感到有点奇怪（实际上也没啥可奇怪

① 胡厚宣主编：《甲骨文合集释文》，中国社会科学出版社 1999 年版。个别文字、标点有更改。
② 湖北省荆沙铁路考古队：《包山楚简》，文物出版社 1991 年版，第 35 页。个别文字、标点有更改。
③ 刘保贞：《从卦爻辞的内容看其性质》，《周易研究》2006 年第 4 期。

的），就筮了一下，得出了"无攸利，艰则吉"的结果。而直接陈述吉凶断语的和单纯记事而无吉凶断语的，从卜筮的角度看就有点莫名其妙了，如"元亨，利贞"（《乾》），"大吉，无咎"（《萃·九四》），我还没问什么事，你怎么就说"大亨""大吉"了呢？再如"包羞"（《否·六三》），"贲其须"（《贲·六二》），"咸其拇"（《咸·初六》），"包羞""贲其须""咸其拇"后，结果是什么？

从实用的角度看，《周易》卦爻辞也与遇事而占、有疑而卜的卜筮原则是不相应的。假如一个人也像前文所说的左尹尨那样有病了，请人用《周易》筮一下，筮人需要用"大衍筮法"或别的筮法筮多少次才能碰到"贞疾，恒，不死"（《豫·六五》）"无妄之疾，勿药有喜"（《无妄·九五》）这类和疾病相关的卦爻辞呢？从概率的角度看，筮得一条风马牛不相及的卦爻辞的可能性更大。因而，从后代见于历史记载的一些筮例看（如《左传》《国语》），卜筮者多不使用卦爻辞，而是依据上下卦的卦象，凭"灵感"任意发挥。即便使用卦爻辞，也是把它作为一个引子进行引申发挥。这也就是说，卦爻辞成了可有可无的东西。正因为这种不用卦爻辞而凭卦象任意发挥的卜筮法的流行，有些卜筮者就舍弃卦爻辞，另作了一套卜筮用语。近年出土的阜阳汉简《周易》，就是在卦爻辞后另作了些表示吉凶的词句，如在《大过》卦辞后作了"卜病者不死，妻夫不相去"。这是否应引起我们的怀疑，《周易》卦爻辞本来就不是为有疑而卜的卜筮术而作的呢？

二、卦爻辞非史官总结卜辞、筮辞而得

1. 筮人不会怀疑筮法

"五·四"以来，特别是解放后，受马克思主义"人民群众创造历史说"的影响，许多学者（如李镜池、高亨、朱伯崑等）都不再把卦爻辞的著作权记在文王、周公的名下，而是说是由当时掌管卜筮的巫史总结卜筮记录整理而成的。具体说就是："筮人将其筮事记录，选择其中之奇中或屡中者，分别移写于筮书六十四卦卦爻之下，以为来时之借鉴，逐渐积累，遂成《周易》卦爻辞之一部分矣。"[1] 他们所依据的理由就是《周礼·春官》中的一句话："凡卜筮，既事，则系币以比其命，岁终，则计其占之中否。"朱伯崑先生解释这句话时说："掌管卜筮的人，于每次占卜之后，将所得到兆象和占断的辞句记录下来，连同礼神之币，藏于府库，年

① 董治安：《高亨著作集林·周易古经今注》卷首，清华大学出版社 2005 年版，第 33 页。

终，将积累的筮辞和卜辞加以统计、整理，看其有多少条已经应验。已经应验的则选出来，作为下一次占筮的依据。依《周礼》所说，《周易》中的卦爻辞，就其素材来说，是从大量的筮辞中挑选出来的。"① 按照学者们的理解，这句话的意思好像是说，当时的卜官对他们所使用的卜筮方法还有所怀疑，因而会时时总结经验，以便提高占卜的准确度。其实，这种说法是不符合古人的思维习惯的。

我们知道，卜筮的一个重要步骤就是首先要求得一个兆象，然后根据兆象得出吉凶判断。一种兆象预示何种吉凶，是卜筮的大法早就约定好的。卜筮者不会因某几次卜筮不准就怀疑这种兆象不预示某种吉凶。而且从概率的角度来说，某种兆象预示的吉凶，最终得到验证的中与不中的结果应该是相等的，而且数据量越大，相等的概率就越接近。法国社会学家列维-布留尔在研究了大量的与近现代文明——地中海文明的思维方式不同的所谓"低等民族"的思维方式后说：

> 我们叫做经验的东西和在我们看来对于承认或不承认什么东西是实在的这一点上有决定意义的那种东西，对于集体表象则是无效的。原始人②不需要这种经验来确证存在物和客体的神秘属性：由于同一个原因，他们对待经验的反证也是完全不加考虑的。问题在于，受着物理实在性中作为稳固的、可触的、可见的、可把握住的东西的那一切所限制的经验，恰恰漏掉了对原始人最重要的东西，即神秘的力量。因此，还没有过这样的先例：如果什么巫术仪式进行得不顺利，会使那些相信它的人失去信心。李文斯通（D. Livingstone）报道过一次他与祈雨法师们长时间的争论，他用下面的话来结束自己的报道："我没有一次成功地说服他们当中哪怕一个人相信他们论据的错误。他们对自己'咒语'的信赖是无止境的。"在尼科巴群岛，"所有村庄的土人们都举行了所谓'tanangla'（意即扶助或预防）的仪式。这个仪式的使命是要预防那和西北季风一起出现的疾病。可怜的尼科巴人，他们年复一年的这样作，仍然没有一点儿效验。"③

据此可知，卜筮者是不会把上次的卜筮结果"作为下一次的占筮依据"的。也

---

① 朱伯崑：《易学哲学史》，北京大学出版社1986年版，第7~8页。
② 列维-布留尔所说的"原始人"实际上指的是德语中的 Naturvölker（自然民族），亦即近代亚洲、非洲、大洋洲和南北美洲的有色人种民族，包括古代的中国人。
③ ［法］列维-布留尔著，丁由译：《原始思维》，商务印书馆1981年版，第56页。

就是说，如果卜筮同一类事，命辞相同，所得兆象相同，其占辞也会是相同的。

2. 年终考核是对筮人的考核，不是要总结筮法

实际上，《周礼》中的那句话的意思，也不像学者们理解的那样，而是说，"'凡卜筮既事则系币以比其命'，谓礼神之币也。'比其命'，谓书其命龟筮之辞而比之。'岁终则计其占之中否'，则以考官占之得失而进退之。"①"系币""比命"的目的是为了检验占卜官员的"功力"或者上帝对此官的喜好程度的（天帝喜好他则显示给他正确的兆象），"功力"高的或者说是天帝喜好的则升职，反之则降职。不单是"卜筮"，《周礼》中还有对其他职官年终论功行赏的例子：

　　医师掌医之政令，聚毒药以共医事。凡邦之有疾病者、疕疡者造焉，则使医分而治之。岁终则稽其医事以制其食，十全为上，十失一次之，十失二次之，十失三次之，十失四为下。

　　注：食，禄也。全，犹愈也。以失四为下者，五则半矣，或不治自愈。

　　释曰：言"岁终"者，谓至周岁之终。云"则稽其医事"者，谓疾医等岁始已来治病有愈有不愈，并有案记，今岁终总考计之，故言"稽其医事"。云"以制其食"者，据所治愈不愈之状，而制其食禄为五等之差。云"十全为上"者，谓治十还得十，制之上等之食。云"十失一次之"者，谓治十得九，制禄次少于上者。云"十失二次之"者，谓治十得八，制禄次少于九者。"十失三次之"者，谓治十得七，制禄次少于八者。"十失四为下"者，谓治十得六，制禄次于得七者。②

这也从一个侧面说明了布留尔说法的正确。

古人既然不会怀疑他们所信奉的卜筮方法的神秘性③，自然也就不会针对这种卜筮方法做技术性的总结。也就是说，在古人的眼里，每次的卜筮活动都是一个特例，每次卜筮结果的准确性也只跟"上帝的心情"有关，毫无规律可言，因而也就没有作规律性总结的必要，从而也就不会从卜筮活动中总结出卦爻辞。况且卦爻辞

---

　　① 佚名：《周礼集说》卷五，文渊阁四库全书本。

　　② 〔汉〕郑玄注，〔唐〕贾公彦疏：《周礼注疏》卷五《天官·冢宰下》，文渊阁四库全书本。

　　③ 这里所说的"不怀疑"是就某一相当长的时间段内来说的，随着历史的发展和人们思想的进步，人们终究会对这些迷信活动产生怀疑的。历史上盛行的一些占卜方法逐渐消失了，就是人们不再相信它，不再使用它的结果。

在内容与形式上都与卜辞、筮辞有很大区别，已见上述，怎能说卦爻辞是由卜辞、筮辞总结而来的呢？

3. 古人会记录"奇中"占例，其格式应类似《归藏》

但是，不可否认，"奇中"的卜筮占例对古人还是会留下很深的印象的。他们也会把这些占例记录下来作为后世的参考。如《左传》《国语》里记载的那些"特准"的占例。西晋时期出土的战国时期的汲冢竹书中有一篇《师春》，内容是"书《左传》诸卜筮"，就是把《左传》里的占例又单独辑录成册。还有一种可能，就是这种书本来就是由卜筮官辑录原来"特准"的占例作为参考的，独立在卜筮官之间流传。《左传》的作者左丘明把它们作为素材吸收到《左传》中去，所以后文又说"师春，似是造书者姓名也"（《晋书·束晳传》）。

在此需要说明的是，这些占例都是对当时的卜或筮这件"事"来进行记述的，完全不考虑卜或筮的"辞"——绝不像出土的甲骨或竹简那样记录卜筮的前辞、命辞、占辞和验辞，因为那些都是有固定体例的，完全可以由占例推想出来。他们重视的是某种兆象预示某种结果。如《左传》僖公二十五年记载了这样一件事：周襄王被他的弟弟叔带逼迫逃亡到了郑国。晋文公的大臣狐偃建议晋文公"勤王"——发兵把襄王护送回国，认为这是一桩壮举，可以为晋国在诸侯国中赢得威望。晋文公心里没底，就让卜偃占卜了一下，结果是"吉。遇黄帝战于阪泉之兆"——得到的兆象和黄帝在阪泉大战炎帝前卜得的兆象是一样的，预示会吉利。晋文公说："黄帝是帝王，我仅是个诸侯，担当不起这种兆象。"狐偃说："现在还是周天子的天下。现在的周王，就相当于古代的帝。我们去勤王，就代表的是周天子。"文公还是心里没底，就又说："再用筮法卜一下。"筮了一下，得到《大有》变《睽》，也就是《大有》卦的九三爻，爻辞是"公用亨于天子"，意思是说能打胜仗，且能受到王用飨礼招待，是一个大吉大利的卦象。卜偃又用卦象分析，也是天子降低身段礼敬诸侯的卦象。晋文公于是下定了决心，挥师迎回了襄王，杀死了叔带。从此开启了晋国的霸权。

这则记载可以说明两个问题：一是这些"特准"占例给人留下深刻印象的是兆象，人们并不关心占卜的具体细节，不关心卜辞是什么，因而就没有总结卜辞的必要。其次，用《周易》占筮时，人们对卦爻辞是有选择地使用，而且是联想发挥式地使用。如上例《大有》九三完整的爻辞是"公用亨于天子，小人弗克"，"小人弗克"被有选择地忽略了；"公用亨于天子"本义只说到了天子用享礼招待诸侯，并没提到"战胜"的问题。还有，除了对卦爻辞随心所欲地使用外，人们也十分重视对卦象的分析。

说到占筮记录，现代出土材料还给我们提供了一份绝佳的材料，那就是 1993 年 3 月在湖北省江陵王家台秦墓出土的被人称作《归藏》的一批竹简。其体例格式是先列卦画（与《周易》卦画相同），次列卦名（与《周易》卦名稍别，但大多意思上也相通），"卦名之后以'曰'连接卦辞，卦辞皆为'昔者某人（请求贞卜人名）贞卜某事而攴（枚）占某人（筮人名），某人（筮人名）占之，曰：吉（或不吉）'，其后便是繇辞，繇辞多用韵语，最后是占卜的具体结果（利作某事，不利作某事，何时何方吉，何时何方不吉等）。"①

　　右　　曰：昔者平公卜亓邦尚毋有咎而攴占神老，神老占曰：吉。有子亓□间壕四旁敬□风雷不／（302）

　　鼏　　曰：昔者宋君卜封□而攴占巫苍，巫苍占之曰：吉。鼏之它它，鼏之轶轶。初有吝，后果述。（214）

　　丰　　曰：昔者上帝卜处□□而攴占大明，大明占之曰：不吉。□臣朣朣，牝□雉雉，／（304）

　　大过　　曰：昔者□小臣卜逃唐而攴占中旭，中旭占之曰：不吉。过亓门言者□／（523）

　　蚕曰：昔者殷王贞卜亓邦尚毋有咎而攴占巫咸，巫咸占之曰：不吉。蚕亓席，投之裕。蚕在北为狄□／（213）②

若说"筮人将其筮事记录，选择其中之奇中或屡中者，分别移写于筮书六十四卦卦爻之下，以为来时之借鉴，逐渐积累"，结果其格式也会如《归藏》一样，而不会变成"《周易》卦爻辞之一部分"。

至于《周易》卦爻辞的作者，传统上有"人更三圣，世历三古"的说法，即《周易》是由上古的伏羲画八卦，中古的文王重为六十四卦并系卦爻辞（一说周公系卦爻辞），近古的孔子作传。这种说法，我们现在既没有确凿的证据证明它，但也没有确凿的证据来否定它。从内容和体例上来说，《周易》更类似于我们现在的"老黄历"，属于择吉类的选择方术。卦爻画相当于日历（汉代盛行的

---

① 王明钦：《王家台秦墓竹简概述》，载艾兰、邢文主编《新出简帛研究》，文物出版社 2004 年版，第 36 页。

② 王明钦：《王家台秦墓竹简概述》，第 31~32 页。有改动。

卦气说恐非空穴来风），卦爻辞为时日禁忌或象占习语（如喜鹊叫喜、乌鸦叫丧之类）。①

三、孔子"赋诗断章"式阐释方法与《周易》地位的提升②

作为术数用书的著作在古代有很多种，与《周易》齐名的就有《连山》和《归藏》，为何单单只有《周易》成了六经之首、大道之源呢？这首先应归功于孔子对《周易》采用了"赋诗断章"式阐释方法。这种方法在《诗经》学中被称之为"兴"。据《左传》《国语》等古籍记载，春秋时期，"赋诗言志"已成为当时外交活动和列国公卿士大夫日常生活中的一项重要内容。这些"赋诗和引诗不一定符合全诗原意，而大多是采取断章取义的方法，即采用一首诗中一章或一句两句的形象和意义，按照赋者和引者所要表达的意思来运用它们"③。这种方法的特点即是春秋时期卢蒲癸所说的"赋诗断章，余取所求焉"④。

据统计，仅《左传》一书所记，列国君臣赋诗断章的地方，就多达 251处。（见匡亚明《孔子评传》291 页）我粗略地查了一下，孔子及其弟子在《论语》中，直接断引《诗经》章句的地方就有 7 处；在《大学》里断引了 12处；在《中庸》里断引了 14 处。此外，在《墨子》《管子》《晏子春秋》等著作中，此种情形也颇多发现。所以从上述统计数字，人们便不难看出，春秋时期这种赋诗言志、断章取义的风习，是相当普遍的。……这就是在我国历史上的一个罕见而特有的时代之风。按皮锡瑞的说法，"赋诗明志，不自陈说"，"此为春秋最文明之事"。故而其时这种风气流行广泛深入人心。不仅成了大家都引以为雅的礼文风尚，而且有的爱得甚至到了"造次必于是，颠沛必于是"的地步。⑤

---

① 关于《周易》性质的探讨，请参看拙作《从卦爻辞的内容看其性质》，《周易研究》2006 年第 4 期。

② 笔者曾就这一问题写过一篇《孔子"兴"式教育法与〈诗〉〈易〉的义理化》，见《山东大学学报》2002 年第 1 期。今略加补充。

③ 夏传才：《诗经研究史概要》，中州书画社 1982 年版，第 32 页。

④ 见《左传·襄公二十七年》卢蒲癸答庆舍之士语。

⑤ 童汝劳：《春秋时期的"赋诗断章"习俗》，《文史杂志》2000 年第 3 期，第 49 页。

《左传》中也有用这种"赋诗断章"的方法诠释《周易》卦爻辞的例子，如《左传·襄公九年》记鲁成公的母亲穆姜死于东宫的一段中，穆姜对《随》卦卦辞"元亨利贞"的解说：

> 始往而筮之，遇《艮》之八䷳。史曰："是谓《艮》之《随》䷐。《随》，其出也。君必速出。"姜曰："亡。是于《周易》曰：'《随》，元、亨、利、贞，无咎。'元，体之长也；亨，嘉之会也；利，义之和也；贞，事之干也。体仁足以长人，嘉德足以合礼，利物足以和义，贞固足以干事。然，故不可诬也，是以虽'随'无咎。今我妇人而与于乱。固在下位而有不仁，不可谓元。不靖国家，不可谓亨。作而害身，不可谓利。弃位而姣，不可谓贞。有四德者，'随'而无咎。我皆无之，岂'随'也哉？我则取恶，能无咎乎？必死于此，弗得出矣。"①

孔子也正是用这种"赋诗断章"式方法诠释《周易》的。今本《文言》《系辞》和帛书本《系辞》《要》篇里有很多"子曰"一类的段落，我们虽不敢说这就是孔子的原话，但从它们所反映的思想来看，至少应是孔子弟子们所整理的孔子讲《易》的"课堂笔记"。在这些"子曰"里，孔子全部采取了"不占而已矣"的态度，例如他对《中孚》爻辞"鸣鹤在阴，其子和之。我有好爵，吾与尔靡之"的发挥是："君子居其室，出其言善，则千里之外应之，况其迩者乎？居其室，出其言不善，则千里之外违之，况其迩者乎？言出乎身，加乎民；行发乎迩，见乎远。言行，君子之枢机。枢机之发，荣辱之主也。言行，君子之所以动天地也，可不慎乎？"(《系辞》)清代陈法在《易笺》中就明确指出《系辞》中"鸣鹤在阴"等爻辞阐释义理的方法与"赋诗断章"相同：

> 其论诸爻，盖偶举之。古人读书只求身心之益，不沾沾拘于文义，是以触类旁通，如赋诗断章，会心自远。夫子于此爻即爻辞而发明之，叹淫泆之余，意味无穷，正见圣人胸怀洒落，一段天机活泼，不必其与爻意合也。……此皆因爻辞而别有会心，非释爻也。

---

① 这段记载和《乾·文言》的文字高度相似，我们现在很难说是谁抄袭了谁，也许它们共有一个同一的源头，都认同"赋诗断章"的诠释方法。

孔子用这种方法来诠释《周易》，体现了孔子"以神道设教"的良苦用心。《周易》是"皇家秘笈"，在社会上享有很高的声誉，打出《周易》这杆大旗，能大大增强宣传"忠恕"之道的效果。但这种断章取义、引申发挥的解卦方法毕竟和卦爻的本义离得太远，与巫史的说法有很大的不同，难免会招来怀疑。孔子也意识到了这一点，帛书《要》篇记载孔子说："赞而不达于数，则其为之巫；数而不达于德，则其为之史。巫史之筮，乡（向）之而未也，好之而非也。后世之士疑丘者，或以《易》乎？吾求其德而已，吾与巫史同涂（途）而殊归者也。"①

当然，单单依靠孔子这种断章取义地对《周易》个别卦爻辞进行引申发挥，《周易》的哲理化之路也不会走得太远。《周易》质性的转变，最终是由《易传》来完成的。

四、《易传》奠定了《周易》"大道之源"的地位

今本《易传》七种十篇（经学家们称之为"十翼"），北宋以前的人都认为是孔子做的，很少有人怀疑。欧阳修《易童子问》对此首先提出怀疑，认为《易传》等篇"繁衍丛脞"，前后抵牾，不仅《系辞》，"《文言》《说卦》而下皆非圣人之作，而众说淆乱，亦非一人之言也"，是"昔之学《易》者杂取以资其讲说"的《易大传》，"而说非一家，是以或同或异，或是或非，其择而不精，至使害经而惑世也"。从"传"的角度看《系辞》这类的"《易大传》则优于《书》《礼》之传远矣"，如果"谓之圣人之作，则僭伪之书也"。欧阳修的这个说法是很有见地的，可惜在当时及此后的元明清时代，人们囿于孔子作《易传》的成见，听之者寥寥。马王堆汉墓帛书《周易》经传的出土，使我们认识到，《易传》的成书过程十分复杂，具体到《易传》各篇哪些是孔子所作，哪些是经生所辑，依据现有材料，实难判断。朱伯崑先生说："总体说来，今本《易传》与孔子有着密切的关系，可能出于战国时期的孔子后学之手。因受时代思潮的影响，又吸收了其他学派的思想，是战国时代学术大融合的产物。"② 目前来看，这个说法还是比较稳妥的。

"天人关系"是中国哲学的核心问题，"天人合一""法天而治"是中国哲人特别是儒家探讨"天人关系"的着力点。《易传》从多层面反复阐发了这一

---

① 廖名春：《马王堆帛书〈周易〉经传释文》，载杨世文等编《易学集成》第三卷，四川大学出版社 1998 年版，第 3044 页。

② 朱伯崑：《易学基础教程》，九州出版社 2003 年版，第 71 页。

问题，这在《系辞》和《彖》《象》传中表现得尤为突出。

1. 《系辞》总述了《易》涵"三才之道"

《系辞》中除了"子曰"部分引申发挥卦爻辞旨意外，用了很大的篇幅反复说明《易经》是讲天地之道、探讨天人关系的："《易》与天地准，故能弥纶天地之道。""夫《易》广矣大矣。以言乎远则不御，以言乎迩则静而正，以言乎天地之间则备矣。""夫《易》，开物成务，冒天下之道，如斯而已者也。""《易》之为书也，广大悉备，有天道焉，有人道焉，有地道焉。兼三才而两之，故六。六者非它也，三才之道也。"并认为《易》"象"和卦爻是对天地万物运动变化的模拟："圣人有以见天下之赜，而拟诸其形容，象其物宜，是故谓之象。圣人有以见天下之动，而观其会通，以行其典礼；系辞焉，以断其吉凶，是故谓之爻。"只可惜《系辞》只是泛泛说《易》是多么伟大、多么神奇，并未详细解说"三才之道"的细则。但这也反而为后人阐发易理留下了丰富的想象空间，如人们根据"太极生两仪"说阐发宇宙的生成过程，根据"一阴一阳之谓道"说阐发万物的运动变化。

2. 《象》《小象》的"乘、承、比、应"和"中、位"说与人间伦理关系

《象传》和《小象》在解释《易经》卦爻辞时，提出了阴阳爻的"乘、承、比、应"和"中、位"说。"乘"是上爻对下爻，"承"是下爻对上爻；"比"是指紧邻的同性两爻之间的关系；"应"是指上下卦同位次阴阳爻之间的关系，异性爻之间称"有应"，同性爻之间称"敌应"，也即不相应。一般说来，阳乘阴、阴承阳吉，反之则凶；上下爻相应则吉，敌应则凶。在一卦六爻中，奇数爻位为阳位，偶数爻位为阴位，阳爻居阳位、阴爻居阴位称之为当位，反之为不当位。一般来说，当位吉，不当位凶。二五爻分居下上卦之中间，称之为中位，二五爻也就称之为"得中"。二爻是阴位，阴爻居之称为得位得中；五爻是阳位，又称君位，阳爻居之也称为得位得中。得位得中多吉，反之则多不吉。

3. 《大象》为君王"修齐治平"的施政大纲

如果以先天六十四卦卦序把《大象》排列起来，按卦气说约五卦当一月的方式与《月令》的内容作一比较，就会发现二者内容十分相似，只是《大象》是原则性的概述，《月令》则是一些具体措施。① 如此，则《大象》是君王"修身齐家治国平天下"的施政大纲，其措施包括了道德修养、政治、经济、军事、法律、礼乐教化等方面。如：

---

① 参见拙作《〈象传〉性质新探》，《周易研究》1996 年第 2 期。

有关道德修养的：

天行健，君子以自强不息。

地势坤，君子以厚德载物。

山下出泉，蒙，君子以果行育德。

风行天上，小畜，君子以懿文德。

天地不交，否，君子以俭德辟难，不可荣以禄。

天在山中，大畜，君子以多识前言往行，以畜其德。

山下有雷，颐，君子以慎言语，节饮食。

山上有雷，小过，君子以行过乎恭，丧过乎哀，用过乎俭。

有关政治的：

地上有水，比，先王以建万国，亲诸侯。

火在天上，大有，君子以遏恶扬善，顺天休命。

山附于地，剥，上以厚下安宅。

上天下泽，履，君子以辩上下，定民志。

水在火上，既济，君子以思患而豫防之。

火在水上，未济，君子以慎辨物居方。

有关军事的：

地中有水，师，君子以容民畜众。

有关经济的：

天地交，泰，后以财成天地之道，辅相天地之宜，以左右民。

地中有山，谦，君子以裒多益寡，称物平施。

天下雷行，物与无妄，先王以茂对时育万物。

有关法律的：

雷电，噬嗑，先王以明罚敕法。

山下有火，贲，君子以明庶政，无敢折狱。

泽上有风，中孚，君子以议狱缓死。

有关礼乐教化的：

水洊至，习坎，君子以常德行，习教事。

丽泽，兑，君子以朋友讲习。

风行水上，涣，先王以享于帝，立庙。

泽上有水，节，君子以制数度，议德行。

雷出地奋，豫，先王以作乐崇德，殷荐之上帝，以配祖考。

山下有风，蛊，君子以振民育德。

泽上有地，临，君子以教思无穷，容保民无疆。

风行地上，观，先王以省方观民设教。

《大象》中甚至还提到了在冬至这天要"闭关，商旅不行，后不省方"（雷在地中，复）这类十分具体的行政措施。《易传》通过以上几个方面的阐发，最终奠定了《周易》在中国哲学史上"大道之源"的地位。后又经过王弼、韩康伯、程颐等义理派易学家的进一步阐释，《周易》的龙头地位更加巩固了。

原载《周易研究》2015 年第 4 期

《易传》"人文化成"思想及其价值

张颖欣

　　"人文化成"是儒家的社会教化思想，强调以文化人，通过对人进行教化移风易俗，形成良好社会氛围。它不仅具有极为丰富的内涵，而且在中国思想史上影响深远。在中国历史上，"人文化成"的教化思想对于促进人们理想人格的实现、良好社会风尚的形成、社会秩序的稳定与和谐，都曾发挥过极为重要的作用；即使是到了二十一世纪的当代社会，这一思想仍然具有重要的现实意义。

一

　　"人文化成"最早出现在《易传·彖传上·贲卦》①："［刚柔交错］，天文也。文明以止，人文也。观乎天文，以察时变。观乎人文，以化成天下。"观其山火贲卦之卦象，即可寻出"人文化成"的易经渊源与深邃内涵。山火贲卦，其下卦为离，离为火，有文明之象。离指文明，因其卦德为重明与中正。《彖传下·离卦》："离：丽也；日月丽乎天，百谷草木丽乎土，重明以丽乎正，乃化成天下。柔丽乎中正，故亨，是以'畜牝牛，吉'也。"此句借助日月附丽于天而运行与百谷草木附丽于大地生长，来表明离卦象征的光明；文明则要附丽于中正才能得以实现，做到光明中正即可"化成天下"。重离之卦不仅有文明之象，而且以其柔内刚外之势达到"明不息"之境界，人依此行道行教，则可化成天下。贲卦上卦为艮。《易

_____

①　本文针对《易》之经与传的标注，采取的是经传分离的标注方式。古经中的内容本文标注为《易经·X卦》；孔门进行解经的传，本文标注为《易传·X传·X卦》或《易传·X传》。当前虽有部分学者将经传合在一起，但是本人认为，经与传虽有渊源联系，但是毕竟存在成书年代不同、内容不同、地位不同等较大差异，因此主张经传分离。

传·序卦传》曰："物不可以终动，止之，故受之以艮。"《易传·象传下·艮卦》："艮，止也。时止则止，时行则行，动静不失其时，其道光明。艮其止，止其所也。"贲卦上卦中的"艮"之"止"有两种含义：一是强调各居其位、各行其道，互不干涉，即止在事物原来的位置，不越位、不出界。如《易传·象传下·艮卦》曰："兼山，艮。君子以思不出其位。"对此李鼎祚疏曰："两山相并，故曰'兼山'。止莫如山，故曰艮。"① 王夫之的解释是："崇山相叠，而终古有定在，'其位'也。"② 二是"艮"之"止"指的不仅是停止、止步，它更强调的是一种对当前不利或不当状态的控制与改变。是人的言行根据当时的情形而不断调控，是要与"行"并行考虑的概念，即按照形势需要改变当前的状态。如果不宜前行就"停止"前行，如果不宜停滞就要"停止"这种停滞状态而前进，所以两个"停止"所改变的状态是不一样的。说明"止"可能止的是动态行为，也可能止的是静态行为，到底是停是行要看其时机，依当时的情形而定。此即朱熹所言"'时止而止'，止也。'时行而行'，亦止也。"③ 这就要求人的言行决策要依据形势，在恰当的时刻和场合改变不当的状态，才算得体、得当，才能保证一个人有良好前途或事情有很好进展。内外卦叠合，离下艮上即"文明以止"。贲的意思为"文"，即"文饰"，文饰是美化之义。"文明以止"是以良好的人文约束调整人的行为，对人进行礼乐教化使之成为有教养的君子，就如在人的思想上进行文饰。孔子曰："郁郁乎文哉！吾从周。"（《论语·八佾》）这里的"文"则指周朝的"礼乐教化"制度。

通过对其卦象的分析可知，山火贲卦说的就是按照离与艮之卦德对人进行教化。做人做事要谦虚、持之以恒，以中正为尺量调控自身，对人的行为按照中正言行的标准进行教化，可以使天下吉。此所谓"文明以止，人文也……观乎人文，以化成天下。"因此《易传》才会在对该卦的解释中提出"人文化成"这一概念。

"人文化成"中的"人文"是相对于"天文"而言的。"观乎天文，以察时变"中的"天文"指的是自然之道，强调的是自然界的客观性。"人文"指的是道德伦理和以此对人的行为进行约束的礼乐典章制度等，有教化之义。王弼注："止物不以威武而以文明，人之文也。"孔颖达疏："用此文明之道裁止于人，是人之文德之教。"孔颖达还提道："观乎人文以化成天下者，言圣人观察人文，则诗书礼乐

---

① 〔唐〕李鼎祚：《周易集解·卷五十二》。
② 〔清〕王夫之：《周易内传·卷四上》。
③ 〔宋〕朱熹：《周易本义·卷之二》。

之谓，当法此教而化成天下也。"高亨定义为"人文指社会之制度文化教育等"①。按照徐复观先生的考证是："乃指礼乐之教，礼乐之治而言。"②"人文"是人之道，是基于主体人而产生的与之相关的因素，强调的是人的主体性。当然天文与人文在易传中不是对立的，而是合一的，人文要以尊重天文而行的。人、社会、自然界三者之间的关系，在《易传·象传上·贲卦》的表述中得到淋漓尽致的体现。指出天地万物并非纷杂无章，而是有条理，有原则，有其自身的规律，人类观天道而行，就会得到自然法则的关照。同时也提出人的重要作用，与天道形成良性互动。"人文化成"思想认为对人以教化的方式提高其素养，较高的人文素养可以形成良好的社会风尚，而良好的社会风尚又可以通过潜移默化的熏陶促进社会中每一位个体素质的提高，使之能更好地符合与顺应自然法则，维护生态平衡，保持人、社会、自然界三者之间的和谐共生。这体现了强烈的人文意识、和谐的社会意识与朴素的生态意识三者的统一。"人文化成"突出了人的主体地位，指出"人"要懂得"察""天道"，同时强调"天道"是通过具体的"人"的精神及行为而得到体现的，也强调了个体人对于社会与自然大环境所具有的价值与作用。儒家思想虽然讲求"天人合一"，但是并没有消磨人作为独立个体的精神意志，而是强调了整体中个体的重要性，提出社会风气、天下正气的化成，依靠的是人文精神的力量，这也正是儒家人文情怀的体现。

"人文化成"强调了"人文"与"化成"两重含义。第一是强调"人文"。对于"人文"的内涵，历代诠释中有一点是相同的，即"人文"与教化有着不可分之关系。因此，"人文化成"中的"人文"主要是指以礼义或礼乐为主导的道德教化，至少在儒家是这样认为的。第二是强调"化成"。儒家认为，理想人格的养成，良好社会风气的建立，以及健康生态环境的维护，都需要"化成"，其中尤其强调"化"的作用。"化"意为教化、感化、身化，不是一个突变的过程，而是一种"润物细无声"的潜移默化，它所强调的是一个循序渐进、逐步深入、陈腐慢慢瓦解、新肌缓缓滋生的过程。"成"即实现，实现理想人格与理想政治环境并与自然达成和谐。儒家认为，"人人皆可以为尧舜"，这也就是"成"的意义所在。"人文"与"化成"之间是一种相推相进的互动关系。儒家认为，"人文化成"不仅意味着以"人文"来"化成"天下，而且被"人文"化成的天下亦可以反过来影响

---

① 高亨：《周易大传今注》，齐鲁书社1979年版，第226页
② 徐复观著，黄克剑、林少敏编：《徐复观集》，群言出版社1993年版，第207页

"人文"本身。一种良好的社会风气，或者一个优良的人文环境，同时可以丰富
"人文"的内涵，并进而推动更高层次的"化成"，即推动人们精神境界的进一步
提升。因此，"人文"与"化成"之间是一种互动关系，即以"人文"来"化成"
天下，又以"化成"的天下来推动"人文"之发展。

二

自西周以来，中国思想界一直致力于通过"礼乐教化"形成一个稳定和谐的社
会秩序。唐君毅先生说："儒家对于'人文化成'之学与教，亦实际上是中国文化
之核心之所在。"①"人文化成"虽在《易传》中才正式提出，但早在西周时期，这
一观念就已经形成。《易经·蒙卦》："击蒙，不利为寇，利御寇。"意思即是，去
除蒙昧，不仅可以有利于人们不做贼寇，而且还有利于防御贼寇。"蒙昧"是与
"人文"相反的概念，"去除蒙昧"即意味着走向文明，而去除蒙昧的过程也就是
一个"人文化成"的过程。再如，《易经·蛊卦》卦爻辞讲的都是"除蛊"，"除
蛊"与上面的"除昧"意思差不多。以上两则说明，西周时期统治者就已经有了
"人文化成"的观念，正如唐君毅先生所言："西周统治者为了维护其宗法奴隶主
贵族统治，把孝、德作为思想政治教育的核心内容，以礼为其外在的表现形式，进
行价值观教育"，"从而有力地维护了西周宗法王权统治。"②

孔子汲取了《易经》的思想，延续并发展了西周以来的礼乐教化传统，这在
《论语》中有明确的体现。《论语·子路》云："子曰：其身正，不令而行；其身不
正，虽令不从。"《论语·子路》又云："冉有曰：'既庶矣，又何加焉？'曰：'富
之。'曰：'既富矣，又何加焉？'曰：'教之。'"以上孔子所表达的"身教"和
"富而后教"的思想，即是儒家"礼乐教化"思想的体现。在孔门所作的《易传》
中，不仅明确提出了"人文化成"的概念，而且还在《易传》的很多地方得到体
现。《易传·象传上·蒙卦》："山下出泉，蒙；君子以果行育德。"《易传·象传
上·临卦》："泽上有地，临；君子以教思无穷，容保民无疆。"《易传·象传上·
观卦》："风行地上，观；先王以省方，观民设教。"除了上面提到的"育德""教
思无穷""观民设教"外，《易传·文言传》中还提到了"德博而化"，这些术语说

① 唐君毅：《中华人文与当今世界补编（二）》，广西师范大学出版社 2005 年版，第 743 页。
② 唐君毅：《人文精神之重建（一）》，广西师范大学出版社 2005 年版，第 153 页。

明"人文化成"观念已经成为《易传》教化最基本观念之一。

孔子以后的历代儒家学者，继承了孔子"人文化成""礼乐教化"的思想。孟子认为"夫君子所过者化，所存者神"（《孟子·尽心上》），指出真正的君子所经过的地方，百姓都会受到感化，心中所存神妙莫测。《孟子·告子下》中告诉我们："曹交问曰：'人皆可以为尧舜，有诸？'孟子曰：'然。'"荀子认为"注错习俗，所以化性也"（《荀子·儒效篇》）；他还认为"政令教化，刑下如影"（《荀子·臣道篇》）。董仲舒的"正谊明道"教化思想，将刑罚作为教化的重要辅助手段，使汉朝三代呈盛世之统治，尽管他的有些观点与举措易对后世有片面影响，但是他的教化思想在当时社会作用显著，在中国思想史上也是影响深远、意义重大。所以，徐复观说，汉代"'德教'之内容，一在'为人君者正心以正朝廷；正朝廷以正百官，正百官以正万民，正万民以正四方。'必如此而始可招致祥瑞。另一则强调应以教化防奸；而所谓教化，乃在'立大学以教于国，设庠序以化于邑，渐民以仁，摩民以义，节民以礼，故其刑罚甚轻而禁不犯者，教化行而习俗美也'"①。南宋时期，社会为政者贪婪跋扈，掌兵者将贪兵惰，社会百姓道德沉沦、利欲为上，真可谓"无一毛一发不受病"。针对当时的客观现实，朱熹将《大学》《中庸》两篇从《礼记》中抽取出来，与《论语》《孟子》合为"四书"，并作《四书集注》，将《论语》列于四书首位，以此指导人之思与行。他还提出了"存天理，灭人欲"的思想，认为人性之善即为天理，是人天生具备的品性，应当得以保护与秉持，正如《近思录·道体》中所述："仁者，天下之正理，失正理则无序而不和""性即理也。天下之理，原其所自，未有不善。"而对于那些过于奢靡的超出了社会道德规范的欲望，应予以压制、不能任其泛滥。这一思想不可否认地在当时是起到了必要的约束与规范作用，而且放之今日仍是我们个人成长与发展、社会与国家治理以及保持生态平衡所应持有的重要观点。

教化的最高境界是自修，儒者就把"人文化成"思想具体运用到了儒家修身理论中。儒家强调自我教化的渊源可以追溯到孔子，孔子一方面强调自己"敏而好学"，另一方面又强调"下学上达"与"内省不疚"，这便是把自我教化归于修身的开始。《大学》开篇即云："大学之道，在明明德，在亲民，在止于至善"，又讲"格、致、诚、正、修、齐、治、平"。以上"三纲领"与"八条目"所要表达的就是儒家的"内圣外王"之旨，"自天子以至于庶人，壹是皆以修身为本。"（《大

---

① 徐复观著，黄克剑、林少敏编：《徐复观集》，群言出版社1993年版，第510页。

学》）无论是"内圣"还是"外王"，最后都要靠修身来完成，《中庸》讲："修道之谓教。"而修身的过程实际上就是一个自我教化的过程。宋明时期，理学家们又提出了知行观的问题，不管是朱熹所强调的"知行常相须"（《朱子语类》卷九）、"知先行后"，还是王守仁所强调的"真知即所以为行，不行不足谓之知"（《传习录》卷中）、"知行合一"，都是强调自我教化与道德实践的统合。

三

时间进入 21 世纪，伴随着现代文明带来的种种危机与政治模式的变革，人类有诸多方面需要深刻反思。"人文化成"思想不仅从理论层面对社会教育与道德教化给予指导，更是深化到了如何实践的层面，即从一般的理论探讨具体到实现道路的明确。"人文化成"的意义要从通过对个人行为的规范"化成"良好社会风气与良好的社会风气"化成"良好社会公民两个方面来看。

一方面"人文化成"的主体是人，所以每个人的提高对于"天下"的化成至关重要。面对物质利益的吸引与个人享乐带来的快感，一个人应建立何种价值观念，以怎样的心态面对纷杂的诱惑，如何保持一份良知，如何践履道德。这些都需通过双向努力建立良好的人文环境，以此充实空洞的人生价值，树立正确的人生观与和谐的价值观、培养健康健全的人格。"人文化成"思想提出了一系列理想君子人格的人文标准，使人修心与修行有了具体的实践参考。第一，它为人们提供了不断自我提高与超越的理念，比如它的《易传·象传上·乾卦》"天行健，君子以自强不息"强调了人自觉奋斗的意识。第二，它提出以谦虚的态度为人处世，才可以得到众人的支持和天道的眷顾。《易传·系辞下》："谦，以制礼。"《易传·序卦传》："有大者不可以盈，故受之以谦。有大而能谦，必豫，故受之以豫。"第三，它推崇持之以恒的精神，《易传·象传下·恒卦》："圣人久于其道，而天下化成。"强调的是"天道"之奉行、天下之"化成"，贵在长久地坚持。《易传·系辞下》："恒，德之固也。"认为道德的稳固在于持之以恒。第四，忧患意识是《易经》当中的一个重要理念，它提醒人们要居安思危、不得意忘形，才能不致有巨大失败。《易传·文言·坤》："积善之家，必有余庆；积不善之家，必有余殃。臣弑其君，子弑其父，非一朝一夕之故，其所由来者渐矣，由辩之不早辩也。"忧患意识是与其进取意识相并的，要求人在积极争取且有所收获时不要忘了潜在的危险，要做到谨言慎行。以上理念均为化成良好人格提供了参考，以此践行即可为良好社会风气的形成献砖瓦之功。若人人为之如此，则必可在全社会化成巍然之正气。

　　"人文化成"思想还为我们提供了与人相处的道德原则。个人发展是与其周围人密不可分的，人与人之间的关系是否协调关乎个人的社会生存环境。良好而温馨的人际环境，可以帮助一个人更好地发展。"人文化成"思想有利于形成更加融洽的人际关系，形成温馨的生活氛围。"人文化成"思想在这一方面强调了两种精神：一是人要有"仁、德"方可化育万物。仁与德一直被认为是中国儒家思想的核心价值指向。而何为"仁、德"？只有明其义方能效其法。儒家思想更多体现的即是一种仁学理念，讲求德治。《易传·象传上·乾卦》："地势坤，君子以厚德载。"坤为地为母，意寓人应像大地包容万物、母亲包容孩子一样，具有巨大的包容之心。有了包容之心，才能消化哀怨与不满，才能充满善与爱意，有善有爱才可言其他之"德"。二是"至诚"的理念为我们明确了化育天下所应持有的态度。诚信是立人之本，因此古今中外诚信一直是评价一个人的重要标准。对人要有诚意，做事要实事求是，只有这样才能形成人与人之间乃至整个社会的融洽气氛。

　　"人文化成"强调"天人合一"，就是要求检点人的自身行为与自然达成和谐共生之局面，为缓和当下生态危机提供人文反思。《易传》认为，人道源于天道，"仰则观象于天，俯则观法于地，观鸟兽之文，与地之宜，近取诸身，远取诸物，于是始作八卦，以通神明之德，以类万物之情。"（《易传·系辞下》）正因为人道取法于天道，所以人道就应该顺应天道而行，顺天道则吉，逆天道则凶，这是《易传》贯穿始终的一个思想。《易传·象传上·豫卦》："天地以顺动，故日月不过，而四时不忒。"意思是，天地如果按照自然规律而动，日月的运行就不会失当，四季的交替也不会出现差错。《易传·象传下》分别在艮卦、丰卦、兑卦、节卦、小过卦中强调了天地运行自然有其道，人的行为应该按照自然规律进行。需要指出的是，《易传》中所提出的按照自然规律做事，并不是被动地顺应自然，而是讲求"顺动"。"顺"与"动"为同一硬币的两个面，同样重要。它既强调人对自然主动地征服与改造，同时也强调人对自然的主动行为要在适当的"度"之内。即在人与自然二者之间的张力面前，谋求一种平衡。《易传》视天、地、人为"三才"，而"三才"之道相同，这个道既是天道，又是人道。"人文化成"中所蕴含的天道与人道相统一的思想，对于解决我们人类当前所面临的生态问题，早已给出路径。

　　另一方面，由社会人形成的社会风气又会对人之善恶观与行为动向产生引导，良好的社会风气会激发人的善念与善行。因此社会的建设与发展，不应仅仅考察经济与科技，道德的建设要优先于现实层面的建设。这里的优先不仅是时间上的优先，而是道德应是社会发展的约束原则与根本理据。社会秩序的建立需要合理的制度建设、健全的法制规范与有效的治理模式。做好这些，执政者首先要有良好的执政理念。一、"损以远害""保民无疆"是达到上下一心、和谐有序的重要理念。"损以远害"指的是放弃一些利益，主动减少自己的获得，可以使自身远离灾害。将利益让渡于民，保障民生，这样就会远离政局动乱之害。要做到国强民也富，让民众不为生存而忧、无后顾之忧。民乃国之本，不管是中国传统观念中"水能载舟亦能覆舟"的"民本"思想，还是现代观念中的"民主""民权"思想，无不体现了"民"的重要作用。因此，一切工作和政策制定的出发点和落脚点须是维护民利，民权得保才能社会稳定。二、"明罚敕法"是建立良好社会秩序与风尚的重要原则。"雷电，噬嗑，先王以明罚敕法。"（《易传·象传上·噬嗑卦》）按照"火雷噬嗑"的说法，"雷电"应是"电雷"，表示火光在先而雷声在后，即警告在先而惩罚在后。《易传》作者在这一卦里用了"先王"而非"君子"，说明《易传》作者将制定法律一事认定为政府的立法行为而非文人职责是非常明确的。"明罚"是指在罚之前要明示处罚的原则与标准，也就是要先将法律法规建立健全，而且要做到很好的普法工作，让人们知道应该守法且明确守何法；"敕法"就是不仅要普法，而且要树立法律尊严、有法必依，让人们对法律有所敬畏，让法律起到足够的威慑作用以达到让人们不敢违反法律的目的。"明罚"与"敕法"强调的都是要重视事先的法律法规建设与普及、重在防范，而非事后惩罚。当然，这样的强调不是要弱化执法，而是从人道的角度讲"预防犯罪"更重要。若在法律明示的情况下再犯法，就要"折狱致刑"（《易传·象传下·丰卦》），即坚决予以制裁。建立健全有力的法律为正义保驾护航，并且积极树立善行保障制度、保护善行者的合法权益，通过法律人为地做到"善有善报、恶有恶报"，才能形成一种平和的民众心情。这样社会正气就会形成，风气正，恶行就会像过街之鼠，行恶之人也必没了生存空间；风气正，善得彰显，行善之人也便心安气顺。以上要求要做到治理与民生保障良好结合。执政者不仅承担着建设国家的作用，更有为一方百姓谋福利的使命。兼顾各个阶层的利益，很好地协调各方权益，便能长治久安。

"人文化成"强调了每一个人对社会与生态的影响，同时也强调了社会环境对个体的影响。这样的双向关系更加体现出制度建设与个人修养提高两个方面缺一不可，所以需要做到教化民众与合理执政共同提高。

结　语

《易传》的"人文化成"思想，为我们打开了一个看待中国教化传统的视角。它强调了人文的精髓与力量，说明了人文的社会价值，肯定了道德教化的实践意义，给出了教化的宗旨与方法。"人文化成"不仅为中国两千多年以来的人文社会树立了很好的道德行为规范，也为当代中国构建和谐社会与良好生态给出启示。"人文化成"思想贯穿中国传统文化的发展脉络，是我国民族精神之实现途径，也是中华民族振兴与和平发展的重要思想支撑。当然，在现代中国的建设过程中，除了从中华优秀传统文化中汲取思想精华，也要探索有利于现代社会建设的因素，形成适合当代中国发展的新人文精神。以新人文精神引导社会中的公民，使之具有传统与现代良好结合的观念与意识；同时以高素质的国民来参与和谐社会的建设，形成更好的人文环境，以达到"民悦无疆"之盛景。

原载《东岳论丛》2015 年第 8 期

二、中国易学史研究

两汉《易》的承传与《易》学的演化

——《两汉群经流传概说》之一

董治安

一

在我国经学史上，两汉四百年（前202—220），是一个十分重要而影响深远的阶段。这一方面是由于，《诗》《书》《易》《礼》《春秋》等先秦儒家学派崇奉的经典，至此一跃而成为刘氏王朝之"经"、天下之"经"，从而极大地提升了这批典籍的社会地位与学术价值；另一方面则因为，迄今行世的一批诸经的传本实际上也正是初见自汉代，而许多系统解经的"传""笺""诂训""章句"之类也最先涌现于这一时期，凡此，显然都为魏晋以后经学的进一步发展提供了条件，奠定了基础。

《易》（亦称《周易》，指六十四卦卦形和卦辞、爻辞部分）原是一部古老的筮书。从《左传》《国语》等文献记载可以看出，早在春秋时期（或更早一段时间），古《易》已经在社会上层流传较广，不少诸侯、贵族、大夫以及史官、卜官，都动辄引用《易经》占事断疑，这表明当时应该已经有了《易》之相对稳定的传本，并以其特殊的占筮功能受到非比寻常的重视。

春秋之末，孔子沿袭了前人推重《周易》的态度，但很少援用筮说，而主要着眼于立身、从政的需要，强调"洁静精微"的"《易》教"作用（参见《论语》《礼记》所载孔子引《易》、论《易》的资料），以此教授弟子。这使得《易》学与《诗》《书》《礼》《乐》《春秋》诸学一样在孔门后学中大为传扬，《周易》本身也成为儒家"六经"之一。先后撰成于战国儒家的"十翼"（包括《彖》《象》《文言》《系辞》《说卦》《序卦》《杂卦》共七种十篇），是对古《易》最早的系统注解与阐释，本来是别经另行的，大约战国末期逐渐附经而行，又逐渐与经文相合，成为一体的传本。

《汉书·儒林传》说："及秦禁学，《易》为筮卜之书，独不禁，故传授者不绝也。"（同书《艺文志·六艺略》也有类似的记载）由此可见，《易》于嬴秦之时并未像《诗》《书》一样悉遭禁毁，而是以其"为筮卜之事"的特殊内容一直流传于世。也许正是出自这样的原因，《易》之由孔门以迄汉初的传授系统竟历历可考，具见于《史》《汉》记载，这在"五经"当中是较为突出的。《史记·仲尼弟子列传》称："孔子传《易》于瞿（商瞿），瞿传楚人馯臂子弘，弘传江东人矫子庸疵，疵传燕人周子家竖，竖传淳于人光子乘羽，羽传齐人田子庄何。"同书《儒林列传》也说："自鲁商瞿受《易》孔子，孔子卒，商瞿传《易》，六世至齐人田何，字子庄，而汉兴。"（《汉书·艺文志》并《儒林传》所记略与此同）研究者或质疑这一传承系统的不足为信，却并不能提出坚确的证明；司马迁、班固所言当自有根据，不可轻易否定。当然，战国及其以后一段时间《易》学流布既广，承传者亦必多有人在，商瞿一系不过是儒门传《易》的主要代表而已。

《汉书·艺文志·六艺略》载"《易》"类典籍，首列"《易经》十二篇"。颜师古注："上、下经及十翼，故十二篇。"说明汉世所习之"《易》"，实际包括了古《易》（六十四卦卦形和卦辞、爻辞）与"十翼"（易传）两个部分；产生于战国时期的七种十篇"易传"，至此已经同样被赋予了"经"的身份。这是《易》学流传史上的一大变化。

《汉书·艺文志》又称："《易》道深矣，人更三圣，世历三古。"是说"远古"宓戏（案一作"伏羲"）始作八卦，"以通神明之德，以类万物之情"；"中古"殷、周之际，"文王以诸侯顺命而行道，天人之占可得而效"，于是"重《易》六爻，作上、下篇"；而"十翼"之七种十篇，则出自"近古"孔子所为。此说可能盛传于汉代，虽不尽合于史实，却贯串着"经禀圣裁"的观念，反映出汉人对于经书神圣性质的认定，显示了两汉社会对于古《易》经、传崇高地位的推重，在《易》学史和经学史上都有其重要的意义。

汉初最先传《易》的重要人物是由秦入汉的田何，而田何传《易》之所以能够很快发展成一个引人注目的显著派别，则是因为迎合了西汉前期经学发展的总体需要。《史记·儒林列传》说："田何传东武人王同子仲（案《汉书·儒林传》所载田何传人尚有雒阳周王孙、丁宽、齐服生等），子仲传淄川人杨何。"杨何字叔元，是武帝所立"五经博士"之一，一时"要言《易》者"，如齐即墨成、广川孟但、鲁周霸、莒衡胡、临淄主父偃等，皆"本于杨何之家"（案此据《史记·儒林列传》。《汉书·儒林传》"杨何"作"田何"，有误），而太史公司马谈亦曾"受《易》于杨何"（《史记·太史公自序》），不难想象，武帝崇尚儒学，推重"五经"，为《易》的传授开辟了广阔的途径，正是基于这样的背景，《易》学才得到相当迅速的发展，并开始处于显通的地位。汉初约百年间，学士藉习《易》以打通仕途、获取官位者，屡见于历史记载，举如杨何于武帝元光元年"征为太中大夫"，即墨成"至城阳相"，孟但"为太子门大夫"，周霸、衡胡、主父偃也"皆以《易》至大官"，等等。

同样是适应现实政治的需要，从田何传《易》到得列于武帝"五经博士"的杨氏《易》，所习均为今文经学。相传先后出现于这一时期的《易》学著作，《汉书·艺文志》载有《易传周氏》二篇、《服氏》二篇、《杨氏》二篇、《蔡公》二篇、《韩氏》二篇、《王氏》二篇，《丁氏》八篇等，俱已久佚，内容不能详考。然而，《汉书·艺文志》《儒林传》又称：汉初别有流行于民间"费、高二家之说"，其中费直所治"号古文《易》"（同上），应该是属于别行于田何一系之外的古文《易》派。清季以来，先后有人怀疑费氏《易》只是今文别一派别、非传古文，却并无直接证据，难以信从。《经典释文·序录》载"《费直章句》四卷"，亦久佚。清人马国翰《玉函山房辑佚书》辑有《费氏易》一卷，又《费氏易林》、（费氏）《周易分野》各一卷。

二

昭、宣时期以迄西汉之末，是今文经学大畅其势的时期，也是今文《易》学获得重要发展并形成基本特色的阶段。出现在这一时期《易》学主要派别，先有施（雠）、孟（喜）、梁丘（贺）之学，继有焦（延寿）、京（房）之学。

沛人施雠、东海兰陵人孟喜与琅邪诸人梁丘贺，早年俱从丁宽门人田王孙受《易》学。其后施雠为宣帝《易》学博士，"甘露中与五经诸儒杂论同异于石渠阁"（《汉书·儒林传》）；孟喜曾"举孝廉为郎"（同上）；梁丘贺亦得宣帝亲幸，"为太中大夫，给事中，至少府……年老终官"（同上）。由此可见，三家均出自汉初田何《易》学正传，都以习《易》见重于王朝，而于弘扬今文《易》学有功。昭帝、宣帝及其以后一段时间，虽仍属西汉盛世，但武帝后期出现的社会矛盾却不断有所发展，阴阳五行思想伴随神学迷信观念进一步在经学中蔓延，正是在对朝野事变"以筮有应"的过程中，上述三家《易》突显和引申了先秦《易》学中的象数观念，开始形成了汉人新的《易》学体系。

史书记载，孟喜本来就是一个"好自称誉"的人。据说他曾"得《易》家候阴阳灾变书"，又"诈言师田生且死时枕喜膝，独传喜"（见《汉书·儒林传》），以造舆论。他结合月令、季候、时节讲《易》之象数，倡言"卦气"说，开启汉人今文象数《易》学之先河。梁丘贺屡为宣帝占断吉凶，又是结合象数在实践中更多援用筮法的一个（同上），其与施雠、孟喜等相应合，蔚成风气。元、成之后，施雠门人张禹及再传人彭宣，倡"张、彭之学"；孟喜门人白光少子、翟牧子兄倡"翟、孟、白之学"；梁丘贺传子梁丘临，再传于五鹿充宗，三传于士孙张仲方（案姓士孙，名张，字仲方）、邓彭祖子夏、衡咸长宾，因又有"士孙、邓、衡之学"行世；波推浪涌，新体系象数《易》学的影响愈来愈广。

由于历史久远，三家著作难以详考。其中，施雠著作，《汉书·艺文志》载录《易施氏章句》二篇，久亡；《玉函山房辑佚书》辑有《周易施氏章句》残文一卷。孟喜著作，《汉书·艺文志》载录《易孟氏章句》二篇，《经典释文·序录》载录《孟喜章句》十卷，均久不传世；《玉函山房辑佚书》辑有《周易孟氏章句》残文二卷。梁丘贺著作，《汉书·艺文志》载录《易梁丘氏章句》二篇，久亡；《玉函山房辑佚书》辑有《周易梁丘氏章句》残文一卷。

进一步发挥"卦气"说而对汉人今文《易》学给予更大推动的，是焦延寿与京房。

焦延寿（字赣），梁人，以好学得幸于梁王，为郡吏。他曾从孟喜问《易》，而传《易》于京房，不难看出其承上启下的重要作用。焦氏言《易》，仍着眼于筮书功能，而多用四时、十二月的变化和二十四节气、七十二候的推移申释卦爻，所以《汉书》称："其说长于灾变，分六十四卦，更直日用事，以风雨寒温为候，各有占验"（《眭两夏侯京翼李传》）；由于他所论《易》之占筮变化在孟喜的基础上又有重要发展，自成一家，因而《四库全书总目·子部·术数类》又称："盖《易》于象数之中别为占候一派者，实自赣始。"

焦延寿著作大多散佚而有《易林》十六卷存世（《四库全书》本、《四部丛刊》本）。此书见于《隋书·经籍志》（子部五行类）及其以后多种目录记载，内容的主要部分亦应出自汉人手，有人疑其为依托之作似不足为定论。"其书以一卦变六十四，六十四卦之变共四千九十有六，各系以词，皆四言韵语"（《四库全书总目·子部·术数类》），藉以占验吉凶祸福，历来为术数派《易》家所推重。《隋书·经籍志》又载录焦氏"《易林变占》十六卷"，应当也是"占候"一派的《易》作，详情已不可知。

京房字君明，本姓李，"推律自定为京氏"，主要活动在宣帝、元帝时。早年受《易》于焦延寿，对于延寿的"占候"《易》说"用之尤精"（同上），而多用以附会政事，以致焦延寿常说："得我道以亡身者，必京生也"（同上，案京房后来果以"非谤政治，归恶天子"罪遭害）。成帝时刘向考察各家《易》说，以为："诸《易》家说皆祖田何、杨叔元（原脱'元'字）、丁将军，大谊略同，唯京氏为异。"（参见《汉书·儒林传》）京房《易》说内容庞杂而自成体系。他大量吸收社会流行的天人之学与阴阳五行观念，建构了一个包括"纳甲""纳支""八宫""卦气""五行""飞伏""互体"等各种说解的复杂系统，从理论与占筮实践上都有明显的开拓。京氏的《易》论及其创造的筮法，把此前卦气说、阴阳灾变说推向了极致，也标志着西汉今文象数《易》学体系最终的建立与完善。史载从京房受《易》者，有东海殷嘉、河东姚平、河南乘弘等，均以传京氏《易》学为郎、列博士（同上）。西汉后期以至东汉，京房一派在今文诸派系中遂后来居上。

京房著述甚多，《汉书·艺文志》有《孟氏京房》十一篇、《灾异孟氏京房》六十六篇，久已散佚；《经典释文·序录》有《京房章句》十二卷，《隋书·经籍志》子部五行类有《周易占》十二卷，《周易守林》三卷、《周易集林》十二卷、《周易飞候》九卷、《周易四时候》四卷、《周易错卦》七卷、《周易混沌》四卷、《周易委化》四卷、《周易逆刺占灾异》十二卷，亦均不见传于世（估计其中或不无依托之作）。今存《京氏易传》三卷，"其书虽以'易传'为名，而绝不诠释经文，绝不附和《易》义"（同上），所倡"纳甲""纳支""八宫""卦气"等说，全面展现了京房《易》学的体系，是两汉今文象数《易》学最有代表性的著作之一。此外，马国翰《玉函山房辑佚书》还辑有《周易京氏章句》残文一卷；王仁俊《玉函山房辑佚书续编》复辑有《周易京氏章句》一卷，《京房易传》一卷等。

三

东汉时期，在经学发展的总体趋势下，《易》学向两个方面进一步发生演化，其一是今文《易》学与谶纬、方术更加趋于合流；其二则是古文《易》学由微而显，产生了一批新的重要成果。

光武中兴，爱好经术，却一反王莽之所为，重立施、孟、梁丘、京四家《易》学博士（参见《后汉书·儒林列传》）。东汉前期约六十余年间，传《施氏易》者有陈留刘昆、广汉景鸾等，传《孟氏易》者有南阳洼丹、汝南袁良、代郡范升、安定梁竦等，传《梁丘易》者有颍川张兴、京兆杨政等，传《京氏易》者有汝南戴凭、南阳魏满、南阳刘辅等；一时学者并起，"各以家法教授"（参见《后汉书·儒林列传》），几乎重现了西汉之时的盛况。然而，由西汉之末到新莽之变，再到刘秀政权的建立，历史的翻覆巨变不能不引发人们的思索，产生对传统经学的怀疑。于是各种图谶、纬书，以及一些数术之类的"妖言"，都无可避免地渗入正统《易》学。安、顺以后，社会矛盾增加，今文《易》内容发生的变化更加明显，其中最为引人注目的一点，就是一些人不断把"极数知变"的神异之道，有意与孟喜、京房《易》学结合起来。比如被安帝征为博士的南阳人樊英，"习《京氏易》……又善风角、星算，《河洛》七纬，推步灾异"（《后汉书·方术列传》）；另一位活跃于安、顺之际的豫章人唐奇，也既"习《京氏易》"而"尤好灾异星占"（同上）；至于桓帝时期的汝南许曼，更因为"善卜占之术，多有显验"而被"时人方之前世京房"（同上）。灵帝、献帝五十余年间，今文《易》学由于进一步陷于谶纬化、方术化而变得更加驳杂，已经不能继续保持独受尊崇的特殊地位。

与今文《易》学地位形成鲜明反差的，是古文经学的迅速兴起。古文《易》，主要是指汉初费直所传《易》。其实，由于《易》书未遭秦火焚毁，就古经文本而言，今、古差异应该并不太多；然而，费氏《易》长期流传于民间，其解经内容、说经方式逐渐形成自家特色而与今文各家有所差异，则完全可以理解。终西汉之世，古文《易》学的传授不绝如缕，却不得列于官学，而东汉之初，自上而下重视古文《费氏易》的现象却始见端倪。光武帝建武四年，尚书令韩歆曾上疏，"欲为《费氏易》《左氏春秋》立博士"引起争议，就是一个明确的信号（参见《后汉书·郑范陈贾张列传》）。稍后，几位既有家学渊源、复"为学者所宗"的学者如陈元、郑众等，公然"皆传《费氏易》"（同上，并《后汉书·儒林列传》），显然表明古文《易》学的发展已经形成一定的气候。陈元、郑众的《易》学著作已不可尽考，仅于王仁俊《玉函山房辑佚书续编》（经编易类）得见《周易郑司农注》一卷。此书虽仅为百余字残文，作者（郑众）曾为古《易》作注的事实仍判然可见；其"经""传"兼注的特定体式，也较早体现了东汉古文《易》学的传统特征。

　　此后乘势而起，为张扬古文《易》学作出较大贡献者，当推马融、郑玄与荀爽。

　　马融字季长，扶风茂陵人，主要活动在安帝、顺帝、桓帝之时。早年曾从挚恂游学，博通经籍。安帝四年拜为校书郎中，诣东观典校秘书；桓帝时为南郡太守。马融是卓有声望于学林而又治学弘通的人，《后汉书·马融列传》说："融才高博洽，为世通儒；教养诸生，常有千数。"他在《易》学传授上的重要作为，是上承陈元、郑众，亲为《费氏易》作传，并以此传授郑玄（见《后汉书·儒林列传》）。他在两汉《易》学史上成为转变风气的代表人物，也是古文《易》学已经发展到足够壮大的一个标志。马融的《易》学著作，《经典释文·序录》载（费氏易）"《马融传》十卷"，久佚；《玉函山房辑佚书续编》（经编易类）载《周易马氏注》一卷。

　　郑玄字康成，北海高密人，生于顺帝永建二年（127），而其去世，则已到献帝建安五年（200）。早年曾习《京氏易》，后转益多师，又游学于马融，改治古文经学，名声大振，弟子自远方至者数千人。其遍注群经，并刻意融通、汲取各家之说，被誉为"括囊大典，网罗众家，删裁繁诬，刊改漏失，自是学者略知所归"。（《后汉书·张曹郑列传》）他治《易》以古文为宗，在重新编排经、传（将《彖》《象》传文分别列于所属经文之后）的基础上，尤为重视经、传本身文字的注解和义蕴的阐释；他大量援《礼》以证《易》，同时，也注意吸收孟、焦、京等的今文《易》说，如以互体说、爻辰说释经文，以阴阳五行说解筮法等，从而形成既崇尚训诂，又重视象数的突出特色。郑玄是两汉《易》学集大成的人物，也把汉象数《易》学推到新的阶段。"郑注《费氏易》"一出，施、孟、梁丘、京诸家《易》说遂很快消亡。《经典释文·序录》载（费氏易）"《郑玄注》十卷"，《隋书·经籍志》作"九卷"，今已不存，当亡于唐、宋之间。唐李鼎祚纂《周易集解》较早汇集郑玄《易注》佚文四十余条。现存《周易郑康成注》一卷系宋王应麟所辑。明清时期，在王本的基础上出现过多种辑本，其中以惠栋增补本后来居上。

　　荀爽字慈明，颍川颍阴人，约与郑玄同时。桓帝元熹九年拜郎中，旋弃官去。后隐遁十余年，以著述为事，称为硕儒。他是东汉后期传《费氏易》的另一重要人物，与郑玄相呼应，共同推动了古文《易》的传播。其后，荀氏《易》经虞翻的推演而更加有所张扬，只是后者主要《易》学活动已属于三国（魏）阶段，兹不具论。《经典释文·序录》载"《郑玄注》（荀氏易）十卷"［按，据《经典释文·序录》，此当为《荀爽注（费氏易）十卷》。题《郑玄注》者，误置也。又，郑玄约略与荀爽同时，其注易为费氏易，其《注》当与荀氏易无涉]，久佚，《玉函山房辑佚书续编》（经编易类）辑有"《周易荀氏易》三卷"。

四

两汉传《易》人物众多，统绪分明，是《易》学史上一个有其明显发展与开拓的重要历史时期。其发展与开拓的标志主要在于：

其一，官学地位的确立大大推动了《易》的传授与《易》学的空前广泛的流传。

战国时代，在诸子百家中，习《易》、传《易》大抵只限于儒家学派；而即使就儒家内部而言，孟子、荀子对《易》的论评或征引，亦远不如对《诗》《书》的注意为多。究其原因，或许是由于诸侯割据称雄、百家争鸣的社会环境，一时还难于为《易》学的发展提供更为有利的土壤和条件。入汉以后，天下重归于一统，而今文《易》学适应了新的政治需要，很快演化为官方奉行的学说之一。刘汉王朝重视《易》的整理和传授，由是习《易》者知名于时，学士纷纷以治《易》得官。"禄利之路"的强力诱使，不仅促成田何《易》派的迅速兴盛，以及孟、京《易》学的继起，出现"支叶蕃滋"的景象，而且也助长了民间传《易》、习《易》的风气，如汉初就有"费、高二家之说"行世（参见《汉书·艺文志》），其后传此二家《易》学者代有人在。

官学地位的确立，"天下学士靡然乡风"的大势，促使汉代《易》学的传承、发展开始"途分流别"，演化出不同的派系。如果说，汉初田何与费氏传《易》的差异，是反映了今、古文的区分，那么西汉中期以后施、孟、梁丘三家之学以及随后焦、京之学的陆续产生，则显示出田氏一派的重要分化；由此以下，不断再衍生出二传、三传的支派，出现"干既分枝，枝又分枝"的局面。迄于东汉，王朝既有意"博存众家"（参见《后汉书·儒林列传》），传《易》诸家亦逐渐有所融通，但仍不能根本改变"途分流别，专门并兴"（《后汉书·儒林列传》语）的现实。而这种派系衍生的结果，一方面，形成"经有数家，家有数说"，以致酿成"学徒劳而少功，后生疑而莫正"的后果（参见《后汉书·张曹郑列传》）；另一方面，传《易》、说《易》者又各守门户，尊重"师法"，"世世递嬗，师师相承，谨守训辞，毋得改易"（皮锡瑞《经学历史》语），要之，不准许擅自释经、以意为解，而只能是亦步亦趋地抱守师说。西汉宣帝时，"博士缺，众人荐喜（孟喜）"，而

"上闻喜改师法，遂不用喜"（《汉书·儒林传》），东汉质帝本初元年为外戚四姓立学，令"先能通经者，各令随家法"（《后汉书·孝顺孝冲孝质帝纪》），都是明显的例证。这在客观上形成了经学之独特保守性的方面。

此外，两汉知名学者崇《易》、称《易》屡见于文献记载，也从又一方面反映了《易》学流传的普泛性。如《新语》有称："乾坤以仁和合，八卦以义相承"（《道基》），"《易》曰：丰其屋，蔀其家，窥其户，阒其无人"（《思务》），是汉初陆贾习《易》的证明；贾子《新书》有称："亢龙往而不返，故《易》曰'有悔'，悔者凶也。潜龙入而不能出，故曰'勿用'，勿用者不可也"（《容经》），"故爱出者爱反，福往者福来，《易》曰：'鸣鹤在阴，其子和之'，其此之谓乎"（《春秋》），是文帝前后贾谊习《易》的证明；稍后的《淮南子》一书多引古《易》经传（见《缪称》《泛论》《齐俗》《诠言》《人间》《泰族》等篇），是景帝前后刘安门客习《易》的证明。再如，武帝之时，被称为"始推阴阳，为儒者宗"（《汉书·五行志上》）的董仲舒，曾肯定《易》与《春秋》一样对于"在位者"具有"明其知"的重要功能（参见《春秋繁露·玉杯》），肯定"《易》本天地，故长于数"（同上）；西汉后期的思想家、文学家扬雄，精意写成一部处处模仿古《易》经传、取名《太玄》的巨著，借以表述本人对于宇宙自然和社会人事种种现象的系统说明和独特理解；东汉思想家王充也屡屡征引古《易》经、传文字以申述其反对神学迷信的理论，等等。此各家传《易》所属统系如何，有的难以具考，但众多学人汇入治《易》之列，动则引用《易》文、张扬《易》说，确乎表现出《易》学异乎寻常的繁盛，也表明《易》学开始更多与整体学术的发展相结合；此与先秦相比，气象确实是有所不同了。

其二，象数说的空前繁盛，构成两汉《易》学演化的基本内容，显示了汉《易》的主要特色。

象数观念源自筮书制作的本身，只是由于年代久远，古《易》六十四卦并各爻之间的象、数蕴义，后人往往已难于索解。《左传》《国语》所载春秋时期称《易》，屡次言及本卦与之卦（变卦）卦象；以"十翼"（《周易大传》）为代表的战国《易》说，不仅讲本卦卦象而且讲爻象、爻数，均于象数《易》学有所涉及。然而，由于孔门儒家强调"《易》教"的作用，"十翼"中有重要影响的《系辞》篇，也以论述古《易》的义理与功用为主（兼及筮法），都在客观上使义理派《易》学的传布获得了更多的认可；反观先秦象数说，则为时代所限，已有申说和阐释，还显得比较简单、琐碎。入汉以后，情况就有所不同了。

首先，两汉四百年，《易》学相对普及，习《易》者人数之多空前，而就经学传承来说，今、古文两个方面的代表人物几乎统属于象数派。早自汉初，传《易》于民间的费直，虽习古文，却已是"长于卦筮"的一个（参见《汉书·儒林传》），而"治《易》与费公同时"的高相，其学亦"专说阴阳灾异"（同上），都表现出重视占筮、讲求象数的《易》学倾向。武帝及其以后，阴阳五行思想泛滥，天行谴告之说不胫而走，这从另一个方面大大助长了今文《易》学中的神秘主义成分，也带动了象数《易》学的急剧发展。如上所说，昭、宣、元之际的重要《易》学家，包括施雠、孟喜、梁丘贺、焦赣、京房等，在先秦象数观念的基础上，竞相推演，大力发挥《易》学的占筮功能与神秘意味，今文《易》学象数说遂空前发展，盛行一时，而此前孔门强调的义理派《易》学却明显受到社会的冷落。东汉时期，古文《易》学家虽于经、传义理偶有兼顾，并注重经文的考释与训诂，却同样夸大象数的内涵和作用，对于今文家以占筮为目的的卦气说之类，仍多有征引与发挥，在总体上依然没有脱离象数说《易》学的范围。因此，可以说象数说成为汉《易》发展的主流和代表。清人称："汉儒言象数"，又称：魏王弼不取汉人《易》说是"尽黜象数"（见《四库全书总目·经部》），所指正在于此。

其次，两汉象数《易》学的发展，开始形成庞大而相对完整的体系。先秦时期（包括《彖传》《象传》《说卦》《序卦》等）的象数《易》说，大体是以卦形、卦名、爻位、爻数直接占筮人事吉凶，而且常带有很大的随意性，缺乏内容的彼此联系。西汉时期，先后经孟喜、焦赣、京房相继把节令气候、天文历法、方技数术之类统引入象数的内容，从而构成一系列新的概念、新的说解。他们把阴阳灾变观念引入《易》学，在占筮的外衣下拉近了《易》学同现实的联系；他们一定程度地吸收了当时的历法和其他自然科学成果，以四时、十二月、二十四节、七十二候与《周易》六十四卦相配，倡卦气说，客观上显示出对于宇宙、社会演变的一种新的理解；尤其是京房，著述更多而涉及极广，其所传《易传》既不诠释经文、亦不附合《易》义，独以八卦分八宫，建立起新的卦序体系，又推言"纳甲"、"纳支"、五行生克、阴阳转化等理论，比附天地人鬼、六亲九族的关系，创制了一套寓意复杂而变化多端的筮法体系，代表了两汉象数《易》学发展的顶峰。

复次，就两汉古文《易》学而言，尽管在总体上同样属于象数一派，并且像郑玄倡爻辰说、荀爽倡阴阳升降说，都可看出其与京房等的深刻联系；但是，一般来说古文《易》学毕竟更注重于文献的整理、经文的注释，学风颇与今文有异。《后汉书》于郑玄有评道："玄质于辞训，通人颇讥其繁，至于经传洽孰，称为纯儒"

（《后汉书·张曹郑列传》），《四库全书总目》更认为："考元（郑玄）初从第五元先受京氏《易》，又从马融受费氏《易》，故其学出入于两家，然要其大旨，费义居多，实为传《易》之正脉。"（《经部·易类》）那么以郑玄为代表的古文学者，实从另一个方面显示了两汉象数《易》学的成就，凡此同样在历史上产生了长远的影响，因而也是不可忽视的。

本文最初发表于《西华师范大学学报》（哲学社会科学版）2003 年第 5 期（题目中"两汉"作"汉代"）；后以本题收入作者文集《两汉文献与两汉文学》，上海古籍出版社 2005 年版，第 52~66 页

稷下阴阳家与阴阳五行学说的兴盛

于孔宝

一、阴阳五行与五行之星

阴阳五行学派又称阴阳学派或阴阳家。阴阳与五行的观念源远流长。阴阳作为中国古代哲学的一对范畴，其最初的意义是指日光的向背，向日为阳，背日为阴，故历来引申为气候的寒暖。古代的思想家看到一切现象都有正反两方面，就用阴阳这个概念来解释自然界两种对立和相互消长的物质势力。如《国语·周语上》记载西周末年伯阳父的观点说："阳伏而不能出，阴迫而不能蒸，于是有地震。"《老子》认为，"万物负阴而抱阳"，肯定阴阳的矛盾势力是事物本身所固有的。《易传》进一步提出"一阴一阳之谓道"的学说，把阴阳交替看作宇宙的根本规律。[①]《庄子·天下篇》则揭示了易经与阴阳的关系，即"《易》以道阴阳"。

五行，则是指金、木、水、火、土五种物质，古代思想家亦企图用这五种物质来说明世界万物的起源。而五行之于天，就是五行之星。所谓五行之星就是指水、金、火、木、土这五颗行星，也称五星，它们在天空中移动的路线总在黄道附近，而且很明亮。战国时期齐国的甘德和魏国的石申是当时最著名的观测天体运行的占星家，并分别著有天文学著作《天文星占》和《天文》。由于这两部书在宋代就已经亡佚，现在我们只能从唐人辑录的《开元占经》及 1973 年底长沙马王堆三号汉墓出土的帛书《五星占》等文献中看出它们的大概内容。据现代人的研究，依据已经掌握的资料证明，甘德和石申对于五大行星的观测和研究具有筚路蓝缕以启山林

---

① 《辞海》1979 年版缩印本第 412 页"阴阳"条。

之功。他们曾经系统地观察了水、金、火、木、土五大行星的运行，发现了五大行星出没的规律。

甘德对五大行星的亮度强弱变化进行了观测和界定。据《开元占经》所引，甘德等人将五星的亮度强弱分为喜、怒、芒、角四类，认为"润泽和顺为喜"，"光芒隆谓之怒"，"光五寸以内为芒"，"光一尺以内为角，岁晨七寸以上谓之角"。以喜、怒、芒、角来描述五大行星亮度之变化，多为后世所沿用。

五大行星在我国古代社会还有其另外的专有名称，即岁星、荧惑、镇星（填星）、太白和辰星。帛书《五星占》保存了甘德和石申天文著作的一部分，其中甘德的尤多。陈遵妫先生在其著作《中国天文史》中推测帛书中的占文很可能属于甘氏系统。帛书《五星占》在中国天文学史上第一次全面地使用了水（辰星）、金（太白）、火（荧惑）、木（岁星）、土（镇星或填星）五大行星的名称，这是后来形成现在的五星名称的由来。它以辰星为水之精，太白为金之精，荧惑为火之精，岁星为木之精，镇星（填星）为土之精。帛书《五星占》云：东方木，其神上为岁星，岁处一国，是司岁；西方金，其神上为太白，是司日行；南方火，其神上为荧惑，荧惑主司天乐；中央土，其神上为镇星，宾镇州星；北方水，其神上为辰星，主正四时。《汉书·律历志》也称："水合于辰星，火合于荧惑，金合于太白，木合于岁星，土合于镇星。"星占家将天上的五星与地上的五行相融合，既促进了古代天文学的发展，也催生了阴阳五行家的产生。

《汉书·艺文志》在谈到诸子起源时曾说过："阴阳家者流盖出于羲和之官。敬顺昊天，历象日月星辰，敬授民时，此其所长也。及拘者为之，则牵于禁忌，泥于小数，舍人事而任鬼神。"羲和是尧的主管观测天象以确定季节的史官，由此，阴阳五行家的产生与天文历法有直接的渊源关系。《史记·历书》说："盖黄帝考定星历，建立五行，起消息，正闰余。"《正义》引皇侃说："乾者阳，生为息。坤者阴，死为消也。"王梦鸥《邹衍遗说考》考论说：黄帝造"历"而竟造出了"阴阳说"来了。这分明是指"阴阳家"是古代"历家"的支派，而阴阳的思想是从历象中演出来的。司马谈《论六家要旨》云："尝窃观阴阳之术，大祥而众忌讳，使人拘而多所畏，然其序四时之大顺，不可失也。"也指出了阴阳家"序四时之大顺"之特质。阴阳家又称阴阳五行家，地上的五行与天上的五行的结合那就是顺理成章的事情了。五行之星及学说演化，说明了齐国天文历象之学的发展，同时也说明了阴阳家在齐国的兴盛。诚如胡适所言："阴阳的信仰起于齐民族，后来经过齐鲁儒生和燕齐方士的改革和宣传，便成了中国中古思想的一个中心思想。这也是齐学的民族的背景。"①

二、稷下阴阳五行学派代表人物

战国时期，齐人邹衍将阴阳与五行结合起来谓之阴阳五行学说，并在稷下学宫中形成了一个影响深远的学派即稷下阴阳五行学派。

稷下阴阳五行学派的主要代表人物是邹衍、邹奭。

邹衍，战国齐人，著名的稷下先生，稷下阴阳五行学派的创始人和我国古代阴阳五行说之集大成者。邹衍长于雄辩，被人称之为"谈天衍"。据《史记·孟子荀卿列传》记载："驺（邹）衍睹有国者益淫侈，不能尚德，若《大雅》整之于身，施及黎庶矣。乃深观阴阳消息而作《怪迂之变》《终始》《大圣》之篇十余万言。"《盐铁论·论儒》亦云："邹子以儒术干世主，不用，即以变化始终之论，卒以显名。"可见，邹衍是欲以儒术成就功名的，然而不被重用，既而转入倡导阴阳五行说并创立了阴阳五行学派，将阴阳五行说与王朝的更替联系起来，从而受到列国诸侯的重视。邹衍不但在齐国受到重视，而且"适梁，惠王郊迎，执宾主之礼。适赵，平原君侧行撇席。如燕，昭王拥彗先驱，请列弟子座而受业，筑碣石宫，身亲往师之"。以至于司马迁感慨万端，说："其游诸侯见尊礼如此，岂与仲尼菜色陈、蔡，孟轲困于齐、梁同乎哉！"（《史记·孟子荀卿列传》)邹衍的著述非常丰富。《汉书·艺文志》著录《邹子》四十九篇、《邹子终始》五十六篇。《史记》说他著有"《终始》《大圣》之篇十余万言"，"作《主运》"。刘向《别录》也说"邹子书有《主运篇》"。可惜的是，这些著作均亡佚，现在我们只能从《史记》《吕氏春秋》《论衡》《新序》等书及马国翰《玉函山房辑佚书》中邹衍的辑本来领略邹衍思想学说的丰采。

邹奭，战国齐人，稷下晚期著名的学者，学习并继承了邹衍的学说，是稷下阴阳五行学派的重要代表人物。《史记》记载，邹奭是齐国三邹子之一（邹忌、邹衍、邹奭），采用、阐发邹衍的学说来著书立说。他的著作文采兼备，但迂阔不切实际，故难以实践。虽然邹奭的生平、学说史无记载，但人们称颂他的雅号却不少，如"雕龙奭""谈天邹"等。说他是"雕龙奭"，是因为"邹奭修衍之文，饰若雕镂龙文"（《史记·孟子荀卿列传》集解引刘向《别录》)，说他是"谈天邹"，

---

① 胡适：《中国中古思想史长编》，华东师范大学出版社 1996 年版，第 10 页。

是因为邹奭"颇采邹衍之术，迂大而闳辩，文具难胜。"（《太平御览》卷四百六十四引刘向《别录》）关于邹奭的著作，《汉书·艺文志》于阴阳家下著录《邹奭子》一十二篇，今佚。

三、稷下阴阳五行学说

阴阳五行学说在齐国一直十分流行，成为稷下先生探讨的重要内容和战国诸子百家争鸣的组成部分。其中《管子》和邹衍的阴阳五行观点是稷下阴阳五行学说的集中体现。

1. 《管子》的阴阳五行说

《管子》是管仲学派的著作，是先秦齐学的代表作之一。它的阴阳五行学说，既是对春秋以前阴阳和五行说的继承与融合，又对其后邹衍阴阳五行学派的形成产生了直接的影响。《管子》的阴阳五行思想集中体现于《幼官》《四时》《五行》《轻重己》等四篇中。此外，《宙合》《侈靡》《水地》《地员》《禁藏》《七臣七主》《幼官图》《乘马》等篇对阴阳五行思想亦有所发明。统观《管子》的阴阳五行思想，主要有以下内容。

第一，五行相生说

五行相生与五行相胜是阴阳五行学说互相联系的两方面内容。五行相生，即木生火、火生土、土生金、金生水、水生木。五行相胜，即木胜土、土胜水、水胜火、火胜金、金胜木。而《管子》书中所反映的是五行相生说，以五行周而复始的相生来阐释一年四季的变化更替。

《管子》五行相生说的特征是以五行配四时。它把一年分为春、夏、秋、冬四季。为了与五行相配。便在夏与秋之间加凑一项——"中央土"。《四时》篇是这样说的：

> 东方曰星，其时曰春，其气曰风，风生木与骨。其德喜嬴，而发出节时。
> 南方曰日，其时曰夏。其气曰阳，阳生火与气。其德施舍修乐。
> 中央曰土，土德实辅四时入出，以风雨节，土益力。土生皮肌肤。其德和
> 平用均，中正无私，实辅四时。
> 西方曰辰，其时曰秋，其气曰阴，阴生金与甲。其德忧哀、静正、严顺，
> 居不敢淫佚。

北方曰月，其时曰冬，其气曰寒，寒生水与血。其德淳越、温恕、周密。

这样，就将五行相生的序次与春、夏、秋、冬四时季节的交替相配合起来，并阐述了与五行相应的五德的特征。

此外，《五行》篇将一年分为五个七十二天，与五行方位相配，《幼官》篇以东、南、中、西、北与春、夏、秋、冬四时相配，皆是按五行相生的序次来进行的。

《管子》的五行相生说虽是人为的比附，但也有其积极因素，即阐明了自然现象的变化是有规律的，人们要按四时变化的规律来活动。对此，《管子·四时》主张"圣王务时而寄政"，认为君主发布政令，必须遵守四时季节。行事合于四时，就会成功。否则，就会带来祸患，比如"夏行春政则风，行秋政则水，行冬政则落"。就刑德两政而论，德在春夏，刑在秋冬，即所谓"德始于春，长于夏；刑始于秋，流于冬"。所以，"刑德合于时则生福，诡则生祸"。正是在这种认识基础上，《管子》在阐述以五行配四时的时候，详细规定了春政、夏政、秋政、冬政的具体内容。同时，四时之政事的转化也是五行相生、五德终始的结果。

第二，阴阳与五行的融合

阴阳与五行在春秋以前是分属的两个范畴。将阴阳与五行这两个原本分属的范畴融合一体而形成阴阳五行学说，肇始于管仲学派，体现于《管子》一书。

《管子·四时》篇说："阴阳者，天地之大理也；四时者，阴阳之大经也；刑德者，四时之合也。刑德合于时则生福，诡则生祸。"《乘马》篇："春秋冬夏，阴阳之推移也。时之短长，阴阳之利用也；日夜之易，阴阳之化也。"这就是说阴阳变化是天地之间自然界的普遍规律，而四时季节的运行更替则是阴阳的根本规则和结果。只要"务时而寄政"、四时教令，做到刑与德没有失误，四时就始终如一地正常运行。若是刑与德偏离方向，四时便要逆行，行事不成，并且必遭大祸。

这里需要注意的是，《管子》认为"四时者，阴阳之大经也"，联系以四时配五行，则阴阳与五行就统一到一体之中去了。五行相生、五德转移，是以通晓阴阳为条件的。如《五行》篇把一年分为五个部分，每部分七十二日，由年初至年末，使这五部分与五行相配，要求君主教令施政必须与五行的属性相合，合则得福，悖则生祸。为什么这样呢？《四时》篇认为这是因为"阴阳者，天地之大理也"。《管子》以阴阳解说天文地理，所谓"日掌阳，月掌阴，星掌和。阳为德，阴为刑，和为事……是故圣王日食则修德，月食则修刑，彗星见则修和，风与日争明则修生"（《管子·四时》)。通晓阳气，是为了以事于天，即掌握日月运行规律，以用于人民；通晓阴气，是为了从事于地，即掌握星历节气，以明确其运行次序。通晓这些学问然后付诸实践，就会取得成功。(《管子·五行》)

《管子·揆度》将阴阳与五行融合，并与社会经济政治密切结合在一起，认为"事名二、正名五而天下治"。所谓"事名二"，即指"天策阳""壤策阴"的阴阳之道。所谓"正名五"，即指权、衡、规、矩、准。与"正名五"在颜色上相对应的是青、黄、白、黑、赤五色，在声音上相对应的是宫、商、羽、徵、角五声，在味觉上相对应的是酸、辣、咸、苦、甜五味。而五色、五声、五味又各有其职。如果人君丢掉了"事名二、正名五"，就会亡国；大夫丢掉了，就会丧失权势；普通人丢掉了，也不能治理一家。所以，《管子》把这一阴阳五行学说的运用经略看作是天下大治的条件，被视为"国之至机"。

2. 邹衍的阴阳五行说

邹衍是先秦阴阳五行学说的集大成者，是稷下阴阳五行学派的代表人物。邹衍之学主要是大九州说和五德终始说。

第一，大九州说。这是邹衍关于世界地理的学说。《论衡·谈天篇》说："邹衍之书，言天下有九州……《禹贡》九州，所谓一州也。若《禹贡》以上者九焉。《禹贡》九州，方今天下九州也，在东南隅，名曰赤县神州。复更有八州，每一州者四海环之，名曰裨海。九州之外，更有瀛海。"《史记·孟荀列传》也载：邹衍"其语闳大不经，必先验小物，推而大之，至于无垠。……先列中国名山大川，通谷禽兽，水土所殖，物类所珍，因而推之，及海外人之所不能睹。……以为儒者所谓中国者，于天下乃八十一分居其一分耳。中国名曰赤县神州。赤县神州内自有九州，禹之序九州是也，不得为州数。中国外如赤县神州者九，乃所谓九州也。于是有裨海环之，人民禽兽莫能相通者，如一区中者，乃为一州。如此者九，乃有大瀛海环其外，天地之际焉。"邹衍认为，中国是由九个小州所组成的大州，称之曰赤县神州。而世界上像赤县神州这样的大州共有九个，故称为大九州。每一个大州的外面，都有瀛海环绕，再往外就是天地的边际了。邹衍作为齐人，生活于海边，海市蜃楼等海景的出现使他对浩渺无际的大海产生了不尽的神思遐想，加上当时海上交通的开辟，带来了海外异域的风土人情和思想观念，大大开阔了邹衍的视野。于是，邹衍根据自己所了解的地理知识，由小推大，由近及远，至于无垠，创立了大九州的地理说。虽然大九州的地理说是邹衍的猜测、推想，也受到后世某些人的非难，但这一思想对启迪人们对世界的认识还是大有裨益的。

第二，五德终始说。这是邹衍的社会历史观。他用五德终始来阐说政权兴替的原因，论证新政权、新朝代产生的合理性。五德终始说是以五行相胜为理论基础的。邹衍把五行各赋予道德属性。由五行而为五德，由五行相胜而为五德终始。同时，他认为各个朝代皆有其所属"五德"之中的一德，而各个朝代的所属之德决定着各朝代的兴衰。各朝代的更替按五行相胜的排列次序相应变迁，循环往复。《七略》云："邹子有终始五德，从所不胜，木德继之，金德次之，火德次之，水德次之。""五德从所不胜，虞土，夏木，殷金，周火。"（《文选》）周代殷、殷代夏、夏代虞正是火胜金、金胜木、木胜土的缘故。并且，邹衍认为，凡是古来帝王将兴的时候，上天必先显现祥瑞给人们看。《吕氏春秋·有始览·应同》对此有叙说："黄帝之时，天先见大螾大蝼。黄帝曰：'土气胜。'"土气胜，故黄帝时是土德，尊崇黄色。大禹的时候，天先见草木，草木到秋冬不死，大禹说："木气胜。"故夏代是木德，尊崇青色，土胜木，夏代代替了黄帝时代。商汤的时候，天先见金，刀刃生于水，商汤说：金气胜。所以商代是金德，尊崇白色，金胜木，商代代替了夏代。周文王的时候，天先见火，赤乌衔丹书，聚集于周社，文王说：火气胜。于是周代是火德，尊崇赤色，火胜金，周代代替了商代。代替火德的必将是水德，天将先显现水气胜火气的祥瑞，而且一定会尊崇代表水德的黑色。如果天已显现水气的祥瑞而不知应，则将徙于土德。如此周而复始。

邹衍主张五德终始，依此说明新朝代代替旧朝代的必然性、合理性，深合战国时期各国统治者的口味，成为战国七雄展开兼并战争、夺取统一政权的舆论工具。由此，邹衍所到之国，都受到礼遇。当然，邹衍的五德终始说虽承认历史不是静止而是发展变化的，但这种发展不是辩证的发展，而是历史的重演与循环。因此，这一思想是历史循环论和宿命论。

　　本文选自作者《稷下学宫与齐文化研究》第二章"稷下学宫与先秦诸子学派的兴盛"之一节，中国戏剧出版社 2010 年版

子思与《易》关系新证

刘　彬

关于孔子嫡孙子思（名孔伋，约公元前 490—前 405 年①）与《易》的关系，可分为三个方面的问题：子思是否学《易》，子思是否用《易》，子思是否作《易》。对第二个问题，金德建举十二条证据，② 论证子思所著《中庸》与《系辞》《文言》《象传》相通，从而认为子思在写作《中庸》时吸取《系辞》《文言》《象传》的辞语，融贯在文章里。③ 金德建所举证据，多属可信。④ 因此，子思用《易》已经得到较好的论证。子思既然用《易》，自然也当学《易》，但子思如何学《易》，以及是否作《易》这两个问题，学者的研究还很少。本文拟对这两个问题进行探讨，敬请方家指正。

一、子思当熟习《易》

这里所说的"《易》"，其内涵是广义的，包括易学的一些问题与内容，《周

---

① 关于子思的生卒年，学界有不同看法，笔者认为李启谦先生约前 490—前 405 年的看法较为合理，见李启谦《子思及〈中庸〉研究》，《孔子研究》1993 年第 4 期，第 36 页。

② 金德建先生这些证据是：《中庸》推重颜回和《系辞》相同，《中庸》"遁世而不悔"和《文言》相同，《中庸》"庸言庸行"和《文言》相同，《中庸》"建诸天地""质诸鬼神"和《文言》相同，《中庸》"问学"和《文言》相同，《中庸》所说"与天地参"与《系辞》相同，《中庸》言"鬼神"与《系辞》符合，《中庸》讲"前知"与《系辞》相同，《中庸》讲"待其人而后行"与《系辞》相符合，《中庸》"言默"与《系辞》相同，《中庸》认为"文王无忧"与《系辞》相通，《中庸》"至道不凝"和《象传》《文言》相同。见金德建《先秦诸子杂考》，中州书画社 1982 年版，第 171~173 页。

③ 金德建：《先秦诸子杂考》，中州书画社 1982 年版，第 174 页。

④ 李学勤：《周易溯源》，巴蜀书社 2006 年版，第 104 页。

易》古经，以及《易传》。我们从这三个方面，来分析子思如何"学《易》"。

其一，子思对易学"卜筮"知识是熟习的。从现有这方面的资料看，子思都引述"子曰"，都是其祖孔子所言。孔子对《周易》古经进行深入研究，创立自己的易学思想，在帛书《要》篇是有明证的。《要》篇记载："子曰：'幽赞而达乎数，明数而达乎德，又［仁］□者而义行之耳。'"孔子认为易学包括"幽赞"、"明数"和"达德"，"幽赞"和"明数"为筮占，"达德"为道德义理，即易学有"筮"和"理"两个基本层面。这两个方面有不同的特点："理"是孔子新创立的，是新生的东西，而"筮"则是旧有的，来源于古远的巫文化和术数文化中的"卜筮"。① 孔子创立易学，首先对巫文化和术数文化的"卜筮"进行深入研究，在此基础上，通过批判性的扬弃，创立德义优先的新易学。故"卜筮"是孔子易学前提性的问题，也是首先要研究的内容。子思在其著作《表记》中，② 主要有两处引述孔子论"卜筮"：

第一：

> 子言之："昔三代明王，皆事天地之神明，无非卜筮之用，不敢以其私亵事上帝。是故不犯日月，不违卜筮。卜筮不相袭也。大事有时日，小事无时日，有筮。"（《礼记·表记》）

孔子此言夏、商、周三代圣王对卜筮的使用。"不犯日月"，郑玄注："日月，谓冬、夏至，正月及四时也。"孔颖达疏："冬至谓祭圜丘，夏至谓祭方泽，正月谓祭感生之帝，及四时迎气，用四时之吉日也。""不违卜筮"，郑玄注："所不违者，日与牲、尸也。"孔颖达疏："案僖三十一年《左传》云：'礼不卜常祀，而卜其牲日。'是有其牲日也。案《特牲》《少牢》云：大夫、士筮尸。则天子诸侯有卜尸也。""卜筮不相袭"，郑玄注："袭，因也。大事则卜，小事则筮。"孔颖达疏："此大事，谓征伐、出师及巡守也。"由郑注、孔疏，可知三代帝王在祭祀侍奉天地神灵时，都必须使用龟卜和蓍筮，表示不敢自专，不敢以私意亵渎上帝。其具体做法是：在冬至祭圜丘、夏至祭方泽、正月祭感生之帝、四时迎气时，都要通过龟卜和蓍筮，择定吉

---

① 刘彬：《从帛书〈要〉篇看孔子"好〈易〉"的实质和意义》，《孔子研究》2011 年第 2 期。

② 《隋书·音乐志》记沈约云："《礼记》《中庸》《表记》《坊记》《缁衣》皆取《子思子》。"子思有著作《子思子》，其中包括《中庸》《表记》《坊记》《缁衣》等。对此李学勤先生有详考，见李学勤《周易溯源》，巴蜀书社 2006 年版，第 98～101 页。

日。祭祀时，要使用卜筮占日、占牲和占尸。使用龟卜，就不使用蓍筮。使用蓍筮，就不使用龟卜。龟卜和蓍筮二者不能同时使用。征伐、出师和巡守等大事，使用龟卜。小事使用蓍筮。小的祭祀没有固定的时日，通过蓍筮来选定吉日。

第二：

> 子曰："大人之器威敬。天子无筮，诸侯有守筮。天子道以筮。诸侯非其国不以筮，卜宅寝室。"（《礼记·表记》）

此孔子言天子、诸侯使用卜筮之不同。"大人之器"，"大人"指天子和诸侯，其"器"郑玄无注，黄怀信认为是"龟策"①，有理。"龟"为卜法所用，"策"为筮法所用，主要为蓍草之茎，古亦称"蓍"。"大人之器威敬"，谓天子、诸侯所用于卜筮的龟和蓍威严，令人畏敬。"天子无筮"，郑玄注："谓征伐出师若巡守也，天子至尊，大率皆用卜也。""守筮"，郑玄注："守国之筮，国有事则用之。"孔颖达疏："谓在国居守，有事而用筮。""天子道以筮"，郑玄注："始将出，卜之。道有小事则用筮。"孔颖达疏："天子在国既皆用卜，若出行于道路之上，临时有小事之时，则唯用筮也。""诸侯非其国不以筮，卜宅寝室"，郑玄注："入他国则不筮，不敢问吉凶于人之国也。诸侯受封乎天子，因国而国，唯宫室欲改易者，得卜之耳。"由郑注、孔疏，可见天子一般用龟卜，诸侯一般用蓍筮。具体情形是：天子问征伐、出师、巡守等事，都用龟卜。诸侯在国居守，有事则用蓍筮。天子出行在外，有小事问，使用蓍筮。诸侯进入其他国家，不使用蓍筮。诸侯问宫室改易之事，使用龟卜。

子思上引述孔子所论"卜筮"，从大的方面讲，属于古代礼的范畴，这与孔子擅长礼学，为礼学大师相一致，符合孔子讲学特点。另一方面，孔子所论"卜筮"，也与帛书《要》篇孔子所论相同。帛书《要》篇记孔子曰："赞而不达于数，则其为之巫。数而不达于德，则其为之史。"巫、史的"幽赞""明数"，即通过卜筮，借助龟、蓍之灵，与神灵交通，求取神灵祐助，明了气运度数，而获吉得福。② 此

---

① 黄怀信先生对《礼记》注。见马士远、傅永聚主编《〈四书五经〉普及读本》（中），线装书局 2016 年版，第 1402 页。

② 刘彬：《从帛书〈要〉篇看孔子"好〈易〉"的实质和意义》，《孔子研究》2011 年第 2 期。刘彬、孙航、宋立林：《帛书〈易传〉新释暨孔子易学思想研究》，中国社会科学出版社 2016 年版，第 251、252 页。

即孔子上所言"事天地之神明""不犯日月，不违卜筮"。帛书《要》篇记孔子曰："吾百占而七十当。"可见孔子并没有满足于从一般礼文化意义上了解卜筮，更进一步从专门之学的层面，学习掌握了筮占技艺，并达到了很高的水平。这说明孔子对卜筮确实有深入的研究和切实的领悟。子思在其著作中，如此专业地传述孔子对"卜筮"的论述，说明子思对"卜筮"有关知识是熟习的。

其二，子思对《周易》古经是熟习的。子思今存著作中，有五条引述《周易》古经的材料，① 分析如下：

《坊记》两条：

> 子云："敬则用祭器，故君子不以菲废礼，不以美没礼。"故食礼，主人亲馈则客祭，主人不亲则客不祭。故君子苟无礼，虽美不食焉。《易》曰："东邻杀牛，不如西邻之禴祭，实受其福。"《诗》云："既醉以酒，既饱以德。"以此示民，民犹争利而忘义。

> 子云："礼之先币帛也，欲民之先事而后禄也。"先财而后礼，则民利；无辞而行情，则民争。故君子于有馈者，弗能见则不视其馈。《易》曰："不耕获，不菑畬，凶。"以此坊民，民犹贵禄而贱行。

这两条形式一致，都是子思先引孔子论礼之言，然后子思申发其理，再引《周易》古经爻辞以证其理。第一条子思引《既济》九五爻辞，以加强所言礼之敬道理的说服力。第二条子思引《无妄》六二爻辞，以加强所言以礼防人之贪利道理的说服力。所引《周易》古经爻辞之义，对论证其道理，加强其说服力，都很适当，说明子思确实熟知《周易》古经，对《周易》古经进行过专门的学习。

《表记》三条：

---

① 今本《缁衣》还有一条：子曰："南人有言曰：'人而无恒，不可以为卜筮。'古之遗言与？龟筮犹不能知也，而况于人乎？《诗》云：'我龟既厌，不我告犹。'《兑命》曰：'爵无及恶德，民立而正，事纯而祭祀，是为不敬。事烦则乱，事神则难。'《易》曰：'不恒其德，或承之羞。''恒其德，侦妇人吉，夫子凶。'"郭店简和上博简《缁衣》"不我告犹"后皆无，今本所引《尚书·兑命》以及所引《周易》古经爻辞，皆当为后人衍增，故今本《缁衣》此条不能作为引《易》的资料。见武汉大学简帛研究中心、荆门市博物馆编著《楚地出土战国简册合集》（一），文物出版社 2011 年版，第 29 页。马承源主编《上海博物馆藏战国楚竹书》（一），上海古籍出版社 2001 年版，第 198~199 页。

子曰："无辞不相接也，无礼不相见也，欲民之毋相亵也。《易》曰：'初筮告，再三渎，渎则不告。'"

子曰："事君，大言入则望大利，小言入则望小利。故君子不以小言受大禄，不以大言受小禄。《易》曰：'不家食，吉。'"

子曰："事君，军旅不辟难，朝廷不辞贱。处其位而不履其事，则乱也。故君使其臣，得志则慎虑而从之，否则孰虑而从之。终事而退，臣之厚也。《易》曰：'不事王侯，高尚其事。'"

此三条形式一致，都是引述孔子先言其理，然后孔子引《周易》古经卦爻辞以证之。第一条孔子引《蒙》卦辞，以加强其言人不相亵渎必以礼道理的论证力量。第二条孔子引《大畜》卦辞，以加强其言禄功相配道理的论证力量。第三条孔子引用《蛊》卦上九爻辞，以加强其言尽责方能隐退道理的论证力量。此三条资料中的《周易》古经卦爻辞，不是子思所直接引用的，而是出现于孔子言论中。但我们要注意的是，孔子所谈论的，正是子思要表达的：孔子所论之理，子思肯定是赞同的；所引之《周易》材料，子思应该是熟知的，并赞同其引用。因此，《表记》此三条资料，可间接证明子思学习过《周易》古经。

由以上直接和间接的资料，证明子思当学习过《周易》古经。

其三，子思对《易传》是熟习的。要讨论这个问题，需要先考证《易传》是否在子思之时或之前已经成书。先秦儒家公孙尼子，其著作有《乐记》。① 高亨、张岱年、李学勤认为，《乐记》袭用今本《系辞》，说明《系辞》当成书于《乐记》之前②。公孙尼子，《汉书·艺文志》注："七十子弟子。"《隋书·经籍志》注："似孔子弟子。"郭沫若认为："我疑心七十子里面的'公孙龙字子石，少孔子五十三岁'的怕就是公孙尼。龙是字误。尼者泥之省，名泥字石，义正相应。公孙尼子可能是孔子直传弟子，当比子思稍早。"③ 李学勤认为："我们看《乐记》中有

---

① 见《隋书·音乐志》载沈约奏答和唐张守节《史记正义》，李学勤先生对此有详考，见李学勤《周易溯源》，巴蜀书社 2006 年版，第 109~112 页。

② 高亨、张岱年、李学勤诸先生都有详论，见高亨《周易大传今注》，齐鲁书社 1998 年版，第 7 页；张岱年：《论易大传的著作年代与哲学思想》，《周易研究论文集》（第一辑），北京师范大学出版社 1987 年版，第 414 页；李学勤：《周易溯源》，巴蜀书社 2006 年版，第 106~109 页。

③ 郭沫若：《公孙尼子与其音乐理论》，见《郭沫若全集》历史编（1），人民出版社 1982 年版，第 491~492 页。

魏文侯，又有文侯乐人窦公，作为孔子再传弟子是合宜的。"① 李说更为稳妥。因此，公孙尼子当与子思同时，年龄相当。《系辞》为公孙尼子所熟知而化用，子思也当熟知《系辞》。《系辞》当在子思、公孙尼子之时或之前已经成书。刘大钧以《系辞》引用《文言》，推断《文言》早于《系辞》；以《文言》参考《象传》而作，推定《象传》早于《文言》；以《象传》引述《大象》而发挥，推断《大象》早于《象传》；以《说卦》总述八经卦，而《大象》《文言》《象传》分论六十四卦，推断《说卦》年代最早。② 其论证有理，是成立的。实际上，《说卦》分两部分，第一、二章泛讲义理，与《系辞》性质相同，其成书时间应与《系辞》相当。其他部分总讲八经卦之象，是学习《周易》的前提性知识，应是来源久远的易学常识，被孔子所传述、记录下来，故其成书当早于《大象》《象传》《文言》《系辞》。《小象》解释爻辞，《象传》解释卦辞，《小象》成书时间应与《象传》相当。《杂卦》按照《周易》古经"二二相偶，非覆即变"的卦序原则撰写，语言古朴简练，成书时间应与《说卦》第二章后部分相当。因此《易传》除《序卦》外的大部分篇章，都当成书于子思之时或之前的战国早期。推想《易传》当成于孔子第一代弟子之手。据《史记·孔子世家》记载，孔子去世后，"葬鲁城北泗上，弟子皆服三年。三年心丧毕，相诀而去"。推想孔子众弟子在鲁国三年守丧期间，为铭记孔子教导，保全孔子思想，防止孔子学说散失，传承孔门之学，将个人所记孔子生前所讲进行结集，编订大量篇章文集。其中包括孔子所传述的易学知识、对《周易》古经的解释以及所阐发的易学思想等，这些所编成的文集就是《易传》（不包括《序卦》，下言皆此意）。③ 作为孔子第二代弟子的子思和公孙尼子等，学习、熟知《易传》，是合乎情理的。

子思熟习《易传》，是有直接证据的。上博简《颜渊问于孔子》记颜渊问孔子，孔子回答中，有曰："俑（庸）言之信，俑（庸）行之敬。"④ 按《易传》的《文言》中，孔子解释《乾》卦九二爻辞"见龙在田，利见大人"，曰："龙德而正

---

① 李学勤：《周易溯源》，巴蜀书社 2006 年版，第 112 页。

② 刘大钧：《易大传著作年代再考》，见黄寿祺、张善文编《周易研究论文集》（第一辑），北京师范大学出版社 1987 年版，第 476~478 页。

③ 李学勤先生认为《荀子·大略》篇化用《序卦》，廖名春先生认为《序卦》当在战国时就有了，皆言之成理。《序卦》当在荀子之前的战国中期成书。见李学勤《周易溯源》，巴蜀书社 2006 年版，第 134~135 页。

④ 马承源主编：《上海博物馆藏战国楚竹书》（八），上海古籍出版社 2011 年版，第 144~145 页。

中者也。庸言之信，庸行之谨。闲邪存其诚，善世而不伐，德博而化。"濮茅左认为："'俑'与'庸'声通，'敬'、'谨'音义相近。证明了历史上颜渊与孔子确有言《易》的史实。"① 其言有理。这也证明了《文言》确实为孔子所讲。而子思所作《中庸》引孔子曰："君子之道四，丘未能一焉：所求乎子以事父，未能也；所求乎臣以事君，未能也；所求乎弟以事兄，未能也；所求乎朋友先施之，未能也。庸德之行，庸言之谨。有所不足，不敢不勉。有余，不敢尽。"李学勤认为："'庸德之行'两句，很可能即引自《文言》，因为在《文言》的文字中，两句与上下文紧密结合，而在《中庸》就不如此。"② 其言有理。子思引用《文言》，说明子思对《文言》是熟习的。

二、子思当作《易》

子思不但熟习《易》、用《易》，更重要的他还作《易》，其著作即帛书《衷》篇。这是我们的新发现，下试论之。

马王堆帛书《衷》是帛书《易传》的重要一篇，记载大量孔子论《易》言论。关于其作者，学界还很少关注研究。《衷》篇名"衷"，实通"中"。《左传·闵公二年》"用其衷则佩之度"，杜预注："衷，中也。"《国语·周语上》"其君齐明衷正"，韦昭注："衷，中也。"《鹖冠子·泰录》"入论泰鸿之内，出观神明之外，定制泰一之衷"，陆佃注："衷之言中也。"吴世拱注："衷，中也。"俞樾《群经平议·春秋左传一》"夫能固位者，必度于本末而后立衷焉"，按："衷与中古通用。然则此《传》'衷'字亦当训中，犹言执其两端用其中也。"因此，"衷""中"古互通用，"《衷》"篇实即"《中》"篇。

《衷》篇共分十二章，③ 其中七章都与"中"有关。第一章开篇即引子曰："《易》之义萃阴与阳，六画而成章，杽句焉柔，正直焉刚。六刚无柔，是胃大阳，

---

① 马承源主编：《上海博物馆藏战国楚竹书》（八），上海古籍出版社 2011 年版，第 141 页。

② 李学勤：《周易溯源》，巴蜀书社 2006 年版，第 104 页。

③ 第一章为"《易》之义萃阴与阳"，第二章为《说卦》前三章，第三章为"《易》赞"，第四章为"《乾》《坤》三说"，第五章与《系辞下》第十一章略同，第六章为"《乾》之详说"，第七章为"《坤》之详说"，第八章与《系辞下》第六章略同，第九章与《系辞下》第七章略同，第十章与《系辞下》第八章略同，第十一章与《系辞下》第九章前部略同，第十二章与《系辞下》第九章后部分略同。见刘彬、孙航、宋立林《帛书〈易传〉新释暨孔子易学思想研究》，中国社会科学出版社 2016 年版，第 143～235 页。

此天［之义也］。□☑□□□方。六柔无刚，此地之义也。天地相率，气味相取。阴阳流形，刚柔成体。"[①] 点出天地、阴阳、刚柔。下言："万物莫不欲长生而恶死。会三者而始作《易》，和之至也。""三者"即天地、阴阳、刚柔，"会三者"即会聚天地、阴阳、刚柔三者，具体而言，即会聚天与地，会聚阴与阳，会聚刚与柔，皆言对立之"两"。"和之至"，《国语·郑语》史伯言之，其曰："夫和实生物，同则不继。以他平他谓之和，故能丰长而物归之。若以同裨同，尽乃弃矣。……夫如是，和之至也。……声一无听，物一无文，味一无果，物一不讲。""和"为"以他平他"，即调和不同的两个或两个以上方面，在《衷》篇此处应谓调和两个对立的方面，即调和天与地，调和阴与阳，调和刚与柔。《周礼·地官·大司徒》"一曰六德：知、仁、圣、义、忠、和"，郑玄注："和，不刚不柔。"《周礼·春官·大司乐》"中、和、祗、庸、孝、友"，郑玄注："和，刚柔适也。"贾子《新书·道术篇》云："刚柔得道谓之和。"皆其证。故《衷》篇此处所言应为"调两取中"之义，即调和天与地之两而取其中，调和阴与阳之两而取其中，调和刚与柔之两而取其中，实为"中和"思想，认为《周易》所表达是"中和"思想。

第三章为《衷》篇核心章节"《易》赞"，是对易学思想的高度概括，其引孔子曰："万物之义，不刚则不能动，不动则无功，恒动而弗中则亡，［此］刚之失也。不柔则不静，不静则不安，久静不动则沉，此柔之失也……武之义保功而恒死，文之义保安而恒穷。是故柔而不䎽，然后文而能胜也。刚而不折，然后武而能安也。"这里孔子从宇宙论高度，在肯定万物不刚则不能动的前提下，强调永恒运动而不静止，则不能保持适中，而导致灭亡的道理；在肯定万物不柔则不能静的前提下，强调永久静止而不运动，则不能保持适中，而导致凶险的道理；在肯定武刚能保功业前提下，强调武刚达到极端则消亡的道理；在肯定文柔能保持安定前提下，强调文柔达到极端则穷尽的道理。认为易学的核心思想，是刚与柔、文与武、动与静的均衡适中，显然是"中道"思想。

第四章引子曰："'君子终日健健'，用也。'夕沂若，厉，无咎'，息也。"对《乾》卦九三爻辞，传统的理解都认为是讲终日勤奋不懈，此孔子既言白日之"用"，同时言晚上之"息"，强调"用"与"息"的统一，即"中道"。

---

① 裘锡圭主编：《长沙马王堆汉墓简帛集成》（叁），中华书局 2014 年版。为方便，释文中通假字、异体字皆以通行字写出，见刘彬、孙航、宋立林《帛书〈易传〉新释暨孔子易学思想研究》，中国社会科学出版社 2016 年版。下引同。

孔子又言："《乾》六刚能方。《坤》六柔相从顺，文之至也。《坤》之至德，柔而反于方。《乾》之至德，刚而能让。"认为《坤》为至柔，但能变化而返回方直之刚；《乾》为至刚，但能变化文柔而谦让，亦强调"刚"与"柔"之中，即"中道"。

第六章引子曰："人之阴德不行者，其阳必失类。《易》曰'潜龙勿用''亢龙有悔'，言其过也。物之上盛而下绝者，不久大位，必多其咎。能威能泽，谓之龙。见用则动，不见用则静。君子穷不忘达，安不忘亡。"孔子此申言阴阳之德匹配亲比，过则有咎，恩威兼施，动静兼用，穷不忘达，安不忘亡，亦"中道"。

第七章引子曰："武夫倡虑，文人缘序。[武]人有拂，文人有辅。性文武也，虽强学，是弗能及之矣。"言理想的政治组织要有文柔与武刚两类人物，武刚之人开创，文柔之人守成，君主同时需要文人与武人的辅佐，而一个理想的圣明君主应该天生具有文柔与武刚的圆满德性，实言政治"执两用中"之"中道"。

第八章引子曰："夫《易》之要，可得而知矣。乾、坤也者，《易》之门户也。乾，阳物也；坤，阴物也。阴阳合德而刚柔有体，以体天地之化。"言《周易》之要旨，在于阴与阳相合，刚与柔之相合，从而体现天地的生化，此即"中和"思想。

第十二章引《系辞》曰："二与四同[功异位，其善不同。二]多誉，四多惧。柔之为道也，不利远[者]。其要无咎，用柔若〔中〕也。三与五同功异位，其过[不同，三]多凶，五多功。"言《周易》卦爻辞中，二爻多荣誉，五爻多功绩，而四爻多畏惧，三爻多凶险，因为二爻与五爻处于中位，强调易学"得中""用中"思想。

从以上《衷》篇大部分章节皆言"中""中和""中道"来看，《衷》篇主旨应该是讲"中道"的，篇名"衷（中）"正点明"中道"的主旨。如此重视"中道"，以一篇易学文章来讲"中道"，其作者会是谁呢？考察"中道"思想在先秦儒家的流传状况，可看出此人最可能是子思。

先秦儒家"中道"思想源远流长。清华简《保训》篇记文王临终前向武王讲述舜"求中""得中"，以及上甲微"假中""归中"，虽然学界对上甲微之"中"

的意涵争议较大，① 但对舜之"中"一般认为是"中道"，如李学勤所言："舜'厥有施于上下远迩，乃易位迩稽，测阴阳之物，咸顺不扰'，这段话应参看《中庸》：'子曰：舜其大知也与！舜好问而好察迩言，隐恶而扬善，执其两端，而用其中于民，其斯以为舜乎！'简文讲舜施政于上下远迩，总要设身处地，就近考察，这是'察迩言'；测度阴阳之事，这是'执其两端'，从而达到中正之道，所以简文说舜做到'得中'了。"② 又认为："（舜之）'中'，就是后来说的中道。"其说有理，说明孔子之前就有"中道"思想。孔子对此很重视。《论语·尧曰》载尧命舜曰："咨，尔舜！天之历数在尔躬，允执其中，四海困穷，天禄永终。"并云："舜亦以此命禹。"其"允执其中"，即言"中道"。《论语·雍也》载孔子曰："中庸之为德也，其至矣乎！民鲜久矣！"一方面说明"中庸"是一种至高的德行，另一方面说明关于这种德行的思想来源久远，当时的人已经很少能了解，能实行了。孔子之后至战国末期，众多的历代弟子对孔子思想予以传承，其中子思最能体会"中道"在孔子思想中的重要地位，专门作《中庸》一篇，从体、用两方面对"中道"进行本体论的阐发，其曰："中也者，天下之大本也。和也者，天下之达道也。"对"中道"可谓推崇备至，对其弘扬可谓不遗余力。

值得我们注意的是，孔子在其《易传》中，对"中道"也有明确的阐发。如在《彖传》，于三十二卦三十六处言"中"，其曰"得中""正中""中正""刚中""刚得中""柔得中""往得中""时中""大中"等。在《小象传》中，于三十九卦四十五处言"中"，其曰"在中""中正""中行""使中""中""中直""正中""得中""行中""中道""久中""中节""位中"等。在《文言》中，言"中""中正""正中"等。除了在《易传》中孔子言"中道"外，在其他的一些

---

① 对上甲微之"中"的涵义一般认为是实物，如李零认为是"地中"和"立于地中的旗表"，李均明认为是司法判决书，子居认为是众，邢文认为是河图的易数，武家璧认为是祭告天地、誓师出发的中坛，林志鹏认为是军旅所用的建鼓，魏忠强认为是旗帜，王志平认为是天地阴阳中和之气。见李零《说清华楚简〈保训〉篇的"中"字》，《中国文物报》2009 年 5 月 20 日；李均明：《周文王遗嘱之中道观》，《光明日报》2009 年 4 月 20 日；子居：《清华简解析》，复旦大学出土文献与古文字研究中心网站，2009 年 7 月 8 日；邢文：《〈保训〉之"中"与天数"五"》，《清华大学学报（哲学社会科学版）》2011 年第 2 期；武家璧：《上甲微的"砌中"与"归中"》，武汉大学简帛网，2009 年 5 月 7 日；林志鹏：《清华大学所藏楚竹书〈保训〉管窥——兼论儒家"中"之内涵》，2009 年 4 月 21 日；魏忠强：《清华简〈保训〉篇研究简评》，《兰台世界》2014 年第 26 期；王志平：《清华简〈保训〉"叚中"臆解》，《孔子研究》2011 年第 2 期。但也有认为是思想的，如廖名春认为是"和"，即和谐政治之道。见廖名春《清华简〈保训〉篇"中"字释义及其他》，《孔子研究》2011 年第 2 期。

② 李学勤：《论清华简〈保训〉的几个问题》，《文物》2009 年第 6 期，第 77 页。

"《易》说"中，孔子也当言及"中道"。

由子思对孔子"中道"思想的极力推崇，而作《中庸》彰显之，推想子思对孔子易学"中道"的阐发也不应忽视，相反应该格外重视，如作《中庸》一般，专门选录孔子"《易》说"以及《易传》中有关"中道"的言辞，编定以"中道"为主旨的易学著作，此即帛书《衷》篇。故子思应作《易》，其易学著作即帛书《衷》篇。

从孔子之后先秦儒家"中道"思想的传承看，作为孔子的嫡孙，子思最能体会"中道"在孔子整个思想体系中的重要地位，故一方面在儒学义理深化上下功夫，从形而上层面阐发"中道"，而作《中庸》；另一方面在孔子所开创的经学易学上，凸显孔子所"观"、所新诠的易学"中道"，专门辑录孔子有关"中道"的论述，而作《衷》篇。子思对"中道"，可谓心知其意，而重申之，而再再发明之。

总之，子思与《易》确实有关系，他不但学《易》，用《易》，而且作《易》，在先秦儒家易学传承中应具有重要的地位。

原载《孔子研究》2017 年第 6 期

帛书《缪和》《昭力》与孔子易教

宋立林

在 1973 年长沙马王堆汉墓出土的六篇帛书《易传》之中，《缪和》《昭力》为最末两篇，其中《缪和》篇幅最巨，然而这两篇所受到的关注度要远远逊于其他诸篇。然而，如果细加绎读，便会发现其具有十分重要的思想文献价值，是绝不容忽视的宝贵文献。

孔子的思想，可以概括为"内圣外王之道""修己安人之道"，归根结蒂是一种以王道为理想的伦理—政治思想。孔子的王道教化思想正是通过对"六经"的传授、阐释来完成的。根据《史记》等记载，孔子对六经所作的主要工作可概括为删订《诗》《书》，修起《礼》《乐》，赞《易》，作《春秋》，并以之教授弟子，三千弟子中"身通六艺者七十有二人"①。然而，在疑古思潮影响下，孔子与六经的关系受到质疑，尤其是孔子与《易》的关系，更是遭到近乎全面的否定。孔子六经之教与大量孔子遗说遭遇极端忽略，如此一来，孔子思想的研究就只能依据一部万余字的语录——《论语》（即使《论语》在极端疑古者看来亦极为可疑），这无疑极大影响了对孔子思想的整体认识，致使学者浩叹："孔夫子"有成为"空夫子"之虞。近年来，大批珍贵的出土文献如马王堆帛书、郭店楚简、上博楚竹书等横空出世，使人们对先秦学术又有了新的认识。这必然会涉及对孔子

---

① 〔汉〕司马迁：《史记》，中华书局 1982 年版，第 1938 页。

思想学术的重新审视。其中马王堆帛书《周易》经传的出土和释文的公布①，为我们重新认识孔子与《周易》的关系，研究孔子的易学与易教思想，提供了极其重要的资料。在六篇帛书《易传》中，《系辞》《二三子》《衷》《要》等篇中的"子"就是孔子，已得到学界的共识，而对《缪和》《昭力》两篇是否和孔子有关，学界却存在极大争议。然而，在时贤研究的基础上，笔者尝做过一番考察，以为这两篇中的"子"就是孔子。② 笔者发现这两篇文献，不仅对于我们探究孔门易学传承具有重要价值，而且对孔子易教思想的深入抉发，亦具有非常重要的价值。

一、帛书《缪和》《昭力》与孔门易学传承

帛书《缪和》《昭力》为我们进一步探究孔门易学的传承和发展提供了一定的线索。

孔子好《易》发生在其晚年，因此孔子与《周易》的关系真正确立也是在其晚年。亦正唯如此，孔子易教以及孔门易学传承等问题才会出现若隐若现、纠葛不清的状况。《史记·孔子世家》曰："孔子以《诗》《书》《礼》《乐》教，弟子盖三千焉。身通六艺者，七十有二人。"所谓"六艺"实际上即指《诗》《书》《礼》《乐》《易》《春秋》六经。吕思勉先生说："以设教言，谓之六艺。自其书言之，谓之六经。"《诗》《书》《礼》《乐》属于传统科目，亦为普通科目，而于此之外，又兼通《易》与《春秋》者，只七十余人。这可以佐证《易》《春秋》乃孔子晚年所赞所作的说法，另外又说明《易》与《春秋》，言"性与天道"，非一般的及门弟子所得闻，乃孔门精义所在。③ 所谓《易》为"孔门精义"，是指与传统的《诗》《书》《礼》《乐》等科目相比，更具哲学性和神秘性。④ 致使睿智如子贡者，对于孔子之好《易》亦难以接受和理解，待到孔子向其解释之后，方才由衷赞叹：

---

① 帛书《易传》释文可参见《道家文化研究》第三辑、第六辑陈松长、廖名春先生释文，《国际易学研究》第一辑廖名春先生释文，《续修四库全书》经部第一册廖名春《马王堆帛书〈周易〉经传释文》及《帛书〈易传〉初探》、《帛书〈周易〉论集》一书所载释文。本文所用《缪和》《昭力》释文则全出自笔者《缪和注释论说》和《昭力注释论说》，载杨朝明、宋立林等著《新出简帛文献注释论说》，台湾书房 2008 年版，第 350~461 页。下不出注。

② 宋立林：《帛书〈缪和〉〈昭力〉中"子"为孔子考》，《周易研究》2005 年第 6 期。

③ 吕思勉：《先秦学术概论》，东方出版中心 1985 年版，第 52 页。

④ 陈坚先生对孔门易学传承的"代代单传"及其"神秘性"的情形，以禅宗的传承体系相比附，我们觉得有凿之过深之嫌。见其《"韦编三绝"：孔子晚年的宗教诉求——孔子与〈易经〉关系新论》一文，《周易研究》2007 年第 1 期。

"夫子之言性与天道，不可得而闻也。"① 也正是因为这一缘故，孔子自己也不得不感慨："后世之士疑丘者，或以《易》乎?"

孔门传易者，据史书记载，仅寥寥数人而已。

其一为商瞿。《史记·仲尼弟子列传》云："商瞿，鲁人，字子木。少孔子二十九岁。孔子传易于瞿，瞿传楚人馯臂子弘，弘传江东人矫子庸疵，疵传燕人周子家竖，竖传淳于人光子乘羽，羽传齐人田子庄何，何传东武人王子中同，同传菑川人杨何。何元朔中以治易为汉中大夫。"②《汉书·儒林传》对此亦有记载③，二书所言孔门易学传承谱系稍有不同，然谓孔子传易于商瞿则一。《孔子家语·七十二弟子解》亦载："商瞿，鲁人，字子木，少孔子二十九岁。特好《易》，孔子传之，志焉。"④ 然而，史志未见其著作著录。

其二为子夏。子夏与孔子谈论易学见于《孔子家语》的《六本》《执辔》篇，《说苑·敬慎》亦有记载。关于子夏的易学著作，史志亦有记载。西晋荀勖《中经簿》载"《子夏传》四卷"，梁阮孝绪《七录》载"《子夏易》六卷"，《隋书·经籍志》载"《周易》二卷"，注："魏文侯师卜子夏传，残缺。"唐人陆德明《经典释文·序录》曰"《子夏易传》三卷"，陆注："卜商，字子夏，卫人，孔子弟子，魏文侯师。"《唐志》云"《卜商传》二卷"。尽管关于《子夏易传》作者有楚人馯臂子弓、西汉韩婴等不同说法，但经刘大钧、刘彬等学者考证，其为孔子弟子子夏无疑。⑤

其三为子贡。子贡与孔子谈易见于帛书《要》篇，这与《论语·公冶长》所记子贡"夫子之言性与天道，不可得而闻也"正相符合。关于子贡之叹，向来作为孔子不言"性与天道"之铁证。也有学者以为这句话反映了孔子讲"性与天道"，但只对商瞿一人讲，子贡诸人是听不到的。⑥ 其实，这些认识来自对这句话的误解。朱熹早已指出，此乃子贡"叹美之词"。李学勤先生也认为是子贡对孔子的赞叹之

---

① 杨伯峻：《论语译注》，中华书局 1980 年版，第 46 页。

② 〔汉〕司马迁《史记》，中华书局 1982 年版，第 2211 页。

③ 〔汉〕班固《汉书》，中华书局 1962 年版，第 3597 页。

④ 杨朝明、宋立林主编：《孔子家语通解》，齐鲁书社 2009 年版，第 441 页。

⑤ 详参刘大钧《今、古文易学流变述略——兼论〈子夏易传〉真伪》，《周易研究》2006 年第 6 期；刘彬：《子夏易学考论》，《周易研究》2006 年第 3 期。

⑥ 陈坚：《〈"韦编三绝"：孔子晚年的宗教诉求——孔子与〈易经〉关系新论》，《周易研究》2007 年第 1 期。

辞："他说的是孔子关于性与天道的议论高深微妙，连他自己也难于知解。"① 而且
《汉书·艺文志》录有子贡的易学著作《子赣杂子候岁》，我们可以据此推测子贡
也有可能传《易》。

其四为子张。其与孔子谈易见于《孔子家语·好生》和《说苑·反质》，而
《吕氏春秋·壹行》则记为子贡。其是否传易在疑似之间。以上数人与《易》之关
系为明确见于记载者。

另外，颜子与曾子也可能精于易学。在《系辞》中，有孔子称赞"颜氏之子"
的话，历来作为颜子曾习易的证据。此外在《孔子家语·颜渊》篇有这样一段话：
"颜回问于孔子曰：'成人之行，若何？'子曰：'达于情性之理，通于物类之变，
知幽明之故，睹游气之原，若此可谓成人矣。既能成人，而又加之以仁义礼乐，成
人之行也，若乃穷神知礼，德之盛也。'"由此可见颜子是曾深得孔子易教的。②
《论语·宪问》载曾子曰"君子思不出其位"，显系引《周易·艮·大象传》："兼
山艮，君子以思不出其位。"以对孔子"不在其位，不谋其政"的补充诠释。在
《大戴礼记》"曾子十篇"中，我们也不难发现其中所蕴含的大量关于天地等形上
问题的思考，这或与曾子曾经学易有关。刘大钧先生曾指出："《易大传》之《彖》
《象》《文言》等为思孟学派所整理、润色，《系辞》中亦有思孟学的内容，当是比
较清楚的事实。"③ 而思孟一系正是接续曾子而来的，这可以作为一个佐证。④ 除此
之外，我们再很难见到孔子弟子传《易》的相关记载。

而《缪和》所记与孔子谈论易学的弟子竟有五人之多，如缪和、吕昌、吴孟、
张射、李羊，另外有名姓者还有《昭力》篇的昭力。李学勤先生曾推测，这些人当
为楚人。昭力之氏"昭"，为楚氏；缪通穆，也可能是楚氏，有出土楚器燕客铜量
铭文为证。⑤ 其他吕、吴、张、李亦为战国中期以下渐多的姓氏。由此，进一步推
测《缪和》《昭力》以及帛书《易传》的其他几篇皆为楚人所传。这与帛书出土于

① 参李学勤《孔子之言性与天道》，载杨朝明主编《孔子文化研究》第一辑，上海文化出版社
2007 年版，第 4 页。
② 参看颜炳罡、陈代波《从颜氏之儒的思想特质看其与易学关系》，《周易研究》2004 年第 3
期。
③ 刘大钧：《周易概论》，巴蜀书社 2004 年版，第 22 页。
④ 对于孔门弟子与《易》之关系，台湾徐芹庭先生有所勾勒，可参看。见氏著《易经源流：中
国易经学史》，中国书店 2008 年版，第 182~187 页。
⑤ 王葆玹先生以为，缪和显然是荀子的再传弟子穆生。穆生为鲁人，为浮丘伯的弟子，则此篇
"子"为浮丘伯了。我们以为王氏之说不可信，据《汉书·楚元王传》《汉书·儒林传》，穆生从浮丘
伯习《诗》，未闻传易之事。此不赘。

长沙楚墓相合，是值得肯定的。但是，李先生亦由此认为《缪和》及《昭力》中的"先生"及"子"乃后世经师，并推测为"馯臂子弓"，[①] 这是我们所不能同意的。

其实，人们将《缪和》《昭力》中的"先生"及"子"认定为孔子之后的经师，所根据的一个理由即《史记》《汉书》所载的孔子易学的传承系谱。这一系谱之所以是单线传承的，乃是出于司马迁追溯其父司马谈易学渊源时之逆向描述，乃化约而来，因此不能据此否定孔门易学的多元复杂的传承情况。以上我们就提到了子夏、子贡、颜回等孔子高弟，可见孔子易学绝非单线传播的。《史记·仲尼弟子列传》云："孔子传易于瞿，瞿传楚人馯臂子弘。"《汉书·儒林传》则将子弓（弘）列为第三代，则孔门易学传至楚地在孔子身后数十年间。那么，孔子有没有可能亲自将其思想学说传给楚人呢？据李启谦先生统计，孔子的弟子当中明确为楚人者有三人，若将为楚所灭的陈蔡等地一并计算则有八九人之数。[②] 另外，据《仲尼弟子列传》载，澹台灭明虽非楚人，但"南游至江，从弟子三百人，设取予去就，名施乎诸侯"[③]，《汉书·儒林传》亦载"澹台子羽居楚"[④]。从近年来问世的郭店楚简、上博楚竹书等来看，孔子儒学在战国时期已经在楚地影响十分广泛而深入。孔子易学之南传入楚，恐不必待到孔门之二三传。加之我们曾从多个方面去考察《缪和》《昭力》中的"子"即为孔子，我们可以相信，孔子虽然迨至晚年才生发出其易学易教，不过其易学易教思想确乎博大精深，是其一生思想的发展演进的最后阶段。孔子易教思想虽有《易传》传世，然自欧阳修以来人们多疑而未信，致使孔子易学易教渐至湮没无闻之境地。幸而马王堆帛书《易传》出土，孔子易学及其传承才再次得以确认。我们看到，孔子晚年讲易，有众多后进弟子向其请益。尽管这些名字早已湮没无闻，不如孔子七十二弟子之声名显赫，但我们有理由相信，孔子易学易教之南传入楚，扩大影响，恐怕多赖缪和、昭力诸人之力。

孔子之后，儒分为八。表面看来，这是孔子儒学之分化乃至分裂，其实在另一角度来看，正说明孔子思想之博大，儒学发展之多元。之所以会出现这一状况，除了孔子自身思想的多元发展的可能之外，亦是孔子弟子群体的复杂性所致。史书说孔子

---

① 李学勤：《周易溯源》，巴蜀书社 2006 年版，339~340 页。
② 李启谦：《孔门弟子研究》，齐鲁书社 1987 年版，第 240~241 页。
③ 〔汉〕司马迁：《史记》，中华书局 1982 年版，第 2206 页。
④ 〔汉〕班固：《汉书》，第 3591 页。

"弟子盖三千焉，身通六艺者七十有二人"①。在这众多的弟子之中，有来自不同地域、不同地位和身份、不同禀赋和气质的学生，而且他们求学处于孔子思想发展的不同阶段，至少可以分为早中晚三期，甚至更多。这种极端复杂的情况，就造成了对孔子思想的接受和理解的多元可能性。我们通过《缪和》《昭力》篇，可以发现，这些孔子晚年的弟子，所关心的问题不一，所提问题的角度不同，孔子的"因材施教"必然导致他们对孔子易学易教思想的领会出现差异。我们不清楚这些差异在后来的孔子易学传流发展中起到了怎样的作用，但我们却可以推测这些差异一定影响了此后的孔门易学的发展。《缪和》《昭力》等帛书文献，只不过为我们揭开了久已失传的海量文献的冰山一角，使我们得以反思长期以来对孔子思想的认识的偏失。

二、孔子易教：教化与宗教之间

黑格尔在他的《哲学史讲演录》第一卷中这样评价孔子"哲学"："孔子只是一个实际的世间智者，在他那里思辨的哲学是一点也没有的——只有一些善良的、老练的、道德的教训，从里面我们不能获得什么特殊的东西。"并用极端鄙夷的语调调讽道："为了保持孔子的名声，假使他的书从来不曾有过翻译，那倒是更好的事。"② 这句话曾经极大地刺激或伤害了中国学者。其实，黑格尔的这一看法在西方具有一定的代表性，除了西方哲学家根深蒂固的西方中心主义作祟之外，原因之一就是中国学者从宋代开始就渐渐剥离了孔子与《周易》的关系。当大量出土文献一次次推翻疑古学者的辨伪成果，我们也渐渐可以心平气和地去审视古代文献的记载，重新梳理孔子与《周易》的关系了。

孔子思想确乎有很多"道德的教训"，但在孔子那里却并非没有形上的思考，虽然中国思想家向来不喜思辨——西方哲学意义上的思辨。孔子一生"学而不厌"，其思想也经历了一个逐步发展、提升的过程。晚年的孔子对具有哲学意味的《周易》发生了浓厚的兴趣，甚至达到了"居则在席，行则在橐"③ "读易韦编三绝"④

---

① 〔汉〕司马迁：《史记》，第1938页。
② 〔德〕黑格尔著，贺麟、王太庆译：《哲学史讲演录》第一卷，商务印书馆1959年版，第119~120页
③ 廖名春：《帛书〈要〉释文》，载《帛书〈周易〉论集》，上海古籍出版社2008年版，第388页。
④ 〔汉〕司马迁：《史记》，第1937页。

的痴迷程度。由于马王堆帛书《易传》的出土，使孔子是否曾经习《易》传《易》这一争讼已久的学术公案得到了解决。对于孔子是否作《易传》，虽然仍存争议，但文献中保存了大量的孔子"易说"已成为学人的共识。我们可以通过这些"易说"来探讨晚年孔子思想的变化和深化，以及他是如何理解《周易》，又是如何将《周易》作为"六艺"（六经）之一来实施其教化思想的。在《孔子家语·问玉》和《礼记·经解》中都记有一段孔子对"六经之教"的论述，其中写道："入其国，其教可知也。……洁净精微，《易》教也。……其为人也，洁净精微而不贼，则深于《易》者矣。"孔子对《易》的性质、功用的理解，可以说是十分准确而深刻的，这是和他晚年对《周易》有极其深入的研究分不开的。

　　不过，在越来越多的人开始重新认可孔子与《周易》的密切关系的情况下，关于孔子对《易》的看法也还是存在着巨大的差异。比如山东大学陈坚教授提出了一个比较新颖的观点：孔子之好《易》乃是出于其个人的宗教情感需要，只是为了使自己的个人生活合乎"天命"从而提升个己的生命品质，只是他个人的一种宗教诉求，其中并不含有社会关怀的期许。这与孔子对于《诗》《书》《礼》《乐》的出于"修—教"实践以完善社会的目的截然异趣。孔子与《易》之间的关系是一种宗教关系，而孔子与诗书礼乐之间的关系却是一种学术关系，两者不可同日而语。[①]陈先生的这一观点，可以说是一种新见。尤其是其交代的写作缘起，更是引人入胜。陈先生从其母亲读抄本《金刚经》的宗教生活经验得到启发，联想到孔子读易"韦编三绝"的故事，可见陈先生之善于"近取譬"。陈文对深入研究孔子与《易》的关系问题很有启迪意义，不容忽视。陈坚先生以研习佛学的经验以宗教学的视角，对于孔子与《易》的这层"个人宗教"的关系之揭示，有助于吾人深化孔子与《易》关系的认识。

　　杜维明先生对于儒家宗教性的定义为："终极的自我转化"[②]。这自然可以表示孔子出于"终极的自我转化"之"宗教需要"而好《易》。但是，杜先生所谓"终极的自我转化"所指绝非仅仅限于个人自身，而是不断向外扩展和深化的。然而为什么作为哲理书的《易》会有"宗教性"，能满足人之宗教情感需要？这与《易》所展现和诠释的天道思想有关。杜维明先生说："哲学与宗教在西方是两个传统，

---

　　① 陈坚：《"韦编三绝"：孔子晚年的宗教诉求——孔子与〈易经〉关系新论》，《周易研究》2007 年第 1 期。以下引用陈先生之语皆出此文，不再出注。

　　② ［美］杜维明著，段德智译：《论儒学的宗教性——对〈中庸〉的现代诠释》，武汉大学出版社 1999 年版，第 104~142 页。

但在中国乃至东方只是指向同一传统的两面。"① 牟宗三先生对此也有深刻论述："天道高高在上，有超越的意义。天道贯注于人身之时，又内在于人而为人的性，这时天道又是内在的。因此，我们可以……说天道一方面是超越的，另一方面又是内在的。天道既超越又内在，此时可谓兼具宗教与道德的意味，宗教重超越义，而道德重内在义。"② 孔子重《易》，其中一个重要原因，恐怕就在于《易》所具有的天道的超越意义，由此超越义进而所具有的神圣性、宗教性。杜维明说："儒家的性命天道虽不代表特定的宗教信仰，却会有浓厚的宗教意义。不过儒家的宗教性并不建立在人格上帝的神秘气氛中，而表现在个人人格发展的庄严性、超越性与无限性上。"③我们从《中庸》可知，"诚"在孔子看来，是天之道，因而属于超越的。从他对"诚"的描述和阐发，我们可以感受到天道所具有的庄严性、超越性与无限性，这正是其宗教性的涵义所在。在孔子"易教"思想中，这种带有形上超越性的思想也有突出的表达。比如，天人合德、与时偕行、极深研几等，无不是"精微"之思，是窥天道而来。在其晚年，孔子思想形上色彩愈加浓厚。

由此可知，孔子"易教"之"教"有不同于其他五经之教的含义。它除了"教化"之义外，也同时含有"宗教"的意味，更确切地说，其中蕴涵着"宗教性"。我们认为，"易教"之"宗教性"是包含着两层意思的。一方面，即"神道设教"的层面，这是针对"下愚"用的，体现了《周易》是富有神秘色彩的卜筮之书的功用；另一方面又包含着针对君子修身的"宗教性"，这又是《周易》作为"性与天道"的哲理之书的功用。

然而，对于陈坚先生的论断我们又有所保留。试问：孔子读易韦编三绝，是否仅仅出于自己的"宗教诉求"？是否还有教化社会的意图？是否如宗教那样"神秘单传"的只有商瞿一人传易？如何理解孔子与宗教的关系？如何区别教化与宗教？这些疑问，我们通过对帛书《缪和》《昭力》的分析可以得到一个答案。

陈坚先生对其看法提供了很多解释，但我们认为这些解释或诠释可能存在"先入之见"的误导。陈先生以文献中只言孔子修"《诗》《书》《礼》《乐》"，而未言"修《易》"，从而提出孔子为何愿意对《易》作全新的诠释而不愿意改动其中一个字呢？于是推测这缘于孔子对《易》所保有的宗教徒对于宗教经典的崇敬态

① 魏彩霞：《全球化时代中的儒学创新：杜维明的现代儒学思想》，中国社会科学出版社2004年版，第192页引。
② 牟宗三：《中国哲学的特质》，上海古籍出版社2007年版，第20页。
③ 魏彩霞：《全球化时代中的儒学创新：杜维明的现代儒学思想》，第194页引。

度。但是，我们认为，这样的推断有些草率。孔子之所以不曾"修"《易》，恐怕与《易》的本身的特点有关。我们知道，《诗》《书》《礼》《乐》都是古代文献的资料集，并非成体系的"书"，而《易》却具有一套符号——文字系统，因此孔子只能"赞"而不必"修"了。这可以引《要》篇孔子"《尚书》多於（疏）也，《周易》未失也"的话来佐证。

对于孔子"洁静精微而不贼"的易教观，陈坚先生解释道："其中'洁静'是指人内心的清静安宁，'精微'是'人心惟危，道心惟微，惟精惟一，允执其中'（《尚书·大禹谟》）之概括，意指'人心'与'天命'（即'道心'）的契合无间，亦是'天人合一'的意思；'不贼'，'贼'是伤害之意，'不贼'的意思是说，一个人若能做到'洁静'和'精微'，那么，他的心灵就不会受到外境的伤害。很显然，《易经》的这种能使人'洁净精微而不贼'的作用完全是一种宗教性的作用。"[①] 我们认为，陈先生关于"洁净精微而不贼"的解释基本正确，但是得出的结论却可商榷。[②] 很显然，孔子即使出于"宗教性"的诉求来看待易教，但其立足点还在于教化，而并非仅仅出于个人宗教情感的需求，这从"入其国，其教可知也，其为人也……"的表述是可以清楚知道的。

我们以为，孔子之对于《易》学极为重视，甚至发出"后世之士疑丘者，或以《易》乎?"的感慨，其中肯定含有宗教意蕴。然而，这只是其中的一面，另一面则是孔子所强调的"社会教化"。因此，我们说，孔子之易教，正是介于教化与宗教之间的。孔子思想既不是完全的世俗道德，也并非完全出于个人宗教情感之需要。

通过对《周易》的研习，孔子"上明天道"，并以之作为"下察民故"的哲学基础。这不仅进一步深化了其政治思想、教化思想，而且也使其思想中的形上成分、哲学意味丰富浓厚起来。实际上，孔子心目中的《周易》有双重性质，即卜筮之书和义理之书，作为义理之书，其中包含有众多的"古之遗言"，和其他五经一样，《易》亦可视为先王之政典，其中的先王之政教足为后世师法。作为卜筮之书，它一方面能够作为"神道设教"的工具；另一方面，"《易》之失，贼"，它又可能导致怪诞而伤害正道。因此孔子主张善为易者"不占"，学习《周易》要从中"求

---

① 陈坚：《"韦编三绝"：孔子晚年的宗教诉求——孔子与〈易经〉关系新论》，《周易研究》2007年第1期，第41页。

② 笔者对于孔子"洁净精微而不贼"之易教观的解释见于宋立林：《孔子"絜静精微"之"易教"观探析》，《中国哲学史》2010年第4期。

其德义"，汲取其中的政治智慧和为政之道。

尽管孔子易教有与其他五经之教不同之处，但综合考察孔子的"易教"思想，我们会发现，其落脚点和归宿还在于人道，在于其道德的政治思想。天道，在孔子那里起到的作用是为其道德政治思想寻找形上根据，为其王道思想提供合法性基础，从中推衍出人道，这在大量的孔子易说中有充分体现。不论是对"神道设教"的阐扬，还是对"观其德义"的表达，不论是忧患与谦让，还是慎言、尚变时中、德治，无一不是立足于对现实政治的关注、对人伦道德的倾心。在《要》篇，孔子论"损益之道"，明确说："损益之道，足以观天地之变而君者之事已。"又说："易有君道焉。"在《缪和》《昭力》两篇中，孔子更是不厌其烦地向弟子们阐扬《易》中所涵含的"卿大夫之义""国君之义"，将其王道思想、德治主张借《易》之卦爻辞发挥得淋漓尽致。因之，孔子的"易教"思想在本质上，仍与其"六经之教"的思想一致，是一种道德的政治思想的重要组成部分，是其王道教化的具体实现手段之一。同时，在"易教"中，孔子从"性与天道"的形上角度，保留并发展了"宗教性"的层面，这与其他五经之教是不同的。

三、帛书《缪和》《昭力》与孔子易教思想

在对《周易》性质有了新的认识的基础上，继承了前孔子时代的易教传统①，进而形成自己的易教思想。除今本《易传》所载"子曰"部分之外，我们通过对帛书《易传》的分析，从中亦发现孔子易教思想之广大而精微。兹仅就《缪和》《昭力》两篇予以讨论。因为这两篇在很多学者看来与孔子无关，故特予探析。

我们推测，《缪和》《昭力》当为缪和、昭力等孔子晚年弟子或其弟子根据听课笔记整理而来。尽管其中可能经由这些整理者之手而有所润色加工，但当基本可信为孔子易教资料。在《昭力》篇中，孔子明确指出，《易》有"卿大夫之义""国君之义"，着重阐释了《易》的政治思想。在《缪和》篇中，虽然没有明确地指出，但孔子在回答弟子的发问时，几乎无一不是在阐发其中的政治思想，尤其是为君者应当具有的政治智能。实际上，在《缪和》篇中，孔子的目光同样是落在了为政者的身上。他心目中理想的君主，在《易传》中往往以明君、上圣、圣君、圣王、大人、君、君子等名目出现。孔子一生"祖述尧舜，宪章文武"，他理想的君

① 见宋立林《前孔子时代的"易教"传统发微》，《孔孟月刊》2010 年第 7、8 期。

主是尧、舜、禹、汤、文、武乃至周公，其次是春秋五伯，这是他一贯的王道思想所决定的。

《缪和》《昭力》所反映的孔子易教思想与其他文献中所反映的孔子教化思想是一致的，但又有某些新的论述和阐释，值得注意。兹分以下几个方面试加以分析论述。

第一，人道效法天道。正如《四库全书总目》"易类"小序说："圣人觉世牖民，大抵因事以寓教，……《易》则寓于卜筮。故《易》之为书，推天道以明人事者也。"孔子认为作为统治者的君子、大人应当仿效圣人，上明天道，下察民故，以天道推衍出人道，用天道指导人道。在可能经过孔子整理的《大象传》中，处处体现了要君子体悟卦德以进德修身的思想。如："天行健，君子以自强不息"；"大有，君子以遏恶扬善，顺天休命"等等，可谓比比皆是，不胜缕举。在《系辞》中，孔子也说："夫《易》，圣人所以崇德而广业也。知崇礼卑，崇效天，卑法地。"正是"天人合德"思想的反映。

在《缪和》篇中，这一思想也有明确的阐述。孔子说："凡天之道，壹阴壹阳，壹短壹长，壹晦壹明。夫人道仇之。"仇字之释，从赵建伟，训为"合"。此句言天道有其对立转换的规律，如阴阳、短长、晦明的互相转换正是天道的体现。而人道当合于天道，亦有其"利达显荣"与"困"之互相转换，辩证统一。因此古之"伯王之君"皆深谙此道，因"困"而得"达"。在讲到《谦》卦时，孔子从天道、地道、鬼神之道与人道四个层面总结了"谦"之四益与"盈"之四损，进而提出"谦之为道也，君子贵之"的主张。这同样体现着人道效法天道的观念。

第二，忧患与谦让。孔子"易教"的这一思想主要是针对统治阶层而言的。忧患意识是古代先民尤其是政治家、思想家在总结历史、人生、社会、政治经验并予以反思的基础上积淀而成的。孟子总结说："生于忧患，死于安乐。"其实，孔子身上体现出尤为强烈的忧患意识，他对忧患意识之阐述也所在多见。在《系辞》中，孔子就引《否》卦九五爻辞"其亡其亡，系于苞桑"对忧患意识进行了阐论："君子安而不忘危，存而不忘亡，治而不忘乱，是以身安而国家可保也。"在《二三子》中，孔子在解答"二三子"关于乾卦上九爻辞"亢龙有悔"时，说道："此言为上而骄下，骄下而不怡者，未之有也。圣人之立正也，若遁木，愈高愈畏下。"怡，假为"殆"，危亡、失败之义。"正"，通"政"。"遁"，借为"循"，训"顺"，有爬之义。此处所诠释的也是一种忧患意识。这一思想还见于帛书《衷》篇："君子穷不忘达，安不忘亡。"

其实，忧患意识在《缪和》篇也十分突出地显现出来。孔子引用了诗句"女弄不敝衣裳，士弄不敝车辆"①，指出"无千岁之国，无百岁之家，无十岁之能"，强调的正是一种忧患意识。该篇中孔子对"困"卦的解读，更集中展示了孔子的忧患意识。孔子强调"困"对人尤其是对为政者的作用和影响。孔子一生抱定王道主张，周游列国，结果四处碰壁，可以说他一生"穷困"，特别是"陈蔡之厄"尤为凄惨困苦。正是孔子一生的遭际，使他对《困》卦有了更深刻的理解。缪和问《困》卦，孔子解答道："是故汤□□王，文王拘牖里，〔秦缪公困〕于殽，齐桓公辱于长勺，越王勾贱（践）困于〔会稽〕，晋文君困〔于〕骊氏，古古至今，伯王之君，未尝忧困而能□□曰美恶不□□□也。"以古来王霸之君为例，阐述了《困》卦的深义，表达了自己的对"困"（穷）与"达"的辩证看法。《说苑·杂言》载孔子陈蔡绝粮一事，就记有与本篇类似的孔子之语，以说明"人君不困不成王，列士不困不成行"的道理。《孔子家语·困誓》亦略载此事。孔子的"穷/达"思想又是和"时"的思想密切相连的，孔子曾反复强调"遇不遇者，时也"②、"道虽贵，必有时而后重，有势而后行"③，孔子的这一思想为后儒所继承，在郭店简《穷达以时》④《孟子》《荀子》中，对穷、达、时的关系有了更系统、更清晰的认识。

与忧患意识紧密相关的就是孔子对"谦德"的推崇。在《缪和》篇中，弟子几次问及《谦》卦，孔子皆借题发挥，阐述为政者要重视谦德的思想。他认为君主若能像古君子那样"处尊思卑，处贵思贱，处富思贫，处乐思劳"，就能"长有其利而名与天地俱"，古代"圣人不敢有位也，以有知为无知也，以有能为无能也，以有见为无见也，懂焉无敢设也"，"夫圣君卑体屈貌以舒逊以下其人"，才能"致天下之人而有之"。今本《系辞》中也有孔子对《谦》卦的一段解释："劳而不伐，有功而不德，厚之至也。语以其功下人者也。德言盛，礼言恭，谦也者，致恭以存

---

① 对该句之涵义，拙文《读〈缪和〉札记》曾予以分析。详见《周易研究》2007年第5期。
② 杨朝明、宋立林主编：《孔子家语通解》，第244页。
③ 杨朝明、宋立林主编：《孔子家语通解》，第79~80页。
④ 对于《穷达以时》之作者学者间意见纷纭，不过，廖名春、郑刚等学者皆认为该篇出于孔子之手。若果如此，则正与《缪和》篇相一致。参见廖名春《荆门郭店楚简与先秦儒学》，载姜广辉主编《中国哲学》第二十辑《郭店楚简研究》，辽宁教育出版社1999年版，第43~45页；郑刚：《楚简孔子论说辨证》，汕头大学出版社2004年版，第3~30页。

其位者也。"就其思想来说，两者非常相似，足见其为孔子思想，但《缪和》篇的论述更多而且更加深入。

其实在其他文献中，我们也可以看到孔子对谦德的论述。如在《孔子家语·贤君》篇记孔子说："以贵下贱，无不得也。"① 其中所表现的孔子重谦下的思想与此如出一辙。这种思想所体现的并不是一种消极的无为，而是一种政治的智慧，在这一点上，孔子与老子的无为思想既有相似又有不同。孔子一方面对历史非常熟悉，对三代政治了如指掌，他清楚文王之取得天下，是和他"三分天下有其二"，却仍能"服事殷"，以谦示人的政治智慧紧密相关的。另外，孔子在研究了《周易》之后，对天道、地道、人道有了更深切的感触和理解，从天地之道推衍出人道，在《缪和》中他说："天之道，崇高神明而好下，故万物归命焉；地之道，精博以尚而安卑，故万物得生焉；圣君之道，尊严叡知而弗以骄人，嗛然比德而好后，故〔天下归心焉。〕《易》曰：谦，亨，君子有终"。孔子重视谦德，恐怕与周公也有关系。《韩诗外传》卷三记周公诫伯禽的一段话，可以看出孔子对谦德的重视与周公之间的关联："吾闻德行宽裕，守之以恭者，荣；土地广大，守之以俭者，安；禄位尊盛，守之以卑者，贵；人众兵强，守之以畏者，胜；聪明睿智，守之以愚者，善；博闻强记，守之以浅者，智。夫此六者，皆谦德也。……夫天道亏盈而益谦，地道变盈而流谦，鬼神害盈而福谦，人道恶盈而好谦。"② 这段记载虽未必实录，但应非子虚乌有之事，因为它和周公的事迹、思想是相符合的。这段记载与《缪和》篇的记载有雷同之处，我们可以推测当是孔子袭用了周公之说。不管如何，它反映了孔子重视谦德的思想是渊源有自的。

实际上，重视谦德又是和孔子重视《损》《益》两卦分不开的。在帛书《要》篇、《孔子家语》、《韩诗外传》、《说苑》等文献中都记载了孔子占卦得《损》《益》二卦之事，文辞大体相同。孔子强调"损益之道，不可不察"，认为其中蕴涵着天地人"三才"之道。而对损益之道的深刻理解在《孔子家语·三恕》"孔子观欹器"的记载中有着深刻的体现："宥坐之器，虚则欹，中则正，满则覆。……聪明睿智，守之以愚；功被天下，守之以让；勇力振世，守之以怯；富有四海，守之以谦。此所谓损之又损之之道也。"③《韩诗外传》卷三亦载此事而文辞有异。通过对比两段记载，我们可以发现，这两处记载都涉及"聪明睿智，守之以愚"等一

---

① 杨朝明、宋立林主编：《孔子家语通解》，第 155 页。
② 〔汉〕韩婴撰，许维遹校释：《韩诗外传集释》，中华书局 1980 年版，第 117~118 页。
③ 杨朝明、宋立林主编：《孔子家语通解》，第 99 页。

段，虽然文辞有异，但思想相通，而在《缪和》篇，"子"在论《谦》卦时也说了基本相同的话。这些材料当视为"同源材料"。由此可见孔子重视谦德是其来有自，且是一贯的。

第三，"重言"与"慎言"。基于对社会和人生的深刻体悟，孔子不仅十分重视为人尤其是为政应具谦德，而且还十分强调慎言。在《缪和》篇中，孔子提出"重言"的主张。他认为，《困》卦卦辞中所谓"有言不信"，实际上就是说明"圣人之所重言"的道理。《困》卦《正义》曰："处困求济，在于正身修德。若巧言能辞，人所不信，则其道弥穷，故诫之以'有言不信'也。"① 这一解释应该是符合孔子思想的。然而，对此有学者却径指为黄老道家思想，恐怕有武断之嫌。只要我们对比一下《论语》《孔子家语》《韩诗外传》《说苑》等文献中的记载，就可以看出孔子的慎言思想是在继承古圣贤思想基础上的一种发展。在《孔子家语·观周》篇，记载了孔子在周太庙见到《金人铭》，其中有"古之慎言人也，戒之哉。无多言，多言多败。无多事，多事多患"② 之语，孔子读罢，要求弟子们记住这一"实而中，情而信"的"古之遗言"，并引"战战兢兢，如临深渊，如履薄冰"之诗，来教导弟子，要慎言才能免祸。看来孔子的慎言思想也是传承有自的，是和古圣贤如周文王、周公的思想一脉相承的。关于《金人铭》的可信度，已有学者作出了新的考证。③ 其中同于《老子》的语句和思想，只能理解为《老子》继承吸纳了前人的思想。孔老思想有着共同的历史文化背景，孔子和老子的思想有许多相通之处，这也得到越来越多的文献证明。今本《系辞上》就有孔子论慎言的话："言行，君子之枢机，枢机之发，荣辱之主也。言行，君子之所以动天地也，可不慎乎？"《论语》中，孔子对慎言的强调更可谓比比皆是，如：《学而》："巧言令色，鲜仁矣""谨而信""君子食无求饱，居无求安，敏于事而慎于言"，《为政》："多闻阙疑，慎言其余，则寡尤"，《里仁》："古者言之不出，耻躬之不逮也""君子欲讷于言而敏于行"。在《孔子家语》中，孔子也曾反复强调慎言。如《屈节》篇载，针对子贡"利口巧辞"，孔子大发感慨："美言伤信，慎言哉。"④《说苑·政理》篇载"子贡为信阳令，辞孔子而行"，孔子对他说，"君子慎言语矣，毋先己

---

① 〔魏〕王弼、魏康伯注，〔唐〕孔颖达等正义：《周易正义》，上海古籍出版社 1990 年版，第59 页。

② 杨朝明、宋立林主编：《孔子家语通解》，第 128 页。

③ 郑良树：《诸子著作年代考》，北京图书馆出版社 2001 年版，第 12~20 页。

④ 杨朝明、宋立林主编：《孔子家语通解》，第 420 页。

而后人，择言出之，令口如耳"①。《杂言》篇载孔子曰："终日言不遗己之忧，终日行不遗己之患，唯智者有之。故恐惧所以除患也，恭敬所以越难也；终身为之，一言败之，可不慎乎！"② 这些记载说明将"重言""慎言""重言"等思想狭隘地理解为道家的专利是不妥当的。

第四，"重时"与"察几"。由于孔子非常重视"时"，也善于把握"时"，因此被孟子赞为"圣之时者"。而孔子之所以对"时"有极其深刻的理解和把握，是和他对《周易》的深入钻研分不开的。我们在今本、帛书《易传》中，可以清楚地看到孔子对"时"的阐述是何等的精妙。如《坤文言》："坤道其顺乎！承天而时行。积善之家，必有余庆；积不善之家，必有余殃。臣弑其君，子弑其父，非一朝一夕之故，其所由来者渐矣，由辩之不早辩也。"《系辞下》："君子藏器于身，待时而动。"孔子在《周易》古经中更深切地理解了天道、地道、人道，他观天道察民故，将"时"的思想发挥到了极致。

"时"有两层含义，一是要善于把握时机，防微杜渐；二是"与时偕行"的"变通"思想，这也就是所谓"无可无不可""无过无不及"的中庸之道。中庸的核心就是时。在《缪和》中，孔子时的思想主要体现为第一层意思。孔子在回答缪和关于《丰》卦、吕昌关于《屯》卦的疑问时，孔子强调了为政者尤其是君主对各种态势发展要做到"其始梦兆而亟见之"，甚至要"物未萌兆而先知之"，认为这是"圣人之志""三代所以治其国"的"法宝"，这样才能不失君人之道，才不会被怀有贰心的臣下得逞，否则后果就会不堪设想。在回答缪和关于《涣》卦的疑问时，着重强调了"时""几"的重要性，认为"古之君子，时福至则进取，时亡则以让"。如果时机成熟而不能好好利用，错过大好时机，则会有灾祸，因此对时的把握利用的程度就决定着昌穷祸死，这是孔子在《涣》卦中得到的启示。这一见解，同样可以在《孔子家语》中看到。《五仪》篇记载孔子对鲁哀公说："存亡祸福皆己而已，天灾地妖不能加也"；"以己逆天时，诡福反为祸"。③

第五，"德政"与"刑辟"。对于孔子的政治思想，可以用一句话来概括："德主刑辅"。即为政者要注意对下属和民众实行恩惠，为政以德，但同时不能废弃刑罚。《论语·为政》记载孔子说："为政以德，譬如北辰居其所而众星共之。"《邢

---

① 〔汉〕刘向撰，向宗鲁校证：《说苑校证》，中华书局 1987 年版，第 163~164 页。
② 〔汉〕刘向撰，向宗鲁校证：《说苑校证》，第 433 页。
③ 杨朝明、宋立林主编：《孔子家语通解》，第 68 页。

疏》："德者，得也。物得以生谓之德。" 黄怀信先生《论语汇校集释》按语云："德，恩德，喻善政。" 一反流俗 "道德" 之训，可谓卓见。[1] 为政者使百姓有所"得" 即是为政者之 "德"，即是 "善政"。《诗经·大雅·泂酌》云："恺悌君子，民之父母。" 这是孔子经常引用的一句话。在《缪和》篇中孔子同样说："君者，人之父母也；人者，君之子也。" 孔子对政治关系的一种理想化的设计就是 "上之亲下也，如手足之于腹心；下之亲上也，如幼子之于慈母矣。上下相亲如此，故令则从，施则行，民怀其德，近者悦服，远者来附，政之致也。"[2]《昭力》篇云：理想的君主应当 "调爱其百姓而敬其士臣，强争其时而让其成利"。其实，这里所体现的思想和《孔子家语·哀公问政》所记孔子所阐述的 "治天下国家有九经" 的思想如出一辙：

> 齐洁盛服，非礼不动，所以修身也；去馋远色，贱财而贵德，所以尊贤也；爵其能，重其禄，同其好恶，所以笃亲亲也；官盛任使，所以敬大臣也；忠信重禄，所以劝士也；时使薄敛，所以子百姓也；日省月考，既廪称事，所以来百工也；迎往送来，嘉善而矜不能，所以绥远人也；继绝世，举废邦，治乱持危，朝聘以时，厚往而薄来，所以怀诸侯也。

《礼记·中庸》亦有这一段论述。尽管《中庸》为子思所 "作"，但其中大量的 "子曰" 部分，显系其整理保存的乃祖之言，应当作为孔子思想资料看待。综合这些材料来看，这些思想确乎应属于孔子，并不像很多学者所认为的属于子思或更后期的儒家。

《昭力》篇则对 "卿大夫之义" 即 "臣道" 思想进行了阐述："昔之善为大夫者，必敬其百姓之顺德，忠信以先之，修其兵甲而卫之，长贤而劝之，不乘胜名以教其人，不美卑隃以安社稷。" 在孔子心目中，理想的治国之道是 "垂衣裳以来远人" "上政卫国以德"，其次是 "卫国以力"，最差的是 "卫国以兵"。要实现 "卫国以德"，"必和其君臣之节，不 [以] 耳之所闻，败目之所见，故权臣不作，同父子之欲，以固其亲，赏百姓之劝，以禁违教，察人所疾，不作苛心，是故大国属力焉，而小国归德焉。城郭弗修，五兵弗实，而天下皆服焉"。虽然如此，如果要

---

① 黄怀信主撰，周海生、孔德立参撰：《论语汇校集释》，上海古籍出版社 2008 年版，第 99 页。
② 杨朝明、宋立林主编：《孔子家语通解》，第 23 页。

维护和谐的统治秩序，就要求君臣都要守礼，按照礼的要求行事，做到"君君臣臣，父父子子"，各自遵循自己的礼，"君能令臣"，君主就能实现"动则有功，静则有名"，君主要以爵禄劝勉臣下尽忠效力，在《缪和》篇中孔子指出"［明君之］□（使）其人也，欣焉而欲利之；忠臣之事其君也，欢然而欲明之，欢欣交通，此圣王之所以君天下也"。"埶列爵位之尊，明厚赏庆之名"，是先王劝勉臣下的方法和途径。这样"贤君之为列执爵位也，与实俱，群臣荣其死，乐其实，夫人尽忠于上"。如果君主做不到这一点，而是"处上位厚自利而不自恤下"，"厚敛致正以自封也，而不顾其人"，则会导致祸乱。像"贪乱之君"那样，"群臣虚位，皆有外志，君无赏禄以劝之。其于小人也，赋敛无限，嗜欲无厌，征求无时，财尽而人力屈，不胜上求，众有离志"，则结果只能是"亡其国以及其身也"。《昭力》篇云："昔之君国者，君亲赐其大夫，亲赐其百官，此之谓参袑。君之自大而亡国者，其臣厉以聚谋。君臣不相知，则远人无劝矣，乱之所生于忘者也。是故君以爱人为德，则大夫恭德，将军禁战；君以武为德，则大夫薄人，［将军凌上］。悭君以资财为德，则大夫贱人，而将军趋利。是故失国之罪必在君之行不知决也。"君主是爱人还是爱财，决定着政治的方向以及成败。

在《缪和》篇中，我们也可以看出，孔子虽然强调"为政以德""君惠臣忠"的为政之道，但也几次谈到"立为刑辟"的问题。他认为臣下"朋党比周"，"以夺君明"，是"古亡国败家之法也"。因此，一方面，君主要善于明察秋毫，防患于未然；另一方面就是要"立为刑辟，以散其群党"，只有这样才能避免"亡国败家"，实现政治的长治久安。《昭力》篇同样说："昔□□□□人以宪，教之以义，付之以刑，杀当罪而人服。……夫失之前将戒诸后，此之谓教而戒之。"

乍读此文，人们都会有一种法家思想或黄老思想的意味。于是，很多研究者多据此将《缪和》等判定为法家或至少是受法家或黄老思想影响的作品。即使承认为儒家作品，也多否认其为孔子思想的体现。陈来教授曾以帛书《缪和》《昭力》为中心考察了马王堆帛书《易传》的政治思想，他指出："从这个思想来看，虽然是战国儒家政治思想的一部分，但……并不像孔子本人的思想，可能是战国中后期儒家在政治上的发挥。""包含了比较全面的君道思想，也反映了战国中后期儒家在诸侯国政治实践的主张。"① 王化平同样认为："从思想上说，帛书以儒为主干，糅杂

---

① 陈来：《马王堆帛书〈易传〉的政治思想——以〈缪和〉〈昭力〉二篇之义为中心》，《北京大学学报（哲学社会科学版）》，2008 年第 2 期。收入陈氏《竹帛〈五行〉与简帛研究》，生活·读书·新知三联书店 2009 年版，第 269 页。

了一些法家、黄老学说的内容，而且有些内容又与荀子的思想相通。所以，帛书应当成于战国晚期"，而且他同时否认了"先生"为孔子。① 之所以出现这种认识，正是对孔子为政思想的片面认识所致。

其实，孔子一向主张"德主刑辅"为政之道。在《孔子家语·刑政》篇，孔子向仲弓阐述了其对刑与政的态度："圣人之治化也，必刑政相参焉。太上以德教民，而以礼齐之；其次以政焉导民，以刑禁之，刑不刑也。化之弗变，导之弗从，伤义以败俗，于是乎用刑矣。"② 孔子对德刑关系一向有着辩证的看法，曾以御马比喻为政："夫德法者，御民之具，犹御马之有衔勒也。君者，人也；吏者，辔也；刑者，策也。夫人君之政，执其辔策而已。""正衔勒，齐辔策，均马力，和马心"，方能达至千里。御民也一样，"壹其德法，正其百官，以均齐民力，和安民心"，这样就可以达到"令不再而民顺从，刑不用而天下治"③。《缁衣》篇亦有"政之不行也，教之不成也，爵禄不足劝也，刑罚不足耻也。故上不可以亵刑而轻爵。《康诰》曰：'敬明乃罚。'《甫刑》曰：'播刑之不迪。'"所体现的正是孔子"德主刑辅"的君道为政思想。④ 这与《缪和》《昭力》篇所论十分相像。《孔子家语·始诛》所载孔子诛少正卯的故事，从中我们可以更真切地了解孔子为政思想中德刑并用的主张。其实，《左传·昭公二十年》所载孔子所推崇的"宽猛相济"，《孔子家语·观乡射》所记"一张一弛，文武之道"都可以看作这一思想的不同表述。

综上所述，《缪和》《昭力》篇所蕴含的孔子《易》教思想可谓十分丰富。孔子利用《周易》这部独特的古代经典，挖掘其中的"德义"，阐发其自己的王道教化主张，涉及其政治教化思想的各个方面，与他书所记孔子思想可以相互发明、相互印证。

原载《周易研究》2010 年第 6 期

---

① 王化平：《帛书〈易传〉研究》，巴蜀书社 2007 年版，第 228 页。
② 杨朝明、宋立林主编：《孔子家语通解》，第 355 页。
③ 杨朝明、宋立林主编：《孔子家语通解》，第 294 页。
④ 参看林素英《从施政原则论孔子德刑思想之转化——综合简本与今本〈缁衣〉之讨论》，武汉大学简帛研究中心主办《简帛》第二辑，上海古籍出版社 2007 年版，第 193～208 页。《缁衣》篇当为子思所记孔子之言，其中集中反映了孔子的君道思想，除传本《礼记·缁衣》外，在郭店楚简和上博竹书中又有基本相同而又有所差异的本子。该篇对于德刑问题有着深刻的阐述。

孟京易学与《淮南子》《春秋繁露》关系新论

卜章敏

"阴阳、五行"思想为孟京易学理论架构的基本凭借。《淮南子》《春秋繁露》（以下简称《繁露》）中的"阴阳、五行"思想与孟京易学的"阴阳、五行"理论，有着传承源流关系。《繁露》中的公羊大义对孟京易学的构建亦产生了一定影响。本文拟就《淮南子》《繁露》中的"阴阳、五行"说与孟京易学"阴阳、五行"思想之关联及孟京对董氏公羊义的易学活化作出论证，以此探讨孟京易学与《淮南子》《繁露》之关系。

一、孟京对《淮南子》《繁露》"阴阳、五行"思想的分别承续

阴阳运行轨迹观的不同，是《淮南子》《繁露》"阴阳"思想的主要区别。《淮南子·诠言训》中最早完整记载了阴阳运行轨迹[①]：阳气起于东北，尽于西南；阴气起于西南，尽于东北，即阳气起于东北顺时针运行，经过东方到达南方达到鼎盛；阴气起于西南顺时针运行，经过西方，到达北方达到鼎盛，阴阳二气均按顺时针运行。董仲舒改变了《淮南子》关于"阴阳顺行"的观点。其在《春秋繁露·阴阳出入上下》中指出"……别而相去，阴适右，阳适左，适左者，其道顺，适右者，其道逆，逆气左上，顺气右下，……"[②] 董仲舒认为阴阳二气并非都顺时针运行，而是采用"阳顺阴逆"的轨迹运行。

---

① 参见冯友兰先生的考证。冯友兰：《中国哲学史》（下），重庆出版社 2009 年版，第 14 页。
② 〔清〕苏舆撰，钟哲点校：《春秋繁露义证·阴阳出入上下第五十》，中华书局 1992 年版，第 343 页。下引该书均为此版本。

　　基于现有资料，孟喜的阴阳运行轨迹思想可从十二消息卦推知。十二消息卦由"复"开始，经历"临、泰、大壮、夬、乾、姤、遁、否、观、剥"到"坤"结束，按顺时针方向运行。"复"卦到"乾"卦符示了阳气产生到壮大的顺时运行轨迹，而"姤"卦到"坤"卦符示了阴气产生到壮大的顺时运行轨迹。"复、临、泰、大壮、夬、乾、姤、遁、否、观、剥、坤"十二消息卦来源于《周易》古经。"消息"及"阴阳卦"的思想在《易传》中已有阐发①。十二消息卦符示的阴阳运行轨迹，可从《周易》经传中直接推导而出，与《淮南子·诠言训》中所描述的阴阳运行轨迹是一致的，即阴阳都是顺时针运行的。可见，孟喜的阴阳运行轨迹思想采用了《周易》经传及《淮南子》"阴阳顺行"的观点。"龙德（阳——笔者注）十一月在子，在坎卦，左行；虎刑（阴——笔者注）五月在午，在离卦，右行"②，就八卦卦气图来看，阳气由下方的坎北（子）经左侧上行至离南（午）达到鼎盛；阴气由上方的离南（午）经右侧下行，行至坎北（子）达到鼎盛，阴阳二气均作顺时针运行。这说明，就卦气而言，京房的阴阳运行观采用了《淮南子》、孟喜易学"阴阳顺行"的思想。京房"纳甲"表明：阳气运行经过子、寅、辰、午、申、戌；阴气运行经过未、巳、卯、丑、亥、酉。这说明，就纳甲而言，京房采用"阳顺阴逆"的原则，承续了董仲舒"阳顺阴逆"的阴阳运行观。

　　"五行说"是《繁露》的重要内容，在《淮南子》中亦有较为系统阐述。关于五行位次，《淮南子·时则训》中有"土旺季夏说"的记载，《天文训》中有"土旺四季说"的记载。通观《繁露》，董仲舒对"土旺季夏说""土旺四季说"均有沿用，但更为注重"土旺四季说"，并认为"土者，五行之主也"③。崇尚"土"在五行中的尊贵地位。就易与五行的关系来看，《周易》经传中鲜有提及五行。京房以纳甲的形式，实现了援五行入易。纳甲中，"辰戌丑未"四土分播于四季，表明京房承续了"土旺四季说"。《淮南子·天文训》中已有完整的五星配五行之说，但并未突出土星的地位。"乾"为八宫诸卦之首，是至尊之卦，京房在五星配卦中，以土星配乾卦，土星地位得以凸显。京氏之所以如此配备，应是受到了董仲舒尚"土"学术思想的影响。

---

　　① 刘玉建：《汉代易学通论》，齐鲁书社2012年版，第150～166页。
　　② 《京氏易传》载《京氏易传导读》（郭彧，齐鲁书社2002年版，第134页。下引该书均为此版本）。
　　③ 《春秋繁露义证·五行之义第四十二》，第322页。

二、孟京对《繁露》公羊义的易学表达

"灾异谴告"为《繁露》重要内容。在言说灾异的过程中，董仲舒融入了公羊大义。武帝建元六年发生"辽东高庙灾""高园便殿火"的灾异，董仲舒对曰：

"春秋之道举往以明来，是故天下有物，视春秋所举与同比者，精微眇以存其意，通伦类以贯其理，天地之变，国家之事，粲然皆见，亡所疑矣……"①

董仲舒认为，类似辽东高庙灾、高园便殿火这样的灾异，"精微眇以存其意，通伦类以贯其理"，蕴含着"举往以明来"的"春秋之道"。受董说影响，孟京构筑的灾异言说体系，亦含有公羊思想。

首先，京房易学的灾异言说，融入了"贵微重始"的人道思想。董仲舒认为《春秋》中含有"贵微重始"的公羊大义，提出"百乱之源，皆出嫌疑纤微②"的思想，主张从规范"别贤不肖""服制""礼节"等小事着手，防止政治、社会的大乱。就灾异谴告而言，"贵微重始"义，理论上主要强调，君王如不重视"别贤不肖"等小事，则会出现"悖乱之征"的灾异，而在政治实践中，主要表现为，经学家精准的言说某灾异与某"纤维"事之对应、比类，及提出具体的修正措施。《周易》经传中存有"贵始"的思想，但未从灾异言说的角度加以阐释，也未明确说明该思想对君王施政行为的具体要求。京氏易将灾异从"贵微重始"的角度加以言说，并对君王行为提出了具体建议。如，京房认为要有效防止"岁星失度""太白失度""镇星失度""辰星失度""荧惑失度"等星象灾异的出现，应当从"慈明敬让""养幼廪孤""任威用武""修明堂、近方直之人"③等"纤微"之事入手修正政治失误。这与董仲舒将"贵微重始"义融入灾异谴告的做法，具有一致性。在此基础上，京房主张通过"设卦观象"，探知导致政治乱象之"微""始"处，以便更精准地言说灾异产生之王道原因。"故设卦观象以知有亡，夫八卦缪乱，则纲纪坏败，日月星辰失其行，阴阳不和，四时易政，八卦气不效，则灾异气臻，八卦

---

① 〔汉〕班固：《汉书·五行志第七上》，中华书局 2012 年版，第 1209 页。下引该书均为此版本。

② 《春秋繁露义证·度制第二十七》，第 231 页。

③ 《京氏易传》载《京氏易传导读》第 273 页。

气应失常"①，京房认为"设卦观象"可知政治"有亡"，类似"纲纪坏败"等政治乱象，虽与以卦气为表征的自然候象不同，但在更深层次却展现为"气"之相互应和。因此，悖乱之政局可以通过卦气的验应与否加以审视，以便从纤微处入手，得到及时修正。

东汉习京氏易的郎颙曾上疏顺帝："臣伏案飞候，参察众政，以为立夏之后，当有震裂涌水之害。又比荧惑失度，盈缩往来，涉历舆鬼，环绕轩辕。火精南方，夏之政也。政有失礼，不从夏令，则荧惑失行。正月三日至乎九日，三公卦也。三公上应台阶，下同元首。政失其道，则寒阴反节。②"郎颙先通过荧惑失度这一星象之异，推出政令失度，然后依照京房卦气理论，推断灾异产生的政治原因。"正月三日至九日三公卦当值"，为公卦渐卦（上巽下艮）当值，为雨水节，却出现"寒阴反节"之异象。公卦与三公相对应，郎颙认为，异象是在位高官不谋其政所致。将政治乱象产生的原因，直接归为具体某官僚职位的不当行为，京房易学可精准探知政治乱象"微""始"处之因，可见一斑。

其次，孟京在构建易学体系时，亦将公羊学的"大一统"思想，融入其中。董氏的"大一统"思想，要求实现国君对大臣、中央政府对各诸侯国的统领。董仲舒将天子比作心脏，朝廷大臣比作肝肺脾肾，将外地官员比作四肢③，天下一体的大一统局面，犹如人之一体。董氏将秦汉之前就存在的星象学，注入大一统义，把星象与帝国的一统相比类，认为"常星二十八宿者，人君之象；众星，万民之类也"④。这是将二十八星宿比附君王，众星比附万民。二十八星宿对众星统领的天象，符示着君王对万民的统领。京房承续了这一理论，将"星"比附为百官、大臣，认为如出现"星入月中"⑤的天象，则预示大臣谋反；出现"孛星犯冀宿"⑥的天象，预示着有自立侯王的破坏大一统的现象。《左传》记载："有星孛入于北斗。周内史叔服曰：不出七年，宋、齐、晋之君皆将死乱。"对此异象，董仲舒、

---

① 《易纬·通验卦》。大部分学者认为《通验卦》为孟京易一派，清末吴翊寅甚至认为《通验卦》为京房所述。（可参见钟肇鹏《谶纬论略》，台湾洪叶文化事业有限公司1994年版，第133~140页。）

② 〔汉〕范晔：《后汉书·郎颙襄楷列传第二十下》，中华书局2012年版，第834页。下引该书均为此版本。

③ 《春秋繁露义证·天地之行第七十八》，第460页。

④ 《汉书·五行志第七下之下》，第1357页。

⑤ 《京氏易传》载《京氏易传导读》第211页。

⑥ 《京氏易传》载《京氏易传导读》第253页。

京房、刘向、刘歆都有解释：

> "董仲舒以为，孛者，恶气之所生也。谓之孛者，言其孛孛有所妨蔽。暗乱不明之貌也。北斗，大国象。后齐、宋、鲁、莒、晋皆弑君。刘向以为，君臣乱于朝，政令亏于外，则上浊三光之精，五星赢缩，变色逆行，甚则为孛。北斗，人君象；孛星，乱臣类，篡杀之表也。……刘歆以为，北斗有环域，四星入其中也。斗，天之三辰，纲纪星也。宋、齐、晋，天子方伯，中国纲纪，彗所以除旧布新也。斗七星，故曰不出七年。"①
>
> 京房曰："星孛入北斗，则大臣叛。"②

　　周朝史官、董仲舒、刘向、刘歆、京房对于"星孛入北斗"这一异象的解释，初看起来相差细微，但仍有值得深究之处。周朝史官仅作出"宋、齐、晋之君皆将死乱"的结局判断，而董仲舒有"北斗，大国象"的比附，刘向与京房直接将"北斗、孛星"与"君、臣"对应，刘歆则认为北斗为"纲纪星"，并把宋、齐、晋作为天子方伯，中国纲纪。周朝史官的占辞，看不出中央对地方统领的感情表达。而董仲舒、京房、刘向、刘歆所用的"大国""君臣""篡杀""纲纪""方伯"之词汇，均暗含中央对地方、国君对大臣的统领义。由此可见，京房对星象的理解，受到了董仲舒"大一统"义的影响。在此基础上，京房将二十八星宿纳入八宫六十四卦中，具体方法是"以'参'宿配乾卦，然后以南方七宿、北方七宿、西方七伯，依次配乾、震、坎、艮、坤、巽、离、兑八宫六十四卦。各宫又自本位卦始，依世而至归魂卦"③。京房将已具有符示"大一统"义的二十八星宿配卦，意味着大一统义被注入八宫六十四卦中。这样，六十四卦系统就可以被用来解析中央与地方、君王与诸侯的关系。

　　孟喜将消息卦改名为"辟卦""君卦"，其余杂卦又分别命名为"公卦""卿卦""大夫卦"等。名称转换有重要的符示意义，"消息卦""杂卦"依阴阳运行特点而命名，仅具有天道符示意义。而"君卦""辟卦""公卦"等则是世俗称谓，具有人道符示意义。京房提出了"世卦起月例"。分析"世卦起月例"可知，十二消息卦所主之月与孟喜消息卦所主之月相同，其余杂卦则各以世爻之阴阳从十二消

---

① 《汉书·五行志第七下之下》，第1359页。
② 《京氏易传》载《京氏易传导读》212页。
③ 刘玉建：《汉代易学通论》，齐鲁书社2012年版，第296~297页。

息卦所主之月。京房易学凸显十二消息卦对杂卦的统领作用。十二消息卦对其余杂卦统领的天道运行观，顺理成章地具有了符示君王对臣下、中央对地方统领的公羊大义。另外，孟喜将二爻位视为卿大夫之位，京房将一卦六爻完整地配以爵位①，其中，最为重要、尊贵的五爻，配为天子，以此符示君主至高无上的地位。卦名、爻名的变换均体现着公羊学"大一统"思想。通过活化"大一统"义，孟京易学即可运用十二辟卦与杂卦之间的关系，分析中央与地方、君王与诸侯的一统状况。

东汉初年，延岑的护军邓仲况拥兵，想扩大实力，以夺取天下。东汉学者苏竟在劝解刘龚不要为邓仲况作谋主的信中曰："今年比卦部岁，坤主立冬，坎主冬至，水性灭火，南方之兵受岁祸也②"。比卦上坎下坤。按照孟京易学，坎为北方卦，节气为冬至；坤于十二月消息卦，为十月辟卦，节气为立冬。北方辟卦坤具有统领杂卦之意，且坤、坎均为北方水，南方为火位，水克火，所以说"南方之兵受岁祸"。苏竟还以星占、律历、卦气论述当时军阀彭宠、董宪、延岑必死。苏竟在分析地方与中央势力及关系时，充分运用孟京易中星占、六十四卦系统及辟卦与杂卦等理论，这彰显了孟京易中的"大一统"义。

最后，董仲舒提出的"三纲"义，影响了京房易学伦理价值的构建。董仲舒提出了"贵阳贱阴"③观点。"贵阳贱阴"思想的提出，主要是为论证"三纲"义服务。君臣行为违反"三纲"，则必有天灾以警示④。京房在构建易学体系时亦采用了"贵阳贱阴"思想。八宫卦序是京房的一大发明，京房将乾宫统领三阳宫，列在坤宫统领的三阴宫之前，凸显"阳"的重要性。此外，京房对各卦的解释亦透显出"阳尊阴卑"的思想。如，其在解"姤"卦时指出："阴爻用事，阴遇阳……尊就卑，定吉凶只取一爻之象。⑤"在此解说中，"阴爻用事"指阴爻（初爻）在此卦的主导作用（即卦主——陆绩注）。"尊就卑"中的"尊"指五个阳爻（二爻、三爻、四爻、五爻及上爻），而"卑"则指阴爻（初爻）。阴爻（初爻）在姤卦中已取得卦主身份，却仍以"卑"称呼，其"贵阳贱阴"的思想跃然纸上。京房采用"贵阳贱阴"思想构建自身的学术体系，亦是为"三纲"义服务。京房指出：

---

① 刘玉建：《两汉象数易学研究》（上），广西教育出版社1996年版，第155页。
② 《后汉书·苏竟杨厚列传第二十上》，第824页
③ 《春秋繁露义证·阳尊阴卑第四十三》，第324页。
④ 《汉书·五行志第七上》，第1201页。
⑤ 《京氏易传》载《京氏易传导读》第66页。

"八卦建五气立五常，法象乾坤，顺于阴阳，以正君臣父子之义"①

"夫王道之始，先正夫妇，夫妇正则父子亲，父子亲则君臣忠，君臣忠则化行。"②

京房认为八卦、阴阳价值意义最终指向为正"君臣、父子"的三纲义，并认为三纲义是实行王道的前提。君臣行为如违反三纲，则"天则变异以为戒"③。在对"君臣、父子、夫妇"伦理关系作了易学活化后，京房进一步对当时以家族为基础的社会结构和伦理规范作了思考。父母、夫妇、兄弟、子孙属于家族关系。汉代，家族与社会关系的纽带主要为官府，或者说主要靠官府将各个家族连接起来。京房的"六亲说"，使其八宫六十四卦三百八十四爻及其所配干支五行，能有效符示当时的社会结构。除了"我"之外，有天地（父母）之义爻，有兄弟朋友之专爻，有妻妾奴仆、财产之制爻，有子孙之宝爻，还有与社会相关联的官鬼系爻。再配以一卦中初爻为元士、二爻为大夫、三爻为三公、四爻为诸侯、五爻为天子、六爻为宗庙的符示意，京房就将当时的社会结构及其伦理规范，简缩入八宫卦模式中。从这个模式出发，京房就可以以象数语言描述人与人之间的伦理关系。

三、结　语

基于《周易》经传，承续《淮南子》《繁露》的"阴阳、五行"说，孟京重构了易学的基本架构。孟京易学一经产生便具有了其他经学所不能替代的魅力：首先，将"阴阳、五行"思想纳入象数模式之中，人们可以通过这套象数体系对细不可穷、深不可极的天道规律，作最大限度的把握。其次，孟京易学通过活化公羊大义，使其占筮及言说灾异的工具性功能有机统摄于儒家价值标准之下，使孟京易学含有经学大义，而有别于末流数术。再次，这套象数体系是一个占验系统，在汉代人看来，这个占验系统十分精确，史书载"房言灾异，未尝不中"④。这与董仲舒

---

① 《京氏易传》载《京氏易传导读》第 135 页。
② 《京氏易传》载《京氏易传导读》第 260 页。
③ 《京氏易传》载《京氏易传导读》第 260 页。
④ 《汉书·眭两夏侯京翼李传第四十五》，第 2732 页。

言灾异差点丢掉性命形成鲜明对比①。可以认为，较之于公羊学，孟京易学进一步凸显了"阴阳、五行"在把握天道、沟通天人中的作用，更深层次地揭示了天人、宇宙物象间的深层次关系。

原载《周易研究》2018 年第 4 期

---

① 《汉书·董仲舒传第二十六》，第 2195 页。

当代视域下的先秦《易》教研究价值管窥

王长红

《周易》古经作为卜筮之书，古人常以其筮占形式推行治国之政和示人以趋吉避凶、安身进退之策；其后今本《易传》（以下简称《易传》）提出了"圣人以神道设教而天下服"之说，虽有夸大《周易》效用之嫌，但就我国古代的政治、文化、思想等方面的发展内涵而言，是非常有道理的。历代执政者、学者等对《周易》的"神道设教"之说进行了各种应用或阐释，使《周易》不但在治国理政方面继续发挥"神道设教"之功，而且对历代哲学、文学、史学、天文、历法等都产生了重要影响或肇始性作用。就现存文献而言，《周易》的"神道设教"之功、重要影响或肇始性作用从先秦一直存续到清末，形成了数千年延续不断的教化传统，儒家称之为"《易》教"。《易》教作为我国古代非常重要的学术批评术语，最早见于《礼记·经解》"洁静精微，易教也"。《易》教作为"六经之教"之一，是孔子和其他儒家学者王道教化的重要手段，是儒家思想体系建构的形上根据，是儒家通过总结《周易》的政治、学术、社会功能等而提出的重要概念，是《周易》或"显"或"隐"的教化功能和社会功用与古代政治、哲学、史学、文学等相融合的综合性人文存在。虽然《易》教在不同历史时期具有不同的内容、功能、地位、特质，但总体观之，先秦《易》教不但对部分诸子思想的形成和发展产生了深刻影响，而且对先秦以后的思想、学术等也有重要的范式作用，对传统文化建设和对外交流亦有一定借鉴意义。鉴于此，笔者拟从《周易》对儒家思想体系的形成、诸子思想的架构以及《周易》对后世社会政治和学术思想的范式影响等层面，管窥先秦《易》教研究的重要价值，抛砖引玉，以引起学界的重视。

一、先秦《易》教概观

《周易》等为数不多的先秦儒家经典作为我国上古时代重要的文化元典，在当时被人们在各种场合广为引用或吟诵，影响极为深远。浏览包括出土文献在内的先秦文献，我们可以发现古人常引用儒家经典为言、为论、为证等。就引用数量而言，《尚书》最多，《诗经》次之，《周易》紧随二者之后；就引用形式而言，《周易》较之《尚书》《诗经》更灵活多样；就引用目的而言，《尚书》作为政书之祖，多用于治政垂教，为后世立法，《诗经》作为先秦社会生活的写照，多用于为说、为论，而《周易》作为卜筮之书，其占筮结果在先秦时期多用来直接决定军国大事，同时其思想内容又被部分诸子用来构筑思想学说或理论体系。五经中，《周易》是除《尚书》外，出现时间最早的一部典籍，其古经即卦爻辞定型于殷末周初；《易传》各篇的形成时间虽有异议，但形成于战国中期以前是毋庸置疑的。而战国中期以前是先秦各种思想碰撞、融合、分化的集中期，先秦诸子或出现于此时，或能追溯于此时，《周易》作为极具思辨、内容丰富的著作，部分诸子的形成、发展难免受其影响。通过梳理先秦引《易》为说、为文、为论、为证、为政的相关文献，可以发现《周易》与部分先秦诸子思想的形成和发展有着密切关联。

（一）《周易》与先秦儒家思想的形成和发展

从《论语》"子曰：'不恒其德，或承之羞'"（《恒卦》九三爻辞）"子曰：'加我数年，五十以学易，可以无大过矣'"等引《易》谈《易》之言，我们可以看出孔子不但对《周易》古经非常熟悉，而且对《周易》的体认极深、评价极高；从《论语》"曾子曰：'君子思不出其位'"（《艮卦·象传》)和帛书《要》篇等文献，我们还可以看出孔子及其后学与《易传》间的互动关系。与其他先秦典籍不同，《周易》古经传授人们安身立命之法，因此自始至终都具有强烈的人文精神，渗透于社会生活的方方面面，所以其关于品德修养的内容、方法、评判标准，以及指导人言行的时位、中正、重民等观念难免对孔子及其以后的儒家学者产生影响。如《周易》古经对爻位极为重视，认为阳爻居阳位、阴爻居阴位是当位，爻辞多吉利，否则为不当位，爻辞多凶险；爻位不同，爻辞的凶险意指也不同，人们采取的言行亦应有所不同。可见，这种据位而行、据时而言的时位观念，在《周易》古经时代即前孔子时代已成为人们的共识，这种共识必然影响到孔子思想的产生，影响了先秦儒家"在其位，谋其政"的政治伦理学说，所以才有孔子"不在其位，不谋其政"、曾子"君子思不出其位"之类的言论和思想。封建统治者常以之约束人们言行，使其安分守己、安于现状，起到了稳定社会的作用，同时麻痹并抹杀了专制统治下民众的自我意识，对维护君主治权、掩饰森严的社会等级制度和维系严重对立的社会关系具有重要作用。又如六二、九五两爻，处中得正，为中正之爻，是《周易》古经作者心目中的理想爻位，象征为人处世不偏不倚，故此二爻多吉利之辞，后被儒家发展成"中庸"思想，被儒家视为至臻至善的品德，"中庸之为德也，其至矣乎！"从而成为儒家思想的重要组成部分，进而影响了数千年间人们的生活习惯、思维方式、品德修养和文化性格等。再如，古人认为《周易》筮占能指导人们趋吉避凶，但在《易传》作者看来，得福祛祸的最佳方法是加强个人的品德修养，当品德修为达到君子的标准后，就能获福得吉或者凶而无咎，后被孔子发展成"以德代占"。因为孔子等人认为，筮占是针对品德尚未达到君子层级的士人或普通民众的，品德高尚、行为端正的人都循天道而发言施为，无需占筮即可自然而然地获吉避凶，因此他们对鬼神敬而远之，故孔子有"不语乱、力、怪、神"、荀子有"善为易者不占"之言。这样经过孔子等人的阐释和发扬，特别是与孔子等先秦儒家思想密切相关的《易传》出现后，《周易》的思想教化功能由"尚占"逐渐变为"德占"。

　　与此同时，在"尚占"向"德占"的转化过程中，儒家自身的思想体系也逐渐丰富完善起来。《系辞传》曰"阳一君而二民，君子之道也；阴二君而一民，小人之道也"，显然，《系辞传》作者将得到民众支持的多寡视为区分君子和小人的基本依据，可见《周易》具有强烈的重民意识。后来儒家围绕此种意识进行了家庭、社会、政治等多角度阐说，如孔子思想的核心是仁义礼乐，围绕"仁"和"礼"形成了一系列的政治伦理和道德伦理学说；孟子思想的核心是民本仁政，其以民本为基础，提出了一套体系完整的仁政学说。其实，不管是孔子的仁义礼乐，还是孟子的民本仁政，都是基于以《周易》等为代表的先秦典籍内蕴的民本观念去拓展或阐释的，仁义礼乐、民本仁政在本质上都是以民为本观念的两种不同的诠释方式，区别就在于：前者对民本的表述比较模糊，内容较为单薄，而后者不但明确提出了"民贵君轻"的口号，而且本于"民贵"说阐述了一系列实施机制。因此，从孔子的仁义礼乐到孟子的民本仁政，儒家以民为本的思想学说逐渐丰富完善起来。同时，《周易》经、传经过儒家阐发，其博大精深的哲学内涵得到进一步挖掘，其教化之功更加明显，进而形成了延续数千年之久的教化传统。在某种程度上我们可以说《周易》教化传统的发展过程也是先秦儒家形成、发展的过程。因此，《周易》可以说是儒家德政说或仁政说的重要源泉，为儒家思想体系的构建提供了形上依据。

（二）《周易》对兵家、道家等诸子思想形成的影响

以《孙子兵法》《孙膑兵法》为代表的先秦兵家，虽然在著述中没有直接引用《周易》经、传之文，但其军事巫术与以《周易》等为代表的筮占文化密切关联。众所周知，西周礼乐时代，人们对鬼神的态度与殷人有很大差异，"殷人尊神，率民以事神，先鬼而后礼"，而"周人尊礼尚施，事鬼敬神而远之"，因为周人认为"天矜于民，民之所欲，天必从之"，故而提出"天命靡常""敬德保民"思想。于此可知，在民间，此时人们已由先前对神灵的迷信盲从到对其质疑，开始意识到人自身的力量和作用，这样民、神之间不可逾越的上下关系开始模糊错位，这是民间鬼神信仰"受到民神易位思潮冲击的重要印记"，但"民间信仰的发展与民神易位思潮的传播，呈现出反向衍进的态势"，"民神易位的思潮，源自人性意识的觉醒与鬼神地位的下移，与民间信仰的演变形成了一种对抗性因素。然而在军事领域，这种对抗性因素并未引发兵家对鬼神崇高的消解，相反却表现为军事巫术在战争中的运用日益普及和广泛，且更加学术化、理论化，并最终衍生出兵阴阳学术体系"。正因如此，作为军事巫术重要内容的卜筮依然盛行，如《左传》中"记卜54次，筮18次（合计72次）；其中卜筮并用7次，6次先卜后筮，1次反之"，可见卜与筮在用兵攻伐等国之大事中都被纳入决策之中，只是后来随着《周易》筮占的兴盛，加之龟卜程序复杂、耗时费力，所以筮占逐渐取代龟卜，进而在战争中发挥了更大作用。在当时的人们眼中，《周易》筮占既能预测战争结果的吉凶，其阴阳相对思想又能被用于具体战略战术中，所以以《周易》为代表的筮占文化及其思想被广泛用于战争，这在先秦兵家以及《墨子》军事篇章的文字内容或思想内涵方面都有或明或隐的痕迹。

另外，《周易》对道家学派思想的产生、发展也起到了推动作用。在先秦典籍中，《老子》的辩证思想明确且具有系统性，但这与《周易》古经密不可分。由《左传》筮例可知，《周易》古经彼时为巫史所熟知、掌管，老子作为东周守藏史，必然通晓《周易》古经，这是没有任何问题的。六十四卦除《乾》《坤》《震》《巽》《坎》《离》《艮》《兑》外，其余五十六卦皆两两相对，如《师》☷☵与《比》☵☷、《泰》☷☰与《否》☰☷等，这种两两相对关系启发了老子，"从而建立了中国哲学史上第一个系统性的辩证法思想——它发端于《易经》，而体系的建立则完成于《老子》"。后来，道家的另一代表人物庄子继承了《易传》以阴阳阐易的传

统，其"易以道阴阳"之说揭示了《周易》的本质，也提出了中国哲学的基本问题，形成了"有待"说、"无待"说、隐显说、"反复终始"说，这些都留有《周易》经文和思想或明或暗的印记。

二、先秦《易》教对后世社会政治和学术思想的范式影响举隅

《周易》自身内在的思想因素以及经孔子等先秦儒家授受、阐发形成的易学思想，不但对先秦儒家及其他诸子思想体系的建构起到重要影响，而且对后世的学术思想和社会政治亦有重要的范式作用。先秦以后的很多思想学说或理论体系，如天人感应说、灾异说、史学思想、程朱理学、永嘉事功之学等都与《周易》有着或多或少、或强或弱的联系，都可以在《周易》的思想体系或教化传统中找到存在的文献依据或理论根据。

（一）《周易》与天人感应说和灾异干政说

《周易》一卦六爻，初爻、二爻象征地，五爻、上爻代指天，三爻、四爻处上天下地之间为人，形成了融天、地、人于一体的三才之道，是古人将天、地纳入自身视域下的结果，表达了先人由自身关照世界、由外界预知未来和认知世界的理想诉求，体现了天人合一的思想。这种思想在《周易》的教化和授受过程中逐渐形成了天人合一的《易》教观，这种教化观念不但是《周易》预测功能在当时被人们认可的思想依据，而且也是两汉政治思想架构的重要理论基点之一。如汉代儒生常以自然灾害或某些反常的自然现象来判定天子言行或治国策略是否正确，并由此对国家治政措施进行预测、指导或干预，天子出于统治需要，也常在灾异来临之后下罪己诏以安民心、稳朝政，因此灾异思想弥漫、灾异之说盛行，此种形势下包括五经博士在内的很多汉儒多言灾异①。但灾异思想由来已久，《尚书》《诗经》《春秋》《国语》等先秦典籍多有记载，其中以《春秋》为最多。其实，灾异说形成的理论基础是以《周易》为代表的先秦典籍中的天人合一思想，在由"民神不杂"至"民神杂糅"再到"绝地天通"的过程中，天人合一思想逐渐具体化为天人感应说、灾异说，其间文化秩序得以重建，儒家礼制得以构筑，在重建和构筑过程中，

---

① 如班固曰："汉兴推阴阳言灾异者，孝武时有董仲舒、夏侯始昌，昭、宣则眭孟、夏侯胜，元、成则京房、翼奉、刘向、谷永，哀、平则李寻、田终术，此其纳说时君著明者也。"（班固：《汉书》，中华书局 1962 年版，第 3194~3195 页）

所依靠的一个立论基础就是"天命"和"汤武革命"。"天命"说赋予统治者治权合法性，但对统治者治政行为的制约机制和奖惩机制语焉不详，因此以董仲舒为首的汉儒借助于《彖传》"汤武革命，顺乎天而应乎人"之说，一方面承认君权神授，认可君主承上天之命而治国驭民，这样既能让统治者接受其学说，又能为统治者施政行为增添神秘性，而且还能蒙蔽民众；另一方面，又以仁义礼制去规范统治者的言行和治国理念，用"革命"思想对违背天意、不行仁义的君主，借用上天神示即灾异去劝诫或警示，使其言行、治政归于仁，以顺天下民心。这样董仲舒将天人感应说和灾异说融为一体，完成了天人学说的神学阐释，而《易传》的"汤武革命"说是神学阐释完成过程中极为重要的思想凭借。

（二）《周易》与中国古代史学思想

《易传》的"易与天地准""与时偕行""通变致久""藏往知来""殊途同归""居安思危"等观念内容或思维模式，对汉代史学传统的形成产生了深远的范式影响。从《史记》到《清史稿》，我国史学传统源远流长，其实古代的很多史学观、史学意识、史学思维等都肇始于《史记》，或与之有紧密联系，而《史记》的史学思想则与《周易》密不可分。

通过梳理《史记》引《易》文献，我们可以发现《周易》内在的思维范式是司马迁撰写《史记》的重要理论基础：其一，"易与天地准"的历史思维。通读《史记》，我们发现，不论是评价历史事实，还是褒贬历史人物，不论是学术批评，还是追索朝代因革，司马迁经常运用易说或易道进行阐释或佐证，从而形成了"易与天地准"的历史思维，这也是《史记》引用很多《周易》经文的原因。其二，"通变致久"的历史发展观。至汉武帝元光元年（公元前134年），西汉代秦已近七十年，经济虽有发展，但国家为消除匈奴威胁频繁用兵，耗费极大，加之朝野各方在以道还是以儒治国方面进行激烈博弈，此时汉朝统治依旧不稳。鉴于此，司马迁响应汉武帝举贤良对策的号召，想通过对历史兴衰的考量，找到社会变革的根本原因和治国良策。其在《报任安书》中指明了撰写《史记》的目的："网罗天下放失旧闻，考之行事，稽其成败兴坏之理"，因此记述了从黄帝到汉武帝上下数千年期间的制度之变、文化之变、礼仪之变、伦理之变等，通过这些"变"，司马迁去探寻千"变"背后隐藏的恒"常"，即社会稳定、国家长久的基本规律和治国之策。《高祖本纪》曰："夏之政忠。忠之敝，小人以野，故殷人承之以敬。敬之敝，小人以鬼，故周人承之以文。文之敝，小人以僿，故救僿莫若以忠。三王之道若循环，终而复始。周秦之间，可谓文敝矣。秦政不改，反酷刑法，岂不缪乎？故汉兴，承敝易变，使人不倦，得天统矣。"通过"忠""敬""文"三者间的承袭，司马迁认为社会发展穷困之际要"承敝易变"，即要依据历史经验和时代变化采取切实的治国理念，不要纠缠于儒、道等诸子之说，唯有如此，国家才能长久，体现了"通变致久""与时偕行"的历史发展观。

其三，重人事、居安思危的历史意识和"藏往知来"的史学目的。《周易》趋吉避凶、防微杜渐的忧患意识和本天道以明人道的基本理路被司马迁应用于评史论事。《史记》通过"纪""表""书""世家""列传"五种体例，记载了数以千计的人和事，有帝王将相，也有市井游侠，而且所记典章制度或历史事实也多围绕治国安民、百姓疾苦展开，体现了强烈的重民思想。在重民思想的支配下，再加上汉初动荡不安的朝野时局，司马迁时常流露处忧患意识，"人苟生之为见，若者必死；苟利之为见，若者必害；急惰之为安，若者必危；情胜之为安，若者必灭"，居安思危思想跃然纸上。其实，不管是重人事的思想，还是居安思危的忧患意识，其目的就是通过对社会变革过程、原因的描述和探究，为汉武帝治国提供借鉴，这既是对孔子作《春秋》为后世立法传统的继承，又是对《易传》"藏往知来"思想的发展，是"藏往知来"思想与我国古代正史的首次结合。从此，史学家形成了通过记述历史为当代或后世提供借鉴或立法的史学目的，进而形成了以史为鉴的史学传统。《史记》之后的很多史书，虽然在体例、文笔等方面多不能与之比肩，但"以史为鉴"的史学传统为历代史家所信守，这也是历代史学最基本的史学精神。其四，"殊途同归"的思维范式。与孔子一样，司马迁也认为社会混乱的一个重要原因就是礼制缺失，所以其对礼制极为重视，"观三代损益，乃知缘人情而制礼，依人性而作仪，其所有来尚矣"，认为"礼者，人道之极也"，"所以总一海内而整齐万民也"，在司马迁看来，礼仪由来已久，是治理国家的基本准则，不论是以仁义统御民众，还是以刑法约束百姓，归根到底都要以礼仪来统一天下人心，只有如此国家才能富强、社会才能稳定。这种将各种治国学说归于礼制的治政理路，与其父司马谈用"殊途同归"的思维范式指陈诸子学说之优劣同出一辙。尽管司马迁认同礼仪礼制，但通读《史记》，我们还可以发现，司马迁既不全盘接受儒家的学说，也不完全认同道家之见，既不认可墨家的摩顶放踵，也不支持法家的严而少恩，其心中至臻至善的治国良策是融合百家和历代兴衰成败经验教训的"史家之言"。因此"究天人之际，通古今之变，成一家之言"，既是《史记》的框架理路，也是司马迁撰写《史记》的重要动机和根本目的；既体现了其以"殊途同归"思维范式总结历史、创建学说体系的史学目的，也凸显了其超越前贤、"小子何敢让焉"的史学志向。总之，易学是司马迁史学思想形成的重要渊薮之一，也是其史学思想的哲理基础，《史记》之后的史学著述，不论是官修之史，还是私人撰史，都承继了司马迁"以史为鉴"的治史目的、"重人事"的历史意识等。

（三）《周易》与宋明理学

《周易》的核心思想如"太极""崇德广业""成性存存""穷理尽性以至于命""自强不息"等，是魏晋玄学、程朱理学、永嘉事功之学等形成、发展的重要理论来源之一，也是学术思想碰撞、交融的重要因素。如宋代很多学者基于易学天人之学，构设了各自的理学体系，其中邵雍"借助易学的天人之学重新成功诠释了孔子的圣之所以为圣"，周敦颐"实现了易学天人之学的心性论转向"，程颢"建构起仁与天理通而为一视域下的崭新易学天人之学"，陆九渊"立足于'如何做人'之人道问题的省察，重新开显了湮没于经典注疏训诂下的原始儒家的心性之学，将其本有的内圣成德之义理弘扬、提炼出来"，"开出了异于程朱一系的心学建构"，等等。如前文所述，天人合一思想是《周易》经传的核心思想和逻辑理路，是《周易》思想教化功能和筮占预测的理论前提，因此，宋代学者多基于《系辞传》构筑了一系列的宇宙本体论和创化论，形成了中国哲学史和思想史上又一巅峰——宋明理学，如陆氏的理论体系就是《系辞传》"藏器待时"思想在心学领域的具体和深化。南宋永嘉事功学派的集大成者叶适则本于孔子所"述"《彖》《象》二传中内蕴的尚阳思想，形成了以"物"为本、"理"由"物"来的"物—理—物"的认识论和方法论，初步建构了以《彖》《象》为基础、以形上形下合一之谓道为指导思想、以现实功用为理论旨归、以知行合一的践行观为主体内容的易学哲学体系。可见，宋代理学体系无不创建于易学基点之上，本质上都是易学的拓展和深化。

（四）《周易》核心思想的现实应用价值

《周易》尤其是《易传》"自强不息""厚德载物""通变致久""盛德大业""殊途同归""藏器待时"等观念，经过数千年的沉淀和渗透，已成为中华民族思想的有机组成部分和共同的文化基因，培养了中华民族宽广厚重的胸襟、高尚隐忍的品德、灵活多样的处世方式等。时至当下，这些思想仍是我们民族的瑰宝，对我国传统文化建设、对外文化交流等仍有非常重要的参考价值。在经济发展中，有的企业为一己之私而弃大众利益、生命安全于不顾，背弃企业所应有的道德底线，使用不合格的甚至是致病致命的原材料或添加剂，这样即使能短期盈利，也不能长久立足，更不可能做大、做强，因为违背了"盛德大业"的基本规律，不但会被市场抛弃，而且终将因违法行为而付出沉重代价。

结　论

综上，《周易》古经早在前孔子时代就已经对人们言行产生了重要影响，在后孔子时代，即大体相当于《易传》出现后，《周易》的教化功能进一步强化，逐渐形成了一种教化传统，不但对人的言行有指导作用，而且对治国理政和学术思想也有一定影响，所以通过揭示先秦时期不同历史阶段《易》教传统形成、发展、嬗变的历史轨迹，能为先秦易学史研究提供新视角、新思路，为孔子学易、孔子与《易传》关系、孔子易学思想传承、孟荀易学等研究提供新的历史根据和哲理依据；通过分析《周易》对兵家、道家等部分先秦诸子思想形成等方面的影响，为全面系统考察儒家与先秦诸子间的互动关系提供参考；通过梳理先秦《易》教传统对后世政治、社会、学术等方面的范式影响，能为学术史、思想史研究提供新维度。此外，"藏往知来""殊途同归"等《周易》内含的思维范式和核心理念，在数千年的社会发展过程已成为人们共同的价值理念，因此通过总结这些思维范式和核心理念能为对外文化交流提供参考。正因先秦《易》教具有如此重要的作用，所以学界对其已有涉及，但尚未出现专门著述梳理先秦《易》教，现有研究成果不论在数量上，还是在研究的角度和侧重点等方面，都不能彰显《易》教在先秦及其以后的社会历史和学术思想发展中的重要作用。因此，加强先秦《易》教研究既有很高的学术价值，又有一定的现实意义。

原载《济宁学院学报》2022 年第 4 期

三、易学与中国哲学研究

从颜氏之儒的思想特质
看其与易学的关系

颜炳罡　　陈代波

一、儒分为八与颜氏之儒

《韩非子·显学篇》记载，孔子死后，儒分为八派，所谓"有子张之儒，有子思之儒，有颜氏之儒，有孟氏之儒，有漆雕氏之儒，有仲良氏之儒，有孙氏之儒，有乐正氏之儒"。八派"取舍相反不同"，而皆自称是真孔学。在韩非看来，孔子死后至战国晚期，儒家先后出现过对孔子学说取舍不同，甚至相反，但都自称是真孔学的八个学术群体。八派儒家中的颜氏之儒究竟如何？学界一向有不同的看法。一种看法认为，颜氏之儒，已不可考。如梁任公先生认为："孔门颜氏有数人，最著颜渊，然颜渊先孔子卒，是否有弟子传其学，无可考。此文'颜氏之儒'，不知出谁何也。"① 孔繁先生也认为，颜氏之儒，即无可考证。另一种看法认为，颜氏之儒就是颜回那一派儒学。如郭沫若先生在《儒家八派的批判》中曾言："'颜氏之儒'当指颜回的一派。颜回是孔门的第一人，他虽然早死，但在他生前已经是有'门人'的。"② 本人赞同郭老的这一说法。郭老只是提出了自己的见解，并没有对这一观点加以论证，因而不可能排除任公先生乃至学术界的疑虑。这里有必要对郭老的观点稍加说明。

据《史记·仲尼弟子列传》记载：颜氏孔子门人除颜回外，还有颜季路、颜

---

① 梁启雄：《韩子浅解》，中华书局 1960 年版，第 491 页。
② 郭沫若：《郭沫若全集·历史编》第 2 卷，人民出版社 1982 年版，第 143 页。

幸、颜高、颜祖、颜之仆、颜哙、颜何等七人，而《史记·孔子世家》将卫人、子路妻兄颜浊邹也列在孔子弟子之中，这样一来，颜姓孔门弟子仅见于《史记》者就有九人。这九人都有可能是颜氏之儒创立者，然而在孔门弟子中最有影响、最有威望，最有可能被其他人追随的非颜回莫属。所以郭沫若先生谓颜氏之儒当指颜回一派是有道理的。

梁任公先生谓颜回先孔子卒，是否有弟子传其学，无可考。颜子短命、早死，但其具体活了多大，长期以来，众说纷纭，有二十九说、三十一说、三十二说、四十一说等等说法。据李锴《尚史》、江永《乡党图考》、翟灏《四书考异》等书考证，颜子享年四十有一。今人李启谦《孔门弟子研究》、颜景琴《新编陋巷志》等书进一步考证：颜回生于周景王二十四年、鲁昭公二十一年，即公元前 521 年，卒于周敬王三十九年、鲁哀公十四年，即公元前 481 年，享年 41 岁。我认为这个说法是成立的。据《史记·仲尼弟子列传》记载，颜子少孔子三十岁，是孔子周游列国前的及门弟子，且参与了孔子周游列国的全过程。据《孔子家语》，孔子年二十而生伯鱼，《史记·孔子世家》谓："伯鱼年五十，先孔子卒。"伯鱼死时，孔子年七十。颜子后伯鱼一年死，当在孔子七十一岁。比七十一岁的老人少三十岁，非四十一而何？钱穆先生强说《史记·仲尼弟子列传》三十乃四十之误，不足采信。依孔子三十而立的传统，颜回有门人是可能的。

据《史记·孔子世家》"孔子以诗书礼乐教，弟子盖三千焉，身通六艺者七十有二人，如颜浊邹之徒，颇受业者甚众。"《孔子家语·弟子行》引子贡的话说："夫子之门人盖有三千焉，赐有逮及焉，未逮及焉。"三千弟子，究竟是虚数，还是实数，向来有不同的理解，然而孔子门人甚众，则是不争的事实。这些弟子当然不收于一时，也不取之于一地，然而这三千弟子与孔子有亲有疏大概是实情。我们不妨做这样的推测：原始儒家是一个庞大的谱系，这个谱系有核心，也有外围。孔子与所谓身通六艺者七十余人，以孔子为核心，构成了原始儒家群体的核心集团，而在这个集团的核心外围是所谓的三千弟子。这三千弟子又往往以孔子的直传弟子为中心，形成新的道义群体。这三千弟子大都从七十子游，或者在七十子的导引下，偶尔也能亲睹孔子之容，聆听孔子教诲。在《论语》《孟子》等书中，我们可以找到这种蛛丝马迹，"子曰：'参乎！吾道一以贯之。'曾子曰：'唯。'子出。门人问曰：'何谓也？'曾子曰：'夫子之道，忠恕而已矣。'"（《论语·里仁》）为什么孔子说"参乎！吾道一以贯之"，而不是说"二三子，吾道一以贯之"呢？为什么"子出，门人问曰：'何谓也？'"而不是直接问孔子：何谓也？曾子是七十子之一，而门人显然是三千弟子中的几位。这些门人既是孔子的学生，也是曾子的学生，却近于曾而远于孔。这些门人或由曾子引荐而来，或主动向曾子靠拢，或孔子让曾子代为管理，他们自觉或不自觉地形成以曾子为中心的学术群体。东汉末年，马融讲学，郑玄拜于门下，竟三年不得见，乃使高业弟子传授于玄。孔子虽无马融的傲慢，然而现实条件限制，使悟道弟子传授于其他门人也是可以理解的。

我们认为，在孔子生前，孔门弟子分化的雏形已经完成，这种完成一方面是由于孔门弟子队伍的扩大，不得不然的结果，另一方面，也是孔子因材施教的教育方针的应有之义。所谓孔门四科：德行、政事、语言、文学，四科的划分无形中将弟子分为四类，由四类又可以形成不同的学术群体。不过，孔子活着，这个精神领袖、思想导师存在，不同的学术群体以孔子为纽带联系在一起。孔子去世，大家顿感群龙无首，才有"子夏、子张、子游以有若似圣人，欲以所事孔子事之，强曾子"事情发生，终因曾子的强烈反对而未果。（事见《孟子·滕文公上》）这场孔门内部的激烈冲突，决定着后世儒学发展的方向：是向统一的组织形式方向发展，还是向着分散的各自为战的方向发展？当然后者占了上风。需要指出，曾子未必反对有一个形式上的统一，但他反对以一个貌似而神不似的有若作为这个统一的领袖，因为有若在孔门中地位还达不到为精神领袖的地步，所以受到曾子学派的强烈抵制。假如有若是颜子，曾子会如何呢？也许会接受这一现实，后世儒学的发展可能是另一种局面。

孔子弟子的分化在孔子生前已具雏形，作为孔门第一高足的颜子是否有学生，有自己的学术群体呢？《论语·先进》给我们留下一条重要信息：颜渊死，门人欲厚葬之。子曰："不可！"门人厚葬之。子曰："回也，视予犹父也，予不得视犹子也。非我也，夫二三子也。"颜子死，孔子悲痛异常，连声号泣："天丧予！天丧予！"从孔子的"天丧予"号泣中，人们完全可以感受到一位行将走完人生之路的老人，当自己的一生心血所寄、全副希望所托突然崩塌时的悲怆。颜子，是他最欣赏，最得意，最能理解他、体会他的学生，也是他竭尽心力培养的道之传人，因而对颜子的去世，他有"天丧予"之痛。然而，在他悲痛欲绝之际，他强烈反对厚葬颜子，因为厚葬不符合他的心意——如待伯鱼一样待颜回。七十子之服孔子，心悦而诚服也，何人如此之胆大，敢拂逆孔子之意，在孔子强烈反对下，仍厚葬颜回。合理的解释是：这里的门人，夫二三子，既是孔子的门人，也是颜子的门人。平时他们近于颜而远于孔。他们可以视颜子犹父也，厚葬颜子，合情合理，孔子也无可奈何！

好了，颜子虽然早死，然而他生前门人已经出现了，就是这群违背孔子心意，厚葬颜子的门人。颜氏之儒就是颜回一派，颜回生前已经有门人传承其学。

二、颜氏之儒的思想特质

《史记·儒林传》有载："自孔子没后，七十子之徒散游诸侯，大者为师傅卿相，小者友教士大夫，或隐而不见。故子路居卫，子张居陈，澹台子羽居楚，子夏居河西，子贡终于齐。"孔子没后，作为一个完整学术群体宣告解体，七十子及其后学对孔子学说取舍不同甚至相反，在不同区域、从不同侧面发展孔子学说，从而形成了众多风格不同甚至观点相反的学派。《韩非子》有儒分八派之说，而《荀子》，推崇子弓之儒，强烈批判子思、孟轲之儒，子张之儒，子夏之儒，子游之儒。荀子视子思与孟轲为一系，子弓与韩非所说的孙氏之儒为一系，那么在八派之外，仍然多出子夏之儒、子游之儒。郭沫若先生将子夏之儒归为法家，将子游之儒归于子思、孟氏、乐正氏之儒，这样儒分为八变成了儒分为六，即子张之儒，子游、子思、孟氏、乐正氏之儒，颜氏之儒，漆雕氏之儒，仲良氏之儒，子弓、孙氏之儒。

这种归类大有问题，首先，我们知道，韩非子所列举的八派并非是一网打尽天下儒家门派，而重点在标示出孔子没后儒家学派之间取舍不同甚至相反的学术群体，意在凸显学派之间的不同，这从《荀子·非十二子》所涉及的子夏之儒、子游之儒、子弓之儒等可以看得清清楚楚，因而不能将子思之儒、孟氏之儒、乐正氏之儒取舍相反的三派合为一派。这里的子思不是郭沫若先生及一般人们理解的孔子的孙子，而是孔子的及门弟子，七十二贤之一的原宪，字子思。原宪，在孔门中独树一帜，司马迁所谓"或隐而不见"的儒门人物指的就是他及其门人。而乐正氏也不是郭沫若理解的乐正克，因乐正克是孟子的学生，与孟子的思想大致相同，不具备自成一系的资质，韩非不可能将他们并列起来视为取舍相反的学派，再说孟氏之儒不仅仅是指孟子一人，而是指一个学派，公孙丑、乐正克等等都属于这个学派，乐正克是孟氏之儒的重要一员。梁启超认为乐正氏是乐正子春，这一看法甚是。乐正子春是曾子的学生，正可以体现和代表曾子一系的观点。透过韩非子的儒分为八，结合荀子相关记载，我们认为，孔子没后，儒家曾出现过颜氏之儒，子张之儒，子夏之儒，子游之儒，子思即原宪之儒，思（孔子之孙）孟之儒，乐正之儒，仲良之儒，漆雕氏之儒，子弓、孙氏之儒等十大有影响的儒家学派。

诚然，颜氏之儒的典籍及活动情形，大都失传了，然而，随着近几年来地下简帛文物的出土，尤其是《上海博物馆战国楚竹书》《颜渊篇》行将面世，颜氏之儒的学说也许会"重见天日"。我们依据《论语》《孟子》《荀子》《孔子家语》《韩诗外传》等儒家典籍，可以大致勾画出颜氏之儒的基本轮廓及其一些粗略的特征。

首先，颜氏之儒是传道之儒。孔门有四科，即德行、政事、言语、文学，四科分工不同，用今天的话说，德行科是培养传道精英的，政事科是培养治国安邦之能臣的，言语科是培养外交家的，文学科是培养历史文化传人的。用道统、政统、学统划分四科，德行科属道统，文学科属学统，政事与言语两科都属政统。当然，四科的划分是相对的，不是绝对的，并不是说德行科的弟子可以不通政事、言语、文学，而政事、言语、文学科的弟子可以不讲德行，依此类推，其他三科亦然。只说他们各有擅长，各有侧重而已。颜子，位居德行科之首，深契孔门之道，甚得圣心，加之"不迁怒，不贰过""无伐善，无施劳"的修养和"三月不违仁""择乎中庸，拳拳服膺"的功夫，他及其门人作为传道之儒，孔门的正宗传人，是十分自然的。

其次，颜氏之儒继承和拓展孔门天道性命的形上智慧，参天道之玄，达情性之理，穷神知化是颜氏之儒的重要特征。子贡曾言："夫子之文章，可得而闻也，夫子之言性与天道，不可得而闻也。"（《论语·公冶长》）当然，这并不表示孔子不言性与天道，只是子贡不可得闻而已。众所周知，孔子传道，因材施教，子贡固然聪颖，然而其所长在外交辞令和商场经营，不在哲学思考，孔子与他不言性与天道方面的道理是可以理解的。子贡不得闻，并不意味着颜子不得闻，就智慧而言，子贡闻一知二，颜子闻一知十，子贡自叹不如颜子，孔子所深许。与颜子讨论性与天道方面的形上思考应该是孔子的选择。《孔子家语·颜回》记载，颜回问于孔子曰："成人之行，若何？"子曰："达于情性之理，通于物类之变，知幽明之故，睹游气之原，若此可谓成人矣。既能成人，而又加之以仁义礼乐，成人之行也。若乃穷神知礼，德之盛也。"《说苑·辨物》有大致相同的记载，但后面几句略有不同。"既知天道，行躬以仁义，饬身以礼乐；夫仁义礼乐，成人之行矣。穷神知化，德之盛也。"这段文字有三层意义，三层意义之间是层层递进的关系。孔子告诉颜子，一个成人即一个完善的人必须"达于情性之理，通于物类之变，知幽明之故，睹游气之原"，一句话"知天道"，这是第一层；在知天道的基础上，实践仁义，以礼乐检点自己的行为，才称得上是成人之行，这是第二层；而穷神知化，德之盛也，即穷尽天地万物不可测度的神妙之境，知变化之无穷，才是人的真正自我实现，这是第三层。"知天道"用今天的话说，就是懂哲学。这说明孔子告诉颜子，一个成人必须是哲学家，只有哲学家才称得上是成人。只是哲学家还不够，亲身从事道德实践活动，且以礼乐修饰自己的言行，才称得上是成人之行。孔子不是没有形上问题的思考，而是有选择地将这种思考向部分弟子传授，颜氏之儒的创立者颜子是得到这种传授的重要人物。

《论语·宪问篇》子路也曾以同样的问题向孔子请教，请看孔子的回答。子路问成人。子曰："若臧武仲之知，公绰之不欲，卞庄子之勇，冉求之艺，文之以礼乐，亦可以为成人矣。"曰："今之成人者，何必然！见利思义，见危授命，久要不忘平生之言，亦可以为成人矣。"对颜子，要求领悟天道情性，对子路，则要求其完成道德人格，一方面说明孔子因材施教，另一方面，让我们了解了孔子对颜子的寄托和要求。由此寄托的要求让我们知道了颜氏之儒的特点。

第三，颜氏之儒可以依据事物的发展规律对事物的发展前景做出相应的预测，知微知彰，知穷达变是颜氏之儒的另一特征。《孔子家语·颜回》记载：孔子在卫，昧旦晨兴，颜回侍侧，闻哭者之声甚哀。子曰："回，汝知此何所哭乎？"对曰："回以此哭声，非但为死者而已，又有生离别者也。"子曰："何以知之？"对曰："回闻桓山之鸟，生四子焉，羽翼既成，将分于四海，其母悲鸣而送之，哀声有似于此，谓其往而不返也，回窃以音类知之。"孔子使人问哭者，果曰："父死家贫，卖子以葬，与之长决。"由哭声的悲痛状态去推测、判断事物的因由，颜子可谓知微。《荀子·哀公》记载：鲁定公问颜回，东野毕善于驾车吗？颜回回答："善则善矣，虽然，其马将失。"鲁定公很不高兴。三天以后，果然失马。鲁定公大惊，问颜回，何以知之？颜回回答说："臣以政知之。昔舜巧于使民，而造父巧于使马；舜不穷其民，造父不穷其马，是舜无失民，造父无失马也。今东野毕之驭，上车执辔，衔体正矣，步骤驰骋，朝礼毕矣；历险致远，马力尽矣。然犹求马不已，是以知之也。"道理在于"鸟穷则啄，兽穷则攫，人穷则诈。"《家语》《吕览》《韩诗外传》《新序》等书对此皆有大致相同的记述。由鸟穷则啄，兽穷则攫，人穷则诈，推知东野毕之马必失，告诫统治者"自古及今，未有穷其下而能无危者也"。此可谓知彰。颜子择乎中庸，拳拳服膺而弗失之。祢衡《颜子庙碑》、曹髦《颜子论》、夏侯湛《颜子赞》等等，皆盛赞颜回"知微知彰"。

第四，颜氏之儒以自强不息、奋进不已为人生信条，以尧舜自期是颜氏之儒的又一特征。"子曰：'语之而不惰者，其回也与！'"高度评价颜子"吾见其进也，未见其止也。"（《论语·子罕》）孔门弟子甚多，孔子认为只有颜回才能永远保持求道的热情，与之谈学论道，不知懈怠。颜子的一生，是自强不息，奋进不已的一生。

颜子曾说："舜何人也！予何人也！有为者亦如是。"（《孟子·滕文公上》）首开人人皆可为尧舜的先河。孟子对颜子给予高度评价："禹、稷、颜回同道。""禹、稷、颜子，易地则皆然。"（《孟子·离娄下》）将颜子与古圣王并列，是对颜子的高度赞扬。

第五，颜氏之儒追求人生的通体之乐，用行舍藏，乐天知命是颜氏之儒的另一个特征。"子谓颜渊曰：用之则行，舍之则藏，惟我与尔有是夫！"（《论语·述而》）自己的才能、智慧，为世所用，就行其道，不为世所用，独行其道。正是"显诸仁，藏诸用"，用与舍，行与藏，攻守平衡，进退有据，游刃有余。这种进退的自由恰恰来自对天道性命的独特体悟，乐天知命故不忧。《列子·仲尼》记载，仲尼闲居，子贡入侍而有忧色。子贡不敢问，出告颜回。颜回抚琴而歌。孔子闻之，果召回入。问曰："若奚独乐？"回曰："夫子奚独忧？"孔子曰："先言尔志。"曰："吾昔闻之夫子曰：'乐天知命故不忧'，回所以乐也。"颜氏之儒是永远的乐观主义者，他们视贫如富，贱如贵，追求无勇而威，与士交通，终身无患难的思想境地，实践即使居陋巷，一箪食，一瓢饮，人不堪其忧，自身也无改其乐，自足其性的人生理想。所以后世学者孔颜并称，孔颜乐处也成为许多儒家知识分子的理想追求和人生境界。

第六，颜氏之儒向往一个没有战争、没有纷争的大同社会。居陋巷，箪食瓢饮，只是颜子"舍藏"的一面，颜子还有"用行"的方面。从《庄子·人间世》颜子"将之卫"、《庄子·至乐》"颜渊东之齐"、《说苑·敬慎》"颜回将西游"、《孔子家语·贤君》"颜渊将西游于宋"等等材料来看，颜子也曾积极用世。颜子的辅相之才为时人所共许，《史记·孔子世家》楚国令尹子西问楚昭王："王之辅相，有如颜回者乎？"孟献子对韩宣子说："吾家甚贫，惟有二士，曰颜回、兹无灵者，使吾邦家安平，百姓和协。"（《新序·刺奢》）颜回的政治理想是"愿得小国而相之，主以道制，臣以德化，君臣同心，外内相应，列国诸侯莫不从义向风，壮者趋而进，老者扶而至，教行乎百姓，德施乎四蛮，莫不释兵，辐辏乎四门，天下咸获永宁，喧飞蠕动，各乐其性，进贤使能，各任其事。于是君绥于上，臣和于下，垂拱无为，动作中道，从容得体，言仁义者赏，言战斗者死"（《韩诗外传》七）。这不同于孔子所追忆的三代以上的远古大同梦想，也不是老子所歌颂的"小国寡民"的自然状态，而是一个崇尚仁义，社会和谐，人民祥和，天下太平的理想社会。这样的理想社会是颜子的追求，也是颜氏之儒的共同追求。

颜回是孔门第一高足，深得孔子赞赏，在孔门弟子中具有崇高的威望和他人难以取代的地位。智如子贡，自叹不如颜子，甚至认为自己与颜回的才智相比是闻一知二与闻一知十的差别。曾参重病，面对子孙，自愧"吾无夫颜氏之言，吾何以语汝哉！"（《大戴礼记·曾子疾病》）子路去鲁，向他讨教"何以赠我？""何以处我？"（《礼记·檀弓下》）的处世良方，颜子直告子路："力猛于德，而得其死者，鲜矣！盖慎诸焉。"（《孔子家语·颜回》）仲孙何忌也曾问他"仁者一言必有益于仁智，可得闻乎？"孟献子视他为"国宝"，鲁定公、鲁哀公也十分重视他，可见，颜子的社会声誉和学术威望在生前已经很高了。透过相关史料，我们可以发现孔门弟子间存在错综复杂的关系，甚至矛盾也不少。如有子与曾子，子游与子夏，曾子与子夏，子贡与原宪，子张与子夏等等之间都发生过冲突和不愉快，但他们对颜子都抱有高度的认同。假若颜子不是死在孔子前面，也许会成为不同学术群体共同认可的精神领袖。

上述六个特点，有的是颜氏之儒所独有，有的是孔门后学所共有。由这些特点我们可以进而分析颜氏之儒与易学的关系。

三、颜氏之儒与易学的关系

自孔子作《易传》被大多数学者否认以来，《易传》的作者至今尚无定论。有非一时一人说，有儒家说，道家说，非儒非道、即儒即道说。在儒家说中，有曾子说，子弓说，思孟说，荀子说，以至田何说等等。然则，至今没有将《易传》与颜氏之儒联系起来进行思考，这是因为很多学者已经认定颜氏之儒已不可考证，故而这种联系无从谈起。然而，我们根据前人留下的零散资料，大致勾画出颜氏之儒的基本特点，依据这些特点能否找到颜氏之儒与易学关系的蛛丝马迹，为学术界提供另一种参考呢？

要回答这一问题，首先应该弄清颜氏之儒的开拓者颜回与易有无关系。魏人曹髦《颜子赞》有云："听承微言，罔有不喻，叙之于易，以彰殊异。"晋人李轨曾言："颜渊弱冠与仲尼言易。"（《法言·问神卷注》）晋人庾阐《蓍龟论》言："神明之道，则大贤用之暗室，蓍龟之用，岂非颜子之龙烛哉！"清人宋翔凤亦曰："孔子系易，独著颜氏之子，易备一至十之数，惟颜氏得闻之。"（《论语说义》二）上述观点当然不是空穴来风，也非无根游谈，许多前贤认为颜子与易相关，颜子跟从孔子学习、研究、讨论过易学。证诸史书，颜子的确研究过易并对易有着独特的理解。

《史记·仲尼弟子列传正义》引《中备》：鲁人商瞿，使向齐国。瞿年四十，今后使行远路，畏虑，恐绝无子。夫子正月与瞿母筮，告曰："后有五丈夫子。"子贡曰："何以知?"子曰："卦遇大畜，艮之二世。九二甲寅木为世，六五景子水为应。世生外象生象来爻生互内象，艮别子，应有五子，一子短命。"颜回云："何以知之?""内象是本子，一艮变为二丑三阳爻五，于是五子，一子短命。""何以知短命?""他以故也。"这条史料的真伪也许有待考证，但孔子与门弟子研究过易学则进一步为近几年来地下出土的史料所证实。过去我们一向认为儒门易即是义理易，是孔子及其后学将易由卜筮之书转化为哲学之书，但通过帛书《周易》尤其是《二三子问》《要》等篇章的问世，我们有理由相信，孔子研究过占筮，不过他强调"吾求其德而已，吾与史巫同涂而殊归者也"。但孔子所使用的筮法是否如上段文字材料所言是纳甲筮法还有待考证，孔子与颜子、孔子与子贡一起研究易学乃至讨论筮法问题则为帛易《要》所证明。

《北堂书钞》百三十七引《韩诗外传》：孔子使子贡，为其不来，孔子占之，遇鼎。谓弟子曰："占之遇鼎。"皆言无足而不来。颜回掩口而笑。孔子曰："回也，何哂乎?"曰："回谓赐必来。"孔子曰："何如也?"回对曰："乘舟而来矣。"赐果至矣。《绎史》引《冲波传》，《吕览佚文辑校》引薛据《孔子集语》，《艺文类聚》七十一引《冲波传》等皆有大略相同的记载。这段文字表明颜子不仅研究过易，而且对易有着独特的理解，甚至有超过孔子的慧解。

前人早注意到孔门弟子三千，然而大易独赞颜氏之子，这是颜子研究过易的最好说明。《系辞下》："子曰：颜氏之子，其殆庶几乎! 有不善未尝不知，知之未尝复行。"虞氏注，"几者，神妙也。颜子知微，故殆庶几。"宋翔凤言："此可验颜子学易已深，故能不迁不贰，合复初之象。"（《论语说义》二）帛易《要》也有段话："夫子曰：'颜氏之子，其庶几乎! 见几又（有）不善未尝弗知，知之未尝复行之。'"如果将《要》视为一个整体的思想系统看（我宁信其是两个独立的部分），前面赞颜氏之子，后面是孔子与子贡讨论易尤其是易筮问题，这给我们一个信息，颜子生前，颜子是孔子讨论易的主要对象，颜子死后，子贡是孔子讨论易的主要对象。因为在孔子高足中，智慧除颜子之外，就是子贡。性与天道不可得而闻，也许是子贡初入孔门时语，未必是终身之言。我们从孔子病重，子贡来见，孔子说："赐，汝来何其晚矣。"足见其对子贡倚重。孔子去世，子贡竭力维护老师的声誉，并且"唯子赣庐于冢上，凡六年，然后去"。（《史记·孔子世家》）由此可见，《要》之记述，绝非虚言。

"颜渊弱冠与仲尼言易"，非空穴来风。这样我们就有理由将《易传》与颜氏之儒联系起来进行研究了。

先看《系辞》。不少学者认为，《系辞》是曾子后学尤其是思孟学派的作品，其证据大都是《系辞》中的某些话与思孟学派的思想相近。笔者认为。这种论证方式不足令人信服。因为用这种论证方式，我们完全可以在《荀子》中找出许多话与《孟子》相似，而《孟子》书中的许多话与《荀子》相似，但不能就此说明《荀子》是思孟学派的作品，而《孟子》是荀子的作品。既然是儒分为八，大家都还是儒家，所同大于所异，不同学派间思想有不少重叠是可以理解的。《系辞》不是思孟学派的作品，前人言之甚多。这里主要想指出一点，即思孟学派的思想进路与《系辞》的思想进路反差太大。《中庸》《孟子》是思孟学派的代表作，两者讲诚、讲性善、言中正，都没有问题，但二者讲法与《系辞》的讲法不同。《中庸》的逻辑推理是尽己之性，尽人之性，尽物之性，层层外推，最后"参赞天地之化育"。《孟子》尽心，知性，知天，存心养性事天，亲亲而仁民，仁民而爱物，也是层层外推的讲法。而《系辞》"天尊地卑，乾坤定矣。卑高以陈，贵贱位矣。""在天成象，在地成形，变化见矣。""天地氤蕴，万物化醇，男女构精，万物化生。"这是结构主义的或系统主义的讲法。由此我们可以称思孟学派的哲学是"内在的道德的形上学"，而《系辞》的哲学是"结构的道德形上学"。两者学术的入路不同，所以《系辞》不可能是思孟学派的作品。

也有不少学者坚持《系辞》是荀子学派的作品，在《荀子》和《系辞》之间找出不少的话进行比较，认为两者相类，问题是《系辞》也有不少话与《乐记》相类，那能证明《系辞》是公孙尼子的作品吗？再者《荀子》学说的最大特点是坚持性恶论，《系辞》是性恶论吗？荀子的天是自然的天，经验的天，《系辞》的天是义理的天，道德的天，二者有本质的区别；再说，荀子坚持天人相分，《易传》坚持天人合德等等，这些不同不是枝叶不同，而是根本原则上的不同，在根本原则都不认同的前提下，《系辞》乃至《易传》能是荀子学派的作品吗？

《系辞》的作者究竟是谁？是儒家的哪一派？要弄清这个问题，首先应当搞清《系辞》的根本性质。《系辞》是原始儒家的哲学典籍，是儒家的天人性命之学的源头，是哲学，是儒家具有结构特征的道德的形上学。这种学问恰恰是颜氏之儒的胜场。我们前面已经说过，颜氏之儒是传道之儒，孔门"性与天道"的智慧颜回体会最深。颜子问孔子成人之行若何？孔子说："达于情性之理，通于物类之变，知幽明之故，睹游气之原，"与其说孔子在向颜子讲成人之道，还不如说孔子在向他讲哲学的道理，甚至说在讲《系辞》。读过《系辞》的人，对"达于情性之理，通于物类之变，知幽明之故，睹游气之原""穷神知化"，都不陌生。

如果说《周易》是周普变化之书的话，那么《系辞》之旨就是根据事物的变化揭示其变化之道，进而指示人的出处进退原则。钩深致远，探赜索隐，揭示宇宙的奥秘，以求"知几"，即知微知彰，知柔知刚。前面我们说过，颜氏之儒的重要特点在于根据事物的变化规律去测度事物的发展前景。如观东野毕之驭，知其马必失，闻哭声之悲知不仅为死者悲，又有生别离也。颜子知微知彰，知柔知刚，为后世许多学者所称许。

《系辞》是德行之书。崇尚道德，以德行为首出，是《系辞》的重要特点，所谓易为君子谋。"利用安身，以崇德也。""穷神知化，德之盛也。""善不积，不足以成名；恶不积，不足以灭身。"继善成性，崇德而广业。颜子德行卓冠群贤，继他而起的人，必然也重视德行，由此可见《系辞》与颜氏之儒不无关系。

孔子弟子三千，为什么《系辞》独称"颜氏之子"，这一现象本身不就足以引起我们的思考吗？最起码可以证明颜氏之儒与《系辞》相关吧。

再看《大象》。《大象》所论基本上是君子之道。如果说《系辞》是易的哲学化的话，那么《大象》的主调是易的道德化，德行化。孔门弟子及其后学无一人不重德，否则他就不是儒家，因而，它究竟属于儒家的哪一派显得比较复杂。不少学者认为它是曾子及其后学的作品，如《震》象辞："君子以恐惧修省"，《蹇》象辞："君子以反身修德。"与曾子的内省观相近，而《艮》象辞"君子以思不出其位"与《论语·宪问》曾子言"君子思不出其位"完全一致，似乎很有道理。不过，内省与思不出其位皆源于孔子，为孔子、颜子、曾子所共许，不能体现曾子思想的独特性。孔子本有"不在其位，不谋其政"原话，曾子只是顺着孔子的话而复述之，孔子也说过"内省不疚，夫何忧何惧？"（《论语·颜渊》）这是内省修德的最好表达。所以，不能凭这两条证明《象》就是曾子及其后学所作。

《乾》卦与《坤》卦是六十四卦的关键两卦，而解开《象》之作者的关键在《乾象》和《坤象》，"天行健，君子以自强不息。""地势坤，君子以厚德载物。"两卦象辞统领全局，反映了《大象》的精神品质。这种精神品质与颜氏之儒的精神品质高度一致。孔子评价颜子说："吾见其进也，未见其止也。"（《论语·子罕》）子贡也说："夫能夙兴夜寐，讽诵崇礼，行不贰过"，"称言不苟"，"是颜回之行也。"（《孔子家语·弟子行》）"吾见其进也"，不就是自强吗？"未见其止也"，不就是不息吗？合而言之，不就是自强不息吗？自强不息以至于夙兴夜寐，讽诵崇礼，以至于"语之而不惰者，其回也与！"（《论语·子罕》）颜子说："人善我，我亦善之；人不善我，我亦善之。"（《韩诗外传》九）包容一切，善待一切，这不正是厚德载物吗？孔门弟子，唯颜子才有如此胸襟，如此境界。除此之外，《象》与颜子思想吻合还有很多。

《讼·象》："君子以作事谋始。"《既济·象》："君子以思患而豫防之。"而颜子回答叔孙何忌之问时说："一言有益于智，莫如预。"（《孔子家语·颜回》）

《损·象》："君子以惩忿窒欲。"颜子则克己复礼。

《益·象》："君子以见善则迁，有过则改。"而颜氏之子"有不善未尝弗知，知之未尝复行。"

《大壮·象》："君子以非礼弗履。"《论语·颜渊》则有颜渊问仁，子曰："非礼勿动。"

《晋·象》："君子以自昭明德。"而颜子说："知者自知，仁者自爱。"（《荀子·子道》）

《咸·象》："君子以虚受人。"曾子说："以能问于不能，以多问于寡；有若无，实若虚，犯而不校——昔者吾友尝从事于斯矣。"（《论语·泰伯》）历代注家认为曾子的我友指颜子，而非他本人，不少学者以这段话是曾子说的，就以为是曾子本人的思想，不甚谛当。

《大有·象》："君子以遏恶扬善，顺天休命。"颜子说："言人之恶，非所以美己；言人之枉，非所以正己。故君子攻其恶，无攻人恶。"（《孔子家语·颜回》）遏恶扬善，顺天休命，正是颜子思想与行为实践的最好表述。

《大过·象》："君子以独立不惧，遁世无闷。"《论语·雍也》则有子曰："一箪食，一瓢饮，居陋巷，人也不堪其忧，回也不改其乐。""人不堪其忧"，独立不惧也；"回不改其乐"，遁世无闷也。

《蒙·象》："君子以果行育德。"《小畜·象》："君子以懿文德。"《蛊·象》："君子以振民育德。"《豫·象》："君子以作乐崇德。"《渐·象》："君子以居贤德善俗。"《夬·象》："君子以施禄及下，居德则忌。"

重视德行是《大象传》的最显著特点，而颜氏之儒以德行冠绝群贤，故而我们认为《大象传》是颜氏之儒的作品。

颜氏之儒与《文言》《序卦》等篇也有一定的关系，待后续之。

原载《周易研究》2004 年第 3 期

历史与哲学的交融

——《王弼评传》的学术特色及其创见

丁冠之　　陈朝晖

　　自三四十年代汤用彤先生的魏晋玄学研究系列论文之后，在一个相当长的时期内，这一学术领域比较冷落。改革开放后，魏晋玄学在中国文化史上的积极意义重新得到了肯定，出现了许多有分量的论著。王晓毅同志继《放达不羁的士族》《中国文化的清流》《中国古代人才鉴识术——〈人物志〉译注与研究》和《嵇康评传》之后，最近，又推出了新的力作——《王弼评传》（南京大学出版社，1996 年 2 月版，以下简称《评传》）。《评传》并非孤立的王弼个案研究，而实际上由《前篇·何晏评传》和《正篇·王弼评传》两部分构成，共同揭示了早期玄学的形成动因、理论内涵和历史意义：在经学危机、道家复兴和佛教东渐的条件下，何晏初步创立了贵"无"本体论玄学。王弼则在这一基础上，运用本末体用方法成功地解答了有与无、有为与无为、名教与自然等一系列学术难题，以形名学逻辑习惯，以儒道融合的新思路注释了《老子》《周易》和《论语》，奠定了魏晋玄学的理论基础，将中国文化引入儒道融合的新时代。

　　在思想史研究中，如何跨越哲学和历史两大学科，将学术思想与社会历史融为一体，是一个长期困扰学界的难题，尤其对那些划时代大哲学家的个案研究，显得尤为突出。通常出现的弊端为：一边是抽象的哲理思辨，另一边是社会政治经济背景及其生平事迹，两者之间无直接的联系，结果是，历史活动中看不到时代精神，而哲学分析中缺乏历史内涵。令人高兴的是，《评传》在这个问题上作了成功的探索，将社会历史与哲学思想紧密结合，形成了该书的基本学术特色。其研究方法是：以心态研究为桥梁，联结士族社会与玄学理论，将历史背景、学术思潮融入哲学家个案中，使之浑然一体。由于何晏、王弼的人生经历与学术贡献不同，两传各有侧重：《前篇·何晏评传》侧重历史，《正篇·王弼评传》侧重哲学，但是历史与哲学并没有出现两张皮的局面，而是你中有我，我中有你。

在《前篇·何晏评传》中，作者以汉魏之际士族社会萌动、庄园经济发展与文化风尚变异为时代背景，以何晏的生平活动为主线，叙述了正始名士这一政治集团与文化群体生、成、异、灭的过程，展现了广阔的社会历史画面。但是作者并没有仅仅就事论事，停留在对历史事实直观描述的表层，而是着重研究了以何晏为代表的正始名士群体的心态，即那些驱使他们走上历史舞台如此表演的动机，从中分析时代精神变化，因此，在作者笔下，太和"浮华案"、正始改制和高平陵政变等重大政治事件与建安游宴、清谈、寒食散等文化现象，不再是散落的、孤立的历史存在，而是被有机地融入魏晋玄学思潮第一个周期运动中，烘托出一种令人信服的历史情境，使"名教与自然之辩"的哲学主题呼之欲出。

在《正篇·王弼评传》中，作者从学术渊源、理论方法入手，重点剖析了王弼的《老子注》《周易注》和《论语释疑》三部代表作，对其中的哲学范畴和命题进行了细致入微的研究，多侧面、立体化地展现了王弼哲学体系的结构。但是，该书并没有因此从概念出发，陷入从范畴到范畴的纯"哲学"分析。因为在作者看来，王弼"是以那个时代最高水平的抽象思维，总结并升华了汉魏之际思想变革的理论成果，全面融合了儒道思想，因此，对其评传的写作，只能从其理论体系的内在逻辑出发，将其思想的各个基本范畴和命题，分别置于汉晋之际思想文化的变化中综合分析。"①在这种思想的指导下，作者紧密联系汉魏之际的时代课题，抓住王弼注释所表现出的时代精神不放，深刻地揭示了这些范畴和命题的历史底蕴。

历史与哲学融合的研究方法，拓宽了学术视野，为探讨何晏、王弼的思想以及整个正始玄学，提供了许多新的研究角度，一些过去隐而不彰的问题显现出来，因而使研究对象在总体上"焕然一新"，这种研究方法不仅使《评传》新见迭出，而且这些新见互相联系，形成完整的体系——从王弼玄学的产生原因、思想方法、理论结构到历史意义，都可成一家之言。由于篇幅的限制，在此不可能一一例举，仅就王弼玄学形成的原因，看《评传》是如何系统地创立新说的：

首先，关于王弼玄学产生的社会动因，作者认为，追求心性自由和恪守封建礼教的双重文化性格，是魏晋士族知识分子的基本特征。作者将汉魏之际士人大致分

---

① 王晓毅：《王弼评传》，南京大学出版社 1996 年版，第 39 页。

为汉末名士、魏初名士和正始名士依次发展、逐渐成熟的三代知识分子群体，详细分析这三个群体在家族渊源与思想性格上的继承关系，并且指出：正始名士的出现，标志着魏晋士族双重文化性格的基本成熟。而士族阶级这种自由与专制兼容的双重性格，最终来源于士族庄园经济的独立性与强制性双重特点，为此，《评传》设〈庄园的文化意义〉一节予以论证，认为庄园不仅是一个经济范畴，同时作为一种生活方式，也是一种文化范畴。士族是庄园的人格化，而庄园则是士族文化性格的外化。与中国古代其他封建经济形态相比，庄园更能产生独立自由精神，尽管这种自由有极大的局限性。这些观点，都是作者的创见。

再者，关于王弼玄学产生的学术渊源，作者有两个突出的创见：其一，以大量史实和令人信服的论证，对早期玄学继承的道家哲学形态，提出了新说："谁也不会否认，在中国思想文化由汉代经学向魏晋玄学历史性转变的汉魏之际，道家学说居于这场变革的主导地位……然而，其中最有影响的道家思想流派，并不是通常所说的老庄自然哲学，而是所谓'黄老之学'。它不是汉初黄老之学的简单重复，而是在黄老旗帜下，活跃于汉末社会批判思潮、早期道教和魏初形名法术中。"[1] 作者进而将汉末黄老之学分为"黄老方术"和"黄老形名"两大流派：前者经过汉末道教思潮，为早期玄学的嵇康、阮籍元气自然论玄学流派供了思想素材；后者经过汉末社会批判思潮和魏初形名法术，影响了王弼贵"无"本体论的形成。其二，魏晋玄学在形成中是否受到佛教的影响，汤用彤持无，吕澂持有，莫衷一是，而这个问题涉及儒释道融合的上限，十分重要，故成为学术界争论的难题。在这个问题上，《评传》另辟蹊径，从何晏所寄养的曹氏家族的佛教文化影响谈起，进而深入比较了何晏《无名论》与东汉佛教译经在"无所有"概念上的异同，得出结论：何晏的早期本体论曾受到佛教的刺激，但是正始玄学的完成形态——王弼哲学对佛教影响进行了洗刷并再次向中国传统哲学回归。

金无足赤。《评传》虽然是一部难得的佳作，但是，仍有一些不足之处。缺乏专门的纵向比较研究，便是该书的薄弱环节。例如，《评传》对王弼的《老子注》《周易注》和《论语释疑》三部作品的分析，重点是其中的玄学时代精神，但是，未与前后时代的重要注释著作系统地进行比较，因而难以全面评价王弼在儒道经典注释史上的地位。再如，《评传》没有将何晏、王弼的理论与魏晋玄学的其他哲学家（如嵇康、阮籍、向秀、郭象等）进行深入比较，故影响了对正始玄学特点的把握。又如，虽然作者在最后一节

---

[1]　王晓毅:《王弼评传》，第 8 页。

从终极关怀角度评价了王弼玄学的历史意义，写得有深度有特色，但是由于《评传》没有正面比较王弼玄学与先秦子学、两汉经学、隋唐重玄学以及宋明 理学的异同，因此难以全面展现其在中国思想史上的意义。这些问题，还有待作者开阔视野，对中国历史文化各个断代和某些专门领域（ 如经学史）作贯通研究。

原载《中国史研究动态》1997 年第 6 期

《易》《庸》《学》与道家思想

丁原明

《易传》《中庸》《大学》是早期儒学的三部重要经典。然而，如果仔细研读这三部经典，其中均含有对道家思想的汲取与改造，并各自从特定层面展示着儒道两家思想的会通。下面，即对这个问题作初步探研。

一、《易传》与道家思想

《易传》作为解经之作，与《易经》有很大不同。如果说，《易经》是一部以八卦与六十四卦及卦爻辞预测人事吉凶，指导人们活动的巫术宗教文化之书；那么，后出的《易传》则是一部抛弃了《易经》之宗教内容、继承八卦与六十四卦符号系统的以人为中心的哲学人文文化著作。《易传》与《易经》之所以有如此差异，最根本的原因在于它引进了道家的自然哲学，并用这种自然哲学确证儒家的伦理本位主义，从而创造了一个自然主义与人文主义相融通的形而上学体系，开启了天人合一的新路子。

《易传》对道家自然哲学的汲取，首先表现在它对宇宙生成的探讨方面。不过，《易传》用以探讨宇宙生成的概念首先不是"道"，而是"天"和"天地"。所谓"大哉乾元，万物资始，乃统天"（《乾·彖》），"至哉坤元，万物资生，乃顺承天"（《坤·彖》，）；以及"《易》与天地准，故能弥纶天地之道"（《系辞上》）等，都指明"天"和"天地"是《易传》哲学的最高范畴，并且两者具有同等序列的地位。正是从"天"和"天地"的概念出发，《易传》对万物怎样生成的问题作了初步揭示。它说："天地交而万物通也。"（《泰·彖》）"天地感而万物化生。"

（《咸·彖》）"有天地然后有万物，有万物然后有男女，有男女然后有夫妇……"
（《序卦》）

在《易传》看来，各种相异的现象都是天地这两个最基本的自然实体发生某种交感作用的结果。毫无疑问，这些话已具有生成论的意味。而在先秦，对宇宙生成的奥妙抱有浓厚兴趣并形成理论系统的是道家。《易传》用"天"或"天地"阐释万物的化生，这显然是与道家的宇宙生成说形成一种肯定性的关系。从思想来源上看，"天"是原始儒家所关注的一个重要哲学范畴，无论孔、孟或荀子都曾对它作过论述。而对"天地"，孔、孟虽然论及不多，但荀子却提出了"天地合而万物生，阴阳接而变化起"（《荀子·礼论》）的著名命题。道家《庄子》书更以"天地"作篇名，有所谓《天地》篇。因此，"天地"则是儒道两家所共同使用的范畴。《易传》采用儒道两家所使用的这些范畴来探讨万物生成的问题，这说明它的宇宙观与道家的自然哲学是不隔绝的。

正是沿循这种理路，《易传》又提出了"太极"的概念，并以之推阐万物的生化过程。它说："易有太极，是生两仪，两仪生四象，四象生八卦。"（《系辞上》）这种由本源衍生万物的思维定式，与《老子》"道生一，一生二，二生三"的宇宙生成次序并无二致。值得一提的是，"太极"一词曾见于《庄子·大宗师》，而汉儒则把它释为"元气"或"太一"。如郑玄说："极中之道，淳和未分之气也。"（王应麟《周易郑注》卷七）虞翻说："太极，太一也，分为天地，故生两仪也……"（李鼎祚《周易集解》卷十七）其实，汉儒的这种诠释是出自先秦道家。如《庄子·天下》说关尹、老聃"建之以常无有，主之以太一"；而稷下道家则把"道"释为"精气"。因此，"太一""道""气"既是同等意义的概念，又是先秦道家所惯用的哲学范畴。而《易传》用"太极"推阐天地万物的衍生，这不仅是对道家宇宙本源观念的认同，同时也说明它把万物的演化亦是当作一个自然历史的过程来看待的。《易传》旧说为孔子所著，其实它并非一人一时之作，其主要部分则成于战国中后期，似在孟、荀之后。正是这种特定的历史背景，使《易传》有条件吸取和融合儒道诸家的思想，从而去实现儒道思想的会通。

其次，《易传》对道家自然哲学的汲取，还表现在它对"道""阴阳""刚柔""神"等概念的阐释方面。它说："形而上者谓之道，形而下者谓之器。"（《系辞上》）这实际上是对《老子》"道常无名朴""朴散则为器"等思想的发挥和延伸。按照《易传》的理解，天地的本质的展开即为"道"，而"道"虽是无形的、不能凭感官所认知的，但它作为天地之本质的展现，却使事物具有规律性（或规定性）

和秩序性、过程性。所谓"乾道成男，坤道成女"（《系辞上》），即指道之规律性或规定性；所谓"立天之道曰阴曰阳，立地之道曰柔曰刚，立人之道曰仁曰义"（《说卦》），以及"一阴一阳谓之道"（《系辞上》）等，即指道所决定的秩序及其所展开的过程。《易传》所以用"一阴一阳"界定"道"，是因为它把"阴阳"视为天地、道化生万物的动力所在。在它看来，事物正是依赖于自身所固有阴阳矛盾运动，才具体展开为阖与辟、刚与柔、屈与伸的交互作用，从而化生衍变并表现出多样性的流行不息的无穷过程。由于阴阳乃为道之本质及万物的造化之功，故《易传》将它的这种作用称之"无为"，称之"神"。"《易》无思也，无为也，寂然不动，感而遂通天下之故。非天下之至神，其孰能于此?"《易传》的这种理解，可谓与原始道家的自然哲学同出一辙。因为道家的自然哲学不仅包含着对宇宙生成原理的探索，而且也包含着对宇宙最终实体即道的阐释。就以《老子》来说，"道"在老子那里既具有超验的意义，又被作为阴阳两种自然力能之间的某种统合来理解。所谓"万物负阴而抱阳"（《老子》），就表明道是包含阴阳矛盾的整合存在，只不过老子没有对阴阳做更深入地论述罢了。《庄子》则直接用阴阳阐释道的演化和万物的生成，如说："至阴肃肃，至阳赫赫。肃肃出乎天，赫赫出乎地，两者交通成和，而万物生焉。"（《庄子·田子方》）照此看来，《易传》对"道""阴阳"等的阐释不过是对道家道论的移入，它正是借助于先秦道家的一些资料而构筑了一幅宇宙自然衍化的总图景。当然，像阴阳、刚柔、神等也是《易经》所使用的范畴，但这些范畴在《易经》中所表示的仅是一种筮占的功能，亦泛指其形式系统。而《易传》不仅以阴阳释道，并且还把阴阳视作无限多样性运动的根源所在，这就巧妙地将《易经》的占筮性形式系统改造成以天道、阴阳为主要结构的自然哲学，从而与原始道家的自然主义表现出相同的致思趋势。

但是，《易传》所建构的并非仅仅是一种宇宙观或自然哲学。尽管这种自然哲学也包含着对宇宙自然的种种规定和解释，但其主旨却是为儒家的人文主义寻求一种本体论的根据，为人道、人伦、人群社会秩序进行意义的确证。因此，《易传》的本体论既是一种自然本体，又是一种超越于自然的价值本体，其本质则是古代中国所独具特色的一种新形而上学体系。正是以这个新形而上学体系为观照，《易传》认为天道与人道、自然理序与人群秩序并不隔绝或断裂，而是有着内在的历史连续性。即："刚柔交错，天文也。文明以止，人文也。观乎天文，以察时变，观乎人文，以化成天下。"（《贲·彖》）"天尊地卑，乾坤定矣，卑高以陈，贵贱位焉。"（《系辞上》）在它看来，天地万物的交感并非是一个无序的过程，在其普遍的感通中则同时存在着自身的秩序，而这种秩序既是文明和文化创造的自然前提，又是社会人群定位的本体论根据。不仅如此，《易传》还认为人性也是天道、阴阳之本质的流转，诸如个体的价值、人格的确立等皆无不奠基于形而上的天道。即所谓："一阴一阳谓之道，继之者善也，成之者性也。"（《系辞上》）

《易传》的上述思想，所表达的实际上是一种"天人同序"的天人合一观念。这种天人合一观念的根本内容，就是把天、地、人视为分别遵循阴阳、刚柔、仁义变化之道的连贯整体。在先秦，把天与人作为统一的整体加以研究，这本是儒道诸家共同沿循的思路。所不同的是，儒家偏重于以人合天，而道家则偏重于以天合人。原始儒家虽然也肯定天与人的统一性，但它们更关注通过天人之分以突出人文的价值。特别是像荀子，他不仅把天纯粹作为外在的自然来看待，而且更认为人与天完全是一种改造与被改造的关系，有蔽于人而不知天之嫌。道家阐释道的目的在于强调自然体系之结构的完美及其秩序的合理性，并要人以息静无为的虚灵心境与其保持绝对统一，因此又有"蔽于天而不知人"之弊。所以，在天与人的关系上，如果完全依了儒家，势必使人道流于孔子那种空洞的政治伦理信条；而完全依了原始道家，势必将扼杀人类的文化创造精神。由于《易传》引进了道家的自然本体论，并将这个自然本体论改造成与价值本体相融通的形而上学体系，故它对儒道诸家在天人关系上的局限性作了相当程度的修正。与原始道家相比，《易传》在认同道家"人群秩序天成于自然秩序①"理论的同时，则着重对道家忽视人文创造之弊予以纠偏，把刚健有为和自强不息的价值取向注入了它的天人合一体系。所谓"天行健，君子以自强不息"（《乾·象》），"日新之谓盛德，生生之谓易"（《系辞上》）等，就凸显了主体的绵延不止的创造力量和挺拔独立的人格特征。而与原始儒家相比较，《易传》在接绪孔、孟、荀所提倡的文化创造精神的同时，则强调主体的刚健有为必须受自然的抑制，指出个体的行为"居位正""行时中"，方可得变化之门，从而加入宇宙的创造之流。它反复讲"时""位""中"，并强调时以配阴阳、位以配刚柔、中以得正位，其意即在此。这样一来，《易传》在天人关系上既避开了儒家的以人合天，又避开了道家的以天合人，而取其中间；并由此化解了儒道两家的人为与自然之争，使天道与人道、自然与人为之间保持着合理的张力，形成一种天人合一的新框架。在这个新框架中，天道即人道即人文，人道人文不离天道；讲人道有为则不以破坏自然为限，讲超越有限而不指向彼岸世界（即不同于宗

---

① 吴重庆：《儒道互补》，广东人民出版社 1993 年版，第 28 页。

教的超越）。因此，《易传》的这个天人关系的新框架是形上与形下、自然与人文、现实与理想、有限与无限的辩证统一，并成为古老的中华民族理性思维延伸的极限。它之所以构成中国文化的根本精神，并为后世儒学讨论性与天道的问题所认同，其原因也就在这里。然而，《易传》的这个天人关系的新框架，却是引进道家的自然哲学并对其加以改造、调整与转换的结果。倘若没有道家思想的渗入，没有儒道两家思想的会通，《易传》是难以构筑成这个天人合一的新框架的。

二、《中庸》与道家思想

《中庸》相传为子思所作，但现在一般都认为它的主要部分完成于战国后期，有些内容可能为秦汉之际的儒者所加。对《中庸》与《易传》的关系，熊十力曾认为"《中庸》本演《易》之书"[①]，冯友兰则认为"《中庸》的主要意思与《易传》的意思，有许多相同之处"[②]。其实，《中庸》与《易传》的思想内容，是同异并存。就相异的方面看，如果说《易传》的侧重点在于为社会大层面的人道、人文建构外在的价值本体，并由此确立起由天而人、天人同序的形而上学体系；那么《中庸》则着重对人的内在心性作形而上的挖掘，并通过这种挖掘而赋予人性及心性修养以形而上的价值本体，然后将这种价值本体落实到庸言庸行之中。因此，《易传》侧重点是外在超越，它追求的是一种"弥纶天地之道"的超验境界；而《中庸》则要求将超验的本体转换成内在的德性。就相同的方面看，《中庸》与《易传》一样，它对道家思想也抱有浓厚的兴趣，并且也是在引进道家思想并对其加以改造、调整与转换的基础上而建构起自身体系的。

《中庸》对道家思想的引进，首先体现在对"道"的认可方面。它说："大哉圣人之道，洋洋乎发育万物，峻极于天。""道也者，不可须臾离也。可离，非道也。""如此者，不见而章，不动而变，无为而成。天地之道，可壹言而尽也。其为物不贰，则其生物不测。天地之道，博也，厚也，高也，明也，悠也，久也。"《中庸》认为，道既是发育万物的根本，又是一种普遍性（"可离，非道也"）、自发性（"不动而变，无为而成"）的存在，它虽然自然无为，精微难见，但却依赖于自身的力量而成为万物的创造者。这种阐释符合原始道家的道论，像老庄道家把道

---

① 熊十力:《原儒》下卷，上海书店出版社 2009 年版，第 177 页。
② 冯友兰:《中国哲学史新编》第三册，人民出版社 1985 年版，第 119 页。

视为先天地生，自本自根，自古以存，为万物之源，以及道自然无为、无所不在等，就指明道具有根本性、普遍性、自发性的特点。而根本性、普遍性、自发性是以实存性或实然性为载体的，故《中庸》又说："诚者，天之道也。"根据后来王夫之的解释："诚也者，实也，实有之，固有之也。"（《尚书引义》卷三）"诚"即实然、实存。道即"诚"，道亦即实然、实存。"诚"在原始儒家孟子那里是标志主体性存在的范畴，如说："反身而诚，乐莫大焉。"（《孟子·尽心上》）而《中庸》赋予"诚"以客观属性，并以之阐释天道，这无疑是接受了道家老子的影响。因为老子的"道"的一个重要特点，就是具有很强的客观性。

但是，《中庸》引进"道"的意旨，既不是像老庄道家那样以道为核心建构自然的本体，也不是以自然无为的道去映照俗世社会，引导人们对现实中虚伪的文化加以彻底的清算和背叛，而是为了从外在方面为人性及人性修养提供一个形而上的价值本体，并将这个外在的形而上的价值本体转换成内在的心性本体。正是沿循这种哲学理路，《中庸》则着重将人性与天道作了沟通，把作为实然性的天道的"诚"视为人的内在德性和品格的根据，认为人性的当然之则不过是外在的实然性的天道、诚对主体的内化。它说："天命之谓性，率性之谓道，修道之谓教"；"诚者，天之道也。诚之者，人之道也。"这样一来，《中庸》便对人性作了深层挖掘，将其视作外在的本体对主体的转化，因而使天道与人道、人性连接在一起了。由此出发，《中庸》认为作为价值本体的天道对人来说并不玄远，它就内在于普遍的人伦关系和日用常行之中。故而又说："道不远人，人之为道而远人，不可以为道"；"夫妇之愚，可以与知焉"，"夫妇之不肖，可以能行焉。"因此，《中庸》主张"尊德性而道问学"，把外在的价值本体的内化，诉诸学问思辨行，认为通过学问思辨行即可使人性提升为一般的价值规定，使主体达到理性的自觉。而一旦主体达到了理性的自觉，就会形成赞天地之化育的伟大力量，即："唯天下之至诚，为能尽其性；能尽其性，则能尽人之性；能尽人之性，则能尽物之性；能尽物之性，则可以赞天地之化育；可以赞天地之化育，则可以与天地参矣。"它对孟子提出的"诚"，可谓作了超水平发挥，并奠定了儒家心性学的理论基础。然而，撇开《中庸》所论述的上述具体内容不谈，而就其将当然的性视实然的天道的内化，以及认为本体与现象、自然与人生、无限与有限并不互相隔绝来看，它仍然受到了道家思维方式的影响。像道家将清净息欲的人性视作自然无为的天道之本质的流转，以及它认为道的超越性并不与现象互相对立与隔绝等，就体现了本体与现象、自然与人生、无限与有限相谐和一致的思维模式。从这方面说，《中庸》在思维方式上也是受到了道家的影响的。

其次，《中庸》对道家思想的引进，还表现在它对"万物并育"和"中和"思想的论述方面。由于它在特定层面赋予道以客观的属性，故它认为天地万物是一种并列的关系，它们各有其运行规律。它说："辟如天地之无不持载，无不覆帱。辟如四时之错行，如日月之代明。万物并育而不相害，道并行而不相悖……此天地之所以为大也。"原始儒家关注的是人性、人道问题，而对于外在化的天道、自然比较冷漠，即或谈论天道问题也只是将其附着于人性、人道之中。因此，《中庸》的这段话与原始儒家关涉不多，而与道家颇有瓜葛。由于道家提倡的是自然主义，故认为人和万物的本质是一致的，是一种并列的关系。如《老子》说；"大道汜兮……万物恃之而生而不辞……衣养万物而不为主。"而《庄子·齐物论》说："天地与我并生，万物与我为一"；《天道》篇则说："天不产而万物化，地不长而物育。"这些说法，都表达了"万物并育而不相害，道并行而不相悖"的意蕴。所以，《中庸》关于万物并育而不相害的思想应是源于道家。

《中庸》引进道家"万物并育而不相害"的意旨，在于从自然万物共生共存的和谐状态中提取一种"中和"意识。故而，它说："喜怒哀乐之未发，谓之中。发而皆中节，谓之和。中也者，天下之大本也，和也者，天下之达道也。致中和，天地位焉，万物育焉。"《中庸》从自然万物的不相背、不相害中体味自然秩序的理则，并将其提升为人的"中和"之德，这与原始道家"人群秩序天成于自然秩序"的理论十分接近。并且，"尚中"思想也是原始道家所提倡的，如《老子》说："多言数穷，不如守中。"从这方面看，《中庸》的"中和"观念，也与道家有关涉。不过，《中庸》作为儒家经典，它的"中和"更多的是指从理顺人群秩序而促进天地万物化育所达到的境界说的。虽然如此，但其万物并育而不相害及中和观念已楔入了道家思想的因子，这却是千真万确的事实。

最后，《中庸》在修养论方面则吸取了道家崇尚柔弱的思想。它说："宽柔以教，不报无道，南方之强也，君子居之。衽金革，死而不厌，北方之强也，而强者居之。"又说："柔远人则四方归之，怀诸侯则天下畏之"，"虽愚必明，虽柔必强。"这些话与原始道家的贵柔守雌、柔弱胜刚强等思想非常接近。特别是它把"宽柔以教，不报无道"视为"南方之强"，并且认为只有"君子"才有这种修养，这很可能是对南方楚道家"贵柔"思想的赞美和认同，从而避开了儒家"杀人之父，人亦杀其父"的报复主义。因此，无论从哪个层面上看，《中庸》都是与道家思想有密切关系的。

三、《大学》与道家思想

《大学》与《易传》《中庸》一样，也是一部与道家思想有牵扯的儒家经典。朱熹认为《大学》是孔子的弟子曾参所作，近人郭沫若则断定它为孟子的弟子乐正子所作（参见《十批判书》）。现在一般认为它的撰写年代大致在战国后期至秦汉之际，非一人一时之作。笔者亦持如是观。

《大学》的中心内容是论述"三纲领""八条目"的。所谓"三纲领"，即："在明明德，在亲民，在止于至善"。按照它的思路，首先将"至善"预定为主体行为的最高价值目标，然后以显明美德呼唤个体的自觉，以亲民作为这种道德自觉的归宿，此二者亦即"至善"的具体内容。然而，在《大学》看来，由"明明德""亲民"而达于"至善"，都是以"修身"为根本前提的。它为了贯彻"以修身为本"，便提出了八条目："古之欲明明德于天下者，先治其国。欲治其国者，先齐其家。欲齐其家者，先修其身。欲修其身者，先正其心。欲正其心者，先诚其意。欲诚其意者，先致其知。致知在格物。"正是从这种思维框架出发，《大学》在坚持用儒家观点阐释"明明德""修身"等问题的同时，也接纳了道家的一些思想资料和思维方法，因而在特定层面上显示出儒道两家思想的会通。

（一）修齐治平与道家思想

《大学》"八条目"中的前四条，讲的是修身与齐家、治国和平天下的关系，后四条则是修身的具体展开。毋庸置疑，从注重个体的自我修养而获得"善"的道德价值，然后以"善"的道德价值去善人、善国、善天下，这是原始儒家所提出的一套价值体系。像孔子主张"修己以安人"，将仁德推及于他人、国家和天下等，就是原始儒家对这套价值体系的最初设计，并被孟、荀所继承。这套价值体系也被《庄子·天下》篇概括为"内圣外王之道"。然而，无论孔子或孟、荀都未曾对这个"内圣外王之道"作出具体的程序化规定；相反，孟子倒是主张"穷则独善其身，达则兼济天下"（《孟子·尽心上》），把"达"作为从善己到善人的前提，对内圣外王之道作了有条件的理解。而真正对这个内圣外王之道作出程序化规定的是原始道家，如《老子》说："修之于身，其德乃真；修之于家，其德乃余；修之于乡，其德乃长；修之于邦，其德乃丰；修之于天下，其志乃普。故以身观身，以家观家，以乡观乡，以邦观邦，以国观国，以天下观天下，吾何以知天下然哉？以此。"老子主张通过清净无欲的人性修养而使个体获得一种"善"的价值取向，然后将这种"善"的价值取向按照由近及远的次序推及于家、乡、邦，最后成为自然无为的天下。两相比较，《大学》的理论几乎与老子的这种提法如出一辙。尽管两者所说的"善"在内涵上有很大差异，即《大学》指的是社会道德价值，而老子道家则指自然道德价值，但它们在思维方法上却是一致的，都不外拿个人的修身为基础，逐渐推广，然后及于远大。因此，《大学》的"格物、致知、诚意、正心"到"修身、齐家、治国、平天下"的系统，应是对老子上述理论的改造利用和合理概括与总结。

（二）止定、静安、虑得与道家思想

《大学》八条目中的"格物、致知、诚意、正心"作为"修身"的具体展开，它实际上反映的是求学闻道活动，并表现为由工夫到"至善"的价值目标实现的过程。而求学闻道和由工夫到"至善"的价值目标的实现，这既是一个主体的理性认知活动过程，又是主体通过这种理性认知活动自觉排除感情、欲望这些非理性因素纠缠的过程。八条目中的"正心"，即指净化精神心灵；"诚意"，即指不自欺；"格物、致知"即指主体不断地作用于外在的道德对象，并通过对人伦关系及伦常活动的反思而达到一种道德理性的自觉。正是按照这种逻辑结构，《大学》对主体的求学闻道活动也作出了具体的程序化规定。它说："知止而后有定，定而后能静，静而后能安，安而后能虑，虑而后能得。"所谓"知止"，即指首先确定那个"至善"的价值目标。根据它的规定，求学闻道首先应以"至善"的价值目标为总导向，并坚定不移地朝着这个价值目标前进。而人一旦坚定地朝着这个价值目标前进，他就会静而安心，不为情感欲望所纠缠；做到了静而安心和不为情感欲望所纠缠，他就能对道德对象和伦常关系进行深沉的思考；当这种思考达到了理性自觉的程度，就能把握"至善"的价值目标。《大学》的这个求学闻道先后次序的规定，其意蕴是与"正心、诚意、格物、致知"相一致的，两者都强调理性自觉对情感、欲望的支配作用，都把心理上的"静""安"视为理性认识活动的条件。《大学》的这些思想在其进一步解释中，即可更清楚地看出："所谓修身在正其心者。身有所忿懥，则不得其正；有所恐惧，则不得其正；有所好乐，则不得其正；有所忧患，则不得其正。心不在焉，视而不见，听而不闻，食而不知其味。"忿忧、恐惧、好乐都属于感情或感性活动。《大学》认为这些感情或感性活动不利于心灵上的"静""安"，故主张以理性（即"正心"）控制它们。这种看法，与其止定、静安、虑得的意蕴是完全一致的。

倘若对《大学》所规定的这个求学闻道程序加以仔细对照，不难发现它与《老子》的一些说法甚相符合。例如对"知止"，《老子》说："夫将以知止，知止可以不殆"；"知足不辱，知止不殆，可以长久"。对"静安"，《老子》说："不欲以静，天下将自定"；"孰能浊以止？静之徐清。孰能安以久？动之徐生。保此道者不欲盈。"老子虽然说过"为学日益，为道日损"，表现出将求学与闻道相对立起来的倾向，但他反对的仅是以经验主义的眼光看待"道"，而对修身以得道却是竭力提倡的。他反复强调个体进行清净息欲的心性修养，其用心就在于剔除情感、欲望等非理性因素的干扰，以为得"道"准备前提条件。因此，上引老子的一些话，可以理解为他对修身得道过程所提出的程序化规定，亦即修身得道是按照"止→静→安→动（虑）→保此道（得）"的先后步骤而展开的。仅就这个修身得道的先后步骤来看，其与《大学》的"止—定—静—安—虑—得"求学闻道次序，几乎没有什么差别。所以，撇开《大学》与《老子》的修身、闻（得）道内容不谈，仅就它们所设计的求学闻（得）道步骤及把静、安作为闻（得）道的前提条件来说，《大学》也是受了老子等道家思想的影响的。

（三）《大学》的其他用语与道家思想

《大学》在论述"明明德"、修身等问题时，还引用了一些其他道家语。如它说："事有终始。"这种说法似出于《老子》第14章："慎终如始，则无败事。"又如它说："心不在焉，视而不见，听而不闻，食而不知其味。"这种说法似源于《老子》第14章："视之不见名曰夷，听之不闻名曰希"；而《老子》第35章也说："道之出口，淡于其无味；视之不足见，听之不足闻。"不仅如此，即或"明明德"一词语，也与道家思想有联系，如《老子》说："知常曰明""知人者智，自知则明"。对此，金德建先生在其《先秦诸子杂考》，以及台湾学者庄万寿在其《〈大学〉、〈中庸〉与黄老思想》一文中，曾多有称引与对照，这里不再赘述。但由此可以看出，在《大学》的各个思想层面上都不同程度地渗入了道家的观念，它的确是一部与道家思想有密切联系的儒家著作。

总之，《易传》偏重从形而上学体系的建构方面引入道家思想，《中庸》偏重从发掘内在德性和建构心性本体方面以会通道家观念，而《大学》则主要是从修养论方面沟通了道家的一些思想。这种情况表明，作为先秦百家中之一家的道家，在战国中后期已化作一种潜在思想之流渗入儒家，并辅佐了儒家的发展。时下学界的一种意见即把秦以后的文化格局称之为"儒道互补"。而"儒道互补"的实质，依笔者之见，就是以道家之长克服儒家理论自身的缺陷，并由此改造、完善和发展儒家学说。从这个意义上说，秦以后儒道互补的文化格局的形成应始自包括《易传》《中庸》《大学》在内的这些儒家经典。因此，我们打破传统习见，以新的视界研究《易》《庸》《学》，将有助于揭示"儒道互补"理论体系的建构过程。

原载《孔子研究》1996 年第 1 期

《易》《老》相通论

周立升

《易》《老》相通①，古人即有此论，到了近世则渐为学界所认同。所谓相通，并非概念的简单比附，亦非学派的接续传承，而是就人类思维的逻辑进程及其思想意蕴的展现说的。从这一角度，我们将《易传》和《老子》作一比较，不难发现二者是有着内在的契合点的。当然，《易传》也吸纳了儒家、阴阳家、黄老家的思想，但是从《易传》的思维架构及其展现来看，《易》《老》相通显然更为突出和显著。

一、宇宙图式：道生与易化

一般认为《周易》的最高概念是"太极"，其实这是不确切的，或者说是有些误会。《周易》的最高概念不是"太极"而是"易"。这正如《老子》的最高概念不是"一"而是"道"一样。"易"作为《周易》的最高概念，似乎脱胎于《老子》的"道"。因此，它和道一样，既是一个本体论范畴，又是一个宇宙生成论范畴。

（一）作为哲学本体论范畴的"道"与"易"

何谓"易"？《系辞》说："易无思也，无为也，寂然不动，感而遂通天下之故。"无思则无意识，无为则任自然，寂然谓静，感通为动。又说："易与天地准，故能弥纶天下之道。""准"，虞翻注云，同也。帛书《系辞》作"顺"，优于通行

---

① 传统观点，上下经及十翼统称为经，因此古人引用《周易》时，无论引经文抑或传文均称"易曰"。但此处所谓《易》单指《易传》而不含经。

本。所谓"易与天地准"，即易与天地顺同，故能囊括天下之道，包络宇宙万有。可见，"易"与《老子》的"道"影似。《老子》把天、地、人道纳入"道"这一总体性范畴之中，从而对道的性能从不同的角度、不同的层面作了全新的解释，首次出现了由理论思维所建构的哲学本体论。"易"肖似"道"。它广大悉备，"冒天下之道"，理当覆盖"三极之道"。所以《系辞》说它"有天道焉，有人道焉，有地道焉"。那么，天地与易是何关系呢？《系辞》说："乾坤，其易之蕴邪？乾坤成列而易立乎其中矣，乾坤毁则无以见易，易不可见则乾坤或几乎息矣。是故形而上者谓之道，形而下者谓之器。"乾坤即天地。易在天地之中，与天地共久长。值得注意的是它所作出的结论。这个结论清楚地告诉我们，天地是具体的物，是形而下者，是器；"易"是抽象的，是形而上者，是道。这正如《老子》所说的，"有物混成，先天地生。寂兮寥兮，独立而不改，周行而不殆，可以为天地母。吾不知其名，字之曰道。"

需要强调的是，《老子》在它的哲学本体论中，提出了"朴"和"器"的范畴。《老子》说："道常无名，朴。"又说："朴散则为器。""朴"作为一种原始的无固定形质的内在的终极根源是宇宙万有的素材，而不是本身。但是，任何具体的形下之器都是由这种素材演化而成的，没有朴也就没有器。同时，各种具体的器在运动变化中还要"复归于朴"。可见，《老子》的朴器论实质上乃是阐明道与器的关系问题，只是论述尚欠完备而已。《系辞》的作者明显地继承和发挥了《老子》的思想，将之概括为"形而上者谓之道，形而下者谓之器"，并使之范式化。从此，道与器便成为中国哲学中极为重要且富有生命力的一对范畴。

道与易作为本体论范畴，具有许多质的规定性的特征，举其要者为：

1. 有与无的统一

有和无作为哲学范畴，是由《老子》首先提出的。为了探寻作为"万物之奥"的道的本质，揭示它同世界万有的差异和联系，于是《老子》运用了这对范畴。道相对于具体的有而言，是"无"；而相对于虚无来说，又是"有"，是有与无的统一。道的有和无，是不同于具体事物的有和无的。前者是无形（"无状之状"）、无体（"无物之象"）的，后者是有形、有体的。对无形、无体的东西，人们是无法用感官直接感知的，只有通过直觉思维和理性思辨去把握它。所以道作为有与无的统一，乃是直觉思维的辩证统一，而非感性的具体的统一。这是《老子》对道所作的哲学证明。我们再来看"易"。《系辞》说："易者，象也。象也者，像也。"这是说，易乃由观物取象而来，因此它是象。既然"像其物宜"，当然是"有"，从宏观到微观无无象之物，亦无无物之象，所以万有皆可取象。然而，象者只是像似而已，它并非即是该物，故朱熹释"理之似也"。将"易"释作"理"，亦可见朱熹之匠心独具。《系辞》又说："神无方而易无体。"神谓玄妙、微妙。"神也者，妙万物而为言者也。"（《说卦》）阴阳不测的神妙变化是无固定方所的，而"易"则是无固定形体的。无固定形体即是"无"，然而无固定形体也是一种形体，因此又是"有"。可见，"易"也是"有"与"无"的统一。

2. 永恒性与无限性

道作为最高范畴是永恒的。《老子》说："道可道，非恒道。"恒道是不可道的，然而它却是存在的，是恒亘古今的。"自今及古，其名不去"。道的永恒性表现为无始无终，无灭无生。正如《庄子·大宗师》所说的，它"自古以固存"，"先天地生而不为久，长于上古而不为老"。它的永恒存在，表明了它的绝对性。"易"也是永恒的，它与乾坤共始终。"乾坤毁，则无以见易。"（《系辞》）易类万物之情，"观其所恒而天地万物之情可见矣。""天地之道恒久而不已也……日月得天而能久照，四时变化而能久成，圣人久于其道而天下化成。"（《彖·恒》）

永恒的东西，不仅是绝对的，而且是无限的。就道来说，"迎之不见其首，随之不见其后"（《老子》）。无首则无始，无后则无终，此即表明了道的无限性。就大而言，"万物归焉而不为主，可名为大"（《老子》）。亦即"其大无外"，故"强为之名曰大"（《老子》）。就小而言，"衣养万物而不为主，可名于小"（《老子》）。亦即"其小无内"，故"朴虽小，天下莫能臣也。"（《老子》）无论大也罢，小也罢，总之是无限的。那么易呢？它广大悉备，无所不包。"夫易广矣大矣！以言乎远则不御，以言乎迩则静而正，以言乎天地之间则备矣"。（《系辞》）但是，它又是小的，"其称名也小"。而且它能"显微阐幽"，微、幽都是形容小的，对于微、幽之物它都可进行显阐，表明它自身又是无限小的。

道的无边无际，表明了它的空间性；道的无始无终，表明了它的时间性。道与时空偕极，并非超时空的。易也如此，"乾坤成列，而易位乎其中矣"（《系辞》）。所谓成列，即指空间，亦称"位"。《周易》对"位"这一概念特别重视，它认为空间（"位"）条件对事物的发展变化及其吉凶休咎，有时能起决定性作用。关于时间讲的尤多。如："四时""趣时""与时偕行""与时偕极""与时消息""原始反终""往来先后"等等。"时"所以被《易传》作者特别推重，一方面作者希冀从理论上论证易必得时、适时、应时、趋时，即易不超时间而是与时偕行的；另一方面则是从行为上强调审时度势的重要性，以便适应历史的发展和社会的变化。

总之，《老子》的"道"和《易传》的"易"都是在时空中永恒运动着的绝对，是宇宙本体。但是，二者同"物质"范畴尚不可同日而语。原因在于，道与易特别是易作为宇宙的本体，完全是主观设定的，犹如将"理""心"或"绝对观念"设定为宇宙本体一样。

（二）作为宇宙衍生论范畴的"道"与"易"

道是万物之宗主，是宇宙万有的总根源。《老子》说："道者，万物之奥。""渊兮，似万物之宗。"它是"天地之母"，万物的始基。道的最大功能是造化，道的最高德性是创生。"道生之，德畜之，物形之，势成之。是以万物莫不尊道而贵德。""易"亦如此。生生不息，大化流行，既是易之功能，又体现了它的德性。《系辞》云："生生之谓易。"又云："天地之大德曰生。"天地之所以能生，在于易化。故太史公云："易以道化。"（《史记·太史公自序》）

在论证宇宙生成和万物衍化时，《易传》和《老子》有着异曲同工之妙。《老子》说："道生一，一生二，二生三，三生万物。万物负阴而抱阳，冲气以为和。"《系辞》说："易有太极，是生两仪，两仪生四象，四象生八卦，八卦定吉凶，吉凶生大业。"就《老子》说，道又称无极，如云："复归于无极"。复归于无极即复归于道，可见无极即道。"一"指什么呢？一乃指浑然一体之气，即未判为阴阳的混沌之气。气分阴阳，阳气清轻飏为天，阴气浊重凝为地，这即是"一生二"。阴阳冲涌，交合化生，从而出现第三者，即阳中阴和阴中阳。无论阳中阴抑或阴中阳，即非纯阳亦非纯阴，而是阴阳合和所出现的第三者，这就是"二生三"。世界万物都是"负阴而抱阳"的，即阴阳的有机统一，故云"三生万物"。从宇宙生成和衍化的过程看，万物是从阴阳合和来的，阴阳是从气来的，气是由道派生的，所以道是万物之主，万物之母，是宇宙万物的始基。道或无极是无，一是有，"道生一"就是无生有。故尔《老子》说："天下万物生于有，有生于无。"这个"有生于无"的过程，也就是宇宙生成和衍化的过程。可将之表列如下：

无	→	有				万物
道	→	一	→ 二	→ 三	→	万物
道（无极）	→	混然之气	→ 阴气、阳气	→ 阴阳合（阳中阴、阴中阳）	→	万物

《老子》的宇宙衍生论，对后世的思想家和科学家影响很大。《系辞》的作者就是其中之一。《系辞》云："天地絪缊，万物化醇。男女构精，万物化生。"《序

卦》云："有天地然后万物生焉。盈天地之间者唯万物。"天地、男女，均喻阴阳。在这儿，《易传》的作者并非探究宇宙的衍化，而是强调阴阳的作用与功能。孔颖达释"天地缊蕴，万物化醇"曰："缊蕴，相附著之义。言天地无心，自然得一。唯二气缊蕴，共相和会，万物感之，变化而精醇也。天地若有心为二，则不能使万物化醇也。"（《周易正义》）这位儒者的疏解可谓深得老学旨意。天地既非最高本体，太极亦非天地，那么《易传》的宇宙衍化论，就是前引"易有太极"那段话了。关于"太极"，历代学者多有论列，有以太一、太乙释者，有以元气释者，有以阴阳释者，有以总理释者，亦有以道释者。如从与《老子》比较的视角观察，它类似于"无极"。以图示之，则为：易→太极→两仪→四象→八卦；无极（道）→太一→阴阳→太阳、太阴、少阳（阳中阴）、少阴（阴中阳）→天、地、雷、风、水、火、山、泽。

这里不难发现，《老子》的"道生"和《系辞》的"易化"，思维进路是一致的。其不同在于，《系辞》的作者在摹拟《老子》的"道生"思想时，将《老子》的道的客观面抽掉了，突出了"易"的主观设定即圣人制作的一面，从而使"易"概念难以超出易学领域，更不可能取代"道"而占据显赫位置。尽管后人竭力抬高"易"概念的地位，如称"太易"，或说"视之不见，听之不闻，循之不得，故曰易也"等等，但仍无济于事。原因在于《易传》的作者在对《易经》进行哲学阐释时，将概念的灵活性加以主观的应用，砍掉了"易"的客观基础。这是他们的一大失误，也可说是他们哲学概括的败笔。但是，这也难以责怪。因为《易传》的作者仍然十分重视《周易》的占筮功能，并煞费心机地论证占筮的意义，叙述占筮的原则，总结占筮的经验，概括占筮的公例等，表现出既要把《易经》哲学化，又要保持《易经》本性的二重心态，从而成为既重义理解悟又重象数占验的最早代表。这种双向兼重的思维路向，同道家的轻卜筮思想有别，也同孔子、荀子特重义理的思想迥异。

从《易传》作者推重象数的角度，如果说"易有太极"章是讲筮法问题，并非讲宇宙衍生论，我亦同意。因为其持之有故，言之成理。但这已超出《易》《老》相通的论题了，故本文对此不作深论。

二、思维方式：直觉与思辨

（一）《老》《易》直觉思维之样态与可能

直觉主义作为《老子》的认知方式是学界公认的，它深刻影响甚至左右着我国古代的传统思维方式，《易传》也不例外。

《老子》说："道可道，非恒道；名可名，非恒名。"这是说，能够用言语称谓的就不是恒道，可以用名言表述的就不是恒名。对恒道的把握既非逻辑推理所能奏效，亦非常规思维所能企及，而是采思维中的直接领悟即直觉思维。《老子》的直觉主义，突出地表现为"静观"和"玄览"。所谓"静观"即以静观静的直观。道是寂静无形的（"寂兮寥兮"），只有守静，才能直取道之本性。因此，《老子》说："致虚极，守静笃。万物并作，吾以观复。"所谓致虚，也就是消解一切主观成见，彻除心灵的种种蔽障。守静则是安定躁动的心绪，堵塞情欲的门径，排除外物对感官的干扰。"玄览"，帛书《老子》作"玄鉴"。鉴即镜子。《庄子·天道》说："圣人之心，静乎天地之鉴，万物之镜也。"《淮南子·修务训》说："清明之士，执玄鉴于心，照物明白。"可见，玄鉴即指心灵、心官。"涤除玄鉴"就是洗涤其心，使心清如镜，一尘不染，像白板一般，无任何意念存留。《老子》是通过"静观"和"玄鉴"，从而进入直觉领域并达到与道豁然贯通之状态的。这种直觉思维的特点是直观性、自发性和非逻辑性。具体表现则为少名言而求直观，靠灵性而非逻辑，重觉解而轻论证。《庄子·知北游》曰："道不可闻，闻而非也；道不可见，见而非也；道不可言，言而非也。"这种不用耳闻、不以目见、不以言表而得道的情形，描画出了在非逻辑思维的状态下进行直觉悟解的神采。

直觉悟解的思维方式在《周易》中表现得尤为突出。《易传》作者所提出和运用的"观物—取象—比类—体道"的方法，其实就是直觉思维的范式化。所谓"观物取象"，即通过仰观俯察、近取远取等方式，对天地万物的物象进行多角度多层面的反复观察和直觉感受，然后"拟诸其形容"，将之概括、提炼为易象。《系辞》说，"圣人有以见天下之赜"，"仰则观象于天，俯则观法于地，观鸟兽之文与地之宜，近取诸身，远取诸物，于是始作八卦，以通神明之德，以类万物之情"。可见，取象就是对事物的纹、理、节等特征加以概括，对蕴含于其中的性、情、理予以象征和表述。这种取象方法是不能用逻辑进行推导的，也不是靠理性思维所能解决的。相反，它倒有浓厚的违反逻辑和违背理性的意味。如说："探赜索引，钩深致远，以定天下之吉凶，成天下之亹亹者，莫大乎蓍龟。"他们将象数和蓍龟的神妙功能，说得无以复加。和《老子》一样，《易传》在推重直觉解悟时，也是强调"虚其心"和"静其神"的。如说："蓍之德圆而神，卦之德方以知，六爻之义易以贡，圣人以此洗心，退藏于密，吉凶与民同患。"（《系辞》）朱熹注云："圆神谓变化无方，方知谓事有定理，易以贡谓变易以告人。圣人体具三者之德而无一尘之累，无事则其心寂然人莫能窥，有事则神知之用随感而应。"（《周易本义》）朱熹以"无一尘之累"释洗心，可谓深得其旨。这也就是《老子》所说的"涤除玄鉴"。所谓"其心寂然"，即是静心一意。所谓"神知之用随感而应"，即是直觉悟解。《系辞》中，凡以"子曰"解易者，均属此类。譬如，《系辞》引"鸣鹤在阴，其子和之。我有好爵，吾与尔靡之"（《中孚·九二》）。作者即以"子曰"（经师曰）的形式，发表了一通善有善应，恶有恶报，言行为荣辱之主，君子必当慎之又慎的道德说教。然而，这通议论与"鸣鹤在阴"毫无关系，真乃风马牛不相即。正是这种不相即的觉解（一种下意识或潜意识的偶然顿悟）被《易传》作者推尊到极高的地位，予以无限夸大。由《老子》开端被《周易》发挥并广泛运用的直觉思维，突出的是所谓"灵性"。这种"灵性"带有极大的模糊性和神秘性。

（二）《老》《易》辩证思维之沟通与转型

《老子》的辩证法思想和辩证逻辑是举世公认的。《易传》在老学的基础上进一步开显，从而形成了自己的系统并具有鲜明的特色。

毋庸讳言，《易》与《老》的辩证法是同中有异和异中趋同的。既然如此，那么二者的主要思想之联结及其核心观念之沟通，就是不言而喻的了。

1. 崇顺"天道""自然"，由天道推衍人事的系统观

崇尚"道"和"天道"、顺任"自然"是老学的基调。《易传》在把"易"抬至与"道"齐等地位之后，也是步趋老学。《老子》以道为轴心，建立了道的完备系统，"人法地，地法天，天法道，道法自然"（《老子》）。宇宙万有皆取法于道，道满天下，无处不在。万物由道开始，又复归于道。《易传》则以"易"为框架，建立了易的系统，"立天之道曰阴与阳，立地之道曰柔与刚，立人之道曰仁与义"（《说卦》）。易布乾坤，周流六虚，万物以天资始，以地资生，易则"范围天下之化而不过，曲成万物而不遗"（《系辞》）。"道"与"易"作为系统，是开放的动态系统。一切都在变动之中，变动的规律是朝向对立方面往复地进行。《老子》说："反者，道之动。""周行而不殆。""万物并作，吾以观复。"《系辞》说：易之"为道也屡迁，变动不居，周流六虚，上下无常，刚柔相易。""日往则月来，月往则日来，日月相推而明生焉；寒往则暑来，暑往则寒来，寒暑相推而岁成焉。"《老》《易》之所以强调运动的循环性，是其对天道直观的结果。天道可观可象，可感可通，人应效天道，法自然。故尔《老子》说："天地不仁，以万物为刍狗。圣人不仁，以百姓为刍狗。""天之道，利而不害。人之道，为而不争。"《系辞》

则说："天地变化，圣人效之。""明于天之道而察于民之故。"可见，二者均由天道以推衍人事是极为明显的。但是必须看到，无论在《老子》抑或《易传》那里，天道不是实体，也不是共相，而是作为宇宙整体性的代表。它能统摄万物，主宰化生，同时它又是万物自身之性，存在于万物之中。因此宇宙万物之间，不存在绝对界限，而是相互映现、相互贯通、相互联结、相互感应的，所以才能形成"道"或"易"的动态系统。这就是《老子》和《易传》由天道推衍人事的根据。

2. 强调万物相通"天人合一"的整体观

《老子》将宇宙万物视为一个生生不息的无限过程，强调万物存在的连续性和不可分割的整体性。而对于具体对象，则着重进行辩证否定的分析和把握。道是大，是一，是全，是超越有限存在的。道的大、一、全，并非指作为具体对象的完整性或其存在形式的单一性，而是指作为造化万物、统摄万有的道的连续整体性。具体事物可以生生灭灭，但大道不废而恒自然。因此，把握社会、人生及万物的着眼点，不是定位于个体对象上，而是由道或天道入手，来体察事物的内在本性及其变化。具体说，就是探究天人整体之学。《老子》如此，《易传》亦复如是。所谓天人整体之学，亦即"天人合一"之整体观。从"天人合一"作为根据看，《易》《老》是一致的，即二者都援引天道以论证人道，竭力使人道的原则符合天道的规律。尽管这个天道不过是人自身本质的投影，但他们却虔诚地把它视为客观的、外在于人的必然之律。从"天人合一"的效应看，《易》《老》则分途了。《老子》主张因任自然，认为人道应当取法天道的自然无为原则。假如"为"，必须以"无为"为之，从而达到"以至于无为"的目的。《易传》则不然，它也因循自然、效法天道。但是并不以天屈人，而是以人伸天。强调人应取法天道的刚健有为和地道的浑厚德性。"天行健，君子以自强不息。"（《乾·象》）"地势坤，君子以厚德载物。"（《坤·象》）从而矫正了《老子》"自然无为"论中压抑主体能动性的一面。

3. 着眼于整体的稳定与完善的和谐观

作为天人整体之学的天（客体）和人（主体），本来是对立的两极。但对事物的矛盾关系，《老》和《易》所强调的不是对立两极之间的排斥、争斗和分裂，也不是均衡、联合与同一，而是突出双方的相比相得、相承相应、相和相通的互补和谐关系。《老子》说："万物负阴而抱阳，冲气以为和。""天地相合，以降甘露。"《系辞》说："与天地合其德，与日月合其明，与四时合其序，与鬼神合其吉凶。"可见，正负两极，相反相成，互济为用，一方必以他方作为自身存在的根据，同时每一方又都包含着对立一方的种子。因此，事物在发展变化中不是一方吃掉或消灭另一方，而是促进对方的发展和生长。《老子》说："有无相生，难易相成，长短相形，高下相盈。"《系辞》说："易穷则变，变则通，通则久。""阴阳合德，刚柔有体，以体天地之化，以通神明之德。"足证，一方的消长变化必定以另一方相应的消长变化为补偿，以便始终保持整体的和谐与稳定。作为天道、地道的自然界是如此，作为人道的人类社会亦如此。虽然对立诸因素在相生相胜中有所损益，但不会导致总体破坏与失衡。相反，只有在变化屈伸中才能保持事物的生存和延续，即"归根复命"（《老子》），"保合泰和"（《象传》）。不难发现，由"道"或"易"所主宰的变化的总过程是近似圆圈的循环，正是这种周行循环，才体现了天道变化的圆满性，才实现了整体存在的稳定性。

然而，在如何保持事物的稳定和完善方面，《老子》同《易传》则又分道扬镳了。《老子》从自然、社会和人生现象中，观察到刚强的东西多丧失生机并逐步走向死亡，柔弱的东西反而充满了生机和活力。因此，它的结论是"柔弱胜刚强"。从这一原则出发，它主张"贵柔""守雌"。认为只有将对立面预先容纳于自身之中，使之不失去原有的性质，才能保持自身的稳定，进而避免走向死亡。这就使其辩证法明显地带有"贵柔""守雌"的特色。由于《老子》的过分强调柔弱的作用并竭力保持柔弱的主导地位，所以《老子》的辩证法内含着退守、曲全的收敛本性。这也是其蔽于一曲的表现吧。《易传》在继承《老子》辩证法的过程中，对那"有见于屈无见于伸"的弊端有所彻察，故尔予以匡正：突出"阳刚"和"正胜"的主导地位；强调转化的条件。将《老子》"静而柔"的辩证法转换为"动而刚"的样态。所谓"转换"即是扬弃，亦即是辩证的否定。《易传》的作者力图无偏无党地全面解决对立面之间的关系问题，提出"一阴一阳之谓道"的命题，希冀使矛盾双方可偏胜而不可偏废。然而却有意或无意地突出了阳刚的主导地位，并深刻影响着中国文化的发展。这种影响既有积极的一面，也有消极的一面。荀子说："万物为道一偏，一物为万物一偏。"（《正论》）真正做到"无有作好""无有作恶"，确实是难乎其难的。

陈鼓应主编《道家文化研究》第八辑，上海古籍出版社 1995 年版，第 227～239 页

王弼的崇本息末观与玄理化的易学倾向

高晨阳

对于王弼易学的特点，历来有两种决然不同的看法。一种看法认为，王弼摈落象数，对于辨明孔门义理有功。一种看法认为，王弼援道入儒、以《老》解《易》，不识孔门义理，属玄易义理学。笔者基本赞成后者。但何以说王弼易学属玄理易，持此论者似乎缺少详说，故仍有进一步讨论的必要。

王弼的易学著作《周易略例》和《周易注》，在其易学体系中具有不同的功能。前者重在探讨理解《周易》的方法或体例，后者重在阐述义理内容。无论从方法上看，还是从内容上看，王弼解《易》，其背后的观念性依据皆是他从老子哲学中体悟出来的"崇本息（举）末"。在《周易略例》中，王弼根据这一观念确定了"忘象求意""以一御多"的解释学原则。关于此，笔者另有专文讨论。我这里所要讨论的是，在《周易注》中，王弼同样是根据这一观念去理解《易》之义理内容的。崇本息末是一个本体论命题，关涉于有无之辨。"崇本"即"贵无"，以无为本；"息末"涵"举末"，意即"用有"，以有为末。有无不分，本末不离，双方为体用关系。这一观念用之于社会生活，在价值趋向上是以道家的无或自然为体，以儒家的名教为用。一方面，王弼根据《易传》的思想解释经文，表现为对名教的肯定；另一方面，又引入道家的思想，把自然置之于名教之上而作为其本体性的依据。王弼在《周易注》中所做的基本工作，就是根据老学中的崇本息末观念，沿着以有显无的理路，把自然与名教统一起来，完成会通儒道两家思想的任务，个中所体现的是道家的心灵或精神。

一、以有显无的根本理路

唐人李鼎祚的《周易集解·序》在论及郑玄易学和王弼易学的特点时指出："郑则多参天象，王乃全释人事。"郑玄易属象数学派，王弼易属玄学义理学派，其间的差别不仅在治易的方法上，而且亦在思想内容上。关于方法的差别，由于与本题无关，故可不论，所可注意的是双方在思想内容上的分际。照李鼎祚所说，郑玄易是"多参天象"，王弼易则"全释人事"。事实上，郑玄虽然重在天象，但他并不局限于此，而每以天象比附人事；王弼虽然重在人事，但也每每涉及天象。郑、王的分际，不在于前者讲不讲人事，后者讲不讲天象，而在于如何理解天象以及它与人事的关系。郑玄目中的天象，主要指卦爻所指示的自然界阴阳变化以及与卦爻相配的五行秩序。郑玄进而由天象伸向人事，据天象以证人事之则。其易学是从宇宙论的层面论说天人关系。在王弼那里，人事主要指与自然相对待的名教一面。王弼由人事而天象，最终追溯到形而上的领域。其易学是从本体论的层面论说天人关系。但在王弼易学中作为名教之形而上根据的不是儒家的天道性命，而是道家的无，或曰自然。宋晁说之说："费氏之传，晚而益盛，东都陈元、郑众、马融、郑玄、荀爽、魏王肃、王弼，皆其人也。自肃以下，莫敢恃其所传，唯王弼厌旧喜新，摈弃师法，攘老庄虚无之论，专于人事。"（《玉海》卷三五《汉易传》）所谓"旧"，是指汉易师承家传的卦变、互体等一类的象数学方法，"新"则指摈落象数，以老庄解易。王弼"专于人事"，并不是就人事论人事，不是纯在政治人伦的层面上作文章，而是援引老庄之说，以道家的"虚无"作为名教的形而上的根据。李鼎祚和晁说之所概括的都是王弼易学的特点。

王弼由"人事"而"天象"，在理路上表现由有显无。这与王弼的《老子注》显然不同。《老子注》侧重于论无，强调以无统有，由体摄用，这是从上向下看，可以说凸现的是自然的本体地位，注重的是自然对名教的统摄作用。《周易注》侧重于论有，实际上强调以有显无、即用见体，这是从下向上看，通过揭示物象的变化而反显本体的地位与作用。在《周易注》中，王弼不是没有论及无或自然，但却"专于人事"，偏重于名教自身，所凸现的是由名教以见自然的原则。《老子注》和《周易注》在理路上的这种根本区别，可以说源之于《老子》和《周易》这两部原典的自身。《老子》是一部纯哲理性的著作，它本来就重视无对有的本体地位，因此，王弼在阐述其老学思想时，可以根据老子的有无之辨，直接在万有之上设置一个形上之无作为其根据，并据此去解释自然与名教的关系。《周易》原本是卜筮之作。它通过卦爻结构和卦爻辞来指示人的吉凶休咎，所关涉的皆是社会生活的具体原则或具体物事，这些物事皆是"有"。《易传》虽然赋予经文以哲学的义涵，但不可能完全摆脱经的原有的思维模式。这种情况决定着，王弼理解《周易》，只能从"有"出发，进而由有显无，亦即由名教而显现自然之道。

从王弼易学的思想内容看，最值得注意的是"大衍义"和"阴阳义"两段文字。今本《周易注》不见这两段文字，但其义却贯通于王弼易学中，这是王弼易学思想的灵魂所在，也是其解《易》的根本理路所在。王弼"大衍义"说："演天地之数，所赖者五十也。其用四十有九，则其一不用也。不用而用以之通，非数而数以之成，斯《易》太极也。四十有九，数之极也。夫无不可以无明，必因于有，故常于有物之极，而必明其所由之宗也。"（韩康伯《易系辞注》引）这是王弼从《易传》筮法中提炼出来的本末体用观念。《老子注》42 章说："万物万形，其归一也。""四十有九"为"数之极"，它代表"万物万形"、千差万别的物象世界。与"四十有九"相对应，"不用之一"当然不是指数量之一，而是老子所理解的道，同时也即王弼所理解的易之"太极"，它所代表的是一个形而上的本体世界，是"不用而用以之通，非数而数以之成"的宗主。王弼把"四十有九"与"不用之一"概括为有与无的关系，认为"常于有物之极而必明其所由之宗"，此即由有显无、即用见体义。落在人事上说，有即名教。名教为末为用，由此末用即可反显道体的存在，亦即名教本于自然或名教据自然而生而成之义。

"四十有九"作为有，既指由筮法所得阴阳二爻，亦指阴阳二爻所指示的包括天人两界在内的阴阳两类物事。有既然依据于无而成，这就意味着，阴阳必依据于本体而化。《谷梁传》卷五杨士勋疏引王弼语云："一阴一阳者，或谓之阴，或谓之阳，不可定名也。夫为阴则不能为阳，为柔则不能为刚，唯不阴不阳，然后为阴阳之宗；不柔不刚，然后为刚柔之主。故无方无体，非阳非阴，始得谓之道，始得谓之神是也。"又《论语释疑·述而》在"子曰志于道"条下，王弼注说："道者，无之称也，无不通也，无不由也，况之曰道。寂然为体，不可为象，是道不可体，故但志慕而已。"韩康伯对王弼这两条注进行了综合。其注《系辞》"一阴一阳之谓道"说："道者何？无之称也，无不通也，无不由也。况之曰道，寂然为体，不可为象，必有之用极，而无之功显，故至乎神无方而易无体，而道可见矣。故务变以尽神，因神以明道。阴阳虽殊，无一以待之，在阴为无阴，阴以之生，在阳为无阳，阳以之成，故曰一阴一阳也。"王弼这一阴阳之辨，其理路与"大衍义"相同。阴阳所代表的具体物事，可以概括阴类和阳类两种，此乃形而下者。阴阳既然表示形下之器物，这说明它确有所指，其为名则属于定名。有定名必有分限，是阴则不能为阳，是阳则不能为阴。照王弼的解释，"一阴一阳者"乃指道体而言。道体无定名，故不为一名所限，既可谓之阴，又可谓之阳。道体既可为阴，又可谓阳，这说明它"不阴不阳"，亦即"非阴非阳"，既不是阴，又不是阳，没有确定的规定性。道体"不阴不阳""非阴非阳"，它无定体，无方所，因而可以贯通于万物万事之中，成为"阴阳之宗""刚柔之主"，万物万事由之而生成的根据。韩康伯沿着王弼的理路，进一步发挥了王弼的思想，认为阴阳为有，道体（一阴一阳者）为无。一方面，道虽然为无，在阴为无阴，在阳为无阳，但阴却据之而生，阳据之而成，因此，道乃阴阳所据之体。这一层意思可以说强调的是由本统末，即体显用义。另一方面，道不是阴阳之外别有一体，无不是有外另有一物，它就存在于阴阳变化或有之中，因此，"必有之用极，而无之功显"，只有从阴阳或有之变化之中，才能发现其存在。这一层意思，可以说强调的是由末见本，即用显体义。

　　从王弼的"大衍义"和"阴阳义"看，其所谓的有与无的关系也就是道与阴阳的关系，双方为本末体用关系。本末不离，体用不分，有无不二，这既是王弼老学中的"崇本息末"观念，又是其易学中的基本观念。对本末关系可以从两面看。一，从体上看，所重视的是本对末的统率作用。二，从用上看，所关注的是末对本的依赖关系。从逻辑上，这两层义蕴实为一义，讲这一面必涵另一面，讲另一面亦必涵这一面，但随理论的需要，有时凸现的是这一面，有时凸现的是另一面。在《周易注》中，王弼侧重于后一面，他着力之处是属于形而下范域的阴阳变化，探讨的是名教的结构和功能问题，亦即"用"的问题。但用不离体，有不离无，故王弼虽关注于有，但必关涉于无。以有显无，这就是王弼解《易》的根本理路所在。这一理路，所体现的不是儒家的精神，而是道家的精神，或直曰为玄学易的精神。

二、名教本于自然的义理内容

　　在《周易》中，阴阳是一对含义极为宽泛的范畴，它是表示对象世界的一个套子，天象变化和人事之则都可以囊括于其中。王弼《周易注》所强调的是阴阳范畴在人事方面的意义。这些人事之则，大体上可以概括为四类：一是名分位序，二是道德行为，三是治国之道，四是动作行止。与此相应，属于位序范畴的有尊卑贵贱，属于德性范畴的有中正邪过，属于治道范畴的有损益、有为无为，属于行止的有动静。对这些人事之则可以进一步概括两大类：名教的结构和功能。第一条是关于名教结构的，所探讨的是名分纲常的等级性秩序，余者大体上说皆是关涉于名教功能的。当然，人事之则方面的范畴远不止于此，而且，对范畴作这样的区分是相对的，事实上它们在意蕴上往往有迭合之处。因此，作这样的概括偏重于逻辑的意义。这些范畴阐述的皆为政治人伦之则，亦即名教问题。从王弼对它们的理解看，大抵不违儒家在《易传》中所确定的义理。不过，照王弼的观念，它们统统属于形而下的"有"之范域。在其后有一个至一不变的"无"作为它们的根据。本体无亦即自然。王弼在阐述名教之则时，有的地方直接涉及道家的自然，但更多的地方则似乎没有涉及。但情况无论如何，王弼皆强调"用无常道，事无轨度，动静屈伸，唯变所适"。（《周易略例·明卦适变通爻》）"唯变所适"亦即不可有执、顺应自然之意。王弼这一观念，如果向上追索其源，与其说得之儒家，不得说得之于道家，或者更为确切说，得之于其老学中的崇本息末观念。

（一）尊卑之序

王弼根据《易传》的观念和儒家的一贯主张，确定了阳尊阴卑、阳尊阴贱的原则，认为阴阳两爻在卦体中的位序象征着物事尊卑贵贱的等级性秩序。宇宙万物各据其性、各安其位，这就是一个和谐有序的整体。《周易略例·辨位》说："位有尊卑，爻有阴阳。尊者，阳之所处；卑者，阴之所履也。故以尊为阳位，卑为阴位。"爻性有阴阳之别，爻位有尊卑之分，阳爻当处尊位，阴爻当处卑位。爻位阴阳的关系所指示的是事物的尊卑关系。王弼据此阳尊阴卑的观念而阐述事物的关系时，虽然有时也论及天象，但主要是说明人事，目的在于确立一个尊卑有序、贵贱有别的社会结构。这一特定的社会结构，亦即儒家名教所规定的结构。

王弼在《周易注》中，对这一名教结构是完全肯定的。因此，他处处时时强调尊卑贵贱等级分别的重要性。例如，王弼在解释《节卦》时说："节之大者，莫若刚柔分，男女别也。"在解释《鼎卦》卦义时说："贤愚有别，尊卑有序，然后乃亨。"他注《家人卦》卦义说："家人之义，各自修一家之道。"注《家人卦》九五爻辞说："父父、子子、兄兄、弟弟、夫夫、妇妇，六亲和睦，交相爱乐，而家道正，正家而天下定矣。"王弼所理想的家族结构是一个符合名教规范的等级性结构。家族结构乃社会结构的缩影。故社会结构亦当有同样的性质。

《既济卦》，六爻位当而正，六二、九五各居中位。王弼《象传注》解释说："既济者，以皆济为义者也。"又说："刚柔正而位当，则邪不可以行也，故唯正乃利贞也。"王弼认为，《既济卦》之六爻，阳居阳位，阴居阴位，刚柔正而位当，这意味着社会各个成员各正其德，各安其位，贵贱尊卑的等级关系完全合序。照王弼的解释，既济卦就是这一理想社会结构的象征。

但王弼在分析名教结构的产生时，却是沿着他在《老子注》中所提出的"名教源于自然"的观念展开讨论的。如《屯卦》震下坎上，排在乾坤两卦之后。乾象天，坤象地，乾性刚而坤性柔，天地相合，刚柔相交，始有万物的产生和形成。因此，《屯卦》有天地造始、万物初生之象。同时，震为动，坎为险，动而遇险，因此，《屯卦》也有屯难之世之象。王弼注《屯卦》说："刚柔始交，是以屯也。不交则否，故屯乃大亨也。雷雨之动，乃得满盈，皆刚柔始交之所为。屯体不宁，故利建侯也。屯者，天地造始之时也。造物之始，始于冥昧，故曰草昧也。处造始之时，所宜之善，莫善建侯也。"王弼认为，刚柔始交是天地造始之时，不交则上下否结不通，也就没有万物的生成。天地造物之始，万物萌动，处于混沌不分，一片冥昧状态。所谓"冥昧"，通于老子所说的"朴"。屯难之时，是万物化生之机，同时也是人类社会由"朴散为器"的关节点。所以，这正是建侯立制、设官分职、制定名分秩序的好时机。照王弼所说，圣人设立名教制度，并不是妄为，而是顺自然而为。这一观念，实与王弼在《老子注》中所说的"真散则百行出，殊娄生"，"圣人因其分散，故立为官长"相通，蕴涵着"名教本于自然"之玄义。王弼此说，乃隐引老入《易》。

（二）中正之德

在《周易注》中，中正既是表示名分位序的结构性范畴，又是表示人之道德行为的功能性范畴。王弼根据《周易》的爻位观念，确立了中正的意义。一卦六爻，第二爻为下卦之中位，第五爻为上卦之中位。爻居中位，是谓"居中""履中"，既象征着人在社会结构的特定地位，又象征着人的行为不偏，合乎中道。二、四为阴位，三、五为阳位，凡阳居阳位，阴居阴位，是为"得位""当位"，得位为正，象征着人的行为与其所处的社会地位或环境相当。按照王弼的这一理解和规定，位与德是统一的。中正既是对阴阳双方所处的等级地位的规定，又是对阴阳双方的道德行为的规定。《讼卦·九五注》说："中则不过，正则不邪。"所谓"中则不过"，是说阴阳双方必须符合中道而不能太过。如阳性刚，但其行为不能过于刚健之道，阴性柔，但其行为不能过于柔顺之道。过则为偏，不合中道。所谓"正则不邪"，是说阴阳各当其位，行为正直，合乎尊卑贵贱之序。不是这样，便是邪。可见，中正既是位序，又是德行。位序是中正规范的目标，德行是中正规范的手段。阴阳双方的道德行为是否中正，直接关系到政治人伦之秩序，社会之和谐。观《周易注》，可以发现王弼于中正着墨最多。照王弼的看法，中正作为一种道德原则，对社会中处于不同地位的不同成员提出了不同的道德要求。中正强调每一个社会成员在等级性的社会秩序中自觉地承担自己的道德责任，遵循中正所规范的道德原则调整自己的道德行为。王弼所阐述的这一中正之道，显然源于儒家历来所重视的持正、守中、用中观念，且直接得之于《易传》的思想。

但是，王弼观念中的中正作为维护社会政治人伦之序的手段是末用，而不是本体，在其背后还有一个"所以为中正者"之道作为其存在的根据。这一根据便是道家的自然。自然乃中正之"母"，是发挥道德治世功能的超越性保证。

王弼在注释《蒙卦》时提出了"蒙以养正"的原则。蒙，义为蒙昧，落在人事上讲，指人尚未开化的自然状态，所以蒙卦以"童蒙"目之。正作为道德之则是维护社会不可缺少的手段。王弼虽然不否认正的作用，但又认为不能执于正之自身，而应该寻找正之所以能正的根据。王弼《蒙·象传注》称："蒙之所利，乃利正也。夫明莫若圣。昧莫若蒙。蒙以养正，乃圣功也。然则养正以明，失其道矣。"王弼在《明夷·象传注》中对这一观念进一步发挥说："莅众显明，蔽伪百姓者，故以蒙养正，以明夷莅众。藏明于内，乃得明也。显明于外，巧所避也。"王弼所理解的正，也就是社会各成员各安其位，各正其德，按照儒家所规定的道德规范约束自我。但是，要发挥正德的功能，达到社会整体和谐的目标，不可以用明的办法，只能用蒙的办法。明即聪明巧智。王弼认为，在上者对天下用明，显露其智，在下者也必用明，以谋对策，这势必使百姓丧其素朴，趋于诈伪，造成上下竞明、矛盾丛生的局面。这是"养正以明"之弊。因此，治理天下的最高原则莫过于"蒙以养正"。在上者首先是以蒙自持，不用其明，如此，反而使物各归其正，各尽其明，实现功化天下的目的。在王弼的观念中，"正"在内容上指符合仁义礼制之则的道德行为；其所谓"蒙"，本于《老子》第20章所说的"沌沌""昏昏""闷闷"等"明道若昧"的观念。照王弼所说，正为末为子，蒙为本为母，以母养子，以本统末，才能充分发挥名教的治世功能。

在中正问题上，王弼不是否认儒家所重之德，而往往是用道家的观念去改造和重新解释它，赋之以道家的意义。《泰卦·九二》："包荒，用冯河，不遐遗，朋亡，得尚于中行。"王弼注称："体健居中，而用乎泰，能包含荒秽，受纳冯河者也。用心弘大，无所遐遗，故曰'不遐遗'也。无私无偏，存乎光大，故曰'朋亡'也。如此，则可以得尚于中行。尚。犹配也。中行，谓五。"九二以阳居阴，刚而能柔，遵循中道，是一个胸襟开阔，度量弘大的大臣形象。王弼认为，九二

"用心弘大，无私无偏，存乎光大"，这与儒家历来所重视的存公忘私观念契合。但王弼的"包含荒秽，受纳冯河"之说，则又隐含着道家的观念。《老子》16 章："容乃公。"王弼注说："无所不包通，则乃至于荡然公平也。""容乃公"亦即"谷神"之义。《老子》6 章："谷神不死，是谓玄牝。玄牝之门，是谓天地根。"王弼注说："谷神，谷中央无者也。"谷中无物，象征体无之境。主体体无，无执无著，故心中无私。无私则为公，因而可以包容一切而无弃物。王弼把儒家存公忘私之中道思想理解为"包含荒秽，受纳冯河"，实际上是取道家"容乃公"义，把老子的无或自然理解为中道之本。

（三）损益之则

损益是中国哲学史一对非常古老的范畴。儒家的创始者孔子把损益概括为一对政治或文化范畴，用以表示继续和革新的关系。《论语·为政》载孔子语："殷因于夏礼，所损益可知也。周因于殷礼，所损益可知也。"损是去掉点什么，益是增加点什么。王弼的损益观念，一方面不离孔子之义，另一方面又赋予它以新的内容，表示一种特定的道德原则，目的仍在确定人的行为方式，调节人际关系。《周易》中的《损》《益》两卦，便是专门讨论这个问题的。

损，兑下艮上，艮卦为阳而性刚，兑卦为阴而性柔，艮止于上，兑顺于下，所以损卦有阴顺阳，损下益上之义。王弼《损卦·象传注》注说："艮为阳，兑为阴，凡阴顺于阳者也。阳止于上，阴说而顺，损下益上，上行之义也。"这是王弼根据《损卦》卦象和《易传》之说所赋予《损卦》的基本意义。《损卦》说："损有孚。元吉，无咎，可贞，利有攸往。"王弼注说："损之为道，损下益上，损刚益柔也。损下益上，非补不足也；损刚益柔，非长君子之道也。为损而可以获吉，其唯有孚乎！损而有孚，则元吉，无咎，而可正，利有攸往矣。损刚益柔，不以消刚；损下益上，不以盈上。损刚而不为邪，益上而不谄，则何咎而可正？虽不能拯济大难，以斯有往，物无距也。"王弼认为，《损卦》的基本意义是损下益上，损刚益柔。但损下益上并不在于损有余而补不足，也不是要求在下者失却自己的刚直之性，无原则地屈从于在上者，而表示下不敢恃刚、亦即"说而顺"之义。"说而顺"贵"孚"，贵真诚无欺。而且，这种顺从也不是无原则的，而是以正为准则，损刚而不流于邪，益上而不流于谄。在下者若能遵循这一原则而行动，则可以无咎，虽然不能拯济大难，但必会得到在上者的接纳。

《益卦》震下巽上，震为阳，巽为阴，阳动于下，阴在上柔而顺，其意义与《损卦》相反，为损上益下之义。王弼《益卦·象传注》说："益之为用，施未足也。满而益之，害之道也。故凡益之道，与时偕行也。"《益卦》之根本意义，是使不足者受益。益之为道，不可满而再益，否则，反带来祸害。因此，如何行益，要"与时偕行"，根据不同的情况而定。

《益卦》之卦义主要见于九五。九五以阳而居于上体巽卦之中，是施益的一方。王弼对如何施益于下进行了规定。《益卦·九五》："有孚惠心，勿问元吉。有孚，惠我德。"王弼注说："得位履尊，为益之主者也。为益之大，莫大于信；为惠之大，莫大于心。因民所利而利之焉，惠而不费，惠心者也。信以惠心，尽物之愿，固不待问而元吉。有孚，惠我德也，以诚惠物，物亦应之，故曰'有孚，惠我德'也。"《论语·尧曰》"子曰：因民之所利而利之，斯不亦惠而不费乎。"王弼之说，显然源于孔子的思想。居于尊位的君主，应该施惠于臣民百姓。所谓"惠而不费"，意思是上施惠于下，并不是要用国家的财物对百姓万民施小恩小惠，而是"尽物之愿""因民所利而利之"，根据老百姓的要求和愿望而推行政策。这是惠民的前提和出发点。九五得位履尊，是掌握着最高权力的君主，居于损上益下之时，有中正之德。这一中正之德体现为"以诚惠物"之心，亦即真诚地考虑到万民的利益。君主如此，万民也必以真诚之心回应之，从而使君主由施惠者转化为受惠者，所以说："固不待问而元吉。"

王弼所讨论的损益之道，旨在确定君臣上下的道德原则和行为方式，协调社会各方面的关系。在王弼看来，无论是处损之时，还是处益之时，损益所规定的道德原则要求处于社会不同地位的每一个成员，特别是君臣双方都要进行自我约束，考虑对方的要求和愿望，处下者顺从于上，处上者有惠于下，并且在如此处理双方关系时必须出自真诚，这样，才能把社会各种关系理顺，形成一个和谐的整体。王弼这一观念，显然属于儒家思想的范域。

但在王弼的心灵深处，损益并不是治国原则的根本所在，而是道家的自然之道。王弼在《损卦·象传注》明确地挑破了这一思想旨趣。他说："自然之质，各定其分，短者不为不足，长者不为有余，损益将何加焉？非道之常，故必与时偕行也。"王弼并不否认损益作为名教手段而调节社会关系的功能，而是认为二者统统都是末，而不是本。王弼的逻辑思路是，执于损益则必有形可见，势必造成种种弊端，或者把损益当作求名的手段，或者当作逐利的手段。王弼认为，损益"非道之常，故必与时偕行"，意即不能把损益当作治世的根本原则，它仅仅是根据不同的形势而采取的权宜之计。在损益上面，还有一个统而运之者的恒常大道，此即自然。天下万物，各有其性，本来圆满自足，无所谓长，也无所谓短，根本用不着损益，只要不施不为，顺从其性，即可实现理想的和谐。王弼《老子注》20 章："夫燕雀有匹，鸠鸽有仇；寒乡之民，必知旃裘。自然已足，益之则忧。故续凫之足，何异截鹤之胫？"这一段话，源于《庄子·骈拇》。王弼用庄子解释老子自然之义，又用这一自然之道作为损益之本。这一本末体用观念，可以说是王弼的点睛之笔。

（四）动静之理

王弼所理解的动静，不仅指一般意义上的事物的运作变化，而且更在于表示人的举止动作。从后者看，王弼通过阐述易理，意在确定人们在名教关系中的行为准则，指示人们应当如何行动。

王弼《乾卦·文言注》说："夫识物之动，则其所以然之理皆可知也。龙之为德，不为妄者也。潜而勿用，何乎？必穷于下也；见而在田，必以时之通舍也。以爻为人，以位为时，人不妄动，则时皆可知也。文王明夷，则主可知矣；仲尼旅人，则国可知矣。"乾卦六爻，皆以龙为象，表示人的动静之则。王弼认为，由龙之隐显，就可以了解人事所应该遵循的"所以然之理"。此理就是人的行为准则，其内容便是"以爻为人，以位为时，人不妄动"。人作为一个行为的主体，其如何动作，总是受到各种社会因素的约束，不可能随心所欲。社会因素虽多，但大体可以归结为两类：一是主体自我在社会中所处的地位，二是主体所面临的外部客观形势。这种情况就如同六爻之动一样，虽然上下无常，刚柔相易，但总是受到位的制约，又受到卦时的制约。《周易略例·明卦通变适爻》说："夫卦者，时也。"这是就一卦所代表的总体形势而言。"以位为时"，这是就爻的具体地位或具体处境而言。卦时和位时，都是时。因此，所谓"不可妄动"，就是"与时偕行"，亦即根据时位关系而动，从主体所处的地位和客观形势的综合关系中确定行为的准则。照王弼所见，动静之理可以表示为：当动则动，当静则静，孰动孰静，由时决定。拿乾卦说，既象征纯刚之君德，又象征至健之动，但何以初九潜龙勿用，九二见而在田，一隐一出，一动一静，其行为表现有如此不同？王弼认为，这是由双方的位时不同造成的。初九之所以潜而勿用，是因穷处在下；九二之所以见而在田，是因为时运通达。"龙之为德，不可妄也"，龙之潜显，所揭示的正是动静出处的"所以然之理"。

王弼根据这一认识，对人的行为方式进行了分析。通览《周易注》，可以看出，王弼在处理动静关系时，表现出了极大的灵活性。他不是片面强调动，也不是片面强调静，而是强调据时而动，根据位时关系把握自己的行为方式。王弼的这一动静观念与《周易》的原典精神是一致的。

但王弼上面所说的动静，所关涉的都是主体的具体行为方式，动和静相对待而存在。动有动相，与动相对应，静也有静相。动静既有其相，这说明二者都处于"有"之领域。在"有"之领域，物事之变，人事之则，必有种种纷歧相，动荡相，不是表现为动，就是表现为静。照王弼所见，还有一个超越于具体动静之上的绝对的静作为其存在的根据。这一根据，便是道家观念中的恒常不变之静，亦即无或自然。王弼《恒卦·上六注》说：："静为躁君，安为动主，故安者，上之所处也；静者，可久之道也。"王弼认为"静为躁君"，当是落在本体论的层面上论说动静的关系。由于静是动之本，所以守静处安才是最根本的原则。

何以说"静为躁君"？王弼在《复卦·象传注》进行了阐述。文云："复者，反本之谓也。天地以本为心者也。凡动息则静，静非对动者也；语息则默，默非对语者也。然则天地虽大，富有万物，雷动风行，运化万变，寂然至无是其本矣。故动息地中，乃天地之心见也。若其以有为心，则异类未获具存矣。"这里，王弼以"反本"解释《象传》所说的"复"之意义。此本即是"天地之心"，而天地之心即是"寂然至无"的道体。王弼认为，天地万物，雷动风行，运化万变，处于运行不已的状态，但动必有息，或动必有静，这意味着具体之动静处于相对关系之中。而本体却寂然不动，是超越动静两相之静，所以说"静非对动者也"。本体层面之静，既无动相，又无静相，故可以"寂然至无"目之。一方面，这一"寂然至无"之道体，不能空无依傍，它通过相对的动静之相显现其存在，所以说，"动息地中，乃天地之心见也。"另一方面，"寂然至无"的道体并非死寂空无，它具有生化万物之无限妙用。道体之所以有这一功能，是因为它寂然不动，以"无心"的方式生化万有。若道体有动（静），动必为有，有即有心，有心则不能全有，所以说，"若其以有为心，则异类未获具存矣"。照王弼以上所说，动静乃体用关系，静为本，动为末，本体之静是统摄具体动（静）之本体。

这一动静观的实际意义，是要求人们在社会生活中确定自己的行为方式时，既不可执于动，也不可执于静，而应该顺任自然，以无为心。非如此，不能有行动的自由，不能维护名教的功能。王弼此说，实质上是以道家之道解释儒家"不可妄动"之理，把道家的自然置之于儒家名教之上。

（五）有为与无为之道

动则有为，静则无为，因此，动静关系亦即有为与无为的关系，或者更为确切地说，包含着有为与无为之辨的意蕴。一般说来，儒家尚名教，强调运用名教治理天下，属于有为的政治谋略；道家贵自然，主张顺应自然而治天下，属于无为的政治谋略。如何理解二者的功能和关系，把儒道两家的思想统一起来，是王弼《周易注》所要解决的一个重大理论问题。从总体上看，王弼是沿着他确定的动静关系的理则看待有为与无为之关系的。这就是说，是推行有为的策略还是无为的策略，其基本原则是"不可妄"，应该"与时偕行"。

在什么形势下可以有为呢？大体上说，在尊卑关系尚未理顺，社会秩序处于矛盾、冲突的情况下，王弼强调运用有为的手段进行调整。例如，《蛊卦》象征混乱失序之世。王弼认为，值此乱世，人们盼望拨乱反正，渴求天下安定，这就为实行有为准备了条件。《蛊卦·象传注》说："上刚可以断制，下柔可以施令。既巽又止，不竞争也。有事而无竞争之患，故可以有为矣。"《蛊》上艮体为阳，其象为止，有止乱之意。其下巽体为阴，其象为柔，有顺从之意。艮居于上，巽处于下，上下同心，所以正是有为的好时机。但是，如果各种人际关系已经调适，社会关系归于正常，在这种情况下，就必须变换策略，转到无为的轨道上来。《革卦》离下兑上，离为火为中女，兑为水为少女。王弼认为，这是"不合之象"（《革卦·象传注》），象征变革之世。从总体上看，变革是一个积极有为的过程。但《革卦》进入上六，意味着已经完成了变革任务，这时在策略上就应该加以调整，推行无为之治。王弼注说："居变之终，变道已成。君子处之，能成其文，小人乐成，则变而以顺上也。改命创制，变道已成。功成则事损，事损则无为。故居则得正而吉，征则躁扰而凶也。"在变革的终结阶段，变道已成，君子安其居，润色大业，小人安于改革的局面，改变原来不合作的态度而衷心地顺从在上者。在这种变革已经成功的形势下，人人各得其所，各安其居，就不可再滋生无用之事而躁扰天下，而应该奉行无为的策略。

王弼主张把有为和无为有机地结合起来，显然旨在调和儒道两家的思想。但二者的关系如何呢？在《老子注》中，王弼明确地表示："本在无为，母在无名。"既然无为为本，那么，有为当然就是末。在《周易注》中，王弼讨论有为和无为的文字极多，但并没有明确指明何者为本，何者为末。不过，这并不意味着王弼把二者等同视之。按照王弼"崇本息末"或"以无为本"的观念，其思想必然向着"本在无为"的路上走。他在讨论动静关系时所提出"静为躁君"的命题，就涵盖着"本在无为"的意义。既然在动静之上有一个"寂然至无"的绝对虚静的本体作为其根据，那么，从逻辑上说，在处于相对关系中的有为和无为之上应该有同样的一个本体作为其根据。实际上，王弼既反对执于有为，也反对执于无为。凡有执，则必落于"有"境而非至道。这一"无执"，是超越于有为和无为两边的绝对无为。从主观方面说，它指"体无"之境。从客观方面讲，它指道体之无。无论从哪一方面说，"无执"总是表示顺应自然之义。这一自然之道，便是成就具体所为之母之本。在《坤卦注·六二》，王弼实际上已经点明了这层玄义。他说："居中得正，极于地质。任其自然，而物自生；不假修营，而功自成。故不习焉，而无不利。"王弼的这一观念，也就是《老子注》第五章所说的"天地任自然，无为无造"之义。自然即道即无。"不假修营"，亦即无为无造，顺任自然之道。王弼认为，不假修营，无为无造而顺任自然之道，则万物自生而有道化天下之功。这一观念蕴涵着这样的意义：作为治国具体策略的为或无为，皆需依于自然而动，因此，自然乃最高、最根本的原则。"任其自然"，这可以说是王弼对《易传》"与时偕行"的解释。但这一解释不是本于儒家，而是本于道家。

由上面的分析可以看出，王弼易学在于证明：第一，以贵贱之分，尊卑之别的宗法等级性的名教之制是合理的，圣人为维护这一社会秩序的政治人伦之则或名教手段是必不可少的；第二，但"物无妄然，必由其理"（《周易略例·明象》），名教的存在与运作不能无根，而是源于自然。王弼《周易注》的这一观念，体现在义理内容上为"名教本于自然"，此与《老子注》的旨趣同归；体现在理路上则为由有显无。

三、性情之辨与道家的心灵

在《周易注》中，王弼一方面对名教予以充分肯定，另一方面又把自然或无置之于名教之上，强调只有抓住自然这一根本，才能成名教之序，全名教之功，显然具有以道入易的学术思想特点。

但如此理解王弼易学，可以说是形式的，而不是本质的。这是因为，道、无、自然这些形而上的观念，并不为道家所专有，事实上也可以为儒家所肯定。孔子自称自己无适无莫、无可无不可，以尧舜的无为而治为理想。孟子称孔子为"圣之时"。《易传》强调"易无思也，无为也。"这些观念，皆涵盖尚无或顺应自然的意义。无论在道家，还是在儒家，顺应自然都关涉于"体无"之境。主体有"体无"之境，落在行为方式上，必然是无执无为，顺应自然。台湾学者牟宗三先生在论及玄学的思想特点时，认为"无"作为主观性的精神境界，不独是道家或玄学的东西，而且也为儒家所认可。他说："儒圣亦不能违背此主观工夫上的无之智慧，尽管他不只此，因为他正面还讲仁。然而仁之体现岂能以有心为之乎？尽管他不欲多言，然而并非无此意。"① 照牟宗三先生所见，儒道两家共同之处，就是都以"体无"为理想境界。双方的分际为：儒家"正面讲仁"，所理想的精神境界以道德为根基，道家不讲仁，其所理想的精神境界缺少道德意识。进而言之，儒家所理解的"仁"，既是心性，又通天道，它乃政治人伦原则的根据所在。仁道为体，名教为用，所以名教所规定的政治人伦之则并不是一些形式性的条框，而是心性本体的显现。儒圣设置名教，制定政治设施，以道德教化天下，并不是勉强为之，而不过是顺应人之心性而已。这是儒家无执无为、顺应自然之真义所在。道家缺少道德意识，缺少仁体作为名教的根据，因而对名教采取一种超越的立场。道家由此出发，强调在主观心境上下工夫，消除种种拘执，实现无执无为之境。他们认为，主体有此"体无"之境，不执于名教，心任自然，反而能成全名教的秩序与功能。老庄道家虽然多有非毁仁义礼乐之说，但从逻辑上看，他们大体上是遵循这一理路看待和解决自然与名教关系的。

王弼继道家而起，其心灵不是儒家的，而是道家的。在理解儒家的经典《周易》时，由于他对儒家的天道性命之理没有真正的把握，因此，凡涉性命之关键处，他便一一带过。但名教又不能无据，因此，王弼必然把其根据归为无或自然。

在注释《乾卦》时，王弼曾提及性命问题。其《象传注》："静专动直，不失太和，岂非正性命之情者邪？"《文言传注》说："不性其情，何能久行其正？"所谓"正性命之情"，亦即"性其情"，其意指以性统情，这样，情才能归于正而不陷于邪，符合名教的规范。但如何理解性情关系，"性其情"如何可能，王弼于此没有展开论证。在《论语释疑》中，王弼发挥了这一思想，我们不妨据此以窥见其心思倾向。

《论语·阳货》："子曰：性相近也，习相远也。"王弼解释说："不性其情，焉能久行其正，此是情之正也。若心好流荡失真，此是情之邪也。若以情近性，故云性其情。情近性者，何妨有是欲。若逐欲迁，故云远也；若欲不迁，故曰近。但近性者正，而即性非正；而即性非正，而能使之正。譬如近火者热，而即火非热；虽即火非热，而能使之热。能使热者何？气也，热也。能使之正者何？仪也，静也。又知其有浓薄者。孔子曰：性相近也。若全同也，相近之辞不生；若全异也，相近之辞亦不得立。今云近者，有同有异，取其共是。无善无恶则同也，有浓有薄则异也，虽异而未相远，故曰近也。"由这段话可以看出，王弼是根据他在老学中的本

① 牟宗三：《才性与玄理》自序，广西师范大学出版社 2006 年版。

末有无观念来进行性情之辨的。从性之一面看，王弼主张"即性非正"，性无所谓正邪善恶。在王弼眼中，性乃自然，天生之气禀，是老子所说的"朴""真"，所以不可以正邪善恶目之。皇侃《论语义疏》即承其思想说："性是全生而有，未涉乎用，非唯不可名为恶，亦不可目为善，故性无善恶也。"性超越善恶而无名，就此而言，它可以视为与道体为一的本体"无"。性无善恶，这对于任何人都是一样的，所以说，"无善无恶则同也"。但人气禀有多寡之别，故人性不能不说有异，所以说，"有浓有薄则异也"。同是指人性在道德上无善恶之别，异是指人性在禀赋上有浓薄之分。从情之一面看，"近性者正"，背性者邪。性发之于外为情，情则有正邪善恶之别。情之如何，全由能否"性其情"而定。不能以性统情，离性逐欲，逐欲无已，随欲流迁，则必归于邪。反之，若能"性其情"，即以情从性，以性摄情，不以欲渝其真，不以物易其朴，把情置之于性的支配之下，就能"以性近情"而归于正。王弼把性情之正邪关系，喻为火于气之热的关系。火本身无所谓冷热，但却能使气有冷热之用，这就如同性本身无所谓善恶，但性显之为情，必有正邪的表现。情有正邪，与性相对应，可以视之为"有"。显然，王弼是从体用的层面理解性与情的关系。性为无为体，情为有为用。"性其情"，也就是以无为本，以体统用；"以情近性"也就是体证"无"的工夫，自觉地化解情累物执，使自己的政治道德行为符合自然之则。性与情的这一本末体用关系，也就是自然与名教的关系。

由王弼性情之辨可以看出，他不是本着儒家的心灵去理解性情关系，而是本着道家的心灵去理解性情关系。由于这一原因，王弼在注释《周易》时，不可能把名教的根据归结为儒家的心性本体，而只能归结为道家的自然或无。儒家的名教为有，体现着阴阳之理则。道家的自然为非阴非阳之无，是名教形而上的根据。王弼这样做，尽管不否认名教，但却把儒家作为名教根据的心性本体偷偷地换上道家的自然或无。王弼易学之所以为玄理易，其道理就在于此。对王弼易学作如此理解，乃是一种本质意义上的理解。

四、余语

对于王弼易，还有两个问题需要进一步申明：

第一，王弼易学的价值。王弼不拘象数，致力于"诠释人事"，对于彰明孔门义理确实有功。但他又援道入儒、以《老》解《易》，把儒家的人事之则归为道家的自然本体，遂使《周易》这部表现儒家思想的著作，在天道性命根源处被道家的气氛所遮蔽。从学术的角度看，王弼如此解《易》，可以说有失之于客观。不过，王弼的生命本质不是经学家，而是一个富有创新意识的思想家。其理论的重点不是发现《周易》的本义，而是根据时代的需要，旨在会通儒道，通体达用，解决自然与名教的关系。这一重大的理论课题，曾使时人迷惘、困惑，不知所措。王弼依据"崇本息末"观念，打通了儒道融合之路，在自然与名教之间架起了一道桥梁，解决了时代所赋予的理论任务。王弼易学体现着时代精神，在玄学史上具有重大的理论价值。

　　第二，王弼易学何以走上玄学化之路。《周易》以阴阳观念为核心，以六十四卦、三百八十四爻为框架结构，构成了一个奇特的思维模式。这一思维模式是一种反映天人关系的"代数式"，举凡万物之变，人情事理都可以纳于其中，具有"范围天地之化，曲成万物"的功能。因此，人们可以站在不同的角度对它作出解释，赋予它不同的义理内涵。王弼少好老庄，注《老》在先，注《易》在后。大概在其弱冠之年，其老学思想即已成熟，形成了"崇本息末"的思维模式。王弼受这一思维模式的控制。在注《易》时必会自觉或不自觉地以道家思想去改造和重铸儒家思想，从而使《周易》这部儒家著作渗入道家的精神，成为玄理易之开山者。

原载《周易研究》1997 年第 2 期

从《己易》看杨简易学的心学宗旨及学术意义

曾凡朝

　　杨简，字敬仲，明州慈溪（今属浙江省）人，生于宋高宗绍兴十一年（公元1141年）正月辛酉，卒于宋理宗宝庆二年（公元1226年）三月丙戌，享年八十六岁，谥文元。五十五岁以后，他筑室于慈溪德润湖滨，并将其更名为慈湖，因此后世学者称其为慈湖先生。杨简对象山学说中的主要见解作了较为详细的说明和哲学上的阐述，发挥了陆氏学说的核心部分，成为陆学的重要接续者和发扬光大者，在相当程度上，可以说是他与陆九渊共创了"心学"。本文以杨简54岁宰乐平时尝加改订的《己易》为主，透视杨简易学的心学宗旨及学术意义。

　　杨简以易为己。他认为《易》之为书，广大悉备，包罗万象，尽含宇宙间一切事物及其原则，而其实质乃是己。《己易》开篇即曰：

　　易者，己也，非有他也。以易为书，不以易为己，不可也。以易为天地之变化，不以易为己之变化，不可也。天地，我之天地；变化，我之变化，非他物也。私者裂之，私者自小也。……自生民以来，未有能识吾之全者。唯睹夫苍苍而清明而在上始能言者，名之曰天，又睹夫隤然而博厚而在下，又名之曰地。清明者，吾之清明；博厚者，吾之博厚，而人不自知也。人不自知，而相与指名曰，彼天也，彼地也，如不自知其为我之手足，而曰彼手也，彼足也，如不自知其为己之耳目鼻口，而曰彼耳目也，彼鼻口也。……夫所以为我者，毋曰血气形貌而已也。吾性澄然清明而非物，吾性洞然无际而非量。天者，吾性中之象；地者，吾性中之形。故曰："在天成象，在地成形"，皆我之所为也。①

────────

① 杨简：《慈湖先生遗书》，山东友谊书社1991年版，第291~292页。

杨简认为，易和世界是一体不二的，天地万物皆为易。"事无大小，无非易道之妙。"① "天地之间，何物非易？何事非易？何理非易？何时非易？何用非易？易未始不一，人心自不一。人心亦未始不一，人心无体，自神自明，自无所不一。"② "天地间何物非易？何事非易？何义非易？"③

天地万物皆为易，易就是"己"，就是"我"，就是"吾"。《周易》所讲的变化之道，都是以"我"为中心而形成的，《周易》中所讲的天地变化即"我"的变化。"此心至妙，奚庸加损？日月星辰即是我，四时寒暑即是我，山川人物即是我，风雨霜露即是我，鸢飞鱼跃无非我，如人耳目鼻口手足之不同，而实一人。人心如此神妙，百姓自日用而不知。"④ 杨简将表征天地万物的易内向主体化，将外在宇宙自我化，以"己""我""吾"来涵盖整个宇宙。

杨简认为天地与"己"本一不二，圆融不离，私者自分裂之，自视己小。一切是我，我是一切，物我一体。正如陆九渊所说："宇宙不曾限隔人，人自限隔宇宙"（《年谱》）。杨简把天地万物归于一"己"，认为天地的存在便是"我""吾"的存在，天地的变化即是"我""吾"的变化。这是杨简关于宇宙的基本看法。"天之所以健行而不息者，乃吾之健行也。地之所以博载而化生者，乃吾之化生也。日月之所以明者，乃吾之明也。四时之所以代谢者，乃吾之代谢也。万物之所以散殊于天地之间者，乃吾之散殊也。吾道一以贯之，果吾之所自有也。"⑤

杨简此处的"己""我""吾"不是指"己""我""吾"的血气躯壳，它是与"心""性""道""一"等同层次的概念。"愚者执气血以为己，故壮则喜，老则忧，惧其无己也。明者知性之为己，性本无体，平时固自不立己私，不执血气为己。"⑥ 杨简从不同侧面对具有同一内涵特征、作为宇宙万物本原的"心""己""我""吾"进行描述。"此心虚明，广大无际畔，范围天地，发育万物，即道也。"⑦ 杨简认为，"古者包牺氏之王天下也，仰则观象于天，俯则观法于地，观鸟兽之文与地之宜，近取诸身，远取诸物，于是始作八卦"（《系辞下》）一段话"非圣人作"，因为"天象地法，鸟兽之文，地之宜与凡在身及在物，皆在乎此心光明

---

① 杨简：《慈湖先生遗书》，第 314 页。
② 杨简：《杨氏易传》，《丛书集成续编》，上海书店出版社 1994 年版，第 789 页。
③ 杨简：《慈湖先生遗书》，第 355 页。
④ 杨简：《慈湖先生遗书》，第 964 页。
⑤ 杨简：《慈湖先生遗书》，第 690 页。
⑥ 杨简：《杨氏易传》，第 793 页。
⑦ 杨简：《慈湖先生遗书》，第 113 页。

之中"①。张寿镛先生在《杨氏易传》序中论杨简易学思想时说："以天地万物备于一己，己有其易，则易道由一己而充之者也，悟诸己而易理皆备。"（《杨氏易传》卷首）虚明之心，无边无际，天地都包括于心，万物都产生于心，此心即是道。同时，天地万物备于一己，以易为己、己有其易，则易道由己而充扩展开。正如陆九渊所说的"宇宙即是吾心，吾心即是宇宙"（《年谱》），这句话正适用于杨简之思。杨简就是从心即道、易即己出发对《周易》进行解释和阐发的。

确立了以易为己的基原之后，杨简接着阐述了自己关于卦爻象起源的看法。

　　　包牺氏欲形容易是己，不可得，画而为——。于戏！是可以形容吾体之似矣。又谓是虽足以形容吾体，而吾体之中又有变化之殊焉，又无以形容之，画而为——。——者，吾之——也；——者，吾之——也，可画而不可言也，可以默识而不可加知也。——者吾之全也，——者吾之分也。全即分也，分即全也。②

伏羲氏深知易为一己，想要描述又无从表达，最后画而为"——"来进行体现，"——"可以形容吾体之似。杨简认为，伏羲氏深明天地人万物呈现纷异、生生不穷、万变万化背后的根据是"己"，其道为一。"包牺氏深明乎此，既不能言，又欲以明示斯世与万世，而无以形容之，乃画而为——。于戏！庶几乎近似之矣。是可画而不可言，可言而不可议，但觉其一而不二，一而能通。"③伏羲氏对于易、己本一之妙，心知肚明，虽难以言说，却又要昭示当前及身后万世，近似画而为——，使人悟其一而不二。这也就成为《周易》最基本的构成单元——奇——阳爻。吾体之己中又有变化万殊，难以用其他方式描述，又画而为偶——阴爻来进行形容。易之为己是伏羲氏最初画卦、创设《周易》的源头和根据。"——"画表示"我"之全体，——画表示"我"这一整体的变化和殊异，即"——者，吾之全也，——者，吾之分也。"奇偶两画，来于"我"的整全和分殊，一而不二，并非对立，"全即分也，分即全也"，二者皆根源于己，共同为易之必要组成部分，"——者，易之——也；——者，易之——也。"④如其所说："坤者，两画之乾；乾者，一画之坤也"⑤，

————

① 杨简：《杨氏易传》，第 879 页。
② 杨简：《慈湖先生遗书》，第 291 页。
③ 杨简：《杨氏易传》，第 695 页。
④ 杨简：《杨氏易传》，第 694 页。
⑤ 杨简：《慈湖先生遗书》，第 294 页。

"指吾之刚为九，指吾之柔为六"①，阳爻称九乃是指吾之刚，阴爻称六乃是指吾之柔。

解决了奇——偶——两画、阴阳二爻来源和实质后，杨简说明了八经卦为三画的理由。"夫孰得而测识，又孰得而究穷，必三画而成卦者。明乎所以为天者，此也；所以为人者，此也；所以为地者，此也；是为三也。"②而且，八经卦都是阳——、阴——交错而生的。

> 其纯——者名之曰乾，其纯——者名之曰坤，其————杂者名之曰震、坎、艮、巽、离、兑，其实皆易之异名，初无本末、精粗、大小之殊也。③

继而，杨简以"己""我""吾"为核心，以《说卦》"乾，健也。坤，顺也。震，动也。巽，入也。坎，陷也。离，丽也。艮，止也。兑，说也"所述的八卦基本义象为纲，对乾、坤、震、坎、艮、巽、离、兑八经卦卦象本身和卦义进行了阐述。杨简曰：

> 系之辞曰"乾"，"乾，健也"，言乎千变万化，不可纪极，往古来今，无所终穷，而吾体之刚健，未始有改也；言乎可指之象，则所谓天者是也。天即乾健者也，天即一画之所似者也，天即己也，天即易也。……又系之辞曰"坤"，"坤，顺也"，明乎地、与妻、与臣、与柔之类也，然非有二道也。……乾何以三"——"也？天，此物也；人，此物也；地，此物也，无二"——"也，无二己也，皆我之为也。坤何以三"——"也（注：——，原文误做"——"）？天有阴阳、日月、明晦也，地有刚柔、高下、流止也，人有君臣、夫妇、贵贱、善恶也。☳（注：☳，原文误做☶），天下固有如此者也，圣人系之辞曰"震"，明乎如此者，阳为主，自下而动且起也，此我之变态也。☴（注：☴，原文误做☳），天下固有如此者也，圣人系之辞曰"巽"，明乎如此者，阴为主，阴入于下，柔随之类也，此又我之变态也。☵，天下又有如此者也，圣人系之辞曰"坎"，言阳陷乎两阴之中，内阳而外阴，

---

① 杨简：《慈湖先生遗书》，第 297 页。
② 杨简：《杨氏易传》，第 695 页。
③ 杨简：《杨氏易传》，第 694 页。

水之类也，此我之坎也。☲，天下又有如此者也，圣人系之辞曰"离"，言阴柔不能以自立，丽乎两刚，又外阳而中虚，为火之类也，此我之离也。天下又有☶者，阳刚止截乎其上，故系之辞曰"艮"。"艮，止也"，明乎我之止也。天下又有☱者，阴柔发散乎其外，故系之辞曰"兑"。"兑，说也"，明乎我之说也。[①]

杨氏认为，"言乎其健谓之乾，言乎其动谓之震，言乎其入谓之巽，言乎其陷谓之坎，言乎其丽谓之离，言乎其止谓之艮，言乎其说谓之兑……其变无穷，其言亦无穷，皆此一也。"[②]"乾，健也"言乎吾之体质刚健而不改，其变无穷，故以天为健。"坤，顺也"，明乎并非为二的吾体之柔顺。"震，动也"，是说震卦二阴一阳，阳为一卦之主，为主之阳，自下而动起。"巽，入也"，是说为主之阴，柔随入于下。"坎，陷也"，是说一阳陷于二阴之中。"离，丽也"，是说阴柔不能以自立，应丽乎两刚。"艮，止也"，是说一阳止截二阴之上。"兑，说也"，是说一阴居二阳之上，表示阴柔发散于外而悦。乾卦所以为三奇，表示天地人乃一整全，即"我"之全体，即"皆我之为也"。坤卦所以三偶，表示天地人又各有其对立之两面，其对立两面即"我"之分殊。其他六卦，亦皆"我"之变化，为"我"之震、坎、艮、巽、离、兑。

八卦乾、坤、震、巽、坎、离、艮、兑所对应的基本卦象——天、地、雷、风、水、火、山、泽同样是"我""吾"的体现，"指吾之清浊为天地，指吾之震、巽为雷、风，指吾之坎、离为水、火，指吾之艮、兑为山、泽"。"吾之震、巽"，即"我"之动、入；"吾之艮、兑"，即"我"之止、悦；"吾之坎、离"，即"我"之陷、丽。八卦的基本卦象都是"我""吾"的不同方面的表征。

对于八卦及其所符示的天地万物的关系而言，杨简认为，"举天地、万物、万化、万理皆一而已矣，举天地、万物、万化、万理皆乾而已矣。坤者，乾之两，非乾之外复有坤也，震、巽、坎、离、艮、兑又乾之交错散殊，非乾之外又复有此六物也，皆吾之变化也。"[③]"一"，指"我""吾"之全体，即天地万物、无数化现、理则都是"一"的表征而已；用卦象来表示，则都是乾的呈现而已。坤为乾之两，震、巽、坎、离、艮、兑，又是乾之交错散殊，无非是乾卦变化的不同方面，无非

---

① 杨简：《慈湖先生遗书》，第 293～196 页。
② 杨简：《杨氏易传》，第 696 页。
③ 杨简：《慈湖先生遗书》，第 296 页。

是"我""吾"的变化的表现。"混融无内外，贯通无异殊，观一画，其旨昭昭矣。"①

推而言之，六十四卦、三百八十四爻同样是"我""吾"的变化和错通。"指吾之变而化之、错而通之者为六十四卦、三百八十四爻"②。

杨氏认为，卦爻辞亦来自"我""吾"，他在释乾卦"元亨利贞"时曰：

> 元、亨、利、贞，吾之四德。吾本无此四者之殊，人之言之者自尔殊。人推吾之始，名之曰元，又曰仁；言吾之通，名之曰亨，又曰礼；言吾之利，名之曰利，又曰义；言吾之正，名之曰贞，又曰固。③

杨氏认为，元、亨、利、贞作为四德，出于"我""吾"之始、通、利、正，"其始谓之元，其通谓之亨，其利谓之利，其正谓之贞"，"推穷其本始，故曰元；又言其亨通，故曰亨；又言其安利，故曰利；又言其正非邪，故曰贞"④。元、亨、利、贞即仁、礼、义、正四种品德。尽管元、亨、利、贞出自"我""吾"，但是，"吾本无此四者之殊，人之言之者自殊"，"夫天地间安得有二道哉？苟分元亨利贞以为是四者而非一，则亦安能知元亨利贞哉？曰元曰亨曰利曰贞，如言金曰黄曰刚曰从革曰扣之有声也，岂有二金哉？又如言玉曰白曰莹曰润曰扣之有声也，岂有二玉哉？"⑤元、亨、利、贞，名四而实一，正如金、玉虽有不同的性能而实为一金一玉一样。

元、亨、利、贞，为"我""吾"之表征，六十四卦卦卦皆易，易又为"己"。所以，杨简认为，六十四卦皆可以言元、亨、利、贞。

> 六十四卦皆可以言元亨利贞也。有言焉，举一隅可以三隅反也，不必赘也。⑥

六十四卦皆可以言元亨利贞，圣人既于乾言之，又于坤言之，又于屯言

---

① 杨简：《慈湖先生遗书》，第 292～293 页。
② 杨简：《慈湖先生遗书》，第 297 页。
③ 杨简：《慈湖先生遗书》，第 296～297 页。
④ 杨简：《杨氏易传》，第 697～698 页。
⑤ 杨简：《杨氏易传》，第 706 页。
⑥ 杨简：《杨氏易传》，第 756 页。

之，圣人于此，谓学者可以意通之矣，故自蒙而下，或言其一，或言其二，或言其三，至随又全言之，临又言之，无妄、革又言之，亦偶于此数卦而复言，非此数卦之特异也，亦恐学者执乾、坤、屯之卦异余卦，故复于此言之，以破其疑。①

六十四卦中有言元亨利贞之全者，有言其一、言其二、言其三者，其言之次序并无定则，圣人这样作，是欲使学易者透过卦爻辞表象，深明易之本旨，易乃为"己"，易实为一，其他诸卦，以意通之。因此，研习卦爻辞，应以"己"为基点，循吾"本心"而进行。杨简曰：

> 通乎一，万事毕。差之毫厘，缪以千里。不远复，此心复也。频复，频放而频返也，亦危矣！然已复则如常矣，无咎也。得此则吉，失此则凶，无虞他日之吉凶，但观一念虑之得失。当乾之初而不肯潜，此心放也。当五而不能飞，此心固也。当三而不惕，此心慢也。当四而不疑，此心止也。循吾本心以往，则能飞，能潜，能疑，能惕，能用天下之九，亦能用天下之六，能尽通天下之故。仕止久速，一合其宜，周旋曲折，各当其可，非勤劳而为之也，吾心中自有如是十百千万散殊之正义也。礼仪三百，威仪三千，非吾心外物也。故曰："性之德也，合内外之道也，故时措之宜也。"言乎其自宜也，非求乎宜者也。②

杨简认为，通乎一己，明乎一心，万事毕备。《复》卦初九言"不远复"，意为不再起意，是谓心复。对于复卦初九爻辞"不远复，无祗悔，元吉"，杨简释曰："意起为过，不继为复。不继者，不再起也，是谓不远复。意起不已，继继益滋，后虽能复，不可谓不远复。不远之复，孔子独与颜子谓其'有不善，未尝不知，知之未尝复行'者，继之之谓。意起即觉其过，觉即泯然，如虚之水，泯然无际；如气消空，不可致诘。人心自善自神自明自无污秽，事亲自孝，事兄自弟，事君自忠，宾主自敬，应酬交错如四时之错，行如日月之代，明如水鉴中之万象。意微起焉，即成过矣。颜子清明，微过即觉，觉即泯然无际如初，神明如初，是谓'不远

---

① 杨简：《杨氏易传》，第878页。
② 杨简：《慈湖先生遗书》，第308～309页。

复'。微动于意而即复，不发于言行，则不入于悔戾。"① 意起为过，不继为复。杨简引《系辞下》语颜回"有不善，未尝不知，知之未尝复行"解释"不远复"，将"不远复"理解为意念不再兴起。认为颜回心如明镜，虽起意念，但不继续，很快又回到清虚的境地，所谓"神明如初"。本心自善自神自明，自能孝、悌、忠、敬，所以爻辞说无大悔而元吉。此是以回到意念未动的境地，即复其本心，解释《复》卦初九爻义。"其有不复则入乎恶"②，《复》卦六三"频复"，频放而频返，岂不甚危？已复则如常。杨简又以此解说《系辞上》"吉凶者，失得之象也。""吉凶者，言乎其失得也。"他认为，失得皆为失得此心，关键在于己心念虑之得失。"无虞他日之吉凶，但观一念虑之得失。"杨简认为，《周易》中的吉凶之辞是用来表示存失此心的。不起意念则存此心，即是吉；起于意而失此心，即是凶。乾卦各爻辞是教人于任何情况下都不起念。意念萌起，当乾之初、三、四、五不肯潜、惕、止、飞；意念不起，一无私心，不入于邪，"循吾本心以往"，则能潜、惕、止、飞，仁义本心自然光大，其思想言行无往而不合乎规矩，寂然不动，感而遂通天下，则能如孟子盛赞孔子一样，"可以仕则仕，可以止则止，可以久则久，可以速则速"（《孟子·万章下》），完全根据自己基于道义自觉的自由意志作出选择，而又能"仕止久速，一合其宜，周旋曲折，各当其可。"

杨简视易为己，将"心""易""己""我""吾""一"直接同一，从不同侧面对具有同一内涵特征、作为宇宙万物本原的"心""己""我""吾"进行描述，从而得出结论，易为心之易，道为心之道。通乎一己，明乎一心，则能深悟易道。

以此为基，杨简认为读经学易，应求之于己。"易者，己也，非有他也。以易为书，不以易为己，不可也。以易为天地之变化，不以易为己之变化，不可也。天地，我之天地；变化，我之变化，非他物也。私者裂之，私者自小也。"③ "善学易者求诸己，不求诸书。古圣作易，凡以开吾心之明而已，不求诸己而求诸书，其不明古圣之所指也，甚矣。是古圣指东，学者求西，读书者满天下，省己者千无一，万无一。"④ "求诸己"出自《论语》。孔子曰："君子求诸己，小人求诸人。"（《论语·卫灵公》）"古之学者为己，今之学者为人。"（《论语·宪问》）孟子"我固有之"的恻隐、羞恶、恭敬、是非"四心"，"求则得之，舍则失之"，即要自觉向自

---

① 杨简：《杨氏易传》，第776页。
② 杨简：《杨氏易传》，第777页。
③ 杨简：《慈湖先生遗书》，第291页。
④ 杨简：《慈湖先生遗书》，第302~303页。

身内心追求，也就是"反求诸己"（《孟子·公孙丑上》《离娄上》）。"求诸己""为己"即是基于自我自觉性，发挥自我能动性的一种反省内心的过程。道家也有"反诸己"之说。"太上反诸己，其次求诸人。……何谓反诸己也？适耳目、节嗜欲、释智谋、去巧故，而游意乎无穷之次，事心乎自然之途。若此，则无以害其天矣。无以害其天则知精，知精则知神，知神之谓得一。凡彼万形，得一后成。故，知一则应物变化，阔而渊深，不可测也。"（《吕氏春秋·论人》）所谓的"反诸己"就是消除人的文化与知识智巧的状态，使人归真返朴，与自然无为之道合而为一之方法。杨简认为，人应领悟古圣之旨，"反求诸己，默省神心之无体无方，无所不通，……发挥此心之妙用"①。人人都有内在的本质存在，但是未必都能反身求己、自悟自觉。最重要的问题在于如何实现自觉。杨简认为，要实现自觉，必须反身而思、反求诸己，体验本心。立足于自身固有而又人人具有的先验存在着的主体之心，扩充展现，达到"不勉而中，不思而得，洞焉通焉，广大而无际"②的至境。

　　求之于己即以自身为对象进行直接的自我反思，直接返回到决定人之存在，进而决定宇宙之存在的心。"求诸己，求诸心是矣。何谓心？人皆有心，人心皆善皆正，自神自明，惟因物有迁，迁则意动则昏，昏则乱，如云翳日，如尘积鉴。其本善本正本神本明者，未始磨灭也。"③求己的基础是人人皆有本心，人心本善正、自神明。"人之本心，至神至明，与天地为一。"④本心与宇宙同为一体，与天地万物不二，自善自满，至能至圆。天地万物万化万理浑然一体，皆与"心"不二。"本心无思无为，不识不知。"⑤"无思无为之实乃人心之精神妙用。"⑥"无思无为"的本心的另一称谓是道心。"大道简易，人心即道"⑦。杨简常用"日月之光"无思无为而毕照天下为例来形象说明之。"道心发用，寂然不动，虽无思无为，而万物毕照，万理洞见，如日月之光，虽无心而毕照天下。"⑧"道心虚明，光辉四达，如水鉴，如日月，无思无为，自无所不照。"⑨"道心无思无为，无偏无倚，自然清

---

① 杨简：《杨氏易传》，第706页。
② 杨简：《慈湖先生遗书》，第690页。
③ 杨简：《杨氏易传》，第823页。
④ 杨简：《杨氏易传》，第700页。
⑤ 杨简：《慈湖先生遗书》，第992页。
⑥ 杨简：《慈湖先生遗书》，第536页。
⑦ 杨简：《杨氏易传》，第699页。
⑧ 杨简：《杨氏易传》，第874页。
⑨ 杨简：《杨氏易传》，第792页。

明。"① 杨简认为，本心即道心，本无思无为，虚明无体，至神至明，自明道心，便得易道。杨简释益卦象辞"凡益之道，与时偕行"曰："道心无体，因物有迁，迁则有所倚，有所倚则入于邪。不动于意，本无所倚，本无邪偏，何思何虑？自至，自中，自神，自明，自无所不通。人之所以动而巽者，此也，何思何虑？天之所以施者，此也，何思何虑？地之所以生者，此也，何思何虑？惟无思，故无所不明。唯无为，故无所不应。凡易之道，皆此道也，皆大易之道也。"② 不动于意，无所偏倚，故不入于邪，因而无需思虑。此心自然合道，道心如如朗显。心体甚大，无所不包，道心合一，自足圆满，充分展现宇宙一己，万物一体，天人合一的境界。

　　心不仅是人之为人的核心理由，亦是宇宙本质存在的根据。宇宙之道尽在心中，返回自己的心灵世界而自我觉解不仅是人生个人之要务，更是朗显人所生存于其中的宇宙之大道的关键。道本在人心，外求则失。"人不自明其心，不明其心而外求焉，故失之。"③ 掌握易道、朗现心体，不是外索求知的活动，而是对本体之心的直接运用，由杂多现象直接透悟到"己"为宇宙演化之源的本体意蕴。顺遂人之本然之心，寂然不动，使道心自有的内涵完整地展示出来，呈现"休心无作，即心自是妙"④ 之境。所以，人人应"惟自信本心之虚明无限际"⑤。"至哉！人心之灵乎，至神至明，至刚至健，至广至大，至中至正，至纯至粹至精而不假外求也。人皆有此至灵之心而不自知不自信，偶昏偶蔽，遂浸而至于恶积而不可掩，罪大而不可解，大可惜也，大可念也。心无体质，德本昭明，如日月照临，如水鉴烛物，不必劳神而自能推见，自能究知，若驰神于彼周悉致察，虽圣人不能，何则劳，动则昏，不必逆诈，不必亿不信，而自有先觉之妙也。人皆有此灵。"⑥ "先儒不自明己之心，不自信己之心，故亦不信学者之心。吁！贼天下万世之良心，迷惑天下万世至灵至明之心，其罪为大。"⑦ 人能反观自身、求之于己，自明其心，遂其本性之良，自悟易道，自识此本心之妙，自知"我"为万物之本。人首先要坚信本心的自知自全自善，至完满至灵明至神圣。"人心自善，自中自正，自刚健，如玉自白自莹自温润而非二玉也，如金自黄自刚自明而非二金也。人惟因物以迁，意动而昏，

---

① 杨简：《慈湖先生遗书》，第 470 页。
② 杨简：《杨氏易传》，第 821 页。
③ 杨简：《杨氏易传》，第 699 页。
④ 杨简：《慈湖先生遗书》，第 649 页。
⑤ 杨简：《慈湖先生遗书》，第 140 页。
⑥ 杨简：《慈湖先生遗书》，第 774 页。
⑦ 杨简：《慈湖先生遗书》，第 81 页。

如云翳日，如尘积鉴，故纷纷扰扰，曰二曰三十百千万，断断殊列。一日觉之，心本无体，清明如日月，变化如四时，众德自备，百年自有，未始不善，思虑不作，一无所倚，强名曰中。本心如此，自无邪僻，强名曰正。"① 正如杨简所说："某深信此心之自清明，自无所不通，断断乎无俟乎复清之"。② 因此，人人要明悟本心及道，当内求诸己而反观觉之。

可以说，以心为基元的《己易》是杨简易学思想的总纲。以杨简易学思想为代表的心学易在易学发展史上具有不可或缺的地位。汉代易学是易学史上的一次重大转折。汉儒沿着《易传》观象系辞之理路，以象数解易，突出象数符号的主导作用，奉象数为圭臬，形成了易学史上的象数派。魏晋开义理派之先河，王弼易学为其杰出代表。他们通过批判汉儒繁琐的以象释经的方式，揭露了汉易以象注易的弊端，引发了易学史上的又一次重大革新。隋唐易学上承汉魏、下启宋明，孔颖达的《周易正义》、李鼎祚的《周易集解》等等，既有义理之昌盛，又有象数之发展。宋代易学，在象数易以"图书之学"形式出现而发展的同时，义理易又出现新高。不像汉易崇拜经典而墨守原文、偏重注释训诂而较少发挥，宋易不过分崇拜《周易》文本和先圣的言论，以"义理"作为其基本品格，因经以明道，明道以知经。程朱派理学批判继承王弼易学思想，以"理"为最高范畴，建立理一元论的易学体系，义理派易学达至空前兴盛。作为与程朱理学相鼎立的学派——陆王心学，认为经典不过是吾心的记籍，治经学的目的是为了发明本心、致良知；主张"六经注我"，怀疑经典，大胆发挥，对以往的经典和经学提出了自己的见解。陆九渊心、理并用，初步完成了对易学的心学建构。杨简作为"象山弟子之冠"，在陆王心学的产生和传承中影响巨大，举足轻重，是心学发展历程中不可缺少的关键人物。杨简既承袭陆氏，又别有发挥，他消除象山的"沿袭之累"，宏阐心之即道，彰显易之为己，将心学彻底化，形成了其一以贯之的惟心观和彻底的心本论。心学创始人陆象山和心学集大成者王阳明均无专门解易著作，杨简著《杨氏易传》和《己易》，是南宋时期乃至整个中国古代心学解易派的典型范例和首选标本。杨简的心学易学说，最终建立起心学学派的易学思想体系。杨简易学是宋时陆氏心学易学思想最根本和最集中的体现。杨简以心解《易》，以此为其心学理论体系的建立和展开寻找到经典根据。他的心学智慧反过来丰富了易学的文化宝藏。杨简的心学特色

---

① 杨简：《杨氏易传》，第827页。
② 杨简：《慈湖先生遗书》，第96页。

充分体现在其易学思想中。易学诠释首先应当以文本为基，随经句分说，但易学诠释的任务不仅仅是依经解易，揭示卦爻辞文意，而要在通过理解和诠释易学，观圣人所以作易之意，求圣人之心。如果说朱熹在易学诠释方面对易学文本还有所保留的话，那么，心学派的易学诠释学则抛弃文本，不以追求《周易》文本的字句及其意义为终极目标，完全以诠释自身为对象，更关注通过自己的心理感受和心理活动体悟出的道，更关注体味其中的精神和印证心中的道理。道或易道，不单单存在《周易》文本和圣贤言语里，也存在于主观的诠释创造中，理解和诠释的重点不仅仅是转述、复制、凸显易作者的本来思想和意义，而是通过对易学文本的理解和诠释，感受易作者和圣人之心，然后发现和揭示出与天地合同的圣人之道。因为在他们看来，天道、易道和人心一致。杨简以易为己，以己为易，认为易就是己，就是心，就是天下之大道。"易者，己也，非有他也。以易为书，不以易为己，不可也"。"善学《易》者，求诸己，不求诸书。古圣作易，凡以开心之明而已，不求诸己而求诸书，其不明古圣之所指也"。易道即人心，"天地之心即道，即易之道，即人，即人之心，即天地，即万物，即万事，即万理"。形上本体和形下工夫在易中得以契合无间，完美统一。杨简易学作为宋易心学派的代表人物，对后世影响甚大。《四库全书总目提要》说："考自汉以来，以老庄说《易》始魏王弼，以心性说《易》始王宗传及简。宗传淳熙中进士，简乾道中进士，皆孝宗时人也。顾宗传人微言轻，其书仅存，不甚为学者所诵习。简则为象山弟子之冠，如朱门之有黄幹。又历官中外，政绩可观，在南宋为名臣，尤足以笼罩一世。故至于明季，其说大行。"通过研讨杨简易学，不仅可以揭示出心学解易派的基本特征，而且对于理解作为道学重要分支的心学的有关命题，也是有积极意义的。陆王心学易的出现是易学史上一次深刻的嬗变。杨简把易学和经学彻底纳入心学的范畴，从心学的角度发展了易学和经学，这是中国易学史和经学发展史上不可或缺的重要环节。

原载《周易研究》2008 年第 5 期

《易纬》卦气理论的哲学形上诉求

刘玉建

　　作为汉代官方主流易学，以孟喜、京房为代表的卦气说象数之学是一种顺应时代发展潮流的新易学。就孟、京卦气说新易学的理论思维而言，其卦气理论思想体系之所以能得以建构，无疑有着形上学理的哲学基础，这就是《易传》所开显的"一阴一阳之谓道"，具体说来就是运用体现天道的阴阳二气进退消长、"消息盈虚"之循环变化之理，说明一年四时节气、物候、天道等的变化和态势及其与人道的社会政治之间的密切关系，从而实现人道顺行天道的天人合一之自然与社会的整体和谐，用京房的新易学的话来说，就是"法象乾坤，顺于阴阳，以正君臣父子之义"[①]（《京氏易传上卷》）。应当说，孟、京卦气理论象数易学所蕴含的深刻的统贯天人的阴阳变化之理是毋庸置疑的。然而，处于卦气理论象数易学草创时期，孟、京的主要精力与覃思论阐，自觉不自觉地聚焦于卦气说理论本身的建构上，而对卦气说的形上学理依据，尽管也偶有言及，但毕竟语焉不详，更谈不上专门的精湛阐发了。随着卦气说象数易学至西汉晚期的近百年发展，对卦气说象数易学的形上学理依据给出明确的理论回答，既是卦气说象数易学不断发展与完善的一种内在自律性的理论要求，更是西汉末年经学危机之际对卦气说象数之学的哲学合法性的一种外在他律性的时代追问之理论回应。而《易纬》正是基于上述这种理论要求，站在宇宙论的高度，对汉代象数易学卦气理论的形上学理依据作了较为深入的理论阐发。

[①]　以下所引京房易学内容均引自《京氏易传上卷》。

一

《易纬》立足于宇宙生成论，创造性地提出并确立了"太易"的宇宙本原说。《易传》为了强调与论证"《易》与天地准，故能弥纶天地之道"亦即《周易》是宇宙的图式、是对宇宙万事万物万象的模写，将先秦道家的宇宙论哲学与八卦巧妙结合起来，以说明宇宙与《周易》的起源，即《系辞传》所称："易有太极，是生两仪；两仪生四象，四象生八卦"。《易传》对此虽然未作进一步的析论，但这显然是将老子"道生一，一生二，二生三，三生万物"的道家宇宙论的儒家化和易学化。《易传》将宇宙本原归之为"太极"，并通过揭示宇宙的生成演化过程，说明乾坤及八卦的起源，其理论宗旨就在于为《周易》的象数结构及思想原理，提供一种宇宙论意义上的哲学依据。《易纬》完全承袭了《易传》的这一思维路向，在《易传》上述命题的基础上，经过一番易学与哲学的覃思，作出了深入而明确的阐述。《乾凿度》说："昔者圣人因阴阳，定消息，立乾坤以统天地也。夫有形生于无形，乾坤安从生？故曰有太易、有太初、有太始、有太素也。太易者，未见气也。太初者，气之始也。太始者，形之始也。太素者，质之始也。气形质具而未离，故曰浑沦。浑沦者，言万物相浑成而未相离。视之不见，听之不闻，循之不得，故曰易也。易无形畔，易变而为一，一变而为七，七变而为九。九者，气变之究也。乃复变而为一。一者形变之始，清轻者上为天，浊重者下为地。物有始有壮有究，故三画而成乾，乾坤相并俱生。物有阴阳，因而重之，故六画而成卦"。在《易传》作者看来，就《周易》象数结构体系而言，乾坤具有至高的地位与作用，其于八卦为父母，于十二消息卦为核心，于六十四卦为根本。就易道的本质而言，乾坤之"刚柔相推而生变化"昭示了"天地之道""乾道"亦即宇宙本体的"一阴一阳之谓道"。《易传》对乾坤在《周易》中的特殊意义及价值，从不同角度、不同层面给予了反复申说与阐扬。汉代易学承袭了《易传》的这一思想传统，如京房所谓"乾坤者，阴阳之根本"。尤其是《易纬》所谓"昔者圣人因阴阳，定消息，立乾坤以统天地也"，不仅体现了其对《易传》这一思想的深度契解与回应，同时也借此明确了其立足于乾坤这一根本出发点，进而展开对宇宙与《周易》起源问题的深入探索。与《易传》一样，《易纬》的宇宙论亦源于道家哲学。老子提出"天下万物生于有，有生于无"的哲学命题，这一思想经过庄子及其后学、《吕氏春秋》尤其是《淮南子·原道训》所谓"有生于无，实出于虚"的大力弘扬，对汉代宇宙生成论产生了广泛而深刻的影响。受此影响，京房在《周易》基本原理及阴阳灾异的层面上亦论及"有无"问题，如所谓"夫作《易》所以垂教，教之所被，本被于有无""从无入有，见灾于星辰也；从有入无，见象于阴阳也"。《易纬》在京房的基础上，援引有无范畴并将其提升到宇宙本体论的高度以说明《周易》的起源。

　　关于《周易》的起源，《易纬》具有明确而强烈的问题意识，认为有形生于无形。那么有形的乾坤又是如何生于无形，无形又是什么呢？乾坤乃《周易》之根本，为了从理论上回答乾坤的起源问题，《易纬》在涵化秦汉以来各种宇宙论思想的基础上，创造性地提出了"太易"的宇宙本原论，亦即宇宙演化的四个阶段。首先是"未见气也"的"太易"阶段。太易虽然"寂然无物"，但却是一种超感官的存在，相对于有名有形有象的气、物而言，太易就是"无"，故郑玄注："太易，无也"。《易纬》所谓的太易实际上就是老子的道、《淮南子·天文训》的"太昭"，太易的存在特征就是老子对道的存在特征之概括："视之不见""听之不闻""抟之不得"。而《易纬》之所以把宇宙原始状态的"无"不称为"道""泰初"或"太昭"，而独谓之"太易"，既是因为受到了《易传》"易有太极"之启发，更是缘于要凸显《易》的宇宙本体意义。与此相似的是上文高调声称"乾坤安从生"，而不从《易传》之"两仪"称"两仪安从生"，亦不取诸子之学以来泛言"天地"称"天地安从生"。其直接强调《周易》之根本的乾坤这一思想意图，亦是颇为昭然。其次是"气之始也"的太初、"形之始也"的太始、"质之始也"的太素三个阶段，这三个阶段合而言之就是"气形质具而未相离""万物相浑成而未相离"的有名有物的混沌状态。相对于无名无物的"太易"的"无"，囊括三个阶段的"混沌"自然就是"有"了。这个"混沌"状态就是《易传》所谓的"太极"。《乾凿度》说："太易始著，太极成"。郑玄注："太易，无也；太极，有也"。由此观之，在《易纬》作者看来，宇宙演化过程的四个具体阶段，就有无言之，又可简化为"太易"与"太极"两大阶段。有生于无，由太易到太极就是"太极从无入有"，这实际上是将《易传》"易有太极"转换为"易生太极"。《易传》是以太极为宇宙最高本体，太极之上并不再有更为本原的虚无的存在。《易传》尽管从本体论的哲学高度将世界分为形上、形下的道、器两大层面，但就宇宙生成论而言，并不主张老庄道家的"有生于无"。《易纬》对《易传》"易有太极"这一命题的转换与解释固然不符合《易传》之本旨，但却顺应了秦汉以来尤其是《淮南子》所倡导的"有生于无"的道家宇宙论思潮。因此，对于《易纬》关于这一命题的转换以及将宇宙本原归之为"太易"，站在道家的角度来看，是将儒家宇宙生成论给道家化了。

但站在《易纬》儒家的立场来看，则是将道家宇宙生成论完全儒家化了。事实上，《易纬》也的确通过对《周易》起源的追溯与探讨，成功地将先秦道家尤其是黄老道家的宇宙生成论改造成了儒家的宇宙哲学，从而为其自身的卦气理论新易学以及儒学道德伦理学说提供了哲学形上学的终极保障。从这种意义上讲，《易纬》对《易传》宇宙论哲学是一种顺应时代潮流的创新性发展。

　　《易纬》在提出宇宙演化四段论后，又将宇宙演化的这一过程与易数紧密地结合起来，不仅以易数表征宇宙演化进程，进而还以易数表征天道阴阳二气的进退消长。首先，以数字表述宇宙演化进程始于老子，其数字一、二、三不仅体现着宇宙演化进程之次序，同时又蕴含着混沌之气、阴阳之气、和气等气化论思想内容。《易纬》承袭的就是老子的这一思维路向。其次，《周易》本来就与数字有着不解之缘，如《易传》所谓大衍之数、天地之数等。当然，《易传》所论易数的目的，不在于宗教筮法巫术，而在于借助由筮法生发出的哲学层面的易数"变化"之义，进而以数变言象变，以象变言天道阴阳之变。因此，就认识的方法论而言，易数昭示天道的哲学意义便得以凸显，故而《易传》对大衍之数、天地之数等易数给予了高度神秘化的颂扬。《易传》的这一思想成为《易纬》象数易学在易数方面进一步发展的理论基础。再者，汉代新儒学的思想特征之一就是广泛地借助天文、历法与数学等自然科学知识，以建构其神学哲学。就易学而言，孟、京的卦气说象数易学就凸显了儒家经学的这一思想特征。如京房对易数就多有阐发，其论阴阳之数称："一三五七九，阳之数；二四六八十，阴之数"；其论奇偶之数的起源称："奇偶之数，取之于乾坤"；其论阴阳吉凶之数称："天地之数，分于人事。吉凶之兆，定于阴阳""推吉凶于阴阳，定运数于岁时"；等等。其推测灾异的六日七分说尤其是月建、积算那一套复杂的数学方法，更是彰显了数学知识的易学化、神秘化。这种将自然科学知识神学经学化的时代思潮对《易纬》在易数方面的创新与发明，无疑起了推波助澜的作用。正是基于上述几个方面的原因，使得《易纬》将汉代易数的神学哲学化推向了高峰，亦即把易数提升到了宇宙本体论的高度。具体说来，就是所谓"易无形畔，易变而为一，一变而为七，七变而为九"。这里的易指太易，故郑玄注："太易变而为一，谓为太初也。一变而为七，谓变为太始也。七变而为九，谓变为太素也"。《易纬》以宇宙演化解说易数一、七、九之变，同时也旨在强调易数一、七、九之变体现了宇宙演化的过程。《易纬》以《易传》天地之数的奇数一、七、九表征阳气的变化，偶数二、六、八表征阴气的变化。《易纬》认为，太易生出的奇偶之数就是阴阳之气，奇偶之数的变化规律就是阴阳之气的变化规律，亦是宇宙生成的演化之理。而且宇宙演化的奇偶数字规律亦即阴阳二气的变化规律已潜在地内蕴于太易，只是在无的太易阶段未有显露而已，其渐显的过程是在有的太极阶段。太极三阶段演化的突出标志则为"清轻者上为天，浊重者下为地"。天地形成的同时也就产生了乾坤。万物皆有太初之始、太始之壮、太素之究三阶段，故"三画而成乾"。《易纬》对乾卦何以三画而成卦的解释显然不同于《易传》的天地人三才成卦说，此亦是对三画成卦说的一种创新。

　　总之，《易纬》立足于道家宇宙论的有无哲学，通过把易数与宇宙演化过程及阴阳之气运动变化的紧密结合，运用太易等诸多创新范畴，层层递进地论证了《周易》亦即乾坤（或八卦、六十四卦）的宇宙本原性、本体性，这实际上就是确立了易数以及源之于易数的易象亦即《周易》象数的宇宙本原性、本体性。通过《易纬》的这番论证，就为孟、京以来以《周易》象数原理为核心内容的卦气理论新易学之合法性、确当性与神圣性，提供了一种宇宙本体论哲学高度的形上学理依据。这对处于经学危机时代的西汉晚期的卦气说象数易学之振兴和发展，无疑具有重要的理论与现实意义。

二

　　《易纬》立足于宇宙本体论，站在天人合一的学术立场，在《易传》本体论思想基础上，将《周易》的最高原理高度地抽绎为"易"的"一名而含三义"。《易传》从本体论的高度将《周易》的最高原理概括为"形而上者谓之道"，亦即所谓"一阴一阳之谓道"。《易传》对这一高度抽绎的命题没有作过多的析论，但《周易》的这一阴阳之道所蕴含的丰富哲学思想，则广泛散见于《易传》尤其是《系辞传》中。在《易传》的思想体系中，作为物质性的客体范畴的太极是宇宙的最高本体，作为规律性的主体范畴的道是本体太极自身内在具有的阴阳气化流行的最高原则。《易传》承继老子哲学的传统，重视道论，道既是其哲学体系中核心的范畴，也是《周易》关于宇宙人生哲学的最高原理。与《易传》不同，《易纬》以"太易"为宇宙的最高本原；而与《易传》的太极相同的则是，太易虽然相对于太极（即太初、太始、太素）的有而言是一种寂然无物无形无名的无，但它仍然是一种物质性的存在而非虚构的观念性存在。《易纬》既然确立太易为宇宙本原，由此而建构了易论。其所谓的"易"这一范畴，既是宇宙本原的太易，也是宇宙的最高法则。这样，《易纬》的"易"如同老子的"道"，既是宇宙本体，又是万物之宗，亦是客观规律。就此而言，其易论就是老子的道论。《易纬》以易论取代《易传》的道论，其根本目的在于凸显"易"的宇宙本原性、本体性。

《易传》对于"易"这一范畴丰富的意蕴也多有阐发。就形上的道体而言，"易与天地准，故能弥纶天地之道"，此易即为道、为无；就形下的器用而言，"易者象也"，此易即为器、为有；就宇宙的生成而言，"生生之谓易"，此易即为本体太极的生生不息、发育流行；就宇宙的变化而言，"《易》之为书也不可远，为道屡迁，变动不居，周流六虚，上下无常，刚柔相易，不可为典要，唯变所适""乾道变化，各正性命""知变化之道者，其知神之所为乎"等等，是说变易是本体之道最为核心的本质特征；就宇宙的秩序而言，"天尊地卑，乾坤定矣；卑高以陈，贵贱位矣"，是说以乾坤为代表的易昭示了自然与社会尊卑贵贱和谐有序这一永恒不变的法则；就宇宙的造物而言，"显诸仁，藏诸用，鼓万物而不与圣人同忧"，是说易作为本体之道的生化万物，体现为一种任运自然、无思无虑的本然原则；就宇宙的认识而言，"乾以易知，坤以简能。易则易知，简则易从，……易简而天下之理得矣"，是说易的恒易恒简的德行或原则；就宇宙的价值而言，"夫《易》，圣人所以崇德而广业也""夫《易》，开物成务，冒天下之道，如斯而已者也"，是说易的价值理想就是儒家所推崇的内圣之崇德与外王之广业。凡此等等，足见《易传》立足于天人合一的立场而对于易的丰富哲学内涵给予了不同层次、不同视角的全幅展开与阐发。应当说，在《易传》哲学中，很大程度上可以说易就是道、道就是易，易乃道之易、道乃易之道。从这种意义上讲，易与道一样属于同一层次的核心的整体性范畴，《易纬》以易论取代道论，正是基于《易传》对易这一范畴之意蕴的广泛发明以及易、道相互融通、互显互释的范畴特征。

尽管《易传》赋予易与道丰赡的哲学意蕴，但成书于战国中晚期急剧动荡时代的《易传》，必然要顺应人心思变这一时代潮流，反映在理论上，则体现为尤为关注易的变易之义、道的变化之理，这一思想特征在《易传》哲学中是颇为显豁的。汉代经学是封建大一统专制王朝的国家意识形态，汉代易学作为官学亦迥异于作为民间诸子之学的《易传》。鉴于如此的时代与学术背景，处于危机时期的《易纬》作者无疑要在其易学理论建构中有所创新，其突出表现就是易论的确立，具体说来就是对易这一核心范畴的含义加以重新整合与阐发，亦即所谓"易一名而含三义"。

《乾凿度》开宗明义："孔子曰：'易者，易也，变易也，不易也，管三成为道德苞籥'"。此是借孔子之口，明确指出易统兼三义，而成为道德之纲领，亦即《周易》的最高原理。孔颖达《周易正义》引《乾凿度》称："易一名而含三义"，郑玄依据《易纬》此义作《易赞》及《易论》称："易一名而含三义：易简，一也；变易，二也；不易，三也。"《乾凿度》继而对易之三义作了详细说明。

关于"易简"，《乾凿度》称："易者，以言其德也。通情无门，藏神无内也。光明四通，仿易立节。天地灿明，日月星辰，布设八卦，错序律历，调列五纬，顺轨四时，和栗孳结。四渎通情，优游信洁。根著浮流，气更相实。虚无感动，清静焐哲。移物致耀，至诚专密。不烦不扰，淡泊不失。此其易也"。此是从天地、日月星辰、八卦、律历、五星、四时、阴阳之气的有序和谐以及天地万物"各正性命"的清静通达，以说明易道亦即天道无为生化万物的"不烦不扰，淡泊不失"的易简之理。《易纬》之所以把易简视为易之三义之一，一方面是在理论上对《易传》易简之理作进一步的解释与发挥，强调对《周易》原理亦即易道的认识、把握及运用不仅有规律可循，而且简单明了，易知易从；另一方面也是更为重要的目的则在于论证汉代卦气理论新易学在现实操作意义上的简易性，这对卦气理论象数之学广泛推布于政治等社会各个层面而言，无疑具有重要的意义。京房曾声称其卦气理论象数易学的简易性为"考五行于命运、人事、天道、日月星辰，局于指掌"。但京房尚未将其象数易学的这种简易性提升到易或道的哲学本体论高度，显然，《易纬》在《易传》易简之理的基础上完成了这一理论的升华。

关于"变易"，《乾凿度》称："变易也者，其气也。天地不变，不能通气，五行迭终，四时更废。君臣取象，季节相和。能消者息，必专者败。君臣不变，不能成朝。纣行酷虐天地反，文王下吕九尾见。夫妇不变，不能成家。妲己擅宠，殷以之破。天任顺季，享国七百。此其变易也"。《易纬》认为，太初由太易"忽然而自生"为"一"之元气，元气内含阴阳二气，"阳动而进，变七之九，象其气之息也。阴动而退，变八之六，象其气之消也"，强调指出所谓的"变易"在本质上就是阴阳二气的进退消长。在《易纬》作者看来，变易是统贯天人的宇宙根本法则，从自然的天地、五行、四时到社会的朝代、君臣、夫妇等万事万物，其运动变化发展无不遵循这一变易的法则。《易纬》从正反两方面对这一法则给予了具体、客观的论说。变易是《易传》最为根本的思想理念，也是其宇宙人生哲学中最为精湛的理论灵魂。《易传》的这一易学传统在汉代卦气理论象数易学那里得到了绍承、开显与创新，孟、京所建构的象数易学尤其是京房的八宫卦变说是对《易传》变易原理的一种独具特色的象数表达；换言之，《易传》的变易原理是孟、京建构卦气理论象数易学思想体系中最深层次的易学哲学理论基础。京房深契《易传》的变易思想，运用汉代尤其是董仲舒以来盛行的气论哲学，对《周易》的变易原则给予了广泛而深入的阐发，同时运用变易原则对《周易》六十四卦的基本原理作了具体的论说。《易纬》正是直承京房的这一变易思想，进一步站在本体论的高度，立足于本体太易生气、生数的宇宙论，论证了变易原则的本体终极性。应当说，这是京房变易"生生之义，易道祖也"的哲学形上化，是对京房变易思想的理论发展；同时，在京房统贯天人的变易原则基础上，《易纬》更加强调了变易原则的天人合一性，具体说来就是强调朝代、君臣的人事社会变易之道，这实际上是西汉末年社会政治危机时期人心思变以及王莽代汉的现实政治与时代思潮在变易的易学哲学中的一种理论反映，也是《易纬》企图通过以变易原则为核心的易学乃至整个经学实现改良政治或者特定时期（如王莽时代）改朝换代的一种理论覃思与论阐。《易纬》对孟、京卦气理论象数易学变易思想的理论整合与哲学升华，对东汉及后世易学的发展产生了广泛的影响。东汉郑玄、荀爽、虞翻为代表的注经派象数易学，其各自的易学理论体系无不牢牢地根植于《易纬》理论化、哲学化了的变易理念与原理，宋明理学诸家诸派更是将变易原则上升到普遍的世界观高度，变易原理成为他们各自理论的基本出发点。

关于"不易"，《乾凿度》称："不易也者，其位也。天在上、地在下，君南面、臣北面，父坐子伏，此其不易也"。儒家哲学就其终极关怀的社会政治目的而言，在本质上就是一种追求尊卑有序、贵贱有等的社会和谐的政治伦理哲学，这就是孔子所谓的"君君，臣臣，父父，子子"。《易传》站在天人合一的学术立场，将先秦儒家维护封建宗法等级制度的纲常名教提升到了天人之学的高度，认为作为纲常名教的人道就是宇宙本体的阴阳之道、性命之理。《系辞传》所谓"天尊地卑，乾坤定矣。卑高以陈，贵贱位矣"，就是在天人同道的理论前提下强调人道纲常名教的永恒性与不易性。《易传》全幅开启了儒家政治伦理哲学的形上学理论建构，作为顺应时代发展的汉代御用官学的孟、京卦气理论象数易学则直承《易传》这一易学传统，尤其关注儒家纲常名教的终极合法性的形上学问题。京房曾明确指出《周易》的理论宗旨就是"断天下之理，定之以人伦，而明王道，……法象乾坤，顺于阴阳，以正君臣父子之义"，《易纬》亦反复申述京房的这一思想，并进一步站在宇宙哲学的高度，将天人的这一不易原则提升为宇宙本体之道。既然为本体之道，则纲常名教这一不易原则自然具有永恒性、普遍性与绝对性。在《易纬》作者看来，变易作为本体之道无疑具有永恒性、普遍性与绝对性，但就具体的、现实的、历史的社会发展过程而言，变易的原则又更多地表现出其相对性，亦即变易是在不易这一本体普遍而绝对的前提下的变易。就本体之道而言，不易与变易乃道之一体两面，二者是一而二、二而一的关系，不可割裂与对立起来。需要强调的是，《易传》尤其是《易纬》确立的不易原则固然有着服务于封建专制统治秩序的强烈社会政治目的，但我们同时也应看到不易原则的本体哲学意义并不在于说明具体的某一朝代、某一君主统治地位的不易性，王朝更替、君臣易位的变异性恰恰体现了不易原则的必然性要求。例如《易纬》之所以非常肯认《易传》所颂扬的汤武革命，原因在于桀纣的"君不君"悖逆了"君君"的不易原则，故理应引起汤武革命的时代变易。《易纬》这种不易与变易相辅相成的社会发展观，就促进封建社会发展而言具有一定的进步意义。《易纬》在秦汉易学史上首次明确地将不易原则确立为本体的易道，不仅是易学本身的一种理论创新，同时也是董仲舒"王道之三纲可求于天""道之大原出于天。天不变，道亦不变"（《汉书·董仲舒传》的神学经学理论在易学领域中的一种反映。

《易纬》在赋予易之易简、变易、不易三种本质涵义之后声称："易者，天地之道也，乾坤之德，万物之宝。至哉易，一元以为元纪。"这是从宇宙本体论的意义上彰明了"一名而含三义"的易为《周易》之最高原理和宇宙之最高原理。

总之，《易纬》通过"太易"本原论，确立并论证了汉代卦气理论象数易学的宇宙本原性，通过"易一名而含三义"揭示并肯认了汉代卦气理论象数易学的宇宙本体性。由此，《易纬》站在宇宙论哲学的高度，在对孟、京亦即《易纬》自身卦气理论象数易学的哲学形上诉求过程中，完成了以卦气说为核心的汉代象数易学的哲学形上学理论建构。这不仅标志着汉代卦气理论的哲学终极合法性的最终确立，同时也表明以孟、京及《易纬》为代表的汉代卦气说象数易学理论本身的不断深化和升华。

文章原刊于《理论学刊》2011 年第 10 期

《易传》与《荀子》天人观比较

赵卫东

《易传》① 与《荀子》② 是先秦儒家两部重要典籍，按照戴君仁的说法，两者作者时、地相近，可能是战国晚期苏、皖、鲁、豫边区一带的南方儒者③。然而，二千多年以来，两者命运却截然不同。《荀子》一直被视为儒家之"歧出"，未能得到应有的重视。《易传》却与《论语》《孟子》《大学》《中庸》一起，成为思孟学派的重要经典，受到历代学者的推崇。自上世纪八十年代以来，陈鼓应又提出《易传》属于道家之说，认为《易传》与齐学关系密切，其部分篇章可能作于稷下学宫④，而荀子作为稷下先生，曾三为学宫"祭酒"。不管是否同意陈先生的观点，但学界目前几乎都认同《易传》与《荀子》曾受过道家思想的影响，尤其是在天人观方面受道家思想影响更深。然而，《易传》与《荀子》的天人观并不完全相同。

---

① 《易传》各篇非一时一人之作，且对于其作者与时代学界颇有争论，但大多数学者认同其成书于战国后期。

② 《荀子》各篇并非一时之作，按照廖名春的说法，各篇作于荀子的不同时期，其云："我们可以考定它们大致作于三个时期：一是前 286 年荀子游学于齐前的作品，如《不苟》篇；二是前 279 年以后至前 255 年以前荀子在稷下时的作品，它们是《王霸》、《王制》、《正论》、《天论》、《劝学》、《修身》，还可加上《解蔽》、《荣辱》、《正名》、《性恶》、《礼论》、《乐论》；三是荀子前 255 年以后居于兰陵时的作品，它们是《非相》、《臣道》、《君道》、《非十二子》、《成相》、《赋》，还可加上《富国》、《致士》、《君子》。《议兵》、《强国》、《儒效》反映的都是荀子前 255 年以前之事；《大略》反映的则各个时期都有；《仲尼》篇的前半篇反映的可能是其在稷下时的思想，后半篇反映的可能是其在兰陵时的思想。"（廖名春：《荀子的智慧》，延边大学出版社 1992 年版，第 26 页）除此之外，《荀子》中的有些篇章极有可能掺入了荀子后学的作品。对此，我们并不想作细致的区分，而是以《荀子》一书为研究对象。

③ 戴君仁：《谈易》，台湾开明书店 1961 年版，第 28 页。

④ 陈鼓应：《易传与道家思想》，商务印书馆 2007 年版，第 126~130 页。

一、道德天人与自然天人

在中国哲学史上，儒、道两家皆以"天人合一"为最高人生境界，可以说，"天人合一"是中国哲学的一个基本特征。张岱年曾言："中国哲学有一根本观念，即'天人合一'。认为天人本来合一，而人生最高理想，是自觉地达到天人合一之境界。"① 然而，儒道两家对"天人合一"的理解却不同。儒家强调"以天证人"，重在"人"，所以荀子批评孟子"蔽于人而不知天"（《荀子·解蔽》）；道家强调"以人合天"，重在"天"，所以荀子批评庄子"蔽于天而不知人"（《荀子·解蔽》）。两家关于"天人合一"的以上差异，源于它们对"天""人"的不同理解。儒家从道德角度规定"天"和"人"，而道家则从自然角度规定"天"和"人"。虽然《易传》《荀子》皆为儒家经典，但因《荀子》深受稷下道家思想影响，所以两者对"天""人"的规定完全不同。

在陈鼓应提出"道家主干说"之前，《易传》一直被视为正统儒家经典，因为其基本思想与思孟学派一致。比如，在对"天""人"的规定上，《易传》与《中庸》《孟子》如出一辙，即皆从道德意义上来理解"天""人"。《易传》中天德主要体现在以下两个方面：一是生生不息。《象上》曰："大哉乾元，万物资始，乃统天。云行雨施，品物流形。大明终始，六位时成，时乘六龙以御天。"又曰："至哉坤元，万物资生，乃顺承天。坤厚载物，德合无疆。含弘光大，品物咸亨。"乾为天，坤为地，乾元资始，坤元资生，天地具有生生不息之性，即"天地之大德曰生"（《系辞》）。"生"乃天地之内在本性，正是在此本性自不容已的作用下，万物乃至人类才得以生灭繁衍，所以"生"是《易传》之"天"的首要品德。二是健动不已。《象上》曰："天行健，君子以自强不息。"《系辞下》又曰："夫乾，天下之至健也，德行恒易，以知险。"在生生不息本性的驱动下，"天"又具有"健动不已"的品格。又曰："大哉乾乎，刚健中正，纯粹精也。六爻发挥，旁通情也，时乘六龙，以御天也。云行雨施，天下平也。君子以成德为行，日可见之行也。"除生生不息外，天还具有健动不已的品格，以上"天行健""天下之至健""刚健中正"等皆是对天健动不已的本性的描述。天虽然具有"生""健"等能动作用，但它并不是人格神。《系辞下》曰："子曰：天下何思何虑！日往则月来，月往则

---

① 张岱年：《中国哲学大纲》，中国社会科学出版社1982年版，第6页。

日来，日月相推，而明生焉。寒往则暑来，暑往则寒来，寒暑相推，而岁成焉。往者，屈也。来者，信也。屈信相感，而利生焉。"以上说明，《易传》之"天"并非人格神的天，而是具有"生""健"本性的形上之天，即义理之天。

《序卦》曰："有天地然后有万物。有万物，然后有男女。"万物与人类皆天地所生，这便是中国哲学中"天生人成"的观念。因人类乃天地所生，所以人类便具有与天地一样的本性，即"乾道变化，各正性命，保合太和，乃利贞"（《彖传上》）。如上所述，天的"生""健"本性具有明显的价值倾向，即皆属善的本性，正因如此，其才可以使万物"保合太和""品物咸亨"。与此相应，由天地所生之人类的本性自然也应该是善的。《系辞上》曰："一阴一阳之谓道。继之者，善也；成之者，性也。"以上讲的"继善成性"与"乾道变化，各正性命"意义相同，徐复观解释云："'继之者善也'的'继之'的'之'字，我以为指的是由上文一阴一阳的变化而来的生生不息。一阴一阳的结果便是生育万物，所以继之而起的，便是生生不息的作用。一阴一阳的变化，与生生不息，照理论说，是同时的，也可以说是一件事。但为了表示创生的顺序，所以用有时间性的'继'字。此生生不息的继续，用另一语言表达，即所谓'显诸仁'，即天地仁德的显露。既是仁德的显露，便自然是'善'的，所以便说'继之者善也'。"① 正因为"继善成性"之"性"必然为善性，所以《系辞上》又曰："成性存存，道义之门。"因此，与《易传》从道德角度理解"天"一样，其也从道德角度来理解"人"，认为人性本善。

通过以上对《易传》"天""人"的考察可以看出，其对"天""人"的理解与《中庸》具有一致性。② 《中庸》云："天地之道，可一言而尽也：'其为物不贰，则其生物不测。'"又云："《诗》云：'维天之命，於穆不已。'盖曰天之所以为天也。""为物不二，生物不测"即讲的是天之"生生不息"，而"於穆不已"则是讲的天之"健动不已"。《中庸》所云"天命之谓性"，即是"继善成性"。正因如此，戴琏璋说："《易传》与《中庸》的作者，置身于同一时代，他们在儒学传统

① 徐复观：《中国人性论史·先秦篇》，上海三联书店 2001 年版，第 181 页。
② 徐复观先生认为，在性命问题上，《中庸》与《易传》有同有异。其云："《易传》以《系辞》、《说卦》为主，所表现的性命思想，若以之与《中庸》相比较，则可以说'一阴一阳之谓道，继之者善也，成之者性也'的思想结构，是《中庸》'天命之谓性'的更具体的说法。"（徐复观：《中国人性论史·先秦篇》，上海：上海三联书店，2001 年版，第 189 页）这显然是肯定了两者在人性论上的同构型，但同时他又指出："《易传》之言性命，《中庸》的言性命，虽同出于孔门，并且是同一思想结构；但《易传》却于性与命之中，介入了阴阳的观念，便在不知不觉之中，却划分了某一限界，发生了不同的影响。"（徐复观：《中国人性论史·先秦篇》，第 190 页）

中所承继的修人道以证天道的教义是相同的，而由此再进一步，放眼于天地，游心于万物，明天道以弘人道的观点也完全一致。因此两者的思想最为接近，甚至于在语言形式上都有类似的地方。"① 然而，《易传》与《中庸》对"天""人"理解的一致，也恰恰反映出其与《荀子》对"天""人"理解的不同。

与《易传》从道德角度规定"天""人"不同，《荀子》则从自然角度来规定"天""人"。《荀子·天论》云："列星随旋，日月递炤，四时代御，阴阳大化，风雨博施，万物各得其和以生，各得其养以成，不见其事而见其功，夫是之谓神。皆知其所以成，莫知其无形，夫是之谓天。"又云："天行有常，不为尧存，不为桀亡。"显然，《荀子》之"天"既无人格神的意味，也不是道德意义上的"天"，而完全是自然之天。② 所以，牟宗三说："荀子之天非宗教的，非形而上的，亦非艺术的，乃自然的，亦即科学中'是其所是'之天也。"③《荀子》虽然明确讲过"人之性恶，其善者伪也"（《荀子·性恶》）之类的话，但其对人之规定，即其人性论，却并非性恶论，而是自然人性论。《荀子·正名》云："生之所以然者谓之性。性之和所生，精合感应，不事而自然，谓之性。"《性恶》云："今人之性，饥而欲饱，寒而欲暖，劳而欲休，此人之情性也。"又云："凡性者，天之就也，不可学，不可事……不可学，不可事，而在人者，谓之性；可学而能，可事而成之在人者，谓之伪。是性、伪之分也。"通过以上不难看出，《荀子》"论人之性完全从自然之心理现象而言"④，其对"人"的规定是自然的，而非道德的。

从道德还是自然角度来规定"天""人"，是《易传》与《荀子》天人观的首要差异。《易传》从道德角度来规定"天""人"，这是对先秦孔孟精神的继承，属儒学主流思想。《荀子》从自然角度来规定"天""人"，或许正如学者们早已指出的那样，这是受到了稷下道家的影响。两者对"天""人"的不同规定，直接导致了它们在天人观上的不同。

---

① 戴琏璋：《易传之形成及其思想》，文津出版社1989年版，第54页。
② 马积高云："《荀子》中的'天'有两种含义：一种是指'地'及地上生物以外的自然现象，包括日月星辰的运行，四时寒暑的迭代，风雨水旱的变异等，《天论》中的'天行有常'之天即指此。……一种是指人的自然秉赋，包括人生下来就具有形体、感官功能、情欲和社会地位。这个意义上的'天'常作形容词用，如《天论》中的'天官'、'天情'之类。这两种意义是有联系的，即均指自然而然，不假人为者。"（马积高：《荀学源流》，上海古籍出版社2000年版，第37页）
③ 牟宗三：《名家与荀子》，台湾学生书局1994年版，第214页。
④ 牟宗三：《名家与荀子》，台湾学生书局1994年版，第214页。

二、天人合德与天人分职

《易传》在天人观上，既强调天与人的区别，又追求天与人的合一。区别的主要体现有两个：首先是天文与人文的划分。《彖传上》云："刚柔交错，天文也；文明以止，人文也。观乎天文，以察时变，观乎人文，以化成天下。"这说明，虽然《易传》区分了天文与人文，但并未割裂二者，"观乎天文，以察时变，观乎人文，以化成天下"，观天可以知人，观人可以化天，天与人不可分割。其次是天道、地道与人道"三才"并立。《系辞下》云："《易》之为书也，广大悉备，有天道焉，有人道焉，有地道焉。兼三材而两之，故六。六者，非它也，三材之道也。"六十四卦，每卦六爻，初、二为地，三、四为人，五、上为天，所以有天道、人道、地道之别，即"三才之道"。然而，因为"《易》之为书也不可远，为道也屡迁。变动不居，周流六虚，上下无常，刚柔相易。不可为典要，唯变所适。"（《系辞下》）所以，天道、人道、地道之间并非固定不变，而是周流六虚、唯变所适，通过易变，天、地、人实现了贯通。

天、地、人贯通的哲学基础乃是"天生人成"的观念。"天生人成"是中国哲学的共法，儒、道、墨、法等各家皆遵循这一原则，作为儒家正统经典的《易传》当然也不例外。《序卦》云："有天地然后有万物，有万物然后有男女，有男女然后有夫妇，有夫妇然后有父子，有父子然后有君臣，有君臣然后有上下，有上下然后礼义有所错。"又云："有天地，然后万物生焉。盈天地之间者唯万物，故受之以《屯》。"《系辞下》还云："天地氤氲，万物化醇，男女构精，万物化生。"以上皆是《易传》对"天生人成"这一原则的描述。正是在此"天生人成"原则的基础上，《易传》提出了"天人合德"的理想追求，即"夫大人者，与天地合其德，与日月合其明，与四时合其序，与鬼神合其吉凶。先天而天弗违，后天而奉天时，天且弗违，而况于人乎！况于鬼神乎！"（《文言》）因此，《易传》的天人观可以归结为在"天生人成"基础上的"天人合德"。

与《易传》主张"天人合德"不同，《荀子》则提出了"天人之分"的说法。《荀子·天论》云：

> 天行有常，不为尧存，不为桀亡。应之以治则吉，应之以乱则凶。强本而节用，则天不能贫；养备而动时，则天不能病；修道而不贰，则天不能祸。故

水旱不能使之饥，寒暑不能使之疾，祅怪不能使之凶。本荒而用侈，则天不能使之富；养略而动罕，则天不能使之全；倍道而妄行，则天不能使之吉。故水旱未至而饥，寒暑未薄而疾，祅怪未至而凶。受时与治世同，而殃祸与治世异，不可以怨天，其道然也。故明于天人之分，则可谓至人矣。

对于以上这段话的理解，重点在于如何解释"天人之分"的"分"字，以往主要把"分"解释为"区分""区别""分开"等，这样一来，"天人之分"就与"天人合一"具有了对立的意义，"天人之分"强调的不是天与人的一致或合一，而是天与人的区别。然而，假若细检这段引文，按照荀子的意思，似乎并不完全如此。虽然"天人之分"的"分"字有区别之意，但这并不是荀子所真正要表达的，其真正要表达的不是"天人分立"，而是"天人分职"，即天有天的职责，人有人的职责，天与人应各司其职，不能相互僭越，这才是荀子的真实意图。在另外一段话中，荀子对此表达得非常清楚，其云："不为而成，不求而得，夫是之谓天职。如是者，虽深，其人不加虑焉；虽大，不加能焉；虽精，不加察焉。夫是之谓不与天争职。"（《天论》）荀子提出"明于天人之分"，提倡"天人分职"，并不是要走与"天人合一"相反的理路，而是针对当时的时弊而发，路德斌曾说："荀子的'天人之分'论并不是或者说主要不是针对孟子的'天人合一'论而来，他的矛头所向乃是另一种意义上的'天人合一'论，即墨家的天志、明鬼理论，阴阳家的天人感应学说，以及弥漫于全社会的巫祝、迷信观念等等。"[1] 正如以上所说，荀子提出"天人之分"的目的，并非是反对"天人合一"，而是反对或批判"天人感应"。

然而，除了"明于天人之分"外，荀子还提出了"制天命而用之"的命题，这个命题历来被视为荀子主张"人定胜天"的证据。《荀子·天论》云："大天而思之，孰与物畜而制之，从天而颂之，孰与制天命而用之。望时而待之，孰与应时而使之。因物而多之，孰与骋能而化之。思物而物之，孰与理物而勿失之也。愿于物之所以生，孰与有物之所以成。"另外，《荀子·王制》还云："天地生君子，君子理天地。"要正确理解以上两段话的意思，关键在于搞清楚其中"制""理"二字的义涵。其中"制天命而用之"的"制"字无疑是"裁制"或"制裁"之义，而"君子理天地"的"理"字则是"治理"之义。但问题是如何"裁制""治

① 路德斌：《荀子与儒家哲学》，齐鲁书社 2010 年版，第 43 页。

理"，假若以"天人对立"的思维来"裁制""治理"，以上两段话自然就有了"人定胜天"的意味，反过来，假若以"天人合一"的思维来"裁制"和"治理"，那么，就有了人道应顺应天道的意味。按照荀子的理路，应该是后者，即"制天命而用之""君子理天地"并没有"人定胜天"的意思，更非"天人对立"的证据，而实际上是天道与人道统一的表述。因为荀子的天人观并不像过去所理解的那样，主张"天人对立"，而是提出了一种与思孟学派不同的"天人合一"模式。

荀子主张"天生人成"，而"天生人成"的观念中便暗含着"天人合一"的意味。荀子认同"天生人成"这一点已经得到诸位先贤的认同，比如，牟宗三就把"天生人成"视为"荀子之基本原则"，[①] 韦政通也云："荀子'天生人成'一原则之构造，即纯由礼义之效用问题之思考中而导引出。故'天生人成'的理论，实即荀子效用论的主要部分；荀子的基本精神，亦即由礼义效用的追逼下而步步彰显。"[②] 所以，"天生人成"不仅是荀子天人观的基础，而且还是其整个哲学的基本原则，这一点已经成为学界的普遍共识。牟宗三从荀子的"天生人成"中看到的是"天"与"人"的"被治"与"治"，其云："荀子之天是负面的。因是负面的故在被治之列，亦如性之被治然。性恶之性亦是负面的。天生人成，自天生方面言，皆是被治的，皆是负面的。此无可云善也。自人成方面言，皆是能治的，正面的。此方可说是善。而其所以善则在礼义法度。"[③] 牟先生是为了突显孔孟与荀子的不同才这么说的，而实际上在中国哲学中，"天生人成"是"天人合一"的基础。以儒、道两家为例，虽然它们对"天"与"人"的理解不同，但都认同"天生人成"这一观念。在此基础上，也都认同"天人同性"，即天与人的本性是相同的，只不过儒家认为此本性为道德，而道家则认为是自然。荀子既然也认同"天生人成"，那么，他当然也主张"天人同性"，与道家一样，其认为这个"性"是自然，而非道德。假若我们视"天人同性"为"天人合一"的一种表述，那么，就不得不承认荀子也赞同天人合一。

通过以上考察可以看出，荀子的"天人之分"，并没有"天人对立"的意思，正如魏元珪所言："荀子所说的天人之分，并非反对历来儒家所倡的天人相契，天人合一的精神，其主要关键乃在于天有其职，人有其分，故应各尽其当尽之职。人

---

① 牟宗三：《名家与荀子》，台湾学生书局 1994 年版，第 213 页。
② 韦政通：《荀子与古代哲学》，台湾商务印书馆 1997 年版，第 50 页。
③ 牟宗三：《名家与荀子》，第 214 页。

不能废弛其职分而妄求天，天亦不能夺人所应负之职，故倡天人分工说。"① 既然如此，荀子的"天人之分"与《易传》的"天人合德"的不同，并不在于是否主张"天人合一"，在这一点上，两者并没有差异，它们的差别主要在于是否承认"天人交感"，即《易传》认同"天人交感"，而荀子却坚决反对这一点。

三、天命之性与外在取法

《易传》与《荀子》在天人观上还有一个共同点，即两者都主张人道取法于天道。对于这一点，《易传·系辞》中有明确表述：

> 天生神物，圣人则之；天地变化，圣人效之；天垂象，见吉凶，圣人象之；河出图，洛出书，圣人则之。(《系辞上》)
>
> 易与天地准，故能弥纶天地之道。仰以观于天文，俯以察于地理，是故知幽明之故，原始反终，故知死生之说。(《系辞上》)
>
> 圣人有以见天下之赜，而拟诸其形容，象其物宜，是故谓之象。圣人有以见天下之动，而观其会通，以行其典礼，系辞焉以断其吉凶，是故谓之爻。(《系辞上》)
>
> 古者包牺氏之王天下也，仰则观象于天，俯则观法于地，观鸟兽之文，与地之宜，近取诸身，远取诸物，于是始作八卦，以通神明之德，以类万物之情。(《系辞下》)

按照以上所说，易道乃取法于天地之道，是圣人"仰以观于天文，俯以察于地理"，取法于"天生神物""天地变化""天地之象"的结果。《易传》认为，《周易》之八卦乃包牺氏所作，当年包牺氏"仰则观象于天，俯则观法于地""近取诸身，远取诸物，于是始作八卦"。不仅如此，具体地讲，《周易》中的象、爻、图也是圣人取法天地之道而作。"天垂象，见吉凶，圣人象之；河出图，洛出书，圣人则之"，这是讲的圣人取法天地之象而作河图、洛书。"圣人有以见天下之赜，而拟诸其形容，象其物宜，是故谓之象"，这是讲的《周易》之象乃圣人取法"天下之赜"而来；"圣人有以见天下之动，而观其会通，以行其典礼，系辞焉以断其吉

凶，是故谓之爻"，这是讲的《周易》之爻乃圣人取法"天下之动"而来。既然易道乃圣人取法天地之道而来，那么，《易传》中的天、地、人三才之道，便通过易道得以贯通，天地之道可以通过易道来教化人，而圣人也可以通过易道来上达天德，从而实现了天、地、人三才之道的合一。

与《易传》不同，《荀子》中人道取法天道的说法，主要体现在荀子有关礼之来源的阐述上。荀子"隆礼义而杀诗书"，礼在荀子思想中占有非常重要的地位，对于礼之来源，荀子采纳了"圣人制礼作乐"的传统说法。《荀子·礼论》云：

> 礼起于何也？曰；人生而有欲，欲而不得，则不能无求，求而无度量分界，则不能不争，争则乱，乱则穷。先王恶其乱也，故制礼义以分之。……是礼之所起也。
>
> 礼有三本：天地者，生之本也；先祖者，类之本也；君师者，治之本也。无天地，恶生？无先祖，恶出？无君师，恶治？三者偏亡，焉无安人。故礼，上事天，下事地，尊先祖而隆君师，是礼之三本也。

荀子认为，礼并非像孟子所说的那样，是人生来既有的，而是先王（圣人）所制。人生来就有各种欲望，这些欲望若得不到节制，就会引发争乱，为了防争避乱，先王"制礼义以分之"，这便是礼的起源。正是从这一意义上，荀子才讲"礼生于天地"，但这个"生"并非孟子所说的"我固有者也"，即其不是天地所赋予人类的，而是人类取法天地而来的。所以，这个"生"是从取法的意义上来讲的。而且，仅有天地并不能产生礼，除了天地之外，还需要先祖和君师，只有三者皆俱，礼方能产生。若"三者偏亡"，则礼将无由产生。先祖即上面所说的先王、圣人，作为"类之本"，其作用是取法天地以制礼，而君师的作用则是"治之本"，即礼的落实者与实施者。所以，荀子才讲"礼，上事天，下事地"。

荀子认为，圣人的主要作用乃在于取法天地，其云："圣王之用也，上察于天，下错于地，塞备天地之间，加施万物之上，微而明，短而长，狭而广，神明博大以至约。故曰：一与一是为人者，谓之圣人。"（《王制》）圣人"上察于天，下错于地"，即是《易传》所云的"仰观俯察"，只有通过取法天道来制定礼义，并用礼义来治理天下国家的人，才能算得上是真正的圣人，取法天道乃圣人的职责之一。除了天地之外，圣人还要取法四时与阴阳，《荀子·天论》云："所志于天者，已其见象之可以期者矣。所志于地者，已其见宜之可以息者矣。所志于四时者，已其见数之可以事者矣。所志于阴阳者，已其见和之可以治者矣。"圣人通过取法天、地、四时和阴阳来制定人类社会的规则，并以这些规则来治理天下，从而实现天下太平的理想。

当然，天地之道是日新月异的，作为人类社会法则的礼义也不是一成不变的，圣人在取法天道以制礼义的同时，还要根据天道的变化来适时的调整礼义。所以，荀子在《礼论》中说："天地则已易矣，四时则已遍矣，其在宇中者莫不更始矣，故先王案以此象之也。"既然荀子主张人道取法于天道，那么，人道即等同于天道。礼作为圣人取法于天道所制定的规则，就不仅适用于人类社会，而且还适用于天地万物。《荀子·礼论》云："天地以合，日月以明，四时以序，星辰以行，江河以流，万物以昌，好恶以节，喜怒以当。以为下则顺，以为上则明，万物变而不乱。"如此一来，天地、日月、四时、星辰、江河、万物乃至于人类，便具有了同样的规则，在荀子看来，这个规则即是礼义。既然天地万物与人类社会遵循同样的规则，那么，天与人、自然就在这一点上得以合一。

通过以上阐述可以看出，虽然对人道与天道的理解不同，但《易传》与《荀子》在人道取法于天道这一点上却表现出极大一致性。然而，以上所讲的人道取法于天道都是外在的取法，而非内在的取法。什么是外在的取法与内在的取法呢？外在的取法即人对天道外在表现的模仿，比如"仰观俯察"，其中包括人对天道运行规则或规律的归纳。内在的取法是通过"天生人成"的过程来实现的，即平常所说的"天赋"，比如《中庸》所讲的"天命之谓性"。外在的取法是一个经验的过程，而内在的取法却是先天的禀赋。通过外在的取法，只能实现人道与天道的形似，而不能最终实现两者本质的相同；通过内在的取法，人道与天道可以实现本质意义上的统一。因此，以外在的取法为基础的"天人合一"是不彻底的，而以内在的取法为基础的"天人合一"则是纯粹而彻底的。《易传》与《荀子》的不同，并不在于外在的取法，而在于内在的取法。《易传》除了有以上所说的外在的取法系统之外，还有一个内在取法的系统，即"天道变化，各正性命，保合太和，以利贞"，即"一阴一阳之谓道。继之者善也，成之者性也"，而《荀子》则只有外在的取法，而无内在的取法系统。因此，当我们说《荀子》也主张"天人合一"时，指的只是经验的、外在的"天人合一"，而非内在的、先天的"天人合一"。

四、穷理尽性与积善成圣

虽然《易传》在天人关系上，具有"天命之性"与"外在取法"两个系统，但其中占主要地位的仍然是前者。以上已述，《彖上》所云"乾道变化，各正性命，保合太和，乃利贞"，《系辞上》所云"继之者善也；成之者性也"，所表达的就是《中庸》"天命之谓性"的意思。《易传》认为，人的本性禀承自天，人性与天德相同。圣人通过仰观俯察取法天地之道所制之易，并不是人之本性，乃是对天地万物之理的模画。易是术，由术可以达道，但把握术只是达道的条件之一，仅有术并不能必然得道。因为术属形下之域，道则属形上之域，由形下之术通往形上之道，需要有一个超越，仅凭术本身是不能完成这个超越的，它还需要其他的条件。所以，在达到"天人合一"的道路上，把握术只是一个必要条件，而非充分必要条件。在《易传》看来，要实现上达天德，达到"天人合一"的境界，"天命之性"与"外在取法"这两个系统缺一不可，但其中"天命之性"比"外在取法"更为根本，因为它不仅是人实现内在"天人合一"的先决条件，而且还是"外在取法"的最终归趣。

虽其如此，但《易传》毕竟存在一个"外在取法"的系统，而这个系统所成就的主要是知识而非德性，所以，与《论语》《孟子》《中庸》相比，《易传》对知识更加重视。其云："仰以观于天文，俯以察于地理，是故知幽明之故，原始反终，故知死生之说。"（《系辞上》）仰观俯察属于知识性活动，而幽明、终始、死生则属于形上之域，以上显然认为，通过仰观俯察等经验性的认识活动，可以实现由形下到形上的超越。同时，《象上》又云："君子以多识前言往行，以畜其德。""前言往行"属于知识的范畴，"多识前言往行"说明了《易传》对知识的肯定，然而，"多识前言往行"可以"畜其德"则表明，《易传》认为，由知识可以通于道德。《系辞上》又云："夫《易》，圣人之所以极深而研几也。唯深也，故能通天下之志，唯几也，故能成天下之务；唯神也，故不疾而速，不行而至。"不管多么深不可测，多么微妙玄通，但无论"极深"还是"研几"都属于对知识的探求，所以通过它们可以"通天下之志""成天下之务"。而且，由"极深""研几"可以"通神"，可以达到"不疾而速，不行而至"的不可思议之境。

然而，以上并不是《易传》上达天德的通途。《说卦》云："昔者圣人之作《易》也，幽赞于神明而生蓍，参天两地而倚数，观变于阴阳而立卦，发挥于刚柔而生爻，和顺于道德而理于义，穷理尽性，以至于命。"按照以上说法，人要上达天德需要经过三个阶段，即"穷理""尽性"与"至命"；或者说，只有两个阶段，即"穷理""尽性"，因为"天命之谓性"，所以，"性"即"命"，"命"即"性"，"尽性"即"至命"，这是对同一阶段的不同表述。以上所提到的"仰观俯察""多识前言往行"以及"极深""研几"等，皆属于"穷理"这一阶段，但"穷理"并不是《易传》的目的所在，其目的是"尽性"，所以，"穷理"只是"尽性"的手段，"尽性"才是最终目的，因为只有"尽性"，方可"至命"。"尽性"不能靠《易传》外在取法的系统，得通过内在超越方可成就。《系辞上》云："《易》无思也，无为也，寂然不动，感而遂通天下之故。非天下之至神，其孰能与于此。"无思无为，寂然不动，感而遂通，皆不是"穷理"，而是"尽性"的过程。《中庸》云："唯天下至诚，为能尽其性；能尽其性，则能尽人之性；能尽人之性，则能尽物之性；能尽物之性，则可以赞天地之化育；可以赞天地之化育，则可以与天地参矣。"按照《中庸》的以上说法，"尽性"需要依赖"诚"，只有达到"至诚"，方能尽天地万物之性，而尽了天地万物之性，才可以与天地参，即达到"天人合一"之境界。《易传》以上所说的无思无为、寂然不动，即是诚的工夫，"感而遂通天下之故"即尽天地万物之性。为什么这么说呢？《中庸》又云："诚者，天之道。不勉而中，不思而得，从容中道，圣人也。"又云："唯天下至诚为能化。"还云："至诚通神""至诚前知"。因此，与《中庸》一样，在《易传》看来，要实现由"穷理"至"尽性"的超越，必须要通过诚的工夫。诚是一种态度，也是一种工夫，①若以诚的态度来穷理，则穷理便成为一种工夫，这种功夫可以把穷理的外在行为内化，从而达到尽性的目的，实现由穷理至尽性的超越，即达到"天人合一"的境界。

《荀子》在天人关系上除了"天生人成"外，其最注重的就是外在的取法，并因此在成圣工夫上尤其重视知识的积累。《荀子》认为，"性者，本始材朴也；伪者，文理隆盛也。"（《荀子·礼论》）因受道家思想的影响，荀子在人性论上主张自然人性论，认为每个人生来就具有自然的本性，知识与道德皆后天教化的结果。不仅普通人如此，圣人也是如此，《荀子·性恶》云："故圣人之所以同于众，其不异于众者，性也；所以异而过众者，伪也。"圣人与众人在本性上是相同的，它们的区别不在于本性，而在于后天的教化与学习。因知识学习是成圣的重要途径，所

---

① 当然，在《中庸》中，诚并不仅仅是一种态度，一种工夫，而且还是一个本体，即诚体。

以荀子非常重视学习，他专门撰写了《劝学》篇，主要阐述了学习的重要性。在荀子看来，学习不是一个暂时性的、阶段性的过程，而是一个终身的追求，《劝学》云："学不可以已。"又云："学至乎没而后止也。"荀子认为，学习是一个永不可停息的过程，它将伴随人之终生，直到死为止。

然而，《庄子·养生主》云："吾生也有涯，而知也无涯。以有涯随无涯，殆已！"人的生命是有限的，而知识却是无穷的，以人有限的生命去追求无限的知识，这在庄子看来是一件很愚蠢的事情。这一点荀子也认识到了，《荀子·儒效》云："君子之所谓贤者，非能遍能人之所能之谓也；君子之所谓知者，非能遍知人之所知之谓也；君子之所谓辩者，非能遍辩人之所辩之谓也；君子之所谓察者，非能遍察人之所察之谓也；有所正（止）矣。"君子比普通人高明的地方，并不在于他无所不能、无所不知，而在于他有所止、有所终。君子的学习并不是盲目的，而是有一定的追求目标，这个目标就是成圣。《解蔽》云："故学也者，固学止之也。恶乎止之？曰：止诸至足。曷谓至足？曰：圣王也。圣也者，尽伦者也；王也者，尽制者也；两尽者，足以为天下极矣。"《劝学》云："学恶乎始？恶乎终？曰：其数则始乎诵经，终乎读礼；其义则始乎为士，终乎为圣人。"《礼论》云："学者，固学为圣人也，非特学为无方之民也。"然而，因《荀子》只有外在的取法的系统，所以其所说的学习主要指的是知识的学习，但单靠知识的学习却无法成圣。

正如荀子以上所说，圣王既是"尽伦者"，又是"尽制者"，"尽伦"即是内圣，"尽制"即是外王，"尽伦尽制"实际上即是"内圣外王"。知识的学习只可以说有助于"外王"的实现，却无关乎"内圣"即道德的培养。其实，荀子也认识到了这一点，所以他在提倡学习的同时，又提出了"积善成圣"的观点。《性恶》云："今使涂之人伏术为学，专心一志，思索孰察，加日县久，积善而不息，则通于神明，参于天地矣。故圣人者，人之所积而致矣。"以上说明，荀子认为，圣人乃人之所积而致，其所积者有两个方面，即学与善，圣人由积学、积善而成，积学可以"尽制"，积善则可以"尽伦"。《儒效》又云："故积土而为山，积水而为海，旦暮积谓之岁。至高谓之天，至下谓之地，宇中六指谓之极，涂之人百姓，积善而全尽谓之圣人。彼求之而后得，为之而后成，积之而后高，尽之而后圣，故圣人也者，人之所积也。"以上提到，"积善而全尽"，则可以称之为圣人，所以说"圣人者，人之所积也。"不管是积学也好，还是积善也好，既然是"积"，则必然为一经验的过程。然而，从荀子以"尽伦""尽制""尽善"规定圣人来看，既然圣人能"尽"，那么，其必然是一超越的对象。通过"积"这一经验的过程，如何来实现这一超越的对象呢？这是荀子所必须要解决的问题。

对于以上这个问题，荀子提出了两个解决方案，即行与诚。行，即道德的实践。《儒效》云："不闻不若闻之，闻之不若见之，见之不若知之，知之不若行之。学至于行之而止矣。行之，明也。明之为圣人。圣人也者，本仁义，当是非，齐言行，不失毫厘，无它道焉，已乎行之矣。"荀子认为，知识的学习并不是最终的目的，其最终的目的是把理论运用于具体的实践，即"学至于行之而止"。圣人是一个道德与政治的实践家，而不是一个纯粹的理论家，要成圣首先要化知识为实践，即把学转化为行。荀子在《劝学》篇中曾云："真积力久则入。""入"即生命化、内在化，要把知识生命化、内在化，就需要通过"行"，只有通过道德与政治的实践才可以把外在的伦、制、善内化于主体的生命之中，成为主体自身生命的一部分，从而成为尽伦、尽制、尽善的圣人。诚，即虔诚的态度。《不苟》云：

> 君子养心莫善于诚，致诚则无它事矣，唯仁之为守，唯义之为行。诚心守仁则形，形则神，神则能化矣；诚心行义则理，理则明，明则能变矣。变化代兴，谓之天德。天不言而人推其高焉，地不言而人推其厚焉，四时不言而百姓期焉。夫此有常，以至其诚者也。君子至德，嘿然而喻，未施而亲，不怒而威。夫此顺命，以慎其独者也。善之为道者，不诚则不独，不独则不形，不形则虽作于心，见于色，出于言，民犹若未从也；虽从必疑。天地为大矣，不诚则不能化万物；圣人为知矣，不诚则不能化万民；父子为亲矣，不诚则疏；君上为尊矣，不诚则卑。夫诚者，君子之所守也，而政事之本也，唯所居以其类至。操之则得之，舍之则失之。操而得之则轻，轻则独行，独行而不舍则济矣。济而材尽，长迁而不反其初则化矣。

"诚"在《中庸》中是一个非常重要的概念，其具有本体的地位，其云"诚者，天之道也；诚之者，人之道也。"然而，从以上所云"诚心守仁""诚心行义"来看，荀子所谓的"诚"与《中庸》有天壤之别，它只是一种虔诚的处事态度，而尚未上升到本体的地位。那么，荀子为什么还这么重视诚呢？刚才提到，"行"有一个重要的功能是"入"，即内在化的过程，而"诚"同样也有一个重要功能，这个功能是"化"。虽然我们经常讲"变化"一词，但在古汉语中"变"与"化"意义并不相同，"变"主要是指量变，而"化"则是指质变。在荀子看来，假若一个人怀着诚的态度来做事情，时间久了就会产生化的效果，使自身发生质的变化，由普通人变为圣人。显然，荀子所说的"行"与"诚"仍然带有明显的经验痕迹，比如，他讲的"真积力久则入""长迁不反则化"，皆是以经验的积累为"入""化"的前提。而且，荀子最终也没有说清楚如何通过经验的途径来实现超越。但是，荀子引入了"行""诚"两个概念，并试图以此来打通形上与形下的通道，无疑开辟出一条不同于思孟学派的超越之路。

总之，《易传》与《荀子》在天人观上有同有异。首先，它们从不同角度对"天""人"做了规定。《易传》从道德角度规定"天""人"，"天"乃义理之天，"人"乃性善之人。《荀子》则从自然角度规定"天""人"，"天"乃自然之天，"人"乃自然之人。其次，虽然两者皆认同"天生人成"的观念，但在天人关系上却截然不同。《易传》承认"天人感应"，主张"天人合德"。而《荀子》则坚决反对"天人感应"，提出"明于天人之分"，主张"天人分职"。再次，两者皆认同"天人合一"，只是合一的方式不同。《易传》在"天人合一"的模式上，具有"天命之性"与"外在取法"两种，而《荀子》则只有"外在取法"一种。所以，《易传》的"天人合一"是本质的、内在的，而《荀子》的"天人合一"则是经验的、外在的。最后，两者都以成圣为最高理想目标，但在成圣的途径上却有明显不同。《易传》秉承孔孟之精神，提出了"穷理尽性以至于命"的超越方式，主张通过内在超越的途径来达到"天人合一"，从而实现圣人的人生境界。而《荀子》则提出了"积善成圣"的超越方式，主张通过积学积善来成就尽伦、尽制、尽善的圣人人格。

四、易学与中国文化研究

纳甲筮法运算机制初探

张晓雨

《周易》古占筮法以阴阳变化，来解释宇宙万物的规律。它主要通过卦象及卦、爻辞为象征，说明人事的吉凶祸福。西汉人氏京房，所传纳甲筮法与古占筮法有很大不同。纳甲筮法通过八卦纳十天干与十二地支，将八卦与阴阳五行学说紧密结合在一起，利用五行的生、剋、旺、衰来进行预测运算。实际上，纳甲筮法是《周易》六十四卦与阴阳五行学说的综合应用。被称为《易》学研究中两派六宗中的一宗。

尽管纳甲筮法与《周易》古占筮法有很大不同，但是，纳甲筮法仍然运用了《周易》的许多原理。如《周易》的象征原理，注重时间效果的原理，变易而不易的原理，均在纳甲筮法的运算规定中，熠熠闪光。

本文从学术角度出发，试对纳甲筮法运算机制，作初步探讨。

一、纳甲筮法是《周易》与阴阳五行的综合应用

我们知道，《周易》中的六十四卦是由八个经卦，演变而成。八个经卦是六十四个别卦的基础。"纳甲"即十天干分纳于八卦，而举十干之首"甲"以概其余。纳甲筮法不但纳十天干，还纳十二地支。虽纳十天干，但是在运算中并不使用。在运算中是运用所纳地支，以地支五行属性来进行生剋运算的。

纳甲筮法中，纳支规定如图：

八卦纳地支图

	卦名 爻位	乾	坎	艮	震	巽	离	坤	兑
外卦	上爻	戌	子	寅	戌	卯	巳	酉	未
	五爻	申	戌	子	申	己	未	亥	酉
	四爻	午	申	戌	午	未	酉	丑	亥
内卦	三爻	辰	午	申	辰	酉	亥	卯	丑
	二爻	寅	辰	午	寅	亥	丑	巳	卯
	初爻	子	寅	辰	子	丑	卯	未	巳

　　从以上图中，我们可以看出，八卦，每卦六爻，共纳了四十八个次地支。其中阳卦：乾、坎、艮、震，纳阳性地支：子、寅、辰、午、申、戌。都是按十二地支排列顺序，隔位顺行纳入。阴卦：巽、离、坤、兑，纳阴性地支：丑、亥、酉、未、巳、卯。都是按十二地支排列顺序，隔位逆行纳入。在八卦纳二十地支图中我们还可以看到，每个地支，均出现了四次，并呈均匀分布。在随机起卦过程中，十二个地支被使用的几率将是均等的。

　　八卦纳地支后，每卦的卦爻就有了所值地支，所值地支又都有水、火、木、金、土的五行属性。这样，就将卦爻与阴阳五行结合在一起了。纳甲筮法不再论卦爻的阴与阳，得位与失位，也不再讲卦爻的比、乘关系，而是以卦爻所值地支的五行生剋关系，作为卦爻间的主要联系。

　　《周易》六十四卦，分八宫、每宫八个卦，各宫还规定了五行属性。如乾宫为金，坎宫为水；艮宫为土，震宫为木，巽宫为木，离宫为火，坤宫为土，兑宫为金。八宫配置五行属性，从后天八卦图式与五行方位图式中，可以找到一些相关联系。在后天八卦图中，坎、震、离、兑四卦分别为北方、东方、南方、西方。而五行方位图中，水为北方，木为东方，火为南方，金为西方。这样从方位上的联系看，坎为水，震为木，离为火，兑为金，可以说明八卦与五行的对应关系。另外，八宫五行属性的配置，也与《周易》卦象有一定关系。《周易·系辞》曰："乾为……金……坤为地……巽为木……艮为山，为径路……"

　　管见以为，《周易》卦象与后天八卦方位，五行方位等因素是八宫配置五行属性的依据。

　　纳甲筮法是以六亲来象征世间万物的。六亲是由每卦所属宫的五行与该卦卦爻所值地支五行，生、尅、比合产生出来的。由此可见，《周易》与阴阳五行紧密结合，是纳甲筮法的重要特点。也可以说，纳甲筮法是《周易》与阴阳五行的综合应用。

二、纳甲筮法使用了《周易》的象征原理

《周易·系辞》曰："古者包牺氏之王天下也，仰则观象于天，俯则观法于地，观鸟兽之文，与地之宜，近取诸身，远取诸物，于是始作八卦，以通神明之德，以类万物之情。"古人通过仰观俯察，近处取法人体的形象，远处摹仿万物的形象，于是制作八卦。通过八卦，又可以分类比拟万物的情状。八卦是以象征原理来说明万物的。卦、爻辞同样也具有较强的象征性。卦、爻辞所阐述的情况，已经超出了字面的含义，具备了更广泛的象征。如乾卦，初六："潜龙，勿用。"以潜藏在水下的龙，没有什么作为，来象征人由于条件不具备，尽管能力很强，目前也不能有所作为，要待时而动。象征，是《周易》说明人事，预测未来的主要方法。纳甲筮法同样使用了象征方法来说明人事的吉凶祸福。纳甲筮法首先通过六亲的设置，将世间万物分类作了象征。六亲，即父母，兄弟，妻财，子孙，官鬼。六亲分五类，世间万物均以五类而分别象征。如父母一类象征父亲、母亲以及高于或等同于父母辈分的其他亲属。还象征师长，象征房屋、车船、衣服、布匹、被褥、文章、报告、任命书、批文，在天气中象征雨。凡是生养，庇护占问者的，以及文字性东西皆以父母一类为象征（其他四类略）。由此可以看出，纳甲筮法通过八卦纳地支，使卦爻有了所值地支，进而由地支演生出六亲，再进一步以六亲的象征特点，赋予卦爻具体事物的象征表象，以此来满足占筮的需要。卦中代表占问内容的六亲，在卦中称"用神"，纳甲筮法原则上是以"用神"在卦中所处的环境好坏，来象征人事吉凶的。

纳甲筮法还设置了六神：青龙、朱雀、勾陈、螣蛇、白虎、玄武。每一位六神，给定了具体象征。如青龙，属木，居东方。为善良，清高、喜气，利名之兆（其他六神象征情状略）。这样通过六神的设置，增大了该筮法的象征信息。纳甲筮法中还具体规定了朱雀临兄弟为口舌是非，玄武临官鬼为盗贼……这些规定都体现了六神、六亲的象征效果。纳甲筮法运用象征方法预测未来，它使用了《周易》的象征原理。

三、纳甲筮法使用了阴阳五行的生剋原理

纳甲筮法装配出卦式以后，不像古占筮法那样，从象数或者义理的角度解占，而是以卦爻所值地支五行在卦中遇到的生剋，来确定"用神"，及世爻在卦中有利或不利，以此象征人事吉凶。比如"用神"所值地支为酉，酉的五行属性为金，那么"用神"酉金喜卦中所值地支五行为土的卦爻或日辰、月建地支五行为土，来生助。不宜地支五行为火的卦爻剋制。在一卦之中，以"用神"为主象，"用神"与其他卦爻的关系，重要的是生、剋关系。对"用神"生助的卦爻多，而且有力量（旺或动），日辰、月建也来生助"用神"，其卦大多为吉。"用神"受有力量的卦爻剋害，日辰、月建也来剋制，其卦大多不吉。生、剋是卦中卦爻之间的主要关系。至于卦爻相冲、相合，除了体现卦爻间的冲、合约定关系之外，仍存在生、剋关系。如子与丑合，两爻即相合，丑土又剋子水。在某种意义上可以讲，冲、合关系是卦爻生、剋关系的外延，因为在"合中带剋"的两爻之间，"剋"的因素依然存在。

纳甲筮法中的三合局，对"用神"的影响是生、剋关系的高层次表现。比如"用神"为寅木，卦中出现巳酉丑金局，巳酉丑三个卦爻即组成一个集团，去剋制寅木"用神"。如果卦中不是出现金局，而是出现的申子辰水局，那么申子辰三个卦爻也形成一个集团，去生助寅木"用神"。三合局对"用神"的作用，通过生或剋来体现。

日辰、月建除了能确定卦爻的旺衰以外，主要功能也是以生、剋作用于卦爻，来决定"用神"处境，以此象征卦的吉凶。由此可见，生剋原理，是纳甲筮法的主要运算法则。

四、纳甲筮法运用干支五行的旺衰作为重要运算依据

干支是我国古人记录年、月、日的象数符号。它所记录的年月日是对时空的定量，所以干支具有"数"的性质。干支记时不但有"数"的性质，它还反映了天文、历法、气象、物候运动变化的规律，体现了生命的自然信息。干支及其五行属性，随着时间的不断变化，会出现各种旺衰信息，以展示事物在时间变化过程中的阴阳消长，并以此象征事物在不同季节、不同时间的盛、衰。所以干支有着重要的表"象"内涵。

　　纳甲筮法以象数思维模式，通过干支五行的旺衰表象来类比事物在时间变化过程中的强弱与盛衰。

　　其筮法规定："春令木旺火相，夏令火旺土相，秋令金旺水相，冬令水旺木相，四季之月土旺金相，此八者旺相也。春土金兮，夏金水兮，秋木火兮，冬火土兮，此八者休囚也。凡卦中旺相之爻倘被日辰及动爻剋制，目下贪荣得令，过时仍受其毒。此旺相之爻暂时之用也。凡卦中休囚之爻如得日辰及动爻生扶，目下虽不能逞志，遇时仍然得意，此休囚者待时之用也。""旺相之爻能生剋衰弱之爻，衰弱之爻不能生剋旺相之爻。"

　　纳甲筮法根据上述规定，以卦爻所值地支五行在占筮当时的旺衰，来喻示事物的荣枯，力量的强弱。

　　卦爻的旺衰随着时间的推移，也在不断发生转化。《周易·系辞》曰："变通莫大于四时。"《周易》是很重视时间效果的。干支五行的旺衰规定承袭了《周易》的时效观念，体现了《周易》阴阳消长的规律。

　　纳甲筮法就是以干支五行的旺衰，运用象数思维模式来预测、推断事物的盛衰及其变化的前景。这种注重时间效果的干支五行旺衰规定，是纳甲筮法的重要运算依据。

五、《周易》变易、不易的原理是纳甲筮法重要运算法则

　　纳甲筮法设置了许多规定，形成了一套完整的系统的运算法则。在诸多规定中，层次是不同的。有低层次规定，也有高层次规定。一般的生剋规定，是基础的低层次的规定。有些规定，我们称为高层次规定，高层次规定对低层次规定具有否决权。如纳甲筮法中"合处逢冲"的规定就是高层次规定。卦中不论用神旺衰，不论用神是否受到他爻生剋，只要用神出现"合处逢冲"的情况，即喻事先成而后散。"绝处逢生""剋处逢生"也是这个道理，只要用神入绝而又得他爻生助，遇剋又得生扶，均是事物由坏变好的象征。再如卦中用神伏吟，不论用神旺衰，也不论用神是否受到生剋，皆为占者目前处境不佳，犹如病痛伏案呻吟。这些规定都说明纳甲筮法体现了《周易》的变易原理。只要具备一定条件，好卦可变坏，反之，只要条件具备，坏卦可变好。

　　尽管该筮法设置了具有否决权的高层次规定，但纳甲筮法中的生剋制化基本法则是不变的。《周易》变易，不易原理，是纳甲筮法运算中的又一重要法则。

　　综上所述，纳甲筮法有一套完整的运算机制，纳甲筮法对事物的预测运算，正是通过这一运算机制进行的。需要强调指出的是：纳甲筮法与《周易》哲学有着密切的联系。《周易》的哲学思想是通过多种形式其中包括占筮形式来表达的。只有深入了解《周易》筮法，才能更深入、更全面地了解《周易》。纳甲筮法运用《周易》的哲学思想，并与干支阴阳五行结合在一起，以干支五行的象数原理对事物进行多层次的引申、发挥、归纳、类推，以此达到预测目的。这种象数思维的建构，正是纳甲筮法运算机制的内核，也是中国先哲智慧的结晶。

《礼》经附庸，蔚成大国

——《礼记》在儒家经典体系中的重要地位及其当代价值

丁　鼎

众所周知，我国古代伟大的思想家、教育家孔子所创建的儒家学派的思想学说是中国传统文化的核心。而孔子所整理传承下来的"六经"（《诗经》《尚书》《仪礼》《乐经》《易经》《春秋》），以及后世在"六经"基础上增益形成的"十三经"则是儒家思想学说最主要的载体。

在儒家经典体系中，《礼记》一书占有举足轻重的重要地位。《礼记》一书最全面、最系统地论述、阐释了儒家的社会政治思想、天道人伦观念，心性教养的途径和原则等等。可以说《礼记》一书最能体现、揭示儒家的思想精髓和核心价值观。

《礼记》一书内容丰富，蕴含着非常重要的思想价值，对我国传统文化产生了广泛、持久而深刻的影响。而且直至今日，对于社会主义和谐社会建设和社会主义核心价值体系建设仍然具有重要的参考借鉴意义。具体说来，上至国家的治理，下至心性的修养，《礼记》一书都能为我们提供重要的指导和启迪。也就是说，直到今天，《礼记》一书所蕴含的思想内容仍然具有重要的当代价值。

有鉴于此，笔者拟在本文中就《礼记》的思想价值及其在儒家经典体系中的重要地位谈谈个人的粗浅认识。

一、《礼记》在儒家经典文献体系中的重要地位

在儒家经典体系中，《礼记》一书虽然成书较晚，但却占有无与伦比的、举足轻重的重要地位。

我们这样说，或许会有人不以为然。理由是经孔子整理并传承下来的儒家经典是"六经"（或"五经"），即《诗》《书》《礼》《乐》《易》《春秋》等六部儒家文化元典。六经中的《礼》是《仪礼》十七篇，而不是《礼记》。

实际上，认真考察一下我国古代经学史就会发现，在儒家经典文献体系中，就思想价值来说，不仅可以说《礼记》的地位超越了"五经"，而且也可以说《礼记》的地位也超越了"十三经"（《易》《书》《诗》、三《礼》、三《传》《论语》《孟子》《孝经》《尔雅》）中的其他十二经。我们作出这样的判断，主要基于如下三方面的理由或根据。

（一）在儒家十三经中，《礼记》一书最全面、最系统地记述、阐释了儒家思想学说的核心内容。儒家的社会政治思想、天道人伦观念，心性教养的途径和原则等等都在本书中得到全面的阐述和揭示。

我们知道，"礼"是儒家思想学说的核心内容，也是中国传统文化的核心。孔子所传授的儒家六经，无不渗透着浓重的"礼"学内容，正如清代著名今文经学家皮锡瑞在《经学通论·三礼通论》中说："六经之文，皆有礼在其中。六经之义，亦以礼为尤重。"①

清末著名古文经学家曹元弼《礼经学》卷四《会通》中也说："六经同归，其指（旨）在礼。《易》之象，《书》之政，皆礼也。"②

现代著名国学大师钱穆先生也说："中国的核心思想就是'礼'。"③

由此可见，儒家经典文献中一以贯之的核心内容就是"礼"。儒家礼学思想最主要的载体就是"三《礼》"，就是《周礼》《仪礼》和《礼记》三部经典。在"三《礼》"当中，就思想学术价值而言，《礼记》最为重要。为什么这么说呢？理由如下：

儒家的礼学历来讲究要"陈其数""知其义"。"数"即是指各种礼节和仪式的具体规定，"义"则是指各种礼节和仪式所体现的思想内容。在"三《礼》"中，《仪礼》十七篇所讲述的冠、婚、乡、射、朝、聘、丧、祭等八类礼节，基本上都属于"数"的范畴，主要讲述各类礼节的具体的行为规范。《周礼》，原名《周官》，是一部记述王室职官制度的著作，按照天官冢宰、地官司徒、春官宗伯、夏官司马、秋官司寇、冬官司空六个序列，记述了三百多种官职的设置及其职掌，基本上也是属于"陈其数"的范畴。

① 皮锡瑞：《经学通论》，中华书局 1982 年版，第 81 页。
② 曹元弼：《礼经学》卷四，《续修四库全书》第 94 册，上海古籍出版社 2002 年版，第 713 页。
③ 邓尔麟：《钱穆与七房桥世界》，社会科学文献出版社 1995 年版，第 8 页。

而《礼记》一书则不仅陈述各种礼的"数",而且阐释、揭示了各种礼的"义"。《礼记》四十九篇,内容非常繁富,涉及政治、法律、道德、哲学、历史、祭祀、文艺、日常生活、历法、地理等诸多方面。上自治国方略、社会发展规律,下至家庭伦理规则,在《礼记》中都有专章论述。它集中阐述了先秦儒家的政治、哲学和伦理思想。因此,就思想学术价值而言,可以说《礼记》在三《礼》之中最为重要。正如清代著名学者焦循《礼记补疏·序》所说:"以余论之,《周官》《仪礼》,一代之书也。《礼记》,万世之书也。必先明乎《礼记》,而后可学《周官》《仪礼》。《记》之言曰:'礼以时为大'。此一言也,以蔽千万世制礼之法可矣。"[①]

（二）《礼记》在曹魏时期升格为"经",并在唐代进一步升格为"五经"之一,取代了《仪礼》的地位。

"三《礼》"当中《仪礼》十七篇出现最早,相传是由孔子整理和传承下来的。汉代所谓"五经"之一的"《礼》"就是指《仪礼》而言。

而《礼记》四十九篇是西汉中期礼学博士戴圣搜集编纂的一部礼学资料汇编,当时还不算"经",故称为"记"。到东汉末期,经著名经学大师郑玄为其作注,《礼记》的思想学术价值越来越被学术界所重视。到三国曹魏时,《礼记》便升格为"经",并设立了博士,取得了与《仪礼》《周礼》并列的地位。北朝时,"诸生尽通《小戴礼》。于《周(礼)》《仪礼》兼通者,十二三焉。"[②] 这说明当时的学者重视并热衷于《礼记》之学,《礼记》成为当时士人的必读书;而《仪礼》《周礼》二经则很受冷落,较少有人问津。

唐王朝一统天下后,唐太宗有鉴于由于南北朝时期政治的分裂而形成的经学混乱的局面,于是便诏令国子监祭酒孔颖达组织学者撰写《五经正义》,用以统一全国经学。孔颖达等人可能有鉴于《礼记》一书的思想价值高于《仪礼》,因而便将《礼记》升格为"五经"之一,并为其作"正义"(疏)。实际上就是把《仪礼》排挤出五经之列。从此之后,《礼记》在儒家经典体系中的地位实际上正式超越了《仪礼》,完成了由《仪礼》附庸蔚成大国的升迁之路,取代《仪礼》,正式进入"五经"之列。于是在唐代便出现了这样的学术局面:人们普遍重视《礼记》一书,"人皆竞读"[③];而《仪礼》一书,则较少

① 〔清〕焦循:《礼记补疏·序》,《皇清经解》第六册,上海书店出版社1988年版,第562页。
② 〔唐〕李百药:《北齐书·儒林传》,中华书局1972年版,第583页。
③ 〔唐〕杜佑:《通典·选举》,中华书局1988年版,第355页。

研习者，"殆将废绝"①。以至于开元年间的国子祭酒杨玚"常叹《仪礼》废绝"。②

（三）《礼记》的《大学》《中庸》两篇与《论语》《孟子》并列，被尊为"四书"之一。

宋代著名的理学家朱熹所创立的"四书"学是我国古代经学史上的一件划时代的大事。朱熹在二程思想的基础上，将《礼记》中的《大学》《中庸》两篇抽出，与《论语》《孟子》两书并列，合称为"四书"。在儒家经典中，朱熹对"四书"给予特别的重视。他集四十年功夫，为这四部经书分别作注：《大学章句》《中庸章句》《论语集注》《孟子集注》，并将其结集合刻为《四书章句集注》一书，从而创建起对中国古代思想文化史影响甚大的"四书学"。"四书学"的提出和确立，是朱熹对中国传统文化和儒家经学发展的最重要的贡献之一。

朱熹的"四书学"思想主要是为建构和完善儒家道统思想进行论证，就是以"四书"发明和宣示儒家道统，以"四书"阐发儒家义理——包括儒家的天理论、心性论、认识论等等。朱熹"四书学"的一个重要特点就是强调"四书"重于"五经"。他说："学问须以《大学》为先，次《论语》，次《孟子》，次《中庸》。《中庸》功夫密，规模大。读书，且从易晓易解处去读。如《大学》《中庸》《语》《孟》四书，道理粲然。人只是不去看。若理会得此书，何书不可读？何理不可究？何事不可处？"③朱熹还说："《语》《孟》《中庸》《大学》是熟饭，看其他经是打禾为饭。"④朱熹这里是以"熟饭"与"禾"来比喻"四书"与其他经典。他认为"四书"能够直接体现孔孟之道，相当于"熟饭"，而"四书"之外的其他经典则与孔孟之道有所间隔，相当于"禾"，阅读"四书"之外的其他经典则相当于"打禾为饭"。也就是说，"四书"比"五经"及其他经典更重要。

朱熹的"四书学"革新并改变了我国古代儒家经学的发展方向，对中国古代思想文化产生了重大影响。朱熹之后，"四书"的地位逐步提高，而孔子所传承的"五经"（"六经"）虽然作为社会统治思想，仍被人们顶礼膜拜，但其优先尊崇的地位却被"四书"所取代。换言之，也就是作为《大学》《中庸》所自出的《礼记》的重要性当然高于传统的"五经"。

---

① 〔后晋〕刘昫：《旧唐书·杨玚传》，中华书局1975年版，第4820页。
② 〔后晋〕刘昫：《旧唐书·杨玚传》，中华书局1975年版，第4820页。
③ 〔宋〕黎靖德：《朱子语类》卷十四，中华书局1986年版，第249页。
④ 〔宋〕黎靖德：《朱子语类》卷十九，中华书局1986年版，第429页。

二、《礼记》的思想内容及其当代价值

《礼记》一书内容非常丰富，具有非常重要的思想价值。它以礼乐为核心，涉及政治、伦理、哲学、美学、教育、宗教、文化等各方面的思想学说。上自治国方略、社会发展规律，下至家庭准则，在《礼记》中都有专门篇章论述。

《礼记》不仅在儒家文献体系中占有非常重要的地位，而且对中国传统文化产生了重大而深远的影响。直至今天，《礼记》一书仍然具有重要的思想和学术价值。尤其对于建设有中国特色的社会主义社会具有重要的借鉴和指导意义。

《礼记》所阐述的以"修身""明德""治国"为宗旨的"礼"文化，在今天看来固然有一些陈旧、过时的内容，但毫无疑问其中也存在一些具有普世价值的内容，这些思想内容对于我们当今进行现代化国家建设无疑具有积极的借鉴意义。

下面我们就讨论一下《礼记》一书的思想内容及其当代价值。

（一）从近代以来"大同""天下为公"和"小康"政治思想的社会实践看《礼记》的当代价值

《礼记·礼运》集中体现了《礼记》在政治思想方面的价值。"大同""天下为公"和"小康"等政治思想就是出自《礼记·礼运》篇的论述。

《礼记·礼运》篇以孔子与其弟子子游问答的形式提出了中国历史上著名的"大同"社会理想，并进而说明"天下为公"是大同社会的特征。而礼制是"大道之隐"之后的"小康"社会（也就是阶级社会或曰文明社会）的产物，然后着重叙述礼的起源、发展、演变，以至于完善的过程，并探讨了圣王制礼的根据、原则，礼与仁、义、乐、顺等的关系，以及礼制的运行规律。本篇对"天下为公"的大同社会的理想化描述，体现了儒家的最高社会理想。

《礼记·礼运》所提出的"大同""天下为公"和"小康"等政治思想曾被我国近现代史上三位伟人先后用来表述自己的政治思想，并以此指导自己的社会实践。由此可以反映《礼记》一书在社会政治方面的当代价值。

1. 康有为的《大同书》

清朝末年领导了戊戌维新运动的思想家康有为曾经撰写了《大同书》来阐发其社会改良思想。本书是康有为对中国近代历史和中国文化思想宝库最重要的贡献之一。康有为青年时便重视"经世致用"之学。他早年去过香港、上海等地，接触到一些西方资本主义文明，因而萌发了革新思想，他认为必须学习西方，进行政治改

良，才能救国救民。

康有为的《大同书》虽然深受西方进化论学说和空想社会主义的影响，但从总体上说，还是根植于《礼记·礼运》提出的"大同"思想。康有为依据《春秋》公羊三世说和《礼运》中的"小康""大同"说，表述了人类历史发展的三个阶段，即由"据乱世"进入"升平世"（小康社会），由"升平世"进入"太平世"（大同社会）。进入大同社会后，人们都享受着公平、自由的幸福生活。显然康氏在《大同书》中追寻的理想社会，就是这样既有中国社会理想特色，又有西方空想社会主义色彩的世界。

2. 孙中山与"天下为公"的政治思想

在我国近代史上弘扬《礼记·礼运》倡导的"天下为公"思想的伟人是孙中山先生。孙中山先生是中国近代民主主义革命的开拓者，是中华民国和中国国民党的缔造者，是三民主义的倡导者。他首举彻底反封建的旗帜，终于推翻帝制，建立了中华民国。孙中山在推翻清朝统治，建立民国的革命运动中积极倡导"天下为公"的政治理念，并多次题写《礼记·礼运》倡导的"天下为公"的条幅，主张建立一个公平、公正的共和社会。据统计，在孙中山的题词中，仅目前所辑得的有受主姓氏的"天下为公"的条幅就达三十多件，其中有题赠冯玉祥的，有题赠张学良的，还有许多题写于公共场所。他给黄埔军校题写的训则是："三民主义，吾党所宗，以建民国，以进大同。"从1924年开始，孙中山在广州国立高等学堂演讲三民主义，在《民族主义》第6讲末尾，孙中山总结说："我们要将来能够治国平天下，便先要恢复民族主义和民族地位。用固有的道德和平做基础，去统一世界，成一个大同之治，这便是我们四万万人的大责任。诸君都是四万万人的一分子，都应该担负这个责任，便是我们民族的真精神。"[①] 由此可见，孙中山先生非常推崇《礼运》篇倡导的"天下为公"的"大同"理想。他的理想，他的目标，他的思想体系的基本精神，都浓缩在"天下为公"这四个字所体现的大同理想中，其目标就是建立一个公平、公正、共和的"大同"社会。

3. 邓小平与"小康社会"理论

20世纪后半期，我国改革开放的总设计师邓小平汲取《礼记》一书的思想精华，结合中国特色社会主义建设的实际国情提出"小康社会"这一新概念。后来经过不断发展和完善，最终形成邓小平的"小康社会"理论。

---

① 孙中山：《孙中山全集》下册，人民出版社2011年版，第718页。

"小康"这一词汇最早是在《礼记·礼运》中出现的，它蕴含着富足、礼义和公正的社会理想。20世纪70年代末，邓小平最早使用"小康"这一概念规划中国特色社会主义的发展目标。后来邓小平于1981年又明确提出了"小康社会"的概念，并对小康社会的标准、内涵、实现途径和实现时间都作出了明确的阐释。并明确"小康社会"就是"中国式的四个现代化"。

此后，我们党和国家一直根据邓小平的"小康社会"理论进行有中国特色的社会主义建设。经过二十多年的建设和发展，现在已初见成效。党的十八大向全党全国各族人民发出号召：坚定不移沿着中国特色社会主义道路前进，为全面建成小康社会而奋斗。

（二）从当代"和谐社会"建设看《礼记》的当代价值

儒家所倡导的礼乐文化既是一种社会政治理想，也是一项伦理道德原则与规范。"礼"的主导精神就是"和""和谐"。它主要是用来调节和制约人的行为的。它调节着人的主观欲求和客观现实之间的矛盾，使二者之间达到一种能够维持人类社会和谐共处的平衡状态。这种追求社会和谐的思想也是儒家"礼乐文化"的普世价值之所在。

《礼记》许多篇章从不同的角度阐述了儒家礼乐文化"和"的精神及其重要意义。《礼记·儒行》明确提出："礼之以和为贵。"《礼记·乐记》说："大乐与天地同和，大礼与天地同节。……乐者，天地之和也。礼者，天地之序也。"《礼记·中庸》曰："中也者，天下之大本也。和也者，天下之达道也。致中和，天地位焉，万物育焉。"

可见儒家"礼乐文化"的基本精神是崇尚、注重和追求和谐。这一基本精神，决定了"礼"的社会功用，即协调社会各阶层的关系，实现整个社会的和谐有序。可见，在以孔子为代表的儒家学派看来，"礼"与"乐"的最大特点与功能都体现在"和"上。也就是说儒家礼乐文化最主要的价值取向就是"贵和"，就是崇尚和提倡"和谐"的社会人际关系。

这种"贵和"的价值取向就是主张并要求社会各个阶级和阶层的人都应当在"礼"的制度框架之下和平共处。当个人与他人、个人与社会之间发生矛盾与冲突时，应采取宽容、谦让的态度，求大同存小异。只有这样才能建立起和谐协调的人际关系和群际关系，形成良好的社会秩序，从而使整个社会形成强大的凝聚力。

中华民族数千年来一直处于"大一统"的政治格局之下，儒家礼乐文化"贵和"的价值取向在其中发挥了重要的决定作用。中华民族数千年来形成的宽容礼让、谦恭善良、求大同存小异的道德传统，也正是这种"贵和"的价值取向长期影响和积淀的结果。

儒家礼乐文化贵和的价值取向，对中国周秦以降的古代社会产生了重大而深远的影响，广泛而深刻地渗透于古代社会的政治、法律、军事、教育、宗教、伦理和文化艺术之中，成为人们思想情感的一部分，成为中华民族社会习俗风尚的底蕴，形成周秦以来数千年中国古代文化的基本范式，成为中华民族精神的文化基因。

20世纪中期，中国共产党在马列主义指导下建立新中国后，奉行"以阶级斗争为纲"的治国方略，目的就是想以暴力的方式消灭阶级、消除阶级的差异，解决社会分配不公问题，建立起一个公平正义的社会。应该说实行这种治国方略的动机是美好的。但经过几十年的社会实践，却使我国的经济到了崩溃的边缘，证明"以阶级斗争为纲"并不是一条成功的治国之路。20世纪末，中国共产党断然放弃了"以阶级斗争为纲"的治国方略，实现了向以经济建设为中心的伟大转变。进入21世纪后，我们党和国家又把"构建社会主义和谐社会"作为全党全国的历史任务，甚至提出了和平崛起的宏伟目标。这些都在一定程度上折射出中国传统礼乐文化的"贵和"特色，是对儒家所倡导的礼乐文化有批判地继承和超越，这实际上体现了向崇尚和平共处的中华民族精神的回归，也可以说是《礼记》一书现代价值的体现。

（三）从习近平总书记近几年的讲话和文章看《礼记》一书的当代价值

2013年11月26日，习近平总书记视察山东，并专程到曲阜考察中国孔子研究院，召开座谈会，并在讲话中强调指出：要讲清楚中华文化积淀着中华民族最深沉的精神追求，是中华民族生生不息、发展壮大的丰厚滋养。对我国传统文化，对国外的东西，要坚持古为今用、洋为中用，去粗取精、去伪存真，经过科学的扬弃后使之为我所用。习总书记的重要讲话体现了党中央对弘扬中华民族优秀传统的高度自觉和无比自信，是中央高度重视中华优秀传统文化的重要宣示。

尤其值得注意的是：近几年习近平总书记多次在讲话与文章中引用《礼记》的文字来表述自己的思想认识。这一现象也从一个侧面反映出《礼记》的当代价值。兹举例如下：

1. 2013年5月2日习近平总书记在给北京大学考古文博学院2009级本科团支部全体同学回信中说："创新是民族进步的灵魂，是一个国家兴旺发达的不竭源泉，也是中华民族最深沉的民族禀赋，正所谓'苟日新，日日新，又日新。'"其中的

"苟日新，日日新，又日新"数语，典出《礼记·大学》。习总书记以此来勉励广大青年要勇于创新创造。

2. 据新华网 2014 年 6 月 28 日报道，在当天举行的和平共处五项原则发表 60 周年纪念大会上，习近平总书记发表题为《弘扬和平共处五项原则，建设合作共赢美好世界》的主旨讲话。讲话中两次引用《礼记》的文字表述自己的思想认识。他说："'万物并育而不相害，道并行而不相悖。'我们要尊重文明多样性，推动不同文明交流对话、和平共处、和谐共生……"他还说："坚持公平正义'大道之行也，天下为公。'公平正义是世界各国人民在国际关系领域追求的崇高目标。"

其中的"万物并育而不相害，道并行而不相悖。"典出《礼记·中庸》，原文为："辟如四时之错行，如日月之代明，万物并育而不相害，道并行而不相悖。"意为：四季交错运行，日月交替照耀，万物同时生长而不相妨害，遵循各自的规律而不相违背。

"大道之行也，天下为公。"典出《礼记·礼运》。显然，习总书记在讲话中以"万物并育而不相害，道并行而不相悖"作为当下国与国之间的和平共处之道，而将"大道之行也，天下为公"看作是人类社会的远景目标。

3. 2014 年 5 月 4 日，习近平总书记考察北京大学并发表重要讲话，习近平总书记引用《礼记》中的"博学之，审问之，慎思之，明辨之，笃行之"寄语北京大学学生及全国青年要从自身做起，勤学、修德、明辨、笃实，使社会主义核心价值观成为自己遵循的基本准则。

其中的"博学之，审问之，慎思之，明辨之，笃行之"出于《礼记·中庸》篇。

4. 习近平主席 2014 年 7 月 4 日在韩国国立首尔大学发表题为《共创中韩合作未来　同襄亚洲振兴繁荣》的重要演讲，并用韩语向师生们问好，拉近了与韩国民众的距离。倡导合作发展理念，在国际关系中践行正确义利观。国不以利为利，以义为利也。在国际合作中，我们要注重利更要注重义。

"国不以利为利，以义为利也"出自《礼记·大学》，意思是国家之间以及国与民之间，不应当把谋取财富当作唯一的利益，而应当把正义和道义作为利益。

（四）"大学之道"和"中庸之道"在精神文明建设方面的当代价值

《礼记》四十九中篇对中国传统文化影响最大的是《大学》与《中庸》两篇。这两篇对我国古代思想史、文化史影响特别深远，因而宋代大儒朱熹将这两篇抽出来与《论语》《孟子》并列为"四书"。

《大学》原出于《礼记》第四十二篇。"大学之道"，即大学的宗旨。注意：这里的"大学"并不是与现代"小学"相对的概念。这里的"大"是使动用法，所谓"大学"，是指扩大学识，弘扬光明的品德，让人弃旧图新，以至达到最完善的境界。《大学》的基本内容可概括为"三纲领""八条目"。"明德、亲民、止于至善"就是"三纲领"。为实现这"三纲领"，《大学》篇设计出"八条目"作为人生进修的阶梯，即"格物""致知""诚意""正心""修身""齐家""治国""平天下"。可见，《大学》不仅重视个人的修身养性，而且更重视"齐家""治国""平天下"的宏大理想。

《中庸》是《礼记》第三十一篇，相传是孔子的孙子子思所作。"中庸之道"，就是以孔子为代表的儒家学派的修身养性和处世之道。所谓"中庸"，郑玄解为"中和"，即中正、平和之意；程朱解为"不偏""不易"。

《中庸》全篇以"中庸"作为人生最高的道德准则而展开论述。"中庸"这一理论由孔子首先倡导，后经子思进一步阐发，其内涵是提高人的道德修养以达到内圣外王境界的一整套理论与方法。中庸之道的理论基础是天人合一，主张人性源于"天命"，因此要"率性"而为，并主张通过"修道"的自我教化的方式达到至诚、至善的境界。其宗旨是教育人们自觉地进行自我修养、自我教育、自我完善，从而把自己培养成为至善、至诚、至道、至德的理想人物，共创"太平和合"的理想社会。

《大学》提出的"三纲领""八条目"，以及"修身、齐家、治国、平天下"的人生目标，《中庸》提出的"不偏""不易"、中正、平和的为人处世之道，激励着一代代的知识分子努力弘扬光明品德、不断提高自身修养，并积极入世，兼济天下，造福社会。毫无疑问，《大学》与《中庸》两篇所提出的"大学之道"和"中庸之道"对于我们当今的每一个社会成员自我提升和自我完善都有着重要的价值。

显然，《大学》《中庸》所倡导的"修身""齐家""治国""平天下"之道对于学校教育和社会教化都具有非常重要的意义。因此，我国当代许多大学都从《礼记》各篇，尤其是《大学》《中庸》两篇中，借用一些名言警句作为校训。由此也可反映《礼记》（尤其是《大学》《中庸》两篇）思想内容的当代价值。兹举例如下：

《礼记·大学》开宗明义说："大学之道，在明明德，在亲民，在止于至善。"借用（或节用）这几句经文作为校训的有下列学校：

华东理工大学：勤奋求实，励志明德

河南大学：明德新民，止于至善

厦门大学：自强不息，止于至善

河南师范大学：厚德博学，止于至善

东南大学：止于至善

华中科技大学：明德，厚学，求是，创新

南京工业大学：明德，厚学，沉毅，笃行

《礼记·中庸》有云："博学之，审问之，慎思之，明辨之，笃行之。"
以"博学""笃行"等作为校训的有下列学校：

中山大学：博学，审问，慎思，明辨，笃行

复旦大学：博学而笃志　切问而近思。

山东师范大学：弘德明志，博学笃行。

四川师范大学：重德，博学，务实，尚美。

黑龙江大学：博学慎思，参天尽物。

江苏大学：博学，求是，明德。

湘潭大学：博学笃行，盛德日新（八字全出于《礼记》，其中"博学笃行"出于《中庸》；"盛德"出于《礼器》："礼器是故大备。大备，盛德也。""日新"出于《大学》："汤之盘铭曰：'苟日新，日日新，又日新。'"）

此外以《礼记》中的文字作校训的还有：

香港城市大学：敬业乐群（出自《礼记·学记》："三年视敬业乐群。"）

中国政法大学：厚德明法，格物致公（"格物"出自《大学》："致知在格物。"）

南京大学：诚朴雄伟，励学敦行。（"敦行"出自《礼记·曲礼上》："博闻强识而让，敦善行而不息，谓之君子。"）

众所周知，校训是一个学校的座右铭。它反映了一个学校的办学理念和价值取向，是一个学校的教育目标。这么多的学校不约而同地从《礼记》中选取相关文字作为校训，绝不是偶然的，它从一定程度上说明这些学校认识到《礼记》的现代价值。

（五）《礼记》的学术价值

前面我们主要概述了《礼记》一书在社会政治思想和伦理道德教化方面的思想价值。此外，《礼记》一书还蕴含着多方面的学术价值。

《礼记》四十九篇主要是记载和论述先秦的礼制、礼义，解释《仪礼》的有关内容，记录孔子及其弟子的问答，记述修身做人的准则，等等。涉及政治、法律、道德、哲学、历史、祭祀、文艺、日常生活、历法、地理等诸多方面，包罗万象。不仅较系统、完整地记述和阐释了先秦时期社会生活中的冠、婚、乡、射、朝、聘、丧、祭诸礼，而且对于古代的封国制度、爵禄制度、封禅制度、明堂制度、宗法制度、昭穆制度、学校制度等许多在传世先秦文献中缺乏详细记载的典制也有较详细的论述。因此，《礼记》四十九篇对于我们研究古代历史文化有着非常重要的学术价值。

尤其值得注意的是：《礼记》是记载孔子言行最多的先秦文献之一（仅次于《论语》），为我们研究孔子思想和儒家的思想理论提供了非常宝贵的资料。

除了前面已经讲到的被朱熹列于"四书"的《大学》《中庸》两篇以及《礼运》诸篇之外。《礼记》中的《乐记》《学记》《儒行》《曲礼》与《内则》诸篇都有很重要的学术价值。

《乐记》也是《礼记》中具有非常重要价值的一篇，它是我国古代最早的一篇有关"乐"（包括文学艺术）的理论专著，它主要论述了"乐"（包括文学艺术）的产生、"乐"与"礼"的关系、礼乐的教化作用及其对人与社会的影响等。《乐记》作为我国古代一篇重要的"乐"学（包括文学艺术）的专著，蕴含着丰富的哲学、伦理道德等方面的内容，是先秦儒家"乐"学（包括文学艺术）思想的总结和集大成之作，在我国古代文化史上占有非常重要的地位。因此，有学者将《乐记》与古希腊亚里士多德的《诗学》相提并论，视其为中国古代美学的奠基之作。

《礼记·乐记》所提出的许多文学艺术理论对我国后世的文学艺术理论和创作产生了重大影响。如汉代毛亨的《毛诗序》和南北朝时期刘勰的《文心雕龙》等文学艺术理论名著都不同程度地接收并进一步阐发了《乐记》的文学思想和艺术理论。

《礼记·学记》是我国古代第一部教育学专著，也是在当时世界范围内领先的教育学著作。宋代理学家程颐非常推崇《学记》。他说："《礼记》除《中庸》《大学》，惟《学记》最近道。"①

---

① 〔清〕乾隆钦定：《礼记义疏·学记第十八》，影印文渊阁《四库全书》第 125 册，上海古籍出版社 1987 年版，第 517 页。

《学记》对我国先秦时期的教学经验和教育理论进行了比较全面系统的总结，既对当时教学中存在的问题与缺点提出了中肯的批评，又提出了许多合理的、符合教育规律的意见。本书提出：通达情理、教化民众、改良风俗，必须要从教育入手，应把教育活动放在治国安邦的首要位置。文章还强调学习过程应由浅入深、循序渐进。提出教学过程中老师应采取适度引导的方式，重视教育和学习的双边良性互动，以达到"教学相长"的理想效果。本篇中许多有关教育的论述，对我国古代的教育事业产生了深刻的影响。

《曲礼》与《内则》则是我国最早的两篇家训性质的著述，较详细系统地论述了家庭与亲友间的日常礼仪，提出了许多很有教益的为人处世之道。

《曲礼》《内则》两篇较全面系统地反映了古代家庭成员彼此相处的伦理关系，是研究我国上古社会生活史和家庭史的基本史料。这两篇的内容对于古代人们的社会生活和家庭生活有着深远的指导意义。可看作是后世的《三字经》《弟子规》等启蒙读物的源头。

《礼记》四十九篇不仅内容丰富，而且在文体上众体皆备，对中国古代文体的形成和发展产生了重要影响。关于这一点，我们可以从下引黄寿祺先生《群经要略》中的一段论述来认识《礼记》在这方面的学术价值：

> 《礼记》之文，大都博达雅丽。《冠义》……诸篇，则序跋文之正宗也；《投壶》……诸篇，则典志文之正宗也；《曲礼》……诸篇，则杂记文之正宗也；《礼运》……诸篇，则论著文之正宗也。昔北齐颜黄门之推著《颜氏家训》，其《文章篇》有云："祭祀哀诔，生于《礼》者也。"……然则哀诔箴铭之文，亦以《礼记》为正宗矣。世人学文词，徒知求之于《尚书》《毛诗》及《左氏》，而不知《礼记》之文，尤不可及。……况乎《大学》《中庸》《礼运》《乐记》《儒行》《学记》诸篇，义理之宏深，文词之粹美，他经罕有其比。此其所以江河长流，万古不废也。①

本文原刊于《广西大学学报》2017 年第 1 期

---

① 黄寿祺：《群经要略·三礼篇第五》，华东师范大学出版社 2000 年版，第 125～126 页。

易经与 DNA

玄先昌　刘克胜

　　科学实践证明，世间万物虽然复杂多样，但人与人、人与自然之间存在宇宙全息，即信息同源，程序相同，节奏相应。作为中华民族智慧结晶的《易经》参研的是宇宙变化规律，它与组成和变化，并决定人和生物生老病死的 DNA 所遵循的法则有很多相似之处。

　　一般认为，《易经》的"易"，基本含义有三层：简易、不易、变易。下面从几个方面说一下易经和生物遗传法则的相通之处。

一、简易

　　简易，是说世界事物于纷繁之中趋于简单，多样之中具有统一。《易经》认为，世界万物的千变万化都可以归为阴阳的变化，并用"——"代表阳、用"— —"代表阴。以阳爻"——"代表天，以阴爻"— —"代表地，天地滋生万物，于是形成了我国独具特色的理论体系——阴阳学说。阴阳学说认为，世间一切事物的形成变化和发展全在于阴阳二气的运动，它存在于世间万物。阴阳二气再一次一分为二，便产生了四象。太极生两仪，两仪生四象，四象生八卦，八卦生六十四卦，古人用六十四种卦象来预测万物的变化。DNA 是一个双螺旋结构，由两条链互相缠绕，互为阴阳。一条链称为编码链，是生物基本单位——基因——的模板，可以视之为阳，另一条链称为补链，是为保证编码链的稳定性，含阴阳相辅之意。补链可以调控编码链，当编码链过于活跃的时候，补链可以起到平衡的作用。DNA 的阴阳链不是固定的，对于不同的片段（不同的基因），阴阳可能是两条链中的任意一条。

每一条染色体都是由 DNA 双螺旋及组蛋白组成。

模板链（template strand）：DNA 双链中按碱基配对规律能指引转录生成 RNA 的一股单链，又称为反义链。编码链（coding strand）：DNA 双链中与模板链相对的单链，不进行转录，也称为有义链。

以人为例，人体细胞有 23 对、46 条染色体。从遗传上讲，每一对染色体都是由父亲和母亲各提供一条染色体组成，为阴阳组合的结果。如果阴阳不协调，从母体或者父体多得到某一条染色体，即便胎儿可以成活，也会产生遗传疾病。其中的 X 和 Y 染色体为性染色体，X 为阴，Y 为阳，XY 为男子，XX 则为女子。

人的血红蛋白有一段（β 链）编码 DNA 序列。序列中红色大写的 A（腺嘌呤）如果被 T（胸腺嘧啶）取代，就会发生镰刀型红细胞贫血症。

每条 DNA 链是由核苷酸顺序排列构成的。核苷酸可分为两类——嘌呤和嘧啶。嘧啶短而嘌呤长，可分别视为阴阳。嘌呤又分腺嘌呤（A）和鸟嘌呤（G），嘧啶分为胞嘧啶（C）和胸腺嘧啶（T），可以看为 DNA 的四象。当 DNA 阳链的一个位置为嘌呤，阴链的相对位置一定是嘧啶，反之亦然。对应关系为 A 对 T，G 对 C。G 和 C 的配对结合力比 A 和 T 要强。DNA 上每三个相连的核苷酸为一个编码单位，一共有 64 个编码。基因就是由 64 种编码排列组成。生物的差别就是编码排列不同的结果。基因 64 种编码与《易经》中六十四卦代表宇宙人生中的 64 种情境，难道是一种巧合吗？不，这只能说明大自然千变万化，但是有着一定的规律，人类社会千变万化，也有着一定的规律，我们的人生变化多端，也是有一定规律的，而《易经》中的六十四卦就是了解宇宙人生的密码。

二、不易

不易，是说作为世界事物最高准则的"道"是恒定的、不变的，至少"变易"之道是永恒的。古人认为世界万物变化可以用《易经》来预测，说明变化的规律是恒定的。同样，生物的遗传法则也是恒定的，即由 DNA 到 RNA 到蛋白质。当受精卵形成时，新生命的基因和 DNA 组成就固定了。之后所有的生命活动都遵循这一法则。一个人的身高体重、生老病死、体力智力，都跟基因有关，都是基因按遗传法则活动的结果。

生命的中心法则遵循生物遗传的恒定法则，因此我们才能对其认识、预测。我们认为，人类要从自然界中获得各种信息，一是靠生物信息预测方法，二是采用物理信息预测方法。而物理信息预测的方法是生物信息预测转化的产物。我国《易经》等信息预测方法，便属于生物预测的范畴。

列宁说："假如人的感觉没有使人对环境具有客观的正确观念，人这个生物机体就不能适应环境。"① 反过来说，我们认为作为万物之灵的人类，为了适应环境，创造了许多办法，如工具、仪器等，这些都是人类感官的延长，都是大脑主观能动性的结果，延伸再长，智慧再高，也是人类智力的一部分，仅仅很小的一部分。如卫星上天、飞船探月、人工智能等，这些都是人造的，是人类智力的一部分的外现。

人类大量的储存信息是取之不尽、用之不竭的。人类为了适应生存，发明了许多预测方法。无论哪种预测手段，万变不离其宗，都以阴阳五行为本，阴阳五行与人体五脏相对应，与人体气场相呼应，与宇宙气场相照应。

我们的结论是，既然作为世界事物最高准则的"道"，即规律是客观的、恒定的，是与生物的遗传法则相通的，我们用来预测的方法如八卦的取象、五行的取象都是客观的，那么周易预测的探索也是有价值的。

三、变易

变易，是说世界事物在流动着，永久处在运动变化之中。宇宙八荒，自然界和人类社会，都包含在太极、阴阳的变化之中。世间事物，不变是相对的，变是绝对的。变中有不变，不变中有变，阴中有阳，阳中有阴，所以《系辞》说"一阴一阳之谓道"。对于人类来说，变易的第一个部分是指人的衰老和 DNA 的衰变。生物是由细胞构成的，它不停地制造新的细胞，每个新生细胞的 DNA 都会有不同程度的衰变缺失和错误。这些错误有些是可以预测的，有些是不可预测的。因此，一方面我们可以通过对基因的了解预测一个人的身体状况和患某种疾病的可能性，另一方面，由于这样的不确定性，预测并不是完全准确的。

DNA 的组成可以因外界的影响而改变，放射性同位素（例如 32S）、自由基（OH-）或者射线辐射（β-）都可以对 DNA 造成伤害。随着年龄的增长，DNA 的错误会累积，增加疾病的发生率。

变易的第二个部分指的是外界环境的影响。世界万物都是相互联系的，所以我

① ［苏］列宁：《唯物主义和经验批评主义》，人民出版社 1960 年版，第 172 页。

们才可以通过对其他事物的观察预测人本身。环境可以影响基因的表达，所以即便是孪生兄弟，不同的经历和环境对人会产生不同的影响。

科学证明，人和其他生物是能量、信息、存在态势的综合体，即中国古代科技理论的气、数、象。气，就是能量、气场，数就是遗传信息，象则是存在态势，就是肉体。人都是按照基因的编码程序，即生物钟的编排顺序在人生的路途中行走，既然人是由能量、信息、存在态势，即气、数、象组合而成，那么只要改变一种形态就可改变命运，但显然信息即"数"，也就是遗传密码是不会改变的。"象"即存在态势，也不好改变，尽管部分人体器官可以被移植、置换，但人的中枢神经系统是不能被置换或改变的。这样看来唯一可以改变的就是人的能量，即"气"，在这方面，传统周易研究中有不少可资借鉴之处，值得重视。

"阴阳鱼" 原本为 "阴阳龙"

常光明

一、天河《龙图》

传说远古时代的"天皇伏羲"，仰观"日月星辰"在"天球"运行的"天象"，总结出"立天之道曰阴与阳"以及"阴阳气"的"变易"规律，并且"观变于阴阳而立卦"，巧用形象的"阴阳龙"表现抽象的"阴阳气"而创画出精妙的《伏羲龙图》。但历经五六千年的时世变迁，原始《伏羲龙图》逐渐失传而消形匿迹，致使后人对《龙图》之"名"与"实"的理解都产生了歧义。比如名称上，有人将《龙图》称之为《马图》或《河图》，而关于图式的具体画法，则更是花样繁多而无从确认。

北宋刘牧《易数钩隐图·龙图龟书论》：

> 《易》曰：河出图，洛出书，圣人则之。《春秋纬》云：河以通乾出天苞，洛以流坤吐地符。河龙图发，洛龟书感。……汉《五行志》，刘歆以为，伏牺继天而王，河出图，则而画八卦是也；禹治洪水，锡洛书，法而陈洪范是也。……中候及诸纬多说黄帝、尧、舜、禹、汤、文、武受图书之事，皆云龙负图，龟负书。……惟《易·系辞》云：'河出图，洛出书，圣人则之。'此盖仲尼以作《易》而云也。则知河图洛书出于牺皇之世矣。乃是古者河出龙图、洛出龟书，牺皇（阙）画八卦，因而重之为六十四卦。……文王作卦辞，周公作爻辞，仲尼辅之"十翼"，《易》道始明。……且孔氏以箕子称"天乃

锡禹九畴"，便谓之"洛出龟书"，则不思圣人云"河出图，洛出书"，在作《易》之前也。

由刘牧之言可知，《易经》之前已有《伏羲龙图》，《易纬》诸书也都称《龙图》，而汉代的刘歆等人则称之为《河图》。但我们看《管子·小臣》："昔人之受命者，龙龟假，河出图，洛出书，地出乘黄，今三祥未见有者，虽曰受命，无乃失诸乎！"看《管子》所言，战国时人只是听说有"图"假借"龙"身而"出河"，有"书"假借"龟"身而"出洛"，但实际没人见过《河图》《洛书》的真正模样。因此，汉代《易纬》类书通常也是称之《龙图》而不称《河图》。比如《易纬乾凿度》："河《龙图》出，《洛书》龟予。"《尚书帝命验》："河《龙图》出，洛《龟书》成。"《中候握河纪》："河出《龙图》，洛出《龟书》。"笔者分析《龙图》产生歧义的原因，大概是对《尚书·周书》所言"天球河图"的诠释不同所造成，如孔安国《尚书传》说："伏羲氏王天下，龙马出河，遂则其文以画八卦，谓之《河图》。"可见汉代时已有了"龙马负图出河"的传说，而后人对"龙马负图出河"的解释不同而出现了《龙图》与《河图》两个名称。

笔者以为，还是诸种《纬书》说法有理，因为双方依据的都是"龙马负图出河"之传说，而"龙马"身负之"图"理应称为《龙图》或《马图》，若称之《河图》则偏重于"河水"，必然产生"水图"类的误会，容易与"洛水书"相混淆。《洛书》作为记录"大禹治水"的"山水图"，史称《山海图》，应为"地球"上的"地图"，而与之相对的《河图》，则应为"天球"上的"天图"。《尚书》明确说为"天球河图"，所以《春秋纬》说："河以通乾出天苞，洛以流坤吐地符。"由此设想：伏羲仰观天象，看到"天球"上的"天河"中浮出"龙马"而画出了《龙图》或《马图》。《礼记·礼运》："山出器车，河出马图。"郑玄注："马图，龙马负图而出也。"孔颖达疏引《中候握河纪》："龙而形象马，故云马图，是龙马负图而出。"《中候握河纪》解释"龙马"为"龙而形象马"，可以理解其主要特征为"龙"而部分特征"象马"。汉代王充《论衡·龙虚》："世俗画龙之象，马首蛇尾。"《洪范·五行传》郑玄注："蛇，龙之类也，或曰龙。""龙"为超脱现实的神化动物，其形体特征源自"蛇"，所以"蛇""龙"同类，所谓"马首蛇尾"亦即"马首龙尾"。因此，所谓"龙而形象马"，即为"头象马的龙"。按照王国维先生主张的"二重论证法"，我们考证汉代文献所说之"龙"，还应参考出土文物之"龙"。史前红山文化遗址出土的典型文物中有"C形玉龙"，笔者曾有论文《红山玉器所谓"C 形龙"，应正名为"玉勾龙"》，论证"红山玉龙"虽有"马首"但整体仍为"马首龙尾"的"玉勾龙"。由此可证，汉代人所说的"马首龙尾"形象，应为远古的"红山玉勾龙"造型。请看红山文化发源地内蒙古赤峰市翁牛特旗的博物馆收藏的"红山玉勾龙"，以及中国国家博物馆与北京故宫博物院所藏的"红山玉勾龙"，均为"马首龙尾"造型（见图1）。

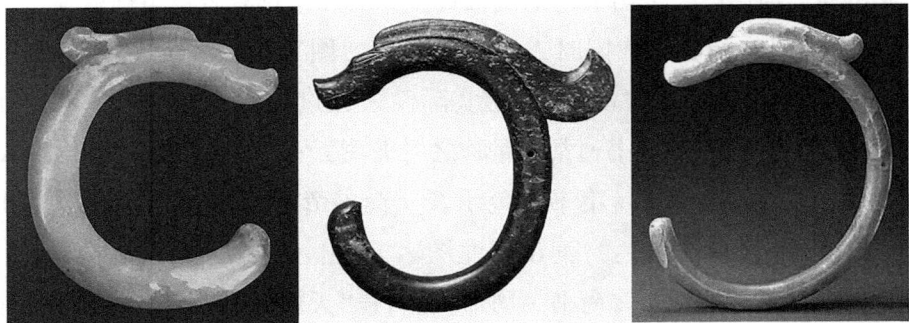

图 1　内蒙古翁牛特旗博物馆、国家博物馆、故宫博物院藏品"红山玉勾龙"

有"红山玉勾龙"为证，"龙马图"虽被个别人解释为《马图》，而大多数人还是视为《龙图》。古来多数人倾向于"龙"，盖因"天龙"的历史远早于"天马"。辽宁省阜新县查海村发掘出距今 8000 多年的新石器时期的"石堆塑龙"，可谓迄今发现最早的"石龙"。另外，距今 6500 年前的河南濮阳西水坡遗址，被中国社科院天文考古学家冯时先生考定为"伏羲氏太皞帝墓"，其墓室总体布局为"四方天象"，"伏羲"尸骨东侧有用蚌壳堆砌成的"东方苍龙"的形象（见图2），他还考证"龙"字的造字源自"东方苍龙七宿"。再看战国早期曾侯乙墓中漆箱上的《天象图》，中央"北斗星"的东侧即为"东方苍龙"（见图3）。陕西西安交通大学校园内出土的西汉壁画中也有"东方苍龙"的形象（见图4）。

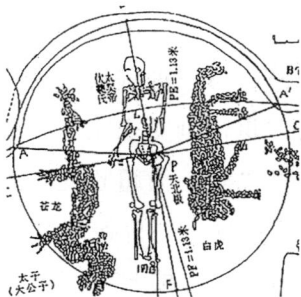

图 2　史前"伏羲墓"描绘图　　图 3　战国曾侯乙墓漆箱图　　图 4　西汉墓壁画

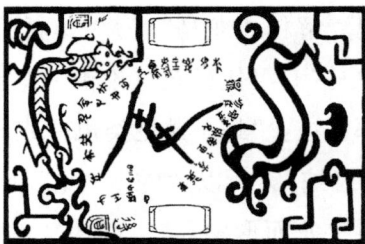

由这些出土文物可以知悉，汉代及以前的"天象图"中都有"天龙"及"天

虎"，而根本没有什么"天马"。若认真追究"天马"的话，实际为古天文图中"苍龙七宿"里的"房宿"。《史记·天官书》："东宫苍龙，房、心。……房为府，曰天驷。"《尔雅·释天》："天驷，房也"郭璞注："龙为天马，故房四星谓之天驷。"《天官书》所说的"房宿"以及注释，大概都源自战国星象家石申夫所著的《石氏星经》。唐代《开元占经》："石氏曰：……房为天府，一曰天马，或曰天驷。一名天旗，一名天厩，一名天市，一名天街，一名天燕，一名天仓，一名天表，一名天龙。"可知古时"星象"中的"天马"，不过是"苍龙七宿"之一的"房宿"，故不能以"小马"来取代"大龙"，由此也可明白，汉代"易学"所称的"龙马"，原本指的就是"天龙星宿"。"天龙"有时喻称"天马"，不过是形容"天龙"像"天马"一样在天上飞驰，根据"天龙"飞行轨迹所画的图式，自然应称《龙图》。所以《系辞》中的"河出图"与《纬书》中的"河出龙图"之语，均应理解为"天河现出《龙图》"之义，并非后代经学家们误解的《河图》。主张《河图》者有一个致命的缺陷，他们虽也争辩"龙马负图"出于"黄河"或"荥河"，但都是说《河图》出于地面的"地河"，他们显然都忽视了古代《河图》与《洛书》分别用来表现"天文"与"地理"的重大区别。《尚书·周书》所说"天球河图"，即"天球"上的"河图"，汉代以前的古籍《管子》《尸子》《周髀算经》等都说"天河图"为"伏羲观天象制历法"所用，可称"天图"；而"洛水书"则为"大禹治理山川水土"所用，可称"地图"。笔者三十多年前就在论文《"河图洛书"解》中说过：《河图》之"河"并非地上的"黄河"，而是天上的"星河"即"银河"。《诗·大雅·云汉》："倬彼云汉，昭回于天。"朱注："汉，天河也。"《广志》："天河曰银汉，又曰银河，亦曰天汉、天津、绛河、明河。"《观象玩占》："云汉一曰天汉，一曰天河，一曰河汉。河汉起东方尾箕之间，乃分二道。石氏曰：汉乃天一之所生，凝毓而成者。"郑樵《通志·天汉起没》："天河亦一名天汉，起自东方箕尾间。"《晋书·天文志》："天汉起东方，经尾箕之间，谓之汉津。"清于敏中《日下旧闻考》："古之人，有以天河断两界者，天犹卵也，经星之次环其四周，银河之所界者半，其余则天市、太微位焉。故二十八舍，其附于河者三之二。沿之河以分其势，稽紫宫以定其余，有条有次。"《尔雅·释天》："箕斗之间，汉津也。"注："津，天汉也。"疏："天汉之津梁，四方皆有七宿，各成一形。东方成龙形，西方成虎形，皆南首而北尾。南方成鸟形，北方成龟形，皆西首而东尾。箕在苍龙之末，故云龙尾。"看以上引文，可知"天汉"同于"天河"，都是现代人所说的"银河"。古代中国北方星空的"天球星图"中，"银河"起于东方"天龙星""龙尾"的"尾、箕之间"，然后分为"二道"，经过十几个"星宿"而分别没于西南方与西北方。河南洛阳北魏墓室墓顶绘有《天象图》，其中横贯

"天球"的绿水"河流"，即为文献所说的"天河"（见图5）。根据以上所引的文献与文物，可知"天河"的东段与"天龙星"的"龙尾"相交，因此似可看作"天龙"自"天河"中跃出，此便为古籍所言"龙出天河"之本义。伏羲老祖就是仰观"天龙星"在"天河"中出没之"天象"而画出《龙图》，并"遂则其文（纹）而画八卦"，即在《龙图》基础上又

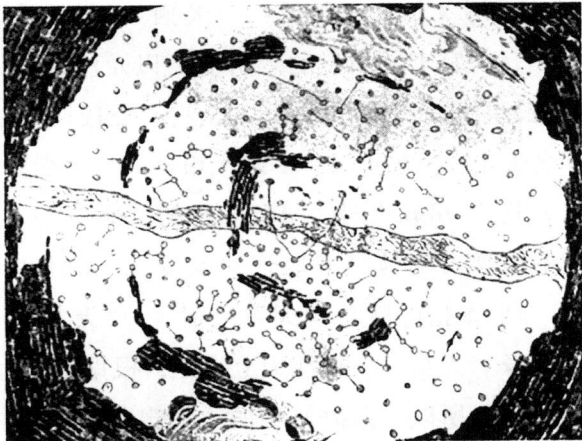

图5　北魏墓顶壁画"天河"

画出了《八卦图》。若根据后世经学家们的误解，将"天图"中的"天龙星"看作"地图"中的"洛河马"，可谓混淆天壤之别而指"龙"为"马"，其暴殄天物且喧宾夺主，以致《龙图》埋没"河"里而成了《河图》，从而蒙蔽了《伏羲龙图》的本真面目。

"天球"上的"天河"，是由密集的"银河星系"组成的"星河"，在"天球"上的位置恒定不变。伏羲老祖仰观"天龙星"围绕"天极"周年运行、循环往复在"天球星河"中浮沉出没而画出《龙图》，此便为《尚书》所称"天球河图"的缘故。《龙图》中的"阴阳龙"围绕"太极"旋转，便是象征天上的"阴阳气"在围绕"天极"运行，根据"阴阳龙"出现于"天空"的"四面八方"而厘定"天时"的"四时八节"，此即为《伏羲龙图》所蕴藏的"时空天机"。

二、《龙图》"天机"

《伏羲龙图》本为"天河"中的"天龙图"，而具体说此"天龙"，即为"天球星图"中的"东方苍龙星象"。中国古代《天文图》将"太阳"在"天球"上周行的"黄道"附近的星空划分为"二十八宿（舍）"，然后又分段划出"东、南、西、北"四方的"四宫"，每宫包括七个"星宿"。为便于识别与记忆，古人将"四宫"内的"七宿"连缀并拟化为四种"神兽"，而称其为"四灵"。先秦的

《礼记·礼运》："麟、凤、龟、龙，谓之四灵。"《礼记·曲礼》："行前朱鸟而后玄武，左青龙而右白虎。"西汉司马迁的《史记·天官书》将"四灵"称为"东宫苍龙、南宫朱鸟、西宫咸池、北宫玄武。"看西汉马王堆帛画中的"天宫"里，"日、月"之下便有"天龙"形象，其"阳龙"身旁画有八颗"星辰"以组成"苍龙星象"（见图6）。东汉王充《论衡·龙虚》："天有苍龙、白虎、朱鸟、玄武之象也。"东汉张衡《灵宪》："苍龙连蜷于左，白虎猛据于右，朱雀奋翼于前，灵龟圈首于后。"汉魏时书《三辅黄图》："苍龙、白虎、朱雀、玄武，天之四灵，以正四方。"可知自古至汉，代表"四灵"的"神兽"略有不同，唯独"天龙"不可或缺。西汉晚期"四灵神兽"的形象基本定型为："东方苍龙、西方白虎、南方朱雀、北方玄武。"东汉《尚书·考灵曜》："二十八宿，天元气，万物之精也。故东方角、亢、氐、房、心、尾、箕七宿，其形如龙，曰左青龙。南方井、鬼、柳、星、张、翼、轸七宿，其形如鹑鸟，曰前朱雀。西方奎、娄、胃、昴、毕、觜、参七宿，其形如虎，曰右白虎。北方斗、牛、女、虚、危、室、壁七宿，其形如龟蛇，曰后玄武。"中国古代《天文图》的视向与现代西式的《天文图》正好相反，看为"上南、下北、左东、右西"，而"上南、下北"也可看作"前南、后北"，于是可称"左苍龙、右白虎、前朱雀、后玄武"。古代"占星术士"所称的"四灵"或"四神"，在"易学"中则被称为"四象"，而此"四象"不仅表现"四方星象"同时也代表"四时气象"，若将"四象图"与《天球星宿时空图》对应画出，可称《天球时空四象图》（见图7），其中"四象"既代表"天空四方"，又代表"天时四季"。

图6　西汉马王堆帛画中的"天宫"　　　　图7　《天球时空四象图》

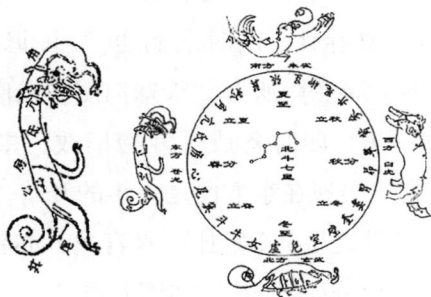

"东宫苍龙"中的"角、亢、氐、房、心、尾、箕"七座星宿，分别代表"天龙"的龙角、龙颈、龙足、龙胸、龙心、龙尾，组成整体的"天龙"星象，古时统称"天龙星"。"天龙"的"角宿"为"二十八宿"的"列宿之长"，而"心宿"

又名"大辰"或"大火"，主掌全年"时候"，可见"天龙星"在"天宫"中的首要作用。《尔雅·释天》："寿星，角、亢也。大辰，房、心、尾也，大火谓之大辰。"郭璞注："数起角亢，列宿之长，故曰寿。龙星明者，以为时候，故曰大辰。大火，心也，在中最明，故时候主焉。"李巡云："大火，苍龙宿心，以候四时。""天龙星"在"天球"上的出没周期与"地球"一年的季节同步，春季时"天龙星"出现在东方天空而称"东方苍龙"。黄昏时看见"龙角"从东方出现，表明春天来了。"苍龙星"中的"心宿"，又称"大火星"，《尚书·尧典》："星火以正仲夏。"《夏小正》："五月，……初昏大火中。"《左传昭公十八年》："夏五月，火始昏见。"黄昏时如看见"天龙火星"高悬于南方夜空正中，便到"仲夏"季节了。到秋季时"天龙星"会移现于西方夜空，而冬季时"天龙星"则下潜隐藏于北方地平线以下。由此便可明白《周易·乾卦》的"爻辞"何以用"龙"作比了，"初九，潜龙勿用"：冬天"天龙星"潜入地平线下看不见，所以无用；"九二，见龙在田"：初春时"天龙星"从东方地平线上崭露头角；"九四，或跃在渊"：春夏之交时"天龙星"已跃出水面升上半空；"九五，飞龙在天"：盛夏时"天龙星"飞升到南天正中的最高位；"上九，亢龙有悔"：夏秋之交时"天龙星"开始从最高处垂头向西下降；"用九，群龙无首"：秋冬之交时"天龙星"的"龙角（首）"落入西北方地平线下而"无首"。我们看《周易·乾卦》中对"天龙星"在"天球"上周行一年的描述，简直如同《伏羲龙图》的文字图解，由此也可证明《伏羲龙图》确实早于《易经》而存在，所以《伏羲龙图》远古已有而无须质疑。古人对"天龙星"在"天球"运行的记录，因冬天的"天龙星"潜伏地下不见而"潜龙勿用"，所以通常在春天"天龙星"出现东方时而开始计序。《史记·天官书》："立春日，四时之始也。"民谚所谓"一年之计在于春"，于此也就理解了《尚书·周书》所言"天球河图在东序"的说法。《后汉书·律历志》："日周于天，一寒一暑，四时备成，万物毕改，摄提迁次，青龙移辰，谓之岁。"其意也是说"青龙"出现在东方便是一年的开始。闻一多《周易义正类纂》："古书言龙，多谓东宫苍龙之星。《乾卦》六言龙，亦皆谓龙星。……《说文》曰：'龙……春分而登天，秋分而潜渊。'亦谓龙星。"

《伏羲龙图》便是用"天龙"或"阴阳龙"的形象来表现"天道自然"中的"阴阳周行变易"运行规律，以便指导远古人类的生产与生活。《周易·系辞》："日月运行，一寒一暑。……变化者进退之象也，刚柔者昼夜之象也。……一阴一阳谓之道，……生生之谓易，成象之谓乾，效法之谓坤，极数知来之谓占，通变之谓事，阴阳不测之谓神。……广大配天地，变通配四时，阴阳之义配日月，……是故阖户谓之坤，辟户谓之乾，一阖一辟谓之变，往来不穷谓之通。……是故法象莫大乎天地，变通莫大乎四时，悬象著明莫大乎日月。……变通者，趋时者也。……古者包牺氏之王天下也，仰则观象于天，俯则观法于地，观鸟兽之文与地之宜，近取诸身，远取诸物，于是始作八卦，以通神明之德，以类万物之情。……日往则月来，月往则日来，日月相推而明生焉。寒往则暑来，暑往则寒来，寒暑相推而岁成焉。……夫《易》彰往而察来，而微显阐幽。"《周易·说卦》："昔者圣人之作《易》也，幽赞于神明而生蓍，参天两地而倚数，观变于阴阳而立卦。……立天之道曰阴与阳，……乾为天，为圆，……震为雷，为龙，为玄黄。"《帛书·要》："故《易》有天道焉，而不可以日月星辰尽称也，故为之以阴阳。……有四时之变焉，不可以万物尽称也，故为之以八卦。"《管子·轻重戊篇》："伏羲作，造六峜以迎阴阳，作九九之数以合天道。"《尸子》："伏羲始画八卦，列八节而化天下。"《风俗通义·皇霸》："伏羲始别八卦，以变化天下。天下法则，咸伏贡献，故曰伏羲也。"《周髀算经》："古者仓牺氏立周天历度，……凡为日月运行之圆周，……分为三百六十五度四分度之一，……凡为八节二十四气。"《太平御览》："《春秋内事》曰：伏羲氏始画八卦，定天地之位，分阴阳之数，推列三光，建分八节，以爻应气，凡二十四气，消息祸福，以制吉凶。又曰：天地开辟，五纬各在其方，至伏羲乃合，故以为元。"汉代画像石中也多见"伏羲头顶太阳手执圆规"的形象，表现"伏羲"用"圆规"测量刻画"太阳"在"天球"运行的"周天历度"。这些汉代及以前的典籍与文物说明：伏羲"仰观天象日月星辰"以"立周天历度"，根据"天球"上"阴阳二气"的"阖辟之变、往来之通"的"天道"运行规律（见图8），巧妙画出"阴阳龙交互"的《天时太极图》（见图9），并"观变于阴阳而立卦"又画出了《先天八卦图》（见图10）。

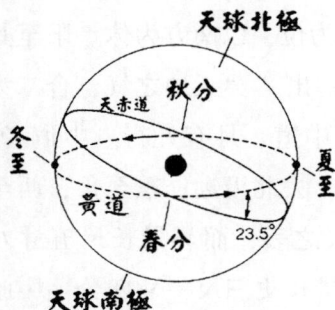

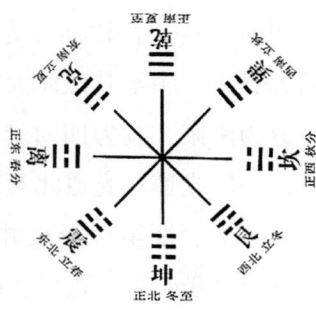

图8 《天道四季图》　　　　图9 《天时太极图》　　　　图10 《先天八卦图》

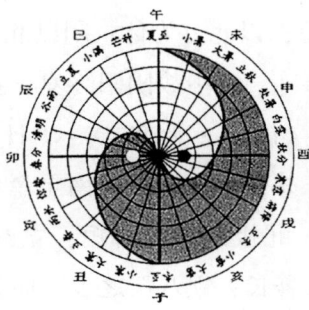

看图 8《天道四季图》中，"天球"上围绕"天极"旋转的"天道"主要有两条，一是"太阳"的"黄道"，二是"地球"的"赤道"，虽然"地球"跟随"太阳"也围绕"天极"公转，但"地球"本身还有自转，因而形成略有偏差的"赤道环"与"黄道环"，这两个圆环有交合也有分离，于是形成了一年四季的节气。古人长期观测"天球"上的"天道轮回"，将"赤道环"与"黄道环"偏离最远的两个极点定为"二至"（夏至、冬至），而将"赤道"与"黄道"的两个交分点定为"二分"（春分、秋分），这便是"天道四季"的划分。《天道四季图》为后期的画法，早期的古人曾用"圭表"测量"日影"的方法确定季节。中国处于地球的北半球，"太阳"抵达北回归线时距离最近，"阳光"直射而"日影"最短，此即为"夏至"季节，此时"阳光"最近故"阳气"最盛；当"太阳"去至南回归线时，"阳光"偏射而"日（阴）影"最长，此即为"冬至"季节，此时"阳光"最远且弱，而"阴气"便最重；当"日影"长短居中即"阴阳二气"协调适中时，即为"春分"与"秋分"。《后汉书·律历志》："日月之行，则有冬有夏；冬夏之间，则有春有秋。是故日行北陆谓之冬，西（东）陆谓之春，南陆谓之夏，东（西）陆谓之秋。日道发南，去极弥远，其景弥长，远长乃极，冬乃至焉。日道敛北，去极弥近，其景弥短，近短乃极，夏乃至焉。二至之中，道齐景正，春秋分焉。"《管子·形势解》："春者，阳气始上，故万物生。夏者，阳气毕上，故万物长。秋者，阴气始下，故万物收。冬者，阴气毕下，故万物藏；故春夏生长，秋冬收藏，四时之节也。"古时的"阴阳气"除了用于表现"节气"外，还可用于表示"昼夜"。《礼记·祭义》："日出于东，月生于西。阴阳长短，终始相巡，以致天下之和。"孔颖达注："阴，谓夜也。阳，谓昼也。夏则阳长而阴短，冬则阳短而阴长，是阴阳长短。'终始相巡'者，又月之与日同行黄道，其晦朔之时，月与日同处。自朔之后，月与日先后而行，至月终日还，与月同处，亦是终始相巡。'以致天下之和'者，以日月交相依巡，是阴阳和会，故致天下之和也。"《春秋繁露·阴阳位》："阳以南方为位，以北方为休；阴以北方为位，以南方为休。阳至其位而大暑热，阴至其位而大寒冻。……故阴阳终岁，各一出。""天地之气，合二为一，分为阴阳，判为四时。"《汉书·天文志》："日有中道，月有九行。中道者，黄道，一曰光道。光道北至东井，去北极近；南至牵牛，去北极远；东至角，西至娄，去极中。夏至至于东井，北极近，故晷短；立八尺之表，而晷景长尺五寸八分。冬至至于牵牛，远极，故晷长；立八尺之表，而晷景长丈三尺一寸四分……此日去极远近之差，晷景长短之制也。去极远近难知，要以晷景。晷景者，所以知之南北也。日，阳也。阳用事则日进而北，昼进而长，阳胜，故为温暑；阴用事则日退而南，昼退而短，阴胜，故为凉寒也。故日进为暑，退为寒。……月有九行者：……立春、春分，月东从青道；立秋、秋分，西从白道；立冬、冬至，北从黑道；立夏、夏至，南从赤道。"《汉书·律历志》："以阴阳言之，太阴者，北方。北，伏也，阳气伏于下，于时为冬。……太阳者，南方。南，任也，阳气任养物，于时为夏。……少阴者，西方。西，迁也，阴气迁落物，于时为秋。……少阳者，东方。东，动也，阳气动物，于时为春。"古人观察"日月"运行于"天道"的"东、南、西、北"四方，总结出"春、夏、秋、冬"四季的节气，而"温、暑、凉、寒"的气候，则是通过"阴阳二气"予以表述，正如《说卦》所言"立天之道曰阴与阳"。

　　图9《天时太极图》便是用旋转周行的"阴阳双龙"来表现"阴阳二气"，"阴阳二气"交互运行而此消彼长，也可划分"节段"以表征一年"天时"的"四时八节"。《周髀算经》汉赵爽注："二至者，寒暑之极。二分者，阴阳之和。四立者，生、长、收、藏之始，是为八节。节三气，三而八之，故为二十四。"因知古时先有"二至"（冬至、夏至）与"二分"（春分、秋分），其后再添加"四立"（立春、立夏、立秋、立冬），形成上古八个主要节气，大概战国以后再细分为"二十四节气"。远古先人最初用简单的"二分法"概括自然现象，如"天地""上下""表里""明暗""朝夕""寒暑"等概念，于《易》则称为"阴阳两仪"。其后再细化为"四分法"，如时间的"春夏秋冬"之"四时"或空间的"东南西北"之"四方"，于《易》则称为"四象"。再后又细化为"八分法"，如时间的"二分（春分、秋分），二至（冬至、夏至），四立（立春、立夏、立秋、立冬）"之"八节"，以及空间的"四正（正东、正南、正西、正北）四隅（东北、东南、西南、西北）"之"八方"，于《易》则称为"八卦"。此即为《易》之所言："太极生两仪，两仪生四象，四象生八卦。"《天时太极图》可谓动态的"时间变易图"，而图10《先天八卦图》则为静态的"空间方位图"，在代表"四面八方"的"卦位"上，也可标定"四时八节"之节气，以表明"天道"循环往复之"规律"。马王堆汉墓出土《老子》乙本《帛书·称》篇："天阳地阴，春阳秋阴，夏阳冬阴，昼阳夜阴。"《天时太极图》原理如同"天极图"，通过"阴阳二气"的交互变化以表现"天时"，不仅能表现一年四季中的"阴阳消长"，还能表现一天"昼、夜"之间的"阴阳转化"。若将《天时太极图》标上"十二时辰"，看图下方"阴气"最重的"冬至"之处，可视为"黑夜"的"子时"；按顺时针转向看

左方的"春分"之处，"阳气"渐盛而"阴气"渐衰，是为上午的"卯时"；再看图中上方的"夏至"处，"阳气"最盛即为"白昼"的"午时"；再看右方的"坎卦"之处，"阴气"渐盛而"阳气"渐衰，则为下午的"酉时"。因此，《天时太极图》可谓古代显示"十二时辰"的"钟表"。

《天时太极图》所用的"阴阳"概念，起源于原始社会而盛行于战国乃至汉代。《汉书·艺文志》："阴阳家者流，盖出于羲和之官，敬顺昊天，历象日月星辰，敬授民时，此其所长也。及拘者为之，则牵于禁忌，泥于小数。舍人事而任鬼神。"可知远古时代的"阴阳家"，通常担任"羲和天官"而从事"历象授时"之"天职"。而后代的"阴阳家"解说天文气象，则因"牵于禁忌"而改用抽象化的"小数"，甚至故弄神秘玄虚了。不过由此可知，古代的"阴阳家"，包括"占星术士"与"易学家"均为天文历法专家，《易经》《易纬》等书中很多内容就是记载日、月、恒（经）星、行（纬）星在"天道"运行的"天文历数"，古代制定"历法"都需仰仗"星占学"与"易学"。

传说中国最早的《甲历》为伏羲所作，其后乃有史称的"古六历"。《汉书·律历志》："历数之起上矣。传述颛顼命南正重司天，火正黎司地，其后三苗乱德，二官咸废，而闰余乖次，孟陬殄灭，摄提失方。尧复育重、黎之后，使纂其业，故《书》曰：乃命羲和，钦若昊天，历象日月星辰，敬授民时。岁三百有六旬有六日，以闰月定四时成岁，允厘百官，众功皆美。其后以授舜曰：咨尔舜，天之历数在尔躬。舜亦以命禹。至周武王访箕子，箕子言：大法九章，而五纪明历法。故自殷、周，皆创业改制，咸正历纪，服色从之，顺其时气，以应天道。三代既没，五伯之末，史官丧纪，畴人子弟分散，或在夷狄，故其所记，有《黄帝》《颛顼》《夏》《殷》《周》及《鲁历》。"此"古六历"及所有的"历法"，都可分为三类：一是根据"太阳"运行规律制定的"阳历"，二是根据"太阴"（月亮）运行规律制定的"阴历"，三是用"闰月"调和"阳历"与"阴历"的"阴阳合历"。所以古时专门观测"日、月"以制定"阴阳历法"的"羲和之官""史官""畴人"及"占星术士"等都可称为"阴阳家"。所谓"历者，天地之大纪，上帝所为"，古代历法都是"天子"代天而立的"皇历"，改朝换代时必须"咸正历纪，顺其时气，以应天道。"西汉初，汉武帝制定《太初历》时，除了诏令官方的"太史令司马迁"与"羲和之官"等，还召集"大典星射姓""治历邓平""方士唐都、落下闳"等民间治历者二十余人参与"治造《汉历》"，"其法以律起历，……夫律阴阳九六，爻象所以出也。故黄钟纪元气之谓律。律，法也，莫不取法焉。……于是皆观新星度、日月行，更以算推，……先藉半日，名曰阳历。不藉，名曰阴历。所谓阳历者，先朔月生。阴历者，朔而后月乃生。……故日有六甲，辰有五子，十一而天地之道毕，言终而复始。太极中央元气，故为黄钟，……《经》元，一以统始，《易》太极之道也。春秋二以目岁，《易》两仪之中也。于春每月书王，《易》三极之统也。于四时虽亡事必书时月，《易》四象之节也。时月以建分、至、启、闭之分，《易》八卦之位也。象事成败，《易》吉凶之效也。朝聘会盟，《易》大业之本也。故《易》与《春秋》，天人之道也。……故《易》曰：天一地二，天三地四，天五地六，天七地八，天九地十。天数五，地数五，五位相得而各有合。天数二十有五，地数三十，凡天地之数五十有五，此所以成变化而行鬼神也，交终数为十九，《易》穷则变，故为闰法。参天九，两地十，是为会数。参天数二十五，两地数三十，是为朔、望之会。以会数乘之，则周于朔旦冬至，是为会月。九会而复元，黄钟初九之数也。经于四时，虽亡事必书时月。时所以记启、闭也，月所以纪分、至也。启、闭者，节也。分、至者，中也。节不必有其月，故时中必在正数之月。……《易》曰：参五以变，错综其数。通其变，遂成天下之文。极其数，遂定天下之象。太极运三辰五星于上，而元气转三统五行于下。"可见《太初历》即为"阴阳合历"，是根据"日、月"围绕"太极"运行的"四象、八卦"，而定出"启、闭、分、至"的"四时八节"。由此亦可知《易》之"象数"与"天文历数"的对应关系，不仅《易经》可视为"天书"，而且《易纬》"图谶"类书也是古时制定"历法"的必备参考之书。《后汉书·律历志》："至元和二年，《太初》失天益远，日、月宿度相觉浸多，而候者皆知冬至之日，日在斗二十一度，未至牵牛五度，而以为牵牛中星，后天四分日之三，晦朔弦望差天一日，宿差五度。章帝知其谬错，……遂下诏曰：朕闻古先圣王，先天而天不违，后天而奉天时。《河图》曰：赤九会昌，十世以光，十一以兴。……《尚书璇玑钤》曰：述尧世，放唐文。《帝命验》曰：顺尧考德，题期立象。……每见图书，中心恶焉。间者以来，政治不得，阴阳不和，灾异不息，疾疫之气，流伤于牛，农本不播。……祖尧岱宗，同律度量，考在玑衡，以正历象，庶乎有益。《春秋保乾图》曰：三百年斗历改宪。……今改行《四分》，以遵于尧，以顺孔圣奉天之文。……《太初历》冬至日在牵牛初者，牵牛中星也。古黄帝、夏、殷、周、鲁冬至日在建星，建星即今斗星也。……《尚书考灵曜》：斗二十二度，无余分，冬至在牵牛所起。……故《易》：金火相革之卦《象》曰：君子以治历明时。又曰：汤、武革命，顺乎天，应乎人。言圣人必历象日月星辰，明数不可贯数千万岁，其间必改更，先距求度数，取合日月星辰所在而已。故求度数，取合日月星辰，有异世之术。……《洪范》：日月之行，则有冬夏。《五纪论》：日月循黄道，南至牵牛，北至东井，……中兴以来，图谶漏泄，而《考灵曜》《命历序》皆有甲寅元。……甲寅元与天相应，合图谶，可施行。……即用甲寅元，当除《元命苞》天地开辟获麟中百一十四岁，推闰月六直其日，……元和变历，以应《保乾图》三百岁斗历改宪之文。《四分历》本起图谶，最得其正，不宜易。……太宗遵修，三阶以平，黄龙以至，刑犴以错，五是以备。……其后刘歆研机极深，验之《春秋》，参以《易》道，以《河图帝览嬉》、《洛书乾曜度》推广《九道》，百七十一岁进退六十三分，百四十四岁一超次，与天相应，少有阙谬。……《文曜钩》曰：高辛受命，重黎说文。唐尧即位，羲和立禅。夏后制德，昆吾列神。成周改号，长弘分官。《运斗枢》曰：常占有经，世史所明。《洪范五纪论》曰：民间亦有黄帝诸历，不如史官记之明也。……是始用《四分历》庚申元之诏也。深引《河》《洛》图谶以为符验，非史官私意独所兴构。……昔者圣人之作历也，观璇玑之运，三光之行，道之发敛，景之长短，斗纲所建，青龙所躔，参伍以变，错综其数，而制术焉。……论曰：《易》有太极，是生两仪。两仪之分尚矣，乃有皇牺。皇牺之有天下也，未有书计。……汉兴承秦，初用乙卯，至武帝元封，不与天合，乃会术士作《太初历》，……《太初历》到章帝元和，旋复疏阔，征能术者课校诸历，定朔稽元，追汉四十五年庚辰之岁，追朔一日，乃与天合，以为《四分历》元。"西汉的汉武帝"会术士"创建《太初历》，所用的是"《乾凿度》日法。"东汉以后，有人根据《考灵曜》《命历序》的"甲寅元"议改历法，主张《四分历》"甲寅元与天相应，合图谶，可施行。"但"尚书郎张衡"等根据《九道法》《保乾图》《乾凿度》等"图谶"理论主张复用《太初历》。也有人坚称"《四分历》本起图谶，最得其正，不宜易。"最后还是"羲和刘歆""参以《易》道，以《河图帝览嬉》《洛书乾曜度》推广《九道》"，而制定《三统历》。看以上两汉制定历法依据的《九道法》《尚书璇玑钤》《帝命验》《乾凿度》《春秋保乾图》《尚书考灵曜》《七曜术》《月食术》《文曜钩》《运斗枢》《命历序》《元命苞》《感精符》《河图帝览嬉》《洛书乾曜度》"《河》《雒》图谶"等均为《易纬》类书，可知汉代及以前皇朝"治历"，必须参考《易纬》"图谶"类书，因为这些"图书"都是"羲和之官"或"星占术士"，通过观测"日月星辰"运行的"阴阳变化"规律总结写出，其中蕴含"天道自然"的科学规律，并非全是后人蔑称的"谶纬迷信"。《律历志》中有人说"图谶漏泄"而导致"历纪"混乱，也有人举例《保乾图》所言"三百岁斗历改宪"的"谶语"，其实

"历纪"的误差，实为后来晋代天文家虞喜揭示的"岁差"所造成的，所以改朝换代时需要重新观测"日月星辰"在"天道"上的轨迹以矫正"历纪"，此即当时所谓的"以合图谶"而"与天相应"。

最早的"图谶"当为《伏羲龙图》，原始古朴的"伏羲"时代，巧用形象的"天龙星"在"天球"上的"飞行"轨迹，来表现抽象的"阴阳气"周年运行规律。《吕氏春秋·介立》："有龙于飞，周遍天下。"这些"飞龙"之所以"周遍天下"，其中寓含着"以龙纪年"的"龙历"。《左传·昭公十七年》："太皡氏以龙纪，故为龙师而龙名。"所以"太皡伏羲氏"创造的历法也可称之为《龙历》。由此便可理解《淮南子·天文训》所言："天神之贵者，莫贵于青龙。"所以后代修改历法，通常先测定"青龙"在天上的轨迹，根据"纪岁青龙"来制定"历法"。《后汉书·律历志》："昔者圣人之作历也，观璇玑之运，三光之行，道之发敛，景之长短，斗纲所建，青龙所躔，参伍以变，错综其数，而制术焉。""青龙移辰，谓之岁。……纪岁青龙未终，三终岁后复青龙为元。"其中所说的"青龙为元""纪岁青龙"，就是"以龙纪年"的"龙纪"。而《后汉书·律历志》又说："伏羲作《易》，纪阳气之初，以为律法。"可知伏羲"纪阳气"以为"律历"，与"纪龙历"意思差不许多，因此"青龙"等同于"阳气"。所谓"龙飞周天"，便是用"天龙"来表征"阳气"在"周天"的运转变化。

笔者以为，"天皇伏羲"起初先用"天龙"单独表现"阳气"，其后又用"双龙"来表现"阴阳二气"，此观点可由笔者收藏的古玉"天龙玉璧"与"双龙玉璧"予以佐证（见图 11）。古天文学称"天圆地方"，《周礼》中说"玉璧"为"礼天"之器，因此"玉璧"做成圆形而"璧圆以象天"。于是可知"玉璧"实乃"天璧"，而"天璧"上的"玉龙"，自然应为"天龙"。早期的"天龙璧"只雕饰单独的"天龙"，可视为代表"阳气"的"阳龙"；其后则有"双龙璧"，便是用"阴阳双龙"来表现"阴阳二气"了。

图 11　笔者藏品"天龙璧"与"双龙璧"

"天皇伏羲"根据"天龙"出现于"天空"的"四面八方"，而测定"天时"

的"四时八节"，这便是"伏羲观天象"而创作《龙图》以厘定"宇宙时空"的伟大历史功绩。《伏羲龙图》实为远古的《宇宙时空坐标图》，其中蕴藏"天道自然阴阳转化玄机"，古言简称"天机"。然而在古代中国，"天机"被视为关乎王朝兴衰的"天命"，所以远古时的"颛顼帝"实施"绝地天通"，断绝"天神"与"地民"之间的沟通，以免百姓明晓"天机"。唐代孔颖达注《诗经·大雅·灵台》引《公羊说》云："天子有灵台以观天文，诸侯卑，不得观天文，无灵台。"历代帝王为防止"天机"泄露，还专门立法禁止民间研习"天象星学"。如晋武帝泰始四年（公元 268 年）颁行《泰始律》规定，凡私藏天文图书者判处两年徒刑。唐高宗永徽四年（公元 653 年）颁行的法典中也明载："诸玄象器物、天文图书、谶书、兵书、七曜历、太一、雷公式，私家不得有，违者徒二年。私习天文者亦同。"自古"天文学"被皇家垄断，偶有遗漏也仅为边远之地的少数隐士私下秘藏，从而为《伏羲龙图》蒙上了神秘外衣。周代以后"天文《龙图》"渐入隐没境地，以致明末的顾炎武叹曰："三代以上，人人皆知天文，七月流火，农夫之辞也；三星在天，妇人之语也；月离于毕，戍卒之作也；龙尾伏辰，儿童之谣也。后世文人学士，有问之而茫然不知者矣。"

三、《龙图》三变

《伏羲龙图》大概于春秋战国乱世之后逐渐隐没，汉代时只有《易纬》类书还说《龙图》，而"经学家"们则将《龙图》误解成《系辞》所说的《河图》了。五代时道士陈抟由隐士"麻衣道者"处得到秘传的《龙图》，为破解似是而非的《龙图》，他专门写作了《易龙图》专著。但据《宋史·艺文志》记载，陈抟所著的一卷《易龙图》仅存其名，而原书已佚失而不传。目前所见只有《宋文鉴》中所载陈抟的《易龙图序》："且夫龙马始负图，出于羲皇之代，在太古之先。今存已合之序尚疑之，况更陈其未合之数耶？然则何以知之？答曰：于仲尼三陈九卦之义探其旨，所以知之也。况夫天之垂象，的如贯珠，少有差则不成次序矣。故自一至于盈万，皆累累然如系之于缕也。且夫《龙图》本合，则圣人不得见其象，所以天意先未合而形其象，圣人观象而明其用。是《龙图》者，天散而示之，伏羲合而用之，仲尼默而形之。始《龙图》之未合也，惟五十五数，上二十五，天数也，中贯三五九，外包十五，尽天三、天五、天九，并五十之用，后形一六元位，又显二十四之为用也，兹所谓天垂象矣。下三十，地数也，亦分五位，皆明五之用也。十分而为六，形地之象焉。六分而成四象，地六不配。在上则一不用，形二十四，在下则六不用，亦形二十四。后既合也，天一居上，为道之宗，地六居下，为气之本，天三干，地二、地四，为之用三。若在阳，则避孤阴，在阴，则避寡阳。大矣哉！《龙图》之变，歧分万途，今略述其梗概焉。"可见五代时人因循汉唐遗风，仍将"羲皇"时代的"龙马负图"称之为《龙图》。但陈抟怀疑所得"已合之序"的《龙图》并非原始真图，于是推测初始之《龙图》为"天意先未合而形其象"，亦即"天散而示之""伏羲合而用之"的《龙图》。但后世仅存的"已合之序尚疑之，况更陈其未合之数耶？"于是，陈抟只好根据"仲尼三陈九卦之义"，对《龙图》的"天数""地数"进行"数理"调整，而将其演变为"既合"的《易龙图》。宋末元初的雷思齐自称见过陈抟《易龙图》原作，他在《易图通变》中说："及宋之初，陈抟图南始创古推明象数，闵其贱用于阴阳家之起例，而芜没于《乾凿度》太一取其数以行九宫之法，起而著为《龙图》，以行于世。愚幸及其全书，观其离合出入具于制数之说，若刳心而有以求羲文之心者也。然实有不得于羲文之心者，于本图之外就以五十有五之数，别出一图，自标之以为形《洛书》者已，是其初之失也。""迨故宋之初，陈抟图南始创意推明象数，自谓因玩索孔子三陈九卦之义得其远旨。新有书述，特称《龙图》，离合变通，图余二十，是全用《大传》天一、地二至天五十，五十有五之数，杂以纳甲，贯穿易理。内一图谓'形九宫'，附一图谓'形洛书'者，则尽去其五生数，只起地六至地十，自释'十为用，十为成形，故《洪范》陈五行之用'数语而已，及终其书，再出两图，其一'形九宫'者，元无改异，标为《河图》，其一不过尽置列《大传》五十有五之数于四方及中，而自标异谓为《洛书》，并无传例言说，特移二七于南，四九于西，莫可知其何所祖法而作，而标以此名。……考图南之为《龙图》，虽自谓得于孔子三陈九卦之旨而作，然其序曰《龙图》者，天散而示之，羲合而用之，孔默而形之，且明称始图之未合，惟五十五数，则是谓《大传》天数二十有五，地数三十，合而言之。不知何以于其未改标之以为《洛书》，殆其始误也。"雷思齐说陈抟所画的二十余幅《易龙图》，均为《龙图》的"离合变通图"，其中有"形九宫"的《河图》与"陈五行"的《洛书》，他认为这些图"实有不得于羲文之心"而"殆其始误也"。我们从陈抟《易龙图序》的描述中也可看出，他所说的《龙图》类似"九宫数"的《河图》，只是纠结于各种"数理"而无关"天龙星象"，与《伏羲龙图》相去甚远，确实不得于"伏羲之心"。另外，我们查看陈抟的四代弟子刘牧所传的《龙图》，也可证明其实就是"九宫数"的《河图》。刘牧《易数钩隐图·

遗论九事》："昔宓牺（伏羲）氏之有天下，感龙马之瑞，负天地之数出于河，是谓《龙图》者也。……圣人观象画卦，盖按《龙图》错综之数也。……《宓牺龙图》亥上见六，乃十月老阴之位也。"又《易数钩隐图·龙图龟书论》："观今《龙图》，其位有九，四象八卦，皆所包韫。且其图纵横皆合天地自然之数，则非后人能假伪而设之也。夫《龙图》呈卦，非圣人不能画之；卦含万象，非圣人不能明之。""《龙图》止负四象八纯之卦""或问曰，既云《龙图》兼五行，则五行已具于《龙图》矣。不应更用《龟书》也。答曰：虽兼五行，有中位而无土数，唯四十有五，是有其象，而未著其形也，唯四象八卦之义耳。《龟书》乃具五行生成之数，五十有五矣。"刘牧在其著作中屡屡称名《伏羲龙图》或《龙图》，可见北宋时《伏羲龙图》仍遗存盛名。当时也曾有人质疑《龙图》的真伪，刘牧为此作答："《龙图》《龟书》虽不载之于《经》，亦前贤迭相传授也。然而数与象合，位将卦偶，不盈不缩，符于自然，非人智所能设之也。况乎古今阴阳之书，靡不宗之。至于通神明之德，与天地之理，应如影响，岂曰妄乎？"刘牧坚信《龙图》《龟书》传世的合理性，但若细看其描述以及所画之图，其《龙图》与《龟书》却为世传的"九宫数"的《河图》（见图12）与"五行数"的《洛书》（见图13）。

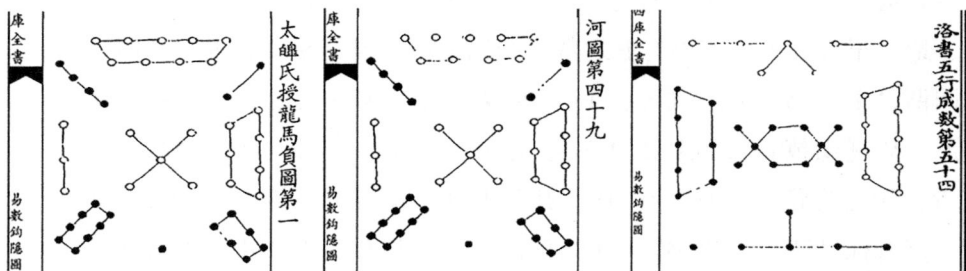

图12　刘牧《太皞（伏羲）龙图》与《河图》　　　图13　刘牧《洛书》

刘牧所画的《太皞（伏羲）龙图》，同时又称其为《河图》，大概与传授其图的"前贤"陈抟有关，刘牧传画的正是陈抟的"九宫"式的《龙图》。南宋释志磐《佛祖统纪》："处士陈抟受易于麻衣道者，得所述《正易心法》四十二章。理极天人，历诋先儒之失，抟始为之注。及受《河图》《洛书》之诀，发《易》道之秘，汉晋诸儒如郑康成、京房、王弼、韩康伯，皆所未知也。其诀曰：戴九履一，左三右七，二四为肩，六八为膝，纵横皆十五，而五居其室。此图纵横倒正，回合交错，随意数之，皆得十五，刘牧谓非人智所能伪为。始抟以传种放，放传李溉，溉传许坚，坚传范谔昌，谔昌传刘牧，始为《钩隐图》以述之。述曰：《系辞》云：

河出图，示其名也；参伍——变，错综其数，示其体也。此夫子显示《河图》之文也。汉世有书，其论《河图》云：太一取之以行九宫，四正四维皆十有五，此《易纬》详陈《河图》之数也。五季之际，有方服而衣麻者，妙达易道，始发《河图》之秘，以授希夷，希夷始著诀传世。然世人徒能述希夷之言，而不知其义本出于《系辞》《易纬》。今以著诀，上合《易纬》九宫十五之文，又以《易纬》仰参伍以变之说，无不吻合。系、纬之文，略而隐，故常人不能明。独麻衣悟此妙于二千年之后，殆天授也。"由其言可知，汉唐以后的《伏羲龙图》已逐渐演变为《系辞》《易纬》所传的《九宫数图》了。但我们看陈抟《易龙图序》所说"天之垂象，的如贯珠，……圣人观象而明其用。是《龙图》者，天散而示之，伏羲合而用之。"似乎表明了《龙图》用"贯珠"的"星象"来表征"天象"，也确实比《河图》之名更为恰当。但遗憾的是，多数后人却忽视远古形象化的"天龙星象"，而是跟着宋代理学的抽象化思路，演绎着"天数""地数""九宫数""五行数""大衍之数"等等各种"数理图"，距离原始《龙图》越走越远了。因此，不由怀疑陈抟由"麻衣道者"获得的《伏羲龙图》已非原始真图，图中虽有"的如贯珠"般的"数列"却并不关联"天龙星象"，也许因此而被后人改称"先天未合"的《先天图》了。

　　两宋之际的朱震在《汉上易传》中说："濮上陈抟以《先天图》传种放，放传穆修，穆修传李之才，之才传邵雍。（种）放以《河图》《洛书》传李溉，溉传许坚，许坚传范谔昌，谔昌传刘牧。（穆）修以《太极图》传周敦颐，敦颐传程颢、程颐。"根据朱震说法，陈抟所传的《龙图》经种放接传后变为三图，其一是传至邵雍的《先天图》，其二是传至刘牧的《河（洛）图》，其三是传至周敦颐《太极图》，此可谓"陈抟易学"的"龙图三变"。元代的张理在《易象图说》中也提到陈抟的"龙图三变"，并画出了"龙图三变图"，但他是根据陈抟《易龙图序》的内容而推演的"龙图三变"，不过是效仿刘牧所作的"河图三变"而已。

　　"龙图三变"中所谓《河图》，实质为"九宫数图"，与真正的《龙图》差别甚大。刘牧既说《龙图》却不涉"天龙"之"易象"而侈谈各种"易数"，又谈何《龙图》之变？需要补充说明的是，虽然刘牧的《龙图》混同于《河图》，但他用"黑白圆珠"表现"阴阳二气"却颇具特色，且其"阴阳珠"连缀"如贯珠"，似乎传承了战国《甘石星经》中的"星宿"画法。殊为遗憾的是，其"连珠图"只追求"点阵数理"而未与"天龙星宿"挂钩，因此算不上真正的《龙图》。不过他沿用汉代易学的"太极元一""阴阳二气"理论，诠释《易经》的"太极、两仪、四象、八卦"的生成原理，还算与《龙图》有所关联。如《易数钩隐图序》："夫《易》者，阴阳气交之谓也。若夫阴阳未交，则四象未立；八卦未分，则万物安从而生哉？是故两仪变易而生四象，四象变易而生八卦、重卦六十四卦，于是乎天下之能事毕矣。"又《易数钩隐图》："《经》曰：《易》有太极，是生两仪。太极者，一气也。天地未分之前，元气混而为一，一气所判是曰两仪。《易》不云乎天地而云两仪者，何也？盖以两仪则二气，始分天地，则形象斯著。以其始分两体之仪，故谓之两仪也。""马季长云：《易》有太极，谓北辰。北辰生两仪，两仪生日月，日月生四时，四时生五行，五行生十二月，十二月生二十四气。""《易》称一阴一阳之谓道，必垂一阴一阳之义耳。略试论之：且夫一阴一阳者，独阴、独阳之谓也。独阴、独阳且不能生物，必俟一阴一阳合，然后运其妙用，而成变化；四象因之而有，万物由之而生。""夫《易》有太极，是生两仪，两仪生四象，四象生八卦。八卦成列，象在其中矣；因而重之，爻在其中矣。则知太极乃两仪之始，八卦则重卦之始也。""数之所起，起于阴阳；阴阳往来，在于日道。十一月冬至，以及夏至，当为阳来。正月为春，木位也，曰南极，阳来而阴往。冬，水位也，当以一阳生为水数。五月夏至，曰北极，阴进而阳退。……由此冬至以及夏至，当为阳来也。……夏至以及于冬至，为阴进。"刘牧继承汉代易学，用"太极生阴阳""阴阳合而生变化"来解释"万物由生"，并用"阳来阴往""阴进阳退"循环往复的运行规律来阐述"阴阳二气"形成四季节气的"自然天道"，也算符合《伏羲龙图》的"阴阳交互周行变易"之内涵，遗憾的是其图式画法却未能体现也。

　　再看"龙图三变"中的《先天图》，后为邵雍弘扬广大，其典型图式为《伏羲先天八卦图》，继而发展为《先天六十四卦方圆图》（见图14）。

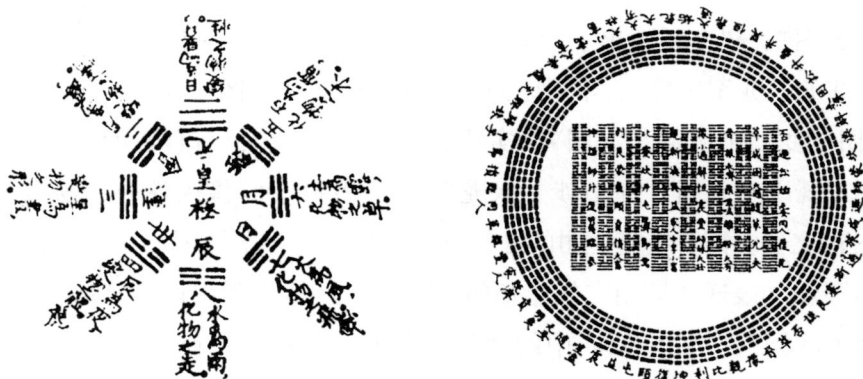

图 14　邵雍《伏羲先天八卦图》与《先天六十四卦方圆图》

邵雍表现"阴阳"的画法不同于刘牧的"黑白圆点"，而是采用"长短爻划"表示"阴阳"，此"一长阳爻"与"二短阴爻"寓含"一奇二偶"之"易数"。三爻组成一卦，而三爻不重复的排列组合即为"八卦"，"八卦"互相重叠又组成"六十四卦"，这些"爻变"与"卦变"都可称为"象、数"变化。邵伯温《易学辨惑》阐述其父邵雍的"易学"时说："其学主于意、言、象、数，四者不可阙一。其理见于圣人之经，止有一图以寓其阴阳消长之数与卦之生变。"邵雍虽然主张《易》有"象、数"，但却说有"内象内数"与"外象外数"之别。《皇极经世·观物外篇》："易有内象，理数是也；有外象，指定一物而不变者是也。自然而然不得而更者，内象内数也，他皆外象外数也。"接着又说"天下之数出于理"，可见"理"才是他心中的第一位，因此可说他乃宋代"理学"奠基大师。至于"易象"方面值得重视的是"止有一图"的《伏羲先天八卦图》，此图画法颇为经典，可能来源甚古，以致明代时被称之为《古八卦图》。此图近似圆图，中心的"皇极"象征"太极"，周围"先天八卦"的"卦象"为"由外视内"的形式。按邵雍的说法，"先天八卦"中的"阴阳爻"似乎可"以寓其阴阳消长之数"。如其《观物外篇》所说："是以阳迎而阴随，阴逆而阳顺，本一气也，生则为阳，消则为阴。""一气分而阴阳判，得阳之多者为天，得阴之多者为地，是故阴阳半而形质具焉。""阳得阴而生，阴得阳而成。""九者阳之极数，六者阴之极数，数极则反，故为卦之变也。""万物各有太极、两仪、四象、八卦之次，亦有古今之象。"邵雍同样传承汉代易学的"太极一气，判分阴阳"的理论，但他的《先天八卦图》中的"八卦"处在"判分"对立的"八方"，看不出"阴阳二气"之间的转化。于是，为阐明"阴阳消长"的变化，他将《先天八卦图》与《先天六十四卦图》都配上"干支"，并加以解说："或用乾，或用离、坎，何也？主阳而言之，故用乾也。主赢分而言之，则阳侵阴，昼侵夜，故用离坎也。阳主赢，故乾全用也。阴主虚，故坤全不用也。阳侵阴，阴侵阳，故离、坎用半也。是以天之南全见而北全不见，东西各半见也。离、坎阴阳之限也，故离当寅，坎当申，而数常逾之者，盖阴阳之溢也。然用数不过乎寅，交数不过乎申也。（或离当卯，坎当酉。）""太极既分，两仪立矣。阳下交于阴，阴上交于阳，四象生矣。阳交于阴，阴交于阳，而生天之四象。刚交于柔，柔交于刚，而生地之四象，于是八卦成矣。八卦相错，然后万物生焉。""乾坤定上下之位，离坎列左右之门，天地之所阖辟，日月之所出入，是以春夏秋冬、晦朔弦望、昼夜长短、行度盈缩，莫不由乎此矣。""天地定位一节，明伏羲八卦也。八卦相错者，相交错而成六十四卦也。数往者，顺若顺天而行，是左旋也，皆已生之卦也，故云：数往也。知来者，逆若逆天而行，是右旋也，皆未生之卦也，故云：知来也。夫《易》之数由逆而成矣。此一节直解图意，若逆知四时之谓也。阳在阴中，阳逆行；阴在阳中，阴逆行；阳在阳中、阴在阴中，则皆顺行。此真至理，按图可见之矣。顺数之：乾一、兑二、离三、震四、巽五、坎六、艮七、坤八；逆数之：震一、离、兑二、乾三、巽四、坎五、艮、坤六也。四正者，乾、坤、坎、离也。观其象无反覆之变，所以为正也。卦之反对，皆六阳、六阴也。""复至乾，凡百有十二阳，姤至坤，凡八十阳，姤至坤，凡百有十二阴，复至乾，凡八十阴。夫《易》，根于乾、坤而生于姤、复，盖刚交柔而为复，柔交刚而为姤，自兹而无穷矣。无极之前，阴含阳也，有象之后，阳分阴也，阴为阳之母，阳为阴之父，故母孕长男而为复，父生长女而为姤，是以阳起于复而阴起于姤也。""乾生于子，坤生于午，坎终于寅，离终于申，以应天之时也。""震为龙，一阳动于二阴之下，震也。重渊之下有动物者，岂非龙乎。""易有三百八十四爻，真天文也。""冬至之子中，阴之极；春分之卯中，阳之中；夏至之午中，阳之极；秋分之酉中，阴之中。凡三百六十，中分之则一百八十，此二至二分相去之数也。""朔易以阳气自北方而生，至北方而尽，谓变易循环也。""极南大暑，极北大寒。""夏则日随斗而北，冬则日随斗而南。故天地交而寒暑和，寒暑合而物乃生也。""天行所以为昼夜，日行所以为寒暑。""日朝在东，夕在西，随天之行也。夏在北，冬在南，随天之交也。天一周而超一星，应日之行也。春西（卯）正，夏午正，秋卯（酉）正，冬子正，应日之交也。""阳消则生阴，故日下而月西出也。阴胜则敌阳，故日望而月东出也。""阳中有阴，阴中有阳，天之道也。阳中之阳，日也，暑之道也。阳中之阴，月也，以其阳之类，故能见于昼。阴中之阳，星也，所以见于夜。阴中之阴，辰也，天壤也。""龙能大能小，然亦有制之者，受制于阴阳之气，得时则能变化，变变则不能也。"邵雍所画的两图，表面上难以看出"阴阳二气转化"，他不得已而通过大量文字解说《伏羲先天八卦图》表现"四正"与"四时"之关联，又用《先天六十四卦圆图》诠释"阴阳二气"循环"升、降"于"复卦"与"姤卦"之间，因"阴阳相生"而"循环无穷"，由此表现一年的"节气"与一日的"昼夜"。值得注意的是，其"龙能大能小，受制于阴阳之气，得时则能变化"之语，道出"天龙"与"阴阳气"的关联以及"得时能变"的运行规律，可谓无意中透露出《先天图》源自《伏羲龙图》的原始信息。

邵雍的《伏羲先天八卦图》虽说传自陈抟，但陈抟也非自造，而是来自道家隐士。朱熹《朱子语类》："先天图直是精微，不起于康节，希夷以前元有，只是秘而不传，次第是方士辈所相传授底，参同契中亦有些意思相似。"因知《先天八卦图》在陈抟之前已有，至少可上溯至汉代道家的《周易参同契》。据说陈抟传授的还有《方圆相生图》，而邵雍的《先天六十四卦方圆图》可能就源自《方圆相生图》。南宋的张行成分析邵雍的《先天圆图》与汉代杨雄的《太玄图》原理相同，其《翼玄》曰："易《先天图》，浑天象也，《太玄图》，盖天象也。浑、盖之理无异，唐一行能知之。而盖天家学失其本原，故子云、康节皆非其说也。……为圆象者天统乎体也，表赞用也，而为方象者地分乎用也。……方圆二图合于一者，以圆包方，地在天内，浑天象也。"可知邵雍的《先天图》传承了汉代扬雄《太玄图》的"圆天图"要素，可惜的是"天象"中的"阴阳变化"规律没有明显表现出来。

　　再看"龙图三变"中的《太极图》，此图传至周敦颐后被改画为《周氏太极图》。此图原本为陈抟所称的《无极图》，图名大概来自他的《太极阴阳说》："两仪即太极也，太极即无极也。两仪未判，鸿濛未开，上而日月未光，下而山川未奠，一气交融，万气全具，故名太极，即吾身未生之前之面目。两仪者，人身呼吸之气也。鸿濛者，人身无想之会也。日月者，人身知觉之始也；山川者，人身运动之体也。故四者之用，运之则分为四象，静之则总归太极。"看他说"太极即无极"，所以画出的图即称名《无极图》（见图15）。清初朱彝尊《太极图授受考》说："陈抟居华山，曾以《无极图》刊诸石，为圆者四，位五行其中，自上而下，初一曰玄牝之门，次二曰炼精化气、炼气化神，次三五行定位，曰五气朝元，次四阴阳配合，曰取坎填离，最上曰炼神还虚，复归无极，故谓之《无极图》，乃方士修炼之术尔。相传传受之吕嵒，嵒受之钟离权，权得起说于伯阳，伯阳闻其旨于河上公。在道家未尝讳为'千圣不传之秘'也。元公取而转易之，亦为圆者四，位五行其中，自上而下，最上曰无极而太极，次二阴阳配合曰阳动阴静，次三五行定位曰五行各一其性，次四曰乾道成男，坤道成女，最下曰化生万物。更名之《太极图》，仍不没'无极'之旨，由是诸儒推衍其说。"因此可知，《无极图》原为道家方士的"炼丹图"，其看图顺序为"由下而上"，由"炼精化炁"而"炼炁化神"，最终"炼神还虚，复归无极"，因此而称《无极图》。周敦颐借鉴《无极图》画出《太极图》（见图16），除了中间"五行图"的连线略异，两图的形式基本相同，只是将"炼丹术语"改为"易经术语"罢了。其看图顺序改为"由上而下"，也算是有点创新吧。

图 15　陈抟《无极图》　　　图 16　周敦颐《太极图》

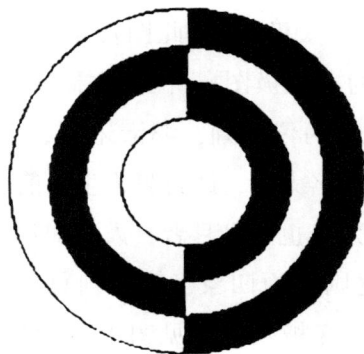

图 17　《取坎填离图》或《水火匡廓图》

周敦颐为解释其《太极图》，特作《太极图说》："无极而太极。太极动而生阳，动极而静，静而生阴，静极复动。一动一静，互为其根。分阴分阳，两仪立焉。阳变阴合，而生水火木金土。五气顺布，四时行焉。五行一阴阳也，阴阳一太极也，太极本无极也。五行之生也，各一其性。无极之真，二五之精，妙合而凝。乾道成男，坤道成女。二气交感，化生万物。万物生生，而变化无穷焉。唯人也得其秀而最灵。形既生矣，神发知矣。五性感动，而善恶分，万事出矣。圣人定之以中正仁义而主静，立人极焉。故圣人'与天地合其德，日月合其明，四时合其序，鬼神合其吉凶'。君子修之吉；小人悖之凶。故曰：立天之道，曰阴与阳。立地之道，曰柔与刚。立人之道，曰仁与义。又曰：原始反终，故知死生之说。大哉《易》也，斯其至矣。"明末的黄宗炎为考证周敦颐的《太极图》，特作《图学辨惑·太极图说辨》："《太极图》者，始于河上公，传自陈图南，名为《无极图》，乃方士修炼之术。……周茂叔得之更为《太极图说》，则穷其本而反于老庄，可谓拾瓦砾而悟精蕴，但缀说于图，合二途为一门。""此图本名《无极图》，陈图南刻于华山石壁，列此名位。创自河上公，魏伯阳得之，以著《参同契》，钟离权得之以授吕洞宾，洞宾后与图南同隐华山，因以授陈。陈又受先天图于麻衣道者，皆以授种放。放以授穆修与僧寿涯，修以先天图授李挺之，挺之以授邵天叟，天叟以授于尧夫。修以无极图授周茂叔，茂叔又得《先天地之偈》于寿涯，乃方士修炼之术，其义自下而上以明逆则成丹之法。"黄宗炎认为周敦颐的《太极图》来自陈抟的《无极图》，而朱彝尊则认为此图来自唐代道教经典，其《太极图授受考》说："自汉以来，诸儒言《易》，莫有及于《太极图》者，惟道家者流，有《上方大洞真元妙经》，著太极三五之说。唐开元中，明皇为制序，而东蜀卫琪注《玉清无极洞仙经衍》，有无极太极诸图。按陈子昂《感遇诗》云：太极生天地，三元更废兴，至精谅斯在，三五谁能征？'三元'本《律历志》阴阳至精之数，'三五'本魏伯阳《参同契》。要之，太极图说，唐之君臣已先知之矣。"辩说周敦颐的《太极图》传自陈抟或来自道家，其实并不矛盾，因为"陈抟易学"的特色就是融合道家学说，陈抟的《正易心法注》："凡阴阳之气，纯而不驳，是为乾坤，《老子》曰：天得一以清，地得一以宁，正谓此也。因知能尽乾之道，是为圣人；能尽坤之道，是为贤人。""《易》之为书，本于阴阳，万物负阴而抱阳，何适而非阴阳也。"可见陈抟袭用《老子》的"天一"比喻"太极"，并用"阴阳之气"对应"坤乾"，还用"万物负阴抱阳"的道家理论诠释《周易》。从理论上讲，周敦颐的《太极图说》与陈抟的《太极阴阳说》差别不大，问题在于周敦颐的《太极图》并非真正的《太极图》，因为《周氏太极图》的核心是借用了《无极图》中的《取坎填离图》，此图道家又称《水火匡廓图》（见图 17），右边"坎水"与左边"离火"虽画成合并的两个半圆形，但卦中的"阴阳两仪"断然处于对立状态，必须经过"取坎"而"填离"后，方可"无极而太极"。若单看这《水火匡廓图》，"水"与"火"囿于"匡廓"尚未经"炼炁"，自然处于"水火未融"状态。所以尽管周敦颐努力解说"二气交感""阳变阴合"，但从此图中却看不出"阴阳相生"的互相转化。更为糟糕的是，《取坎填离图》的中心为空白圈，说是"无极"可以，而说为"太极"便颇为牵强了，因为既看不出原点的"太极"，也看不出"太极生两仪"，更看不出"两仪生四象、四象生八卦"了。所以，陈抟称之为《无极图》有其道理，而周敦颐改称为《太极图》则是"指鹿为马"了。因此说，《周氏太极图》实在算不上真正的《太极图》。

　　以上我们逐一分析了刘牧的《河图》、邵雍的《先天八卦图》、周敦颐所谓的

《太极图》，这三个图可以说是"龙图三变"后的代表性三图，这三图对后代产生了很大的不良影响。若换个说法，"龙图三变"实际是对原始《龙图》的三方裂变。刘牧通过"易数钩隐"，把形象的"天河龙图"抽象成了"九宫数图"。邵雍的《先天八卦图》虽然承认"伏羲八卦"，并宣称"卦爻寓阴阳消息"，但因片面追求"卦变之数理"，故其图难以看出"阴阳"与"八卦"的转化关系。周敦颐的《太极图》未脱《无极图》窠臼，有名无实，表现不出《太极图说》中"阴阳交感，原始反终"的易学原理。总之，《龙图》"三变"之后，分岔三路以致歧路亡羊。饶有意趣的是，虽然邵雍、刘牧、周敦颐所画之图截然不同，但他们解释的理论却如出一辙，都是大谈"太极判分阴阳""阴阳交感化生""阳来阴往""阴消阳息""阴阳相生""原始反终"，可见他们对于古传《龙图》蕴涵的"易理"认识一致，只是各自所画的图式均不符《龙图》形意。若追究"形不达意"的根源，症结还在陈抟创画的多种"易龙图"。当然，"麻衣道者"授予陈抟的《龙图》已非原始真图，而为"九宫数图"。陈抟的《易龙图序》中阐述的也是"天数""地数""五十五数"等"数图"，这也便是刘牧仍将《龙图》解为《河图》之原因。陈抟传至邵雍的《伏羲先天八卦图》，只体现"八卦"而不见"太极"。而周敦颐所谓的《太极图》，不过为陈抟《无极图》的翻版而已，既看不出"太极"也看不出"阴阳转化"。

　　总之，"龙图三变"而亡失《龙图》。但陈抟仍不愧为一代大师，他对隐士所授的《龙图》有所怀疑，为还原真实《龙图》而探索画出多种"易龙图"，虽然所画之图并不理想，但他参考道家《参同契》精神而阐述《周易》的"太极、阴阳、八卦"的学说，依稀透露出《伏羲龙图》的原始含义。邵雍、周敦颐、刘牧等众多弟子们，都在理论上传承了陈抟的"太极、阴阳、八卦"的学说，并不懈探索画出接近"易理"的各式《易图》，但画出的众多图式均达不到《伏羲龙图》那样的理想效果。

四、《龙图》真相

　　刘牧《易数钩隐图·龙图龟书论》说："圣人云：河出图，洛出书，在作《易》之前也。"清代江永《河洛精蕴·自序》也说："夫《易》道之广大，圣人屡言之，而未条其事目也。今思之，《易》前似有《易》，陈希夷之《龙图》是也。"刘牧与江永所说的《易》前之《易》，应理解为《易经》之前已有"无文字"的《龙图易》。

宋代李昉《太平御览》："《易通卦验》曰：宓牺方牙苍精作《易》，无书以画事。"郑玄注曰："宓牺时质朴，作易以为政令而不书，但以画其事之形象而已。"陈抟《正易心法注》："易道见于天地万物、日用之间，能以此消息，皆得实用，方知羲皇画卦，不作纸上功夫也。……卦象示人本无文字，使人消息吉凶嘿会。羲皇始画八卦，重为六十四，不立文字，使天下之人默观其象而已。能如象焉，则吉凶应；违其象，则吉凶反。此羲皇氏作不言之教也。郑康成略知此说。易道不传，乃有周、孔，周、孔孤行，易道复晦。上古卦画明，易道行。后世卦画不明，易道不传，圣人于是不得已而有辞。学者浅识，一著其辞，便谓《易》止于是，而周、孔遂自孤行，更不知有卦画微旨，只作八字说，此谓之买椟还珠。由汉以来皆然，易道胡为而不晦也？""《易》之为书，本于阴阳。万物负阴而抱阳，何适而非阴阳也？是以在人，惟其所入耳。文王、周公以庶类入，宣父以八物入，斯其上也。其后，或以律度入，或以历数入，或以仙道入，以此知《易》道无往而不可也。苟惟束于辞训，则是犯法也，良由未得悟耳。果得悟焉，则辞外见意，而纵横妙用，唯吾所欲，是为活法也。故曰：学《易》者，当于羲皇心地中驰骋，无于周孔言语下拘挛。""《易》之有辞，本为羲皇发扬，学者不知借辞以明其画象，遂溺其辞，加以古今训注，而袭谬承误，使羲皇初意不行于世，而易道于此浅狭矣。呜乎！"陈抟明白最初"羲皇氏作不言之教"，只画"卦象"而"不立文字"，直观图像而见"易道"；但"后世卦画不明，圣人于是不得已而有辞。"所以《易经》作为文王、周公、孔子等人的"辞训"亦不免"浅狭"，而后人的"古今训注而袭谬承误。"陈抟说法诚然不错，但周代后《伏羲龙图》已经失传，"易道胡为而不晦也？"汉代时还多讲"象数"，但其后"象"与"数"逐渐分离，魏晋时"得意而忘象"（王弼语），唐宋时则脱"象"而研"数"，乃至究"数"而求"理"，于是距离"天象"之《龙图》愈来愈远了。无奈的陈抟也"不得已而有辞"，袭用古传的"阴阳气"理论来诠释"易道"："阴阳运动，若一阳为复，至六阳为乾；一阴为姤，至六阴为坤是也。""乾健、坤顺，阴阳之纯气也。""乾，天也。一阴生于乾之中为离，离为日，则日本天之气也。坤，地也。一阳下降于坤之中为坎，坎为月，则月本地之气也。日为天气，自西而下以交于地；月为地气，自东而上，以交于天。日月交错，一昼一夜，循环三百六十度，而扰扰万绪起矣，是为三百六十爻而诸卦生焉。""太初者，气之始，是为乾；太初者，形之始，是为坤。皆本之自然，无所假合也。""爻数三百八十又四，真天文也。""凡物之数，有进有退；进以此数，退以此数。大抵物理，其盛衰之数相半。方其盛也，既以此数；及其衰也，亦以此数。若一岁十二月，春夏为进数，秋冬为退数；昼夜十二时，自子为进数，自午为退数。……细推物理，无不然。世儒论数，但衍为一律，殊不知阴阳进退之理，惟真人独得其说。"由以上陈抟的注文可知，《易经》之前的"羲皇"只画形象的《龙图》，此《龙图》"真天文也"，显示于"卦象"而"本于阴阳"，"八卦"体现"阴阳之气"；当"八卦"相重为"六十四卦"时，更能看出"阴阳二气"的"进退"以及"盛衰"转化，一年十二月中可表现为"春、夏、秋、冬"之节气，一日十二时中则表现为"子夜、午昼"之时辰。陈抟阐述"八卦、阴阳"的理论还算不错，符合马王堆汉墓帛书《经法·称》所言："天阳地阴，春阳秋阴，夏阳冬阴，昼阳夜阴。"但他创画了诸多"易龙图"，却没能画出理想的《龙图》。其后几代弟子继续探索，也未能画出"阴阳二气"兼容"太极八卦"的《伏羲龙图》。

直到元末明初的赵撝谦，得到民间秘传的《天地自然图》，从中约略看出了《伏羲龙图》的影子，因为其主图为"阴阳交互"式的《太极图》，而外围又套画邵雍所传的"伏羲先天八卦"。不过，赵撝谦在《六书本义》刊出时并未称作《太极图》，而是称为《天地自然图》（见图 18）。其图下附有解说："《天地自然之图》，宓戏氏龙马负图，出于荥河，八卦所由以画也。《易》曰：河出图，圣人则之，《书》曰：'河图在东序'是也。此图世传蔡元定得于蜀之隐者，秘而不传，虽朱子亦莫之见。今得之陈伯敷氏，尝熟玩之，有太极函阴阳，阴阳函八卦之妙。实万世文字之本原、造化之枢纽也，呜呼神哉！"赵撝谦明晓"天地自然"中"太极"与"阴阳"之间的密切关系，其圆图中画有"阴阳二气"围绕中心"太极"旋转，所以此图正为"太极函阴阳"之典型的《太极图》。其图又为了表现"阴阳函八卦"，而在《太极图》周围添加了"八卦"的"卦名"。他将《太极图》中"阴阳气"覆盖区域称为"阴阳地"，他为解释《太极图》中"阴阳地"与外围"八卦"的对应关系，而在"八卦"的"卦名"后面附加了文字说明："乾，居纯阳地；坤，居纯阴地；兑，居阳二分、阴一分；艮，居阴二分、阳一分；离，对过阴在中；坎，对过阳在中；震，居阳一分、阴二分；巽，居阳二分、阴一分。"这些文字旨在说明"八卦"对应《太极图》中"阴阳地"的八方区域，但这些解说文字颇为抽象而不易理解。因此，明末的赵仲全将赵撝谦的《天地自然图》略加修改，在《太极图》上加了八条射线，划分出"八卦"相应的八方区域，并在"八卦"的"卦名"前添加了"八卦"的"卦象"，使得《八卦图》与《太极图》的对应关系更加明显。同时他还为《八卦图》标注了"四正四维"的"八卦方位"，成为标准的《伏羲先天八卦图》了。笔者之所以将此图定为"标准"，盖因此图为北宋邵雍所传的正宗《伏羲先天八卦图》或可称《古八卦图》，并非为南宋朱熹所传的《先天八卦图》，两图不同之处在于"八卦""卦象"的视向正好相反，《古八卦图》的"八卦""卦象"的视向是"由外视内"，所以"阴阳爻"可与《太极图》中的"阴阳气"正相对应。而朱熹《先天八卦图》中"八卦"的"卦象"则是"由内视外"，其"阴阳爻"无法对应《太极图》中的"阴阳气"。不过赵仲全当时并未称此图为《古八卦图》，而是侧重中心的《太极图》将此图命名为《古太极图》（见图 19），以表明此图是由古人传授的正宗《太极图》。既然中心的《太极图》为《古太极图》，那么外围的《八卦图》自然随之可称《古八卦图》了。看其《古太极图》采用"阴阳交互式"动感渐进的曲线画法，比之周敦颐标榜的"取坎填离"式的《太极图》更能表现"阴阳二气"围绕"极心"而"交易变化"，所以，此"阴阳交互"式《古太极图》被后世称为标准的《太极图》了。

图 18　赵㧑谦《天地自然图》　　　图 19　赵仲全《古太极图》

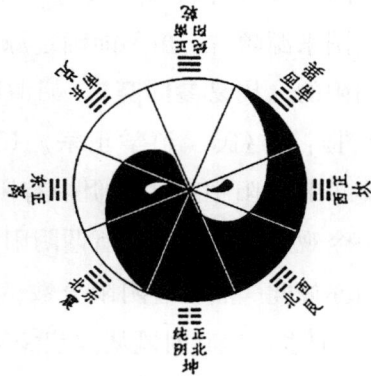

　　明末清初的胡渭作《易图明辨·太极图辨》，论证赵㧑谦的《天地自然图》实为《太极图》，其说："《天地自然之图》又谓之《太极真图》，其环中为太极，两边白黑回互。白为阳，黑为阴。阴盛于北，而阳起薄之。故邵子曰：震始交阴而阳生。自震而离而兑，以至于乾，而阳斯盛焉。震东北，白一分，黑二分，是为一奇二偶；兑东南，白二分，黑一分，是为二奇一偶；乾正南，全白，是为三奇；纯阳，离正东，取西之白中黑点为二奇含一偶，故云：对过阴在中也。阳盛于南，而阴来迎之，故邵子曰：巽始消阳而阴生。自巽而坎而艮，以至于坤，而阴斯盛焉。巽西南，黑一分，白二分，是为一偶二奇；艮西北，黑二分，白一分，是为二偶一奇；坤正北，全黑，是为三偶，纯阴；坎正西，取东之黑中白点，为二偶含一奇，故云：对过阳在中也。坎、离为日月，升降于乾、坤之间，而无定位。纳甲寄中宫之戊巳，故东西交易，与六卦异也。八方三画之奇偶，与白黑之质，次第相应。天工乎？人巧乎？其自然而然之妙，非窃窥造化阴阳之秘者，亦不能为也，但不可指以为伏羲之“河图”耳。或问：朱子谓希夷之学，源出《参同契》，何以知其然乎？曰：即其阴阳盛衰之数，以推晦、朔、弦、望之气而知，其理有若合符节者矣。阳气生于东北，而盛于正南，震、离、兑、乾在焉，即望前三候，阳息阴消之月象也；阴气生于西南，而盛于正北，巽、坎、艮、坤在焉，即望后三候，阳消阴息之月象也。阴极于北，而阳起薄之，阴避阳，故回入中宫，而黑中复有一点之白。阳极于南，而阴来迎之，阳避阴，故回入中宫，而白中复有一点之黑。盖望夕月东日西，坎、离易位，其黑中白点，即是阳光；白中黑点，即是阴魄。东西正对，交注于中，此二用之气，所以纳戊巳也。举《参同》千言万语之玄妙，而括之以一图，微而著，约而赅，丹家安得不私之为秘宝，而肯轻出示人耶！”胡渭肯定了赵㧑谦的《天地自然图》实为“环中为太极，两边白黑回互”的《太极真图》，并论证其图来源颇古，虽不能确定源于传为“伏羲”的《河图》，但至少可说来自东汉魏伯阳的《周易参同契》。胡渭随后对照《天地自然图》转而论述赵仲全的《古太极图》：“赵氏《道学正宗》曰：古太极图，阳生于东，而盛于南；阴生于西，而盛于北；阳中有阴，阴中有阳，而两仪，而四象，而八卦，皆自然而然者也。……今观赵氏此图，正所谓阴阳相含，就中八分之，以为八卦者。青城隐者之所授，当亦如此。然不著阴阳分数，视古则为疏略。其不曰《河图》而谓之《古太极图》，何也？盖其时既从《启蒙》，以五十五数为《河图》，而濂溪又自有所为《太极图》者，故不名《河图》，曰《太极图》而加‘古’以别之。”“《太极图》或谓之《河图》，希夷之所授受，尽于此矣。……今观范谔昌、刘牧之言，则皆祖述伪《龙图》者也，与希夷之学相去径庭矣。盖自种放既没，天禧（年）以后，《龙图》托名希夷，当世翕然宗之。邵子之书，虽得真传，而变通恢廓，多所自得。”由胡渭的考证可知，赵仲全的《古太极图》有其源流，与赵㧑谦的《天地自然图》一样同是来自“青城隐者所授”而源出《参同契》，“此图阴阳相含，就中八分之，以为八卦者”，与赵㧑谦的《天地自然图》基本相同，只是“不著阴阳分数，视古则为疏略”而已。此图曾被陈抟、范谔昌、刘牧称为《龙图》，后又被朱熹称为《河图》，可知此一图而多名。胡渭扬弃《河图》而认可赵仲全的《古太极图》应属不错，但他排斥陈抟、范谔昌、刘牧等人“祖述”的《龙图》，实属误判。笔者以为，《太极图》中“黑白回互”的“阴阳气”，远古时曾被伏羲视为“阴阳龙”，“阴阳龙”首尾衔接在圆图中围绕“太极”旋转，正如“天龙”在“天球”上围绕“天极”周转运行，因而此图可称《阴阳龙天极图》，或简称《龙图》。当初"伏羲仰观天象"而创意绘出《阴阳龙天极图》，然后"则其文（纹）而画八卦"。《阴阳龙天极图》画作纸上的平面图，即可称《阴阳龙太极图》，所以溯源《太极图》还应"祖述"《龙图》为宜。需要明确指出的是，赵仲全的《古太极图》之名，似乎强调圆圈内的《古太极图》而忽视圈外的《古八卦图》，故非完整意义上的《伏羲龙图》。赵仲全的《古太极图》因其外圈套画《古八卦图》，准确说应为《古太极八卦套图》，若单看《太极图》则有片面性，仅能表现"太极函阴阳"而不能表现"阴阳函八卦"；而若单看《八卦图》似乎与《太极图》没有直接关系，除非如赵㧑谦那样附加"阴阳分数"的图解文字。笔者认为，真正的《伏羲龙图》应能同时兼容《太极图》与《八卦图》，以全面表现"太极函阴阳，阴阳函八卦之妙"。清初的高雪君也看出《太极图》与《八卦图》之间的密切关系，所以他在《周易采图》一书中分别画出图形相似的《心易发微伏羲太极图》与《先天画卦图》，两图形式基本同于赵仲全的《古太极图》，只不过各有所侧重而分别称呼为《伏羲太极图》与《先天八卦图》（见图20）。

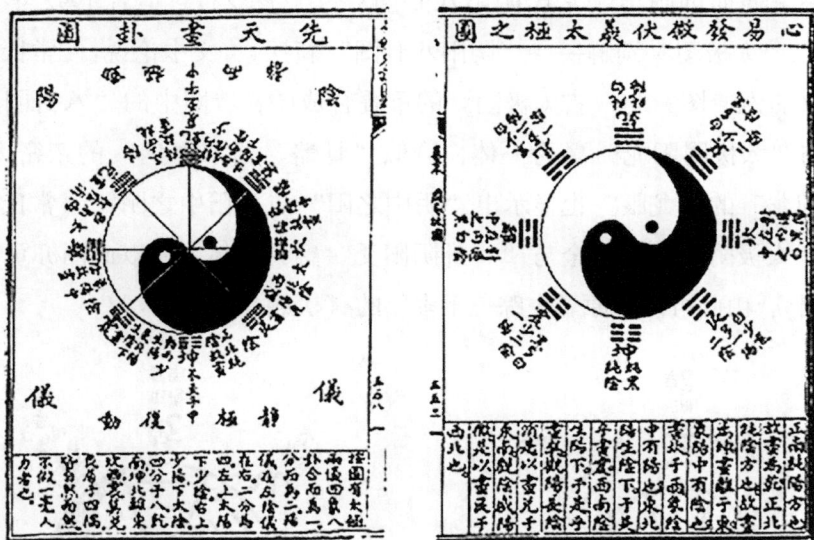

图20　高雪君的《伏羲太极图》与《先天八卦图》

高雪君虽然看出《太极图》与《八卦图》有相近因素，但分画为两图却并不利于统一。尤其是《太极图》中"阴阳龙"的变形画法，对后世造成了毁灭性后果。他可能受到前人误认"《河图》之鱼"的影响，居然擅自"鱼目混珠"，将《太极图》中"阴阳龙"的"水滴形龙眼"改画成"圆珠形鱼眼"，终将"天河"中的"阴阳龙"庸俗化为"地河"中的"阴阳鱼"了。大概汉晋以后，几乎无人再识《龙图》中的"阴阳龙"了，大都看成《河图》中的"阴阳鱼"，所以明末的刘宗周著文时便直称《阴阳鱼太极图》。本来古代传说中有"鱼跃龙门"而"鱼化龙"，实令伏羲老祖始料不及的是"天龙"竟又退化为"地鱼"，呜呼哀哉！于是乎《龙图》湮没于《河图》而消形匿迹矣。幸亏明代道家赵㧑谦与赵仲全，相继辨识《天地自然图》与《古太极图》，挖掘出失踪已久的《阴阳交互太极图》。虽然赵㧑谦的"黑白阴阳"中尚存"水滴形龙眼"，但被他称之为"阴阳地"，可知"阴阳气"的古称"阴阳龙"彼时已经失传了。

看赵仲全的《古太极图》，将《古太极图》与《古八卦图》套画一起的图式，严格讲应称《古太极八卦套图》（见图21）。此图画为《古太极图》与《古八卦图》的分列图，实为《伏羲龙图》失传而裂变后的两个图式，已非真正的《龙图》了。正宗的《伏羲龙图》，应是既能表现《古太极图》的"太极函阴阳"，又能显示《古八卦图》的"阴阳函八卦"。笔者经过多年悉心研究《太极图》与《八卦图》的画图原理，考古探源并去伪存真，采用道家传承的正宗《古太极图》与《古八卦图》，将两者进行重叠融通而创画出《常氏阴阳八卦图》（见图22）。笔者1992年曾作论文《"八卦图""太极图"别解——"阴阳八卦图"新探》，文中论说：《常氏阴阳八卦图》实为《古八卦图》与《古太极图》的重叠合成图，看图中的"八卦阴阳爻"妙合无垠地与"太极阴阳龙"融为一体，恰似"骨骼"与"血肉"的亲密无间关系，同时"阴阳龙"的"龙眼"也显示出"阴中之阳"与"阳中之阴"。《常氏阴阳八卦图》中的"太极阴阳龙"完全与"八卦阴阳爻"融为一体，所以此图亦可称为《阴阳龙八卦图》，由此可说复原了失踪三千多年的《伏羲龙图》。

图21　《古太极八卦套图》　　图22　《常氏阴阳八卦图》即《伏羲龙图》

　　《常氏阴阳八卦图》蕴含《古八卦图》与《古太极图》，若单看《古八卦图》为直线型的"阴阳方位静态图"，而单看《古太极图》则为曲线型的"阴阳周转动态图"，但当《古八卦图》与《古太极图》合体后，原本处于静止状态的"阴阳爻"遂被旋转周行的"阴阳龙"带动而变为"阴阳交互运行图"了。当然，单看两图也有其独立存在的价值，如《古八卦图》主要用于辨识空间方向，古人以"四正四维"划分"天空八方"，图中的"八卦"方位，便分别代表"空间八方"：震/东北、离/正东、兑/东南、乾/正南、巽/西南、坎/正西、艮/西北、坤/正北。而地面上的区域划分，也是对应天上的"星宿"位置而定，此即为古语的"星野"或"分野"。而《古太极图》主要用于把握"天时"季节，相当于现代所说的《年历节气图》，图中的"阴阳二气"围绕"天极"周转一圈，便相当于"天时"一年，观察"阴阳二气"终而复始"交互周行"的状态，便可明晓全年的暖、热、冷、寒气候。常言"冬至一阳生"，冬至时"阳气"开始生长，"春分"时"阳气"渐增而趋暖，"夏至"时"阳气"极盛而炎热，"秋分"时"阴气"渐多而趋冷，"冬至"时"阴气"最重而酷寒，一年四季"阴阳交互"循环往复。古人便是参照《古太极图》而规划"春种、夏长、秋收、冬藏"之农事。由此可知，《古八卦图》优于表现"空间"，而《古太极图》则优于表现"时间"，两图结合而成为古代的《时空坐标图》。看《古太极八卦套图》为"内圆外方"模式，远古中国早已有之，主要用以表现"天圆地方"。如距今四千五百多年前的安徽凌家滩文化的《龟甲玉版》（见图 23），出土时玉版夹在玉质的龟背甲与龟腹甲之间，圆穹形的龟背甲象征"圆天"，而方形的龟腹甲则象征"方地"。处于天、地之间《龟甲玉版》主要还是表现"天象"，圆圈中心刻有"八角星纹"，

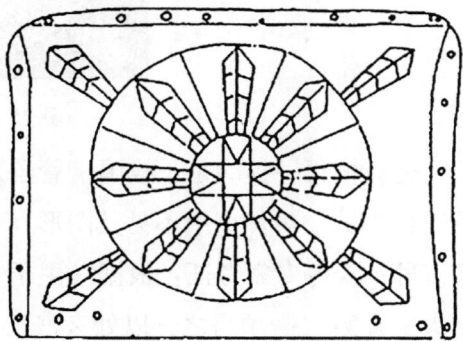

图 23　史前《龟甲玉版》

象征"天极"；周围环列"八卦标签"，象征天域的四面八方；方形外廓的四边上钻有二十三个圆孔，大概象征"二十三星宿"，相当于后代增至的"二十八星宿"。《龟甲玉版》为迄今所见最早的《天象图》，其后西汉的两种《太一九宫占盘》（见图 24）以及后代的《风水罗盘》（见图 25），都是基于"圆心太极，周列八卦"的原理制作出来的。

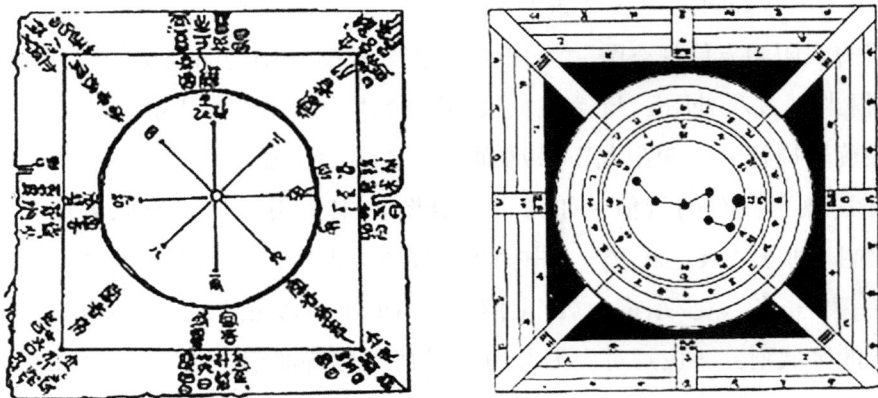

图 24　西汉《太一九宫占盘》

图 25　《风水罗盘》

还有值得一提的是，战国《管子》记载的《幼官图》，即为一种表现"天时四季"的图式。虽然书中不见其图形（可能佚失），但由其文字描述约略得知图中内容。郭沫若等专家考证：根据《墨子·非攻》："高阳乃命禹于玄宫"，以及《庄子·大宗师》："颛顼得之，以处玄宫"，所谓"幼官"其实为"玄宫"之讹。我们看其文根据"玄帝之命"而绘出的"东方、南方、中方、西方、北方"的《玄宫图》，以便实施"四季行政"，可知《玄宫图》实为"四时五行图"。其四方"本图"标明：东方为春，旗物尚青；南方为夏，旗物尚赤；西方为秋，旗物尚白；北方为冬，旗物尚黑；明确知悉其《四宫图》可为战国时期的《四方四时图》，只是遗憾不见具体的图象。有史前的《龟甲玉版》、战国的《玄宫图》以及西汉的《太一九宫占盘》为证，《古太极图》与《古八卦图》均有其古老渊源。赵扬谦说其图"得于蜀之隐者"，赵仲全也说"青城隐者之所授"，而胡渭考证"源出《参同契》"，可见汉代以前已有《古太极图》与《古八卦图》了，只是两图分别"秘传"于民间隐士之间也，直至明代赵仲全方将《古太极图》与《古八卦图》套画一起而组成《古太极八卦套图》。但两图仍是分为内外两层，虽内涵相通却分别隔离，参看两图时不免顾此失彼，甚至有所侧重而导致片面。而《常氏阴阳八卦图》"止有一图"便将"太极、阴阳、八卦"融为一体，完美呈现"太极函阴阳，阴阳函八卦"；且以"静中有动"形象显示"阴阳周行变易"之玄妙，由此可说《常氏阴阳八卦图》还原了《伏羲龙图》。需要补充说明的是，出于历史与美观原因，《常氏阴阳八卦图》中的"龙眼"沿用了现代通行的"圆眼"，但须明晓图中的"阴阳交互"者，本为"阴阳龙"而非后代俗称的"阴阳鱼"，于此意义上，《伏羲龙图》亦可称《阴阳龙太极图》。所以，清代所谓《阴阳鱼太极图》中的"阴阳鱼"外号务必废弃，恢复原始的"阴阳龙"真名，如此可称《阴阳龙太极图》，然后融合"八卦"而形成《阴阳龙八卦图》，方可称得上真正的《伏羲龙图》。

马一浮《论语》诠释特色及其理论意蕴探微①

刘　伟

　　汤一介称马一浮为"经学家"，其依据是马一浮建构了以"六艺之学"为基础的理论体系②，即主张以"六艺"统摄会通其他一切学术。马一浮对《论语》的诠释集中于《论语大义》和《论语首末二章义》，从中可以窥知"六艺"统领《论语》的特色非常明显。不仅如此，马一浮还援佛入儒，运用佛学来诠释儒家思想，致力于儒释融通。追根溯源，无论是"六艺论"，还是会通儒释，其理论根基依然是儒家的心性之学，根植于孟子的性善论。

一、独具创见：以"六艺"统摄《论语》

　　"六艺论"是马一浮最为重要的思想，也是其学术观的集中体现。他在《楷定国学名义》中说："今先楷定国学名义。举此一名，该摄诸学，唯六艺足以当之。六艺者，即是《诗》《书》《礼》《乐》《易》《春秋》也。此是孔子之教，吾国二千余年来普遍承认一切学术之原皆出于此，其余都是六艺之支流。故六艺可以该摄诸学，诸学不能该摄六艺。"③ 换言之，"六艺"统摄"诸子"和"四部"。④ 所谓"统摄""该摄"，是指在价值、范围、纲领上的全面统领

---

　　①　本文系儒家文明省部共建协同创新——曲阜师范大学儒学研究创新团队项目"儒家心性论研究"（项目编号：2021RXTD003）的阶段性研究成果。
　　②　参见马一浮：《马一浮全集》第一册上，浙江古籍出版社 2013 年版，第 1~2 页。
　　③　马一浮：《马一浮全集》第一册上，第 8 页。
　　④　马一浮：《马一浮全集》第一册上，第 13 页。

和概括。① 由此，《论语》亦"该摄"于"六艺"，"六艺之旨，散在《论语》而总在《孝经》"②。具体来看，"六艺统摄《论语》"主要体现在主旨、结构和义理等三个层面。

（一）主旨上：为人之道是"六艺"与《论语》共同的指向

对"六艺"的主旨，马一浮引《礼记·经解》和《庄子·天下篇》作了详细论述：

> 《经解》引孔子曰："入其国，其教可知也。其为人也，温柔敦厚，《诗》教也；疏通知远，《书》教也；广博易良，《乐》教也；絜静精微，《易》教也；恭俭庄敬，《礼》教也；属辞比事，《春秋》教也。"《庄子·天下篇》曰："《诗》以道志，《书》以道事，《礼》以道行，《乐》以道和，《易》以道阴阳，《春秋》以道名分。"自来说六艺，大旨莫简于此。有六艺之教，斯有六艺之人。故孔子之言是以人说，庄子之言是以道说。《论语》曰："人能弘道，非道弘人。"道即六艺之道，人即六艺之人。③

马一浮把"六艺"归结为人道，即成人之道，说明"六艺"的根本主旨在于教化人。这与《论语》的宗旨完全契合。《论语》所论乃为人处世之道，如程颐所云："学者须将《论语》中诸弟子问处便作自己问，圣人答处便作今日耳闻，自然有得。虽孔、孟复生，不过以此教人"，④ "今人不会读书。如读《论语》，未读时是此等人，读了后又只是此等人，便是不曾读"。⑤ 在程颐看来，孔子与弟子所论并非高深莫测的玄学，而是人伦日用的常理。《论语》乃教人之学，读《论语》便是学做人，读懂《论语》才会觉"今是而昨非"，通过不断修正提升自己，不再是未读时的"此等人"。由此，《诗》《书》《礼》《乐》《易》《春秋》与《论语》都是围绕如何教人、如何化人而展开，根本宗旨相同。"今当略举《论语》大义，无往而非六艺之要，若夫举一反三，是在善学。如闻《诗》而知《礼》，闻《礼》而知《乐》，是谓告往知来，闻一知二。"⑥

---

① 参见于文博：《马一浮六艺论的内涵与意义》，《中国哲学史》2017 年第 3 期。
② 马一浮：《马一浮全集》第一册上，第 13 页。
③ 马一浮：《马一浮全集》第一册上，第 9 页。
④ 朱熹：《四书章句集注》，中华书局 2011 年版，第 47 页。
⑤ 朱熹：《四书章句集注》，第 46 页。
⑥ 马一浮：《马一浮全集》第一册上，第 134 页。

（二）结构上："六艺"统领《论语大义》整篇布局

《论语大义》共由十部分组成：《诗教》《书教》《礼乐教上》《礼乐教中》《礼乐教下》《易教上》《易教下》《春秋教上》《春秋教中》《春秋教下》。这显然是按照《诗》《书》《礼》《乐》《易》《春秋》之逻辑顺序来编排的，每一篇都是以"六艺"中的每一部著作加上"教"字命名。根据内容，篇幅有所不同。《礼乐教》与《春秋教》都分为上、中、下三部分，《诗教》《书教》各一部分。从具体内容来看，都是以《诗》《书》《礼》《乐》《易》《春秋》所彰显的理念统领《论语》相关篇章。按照《论语》现行本[①]，《论语大义》涵盖《论语》20 篇，具体论及98 章，约占总章数的百分之二十。除了《春秋教上》没有直接论及《论语》的相关篇章外，其他九篇都有提及。其中，《诗教》提到 10 章、《书教》和《春秋教下》各提到 25 章、《礼乐教上》提到 3 章、《礼乐教中》和《礼乐教下》各提到 8 章、《易教上》提到 5 章、《易教下》论及 3 章、《春秋教中》提到 11 章。具体如下：

1. 《诗教》：论及《里仁》《述而》《颜渊》，共 10 章。其中，《里仁》篇"夫子之道，忠恕而已矣"等 4 章，《述而》篇"仁远乎哉？我欲仁，斯仁至矣"等 2 章，《颜渊》篇"樊迟问仁"等 4 章。

2. 《书教》：论及《为政》《公冶长》《泰伯》《颜渊》《子路》《宪问》《卫灵公》《季氏》《尧曰》，共 25 章。其中，《为政》篇"为政以德，譬如北辰，居其所而众星共之"等 4 章，《颜渊》篇"政者，正也。子帅以正，孰敢不正"等 6 章，《子路》篇"苟正其身矣，于从政乎何有？不能正其身，如正人何"等 7 章，《宪问》篇"君子哉若人！尚德哉若人"等 2 章，《尧曰》篇"朕躬有罪，无以万方；万方有罪，罪在朕躬"等 2 章，以及《公冶长》篇"吾未见刚者"、《泰伯》篇"唯天为大，唯尧则之"、《卫灵公》篇"无为而治者其舜也与"和《季氏》篇"有国有家者，不患寡而患不均，不患贫而患不安"等 4 章。

3. 《礼乐教上》：论及《学而》《八佾》《里仁》，共 3 章，即《学而》篇"君子务本，本立而道生。孝弟也者，其为仁之本与"、《八佾》篇"人而不仁，如礼何？人而不仁，如乐何"和《里仁》篇"夫子之道，忠恕而已矣"。

4. 《礼乐教中》：论及《学而》《为政》《八佾》《公冶长》，共 8 章。其中，《为政》篇"无违""色难"等 4 章，《学而》篇"慎终追远，民德归厚矣"等 2

---

① 本文所引《论语》，以杨伯峻译注的《论语译注》（中华书局 2006 年版）为据。

章，以及《八佾》篇"或问禘之说"、《公冶长》篇"老者安之，朋友信之，少者怀之"等2章。

5.《礼乐教下》：论及《八佾》《述而》《乡党》《颜渊》《宪问》《阳货》《子张》，共8章。其中，《八佾》篇"祭如在，祭神如神在"等2章，以及《述而》篇"求仁而得仁，又何怨"、《乡党》篇"孔子于乡党，恂恂如也，似不能言者"、《颜渊》篇"在邦无怨，在家无怨"、《宪问》篇"不怨天，不尤人"、《阳货》篇"三年之丧"和《子张》篇"夫子之得邦家者，所谓立之斯立，道之斯行，绥之斯来，动之斯和"等6章。

6.《易教上》：论及《为政》《里仁》《述而》，共5章。其中，《里仁》篇"朝闻道，夕死可矣"等2章，《述而》篇"加我数年，五十以学《易》，可以无大过矣"等2章，以及《为政》篇"五十而知天命"。

7.《易教下》：论及《公冶长》《子罕》《阳货》，共3章。即《公冶长》篇"夫子之文章，可得而闻也；夫子之言性与天道，不可得而闻也"、《子罕》篇"逝者如斯夫！不舍昼夜"和《阳货》篇"天何言哉？四时行焉，百物生焉，天何言哉"。

8.《春秋教中》：论及《八佾》《雍也》《述而》《子罕》《颜渊》《子路》《宪问》《卫灵公》，共11章。其中，《雍也》篇"人之生也直，罔之生也幸而免"等2章，《子罕》篇"君子居之，何陋之有"等2章，《子路》篇"必也正名乎"等2章，以及《八佾》篇"夷狄之有君，不如诸夏之亡也"、《述而》篇"仁远乎哉？我欲仁，斯仁至矣"、《颜渊》篇"君君，臣臣，父父，子子"、《宪问》篇"晋文公谲而不正，齐桓公正而不谲"和《卫灵公》篇"吾之于人也，谁毁谁誉？如有所誉者，其有所试矣"等5章。

9.《春秋教下》：论及《为政》《八佾》《里仁》《雍也》《述而》《子罕》《先进》《颜渊》《子路》《宪问》《卫灵公》《季氏》《微子》，共25章。其中，《八佾》篇"礼，与其奢也，宁俭；丧，与其易也，宁戚"等7章，《颜渊》篇"听讼，吾犹人也。必也使无讼乎"等4章，《为政》篇"为政以德，譬如北辰，居其所而众星共之"等2章，《子罕》篇"可与共学，未可与适道；可与适道，未可与立；可与立，未可与权"等2章，《子路》篇"斗筲之人，何足算也"等2章，以及《里仁》篇"君子之于天下也，无适也，无莫也，义之与比"、《雍也》篇"质胜文则野，文胜质则史。文质彬彬，然后君子"、《述而》篇"用之则行，舍之则藏，惟我与尔有是夫"、《先进》篇"先进于礼乐，野人也；后进于礼乐，君子也。

如用之，则吾从先进"、《宪问》篇"微管仲，吾其被发左衽矣。岂若匹夫匹妇之为谅也，自经于沟渎而莫之知也"、《卫灵公》篇"俎豆之事，则尝闻之矣；军旅之事，未之学也"、《季氏》篇"天下有道，则礼乐征伐自天子出；天下无道，则礼乐征伐自诸侯出"和《微子》篇"虞仲、夷逸隐居放言，身中清，废中权"等8章。

（三）义理上：以"六艺"释《论语》

马一浮在《论语首末二章义》中说："《论语》记孔子及诸弟子之言，随举一章，皆可以见六艺之旨。然有总义，有别义，别义易见，总义难知。果能身通六艺，则于别中见总，总中见别，交参互入，无不贯通。"① 在他看来，"六艺"是"总义"，《论语》是"别义"，前者统领后者，两者互参，方能悟到儒家真意。

首先，从宏观上明确"六艺"与《论语》的核心主旨密切相关。在《论语大义》开篇，马一浮便开宗明义，明确阐述了《论语》与"六艺"的关联。他说：

> 《论语》有三大问目：一问仁，一问政，一问孝。凡答问仁者，皆《诗》教义也；答问政者，皆《书》教义也；答问孝者，皆《礼》《乐》义也。故曰："子所雅言，《诗》《书》、执礼，皆雅言也。""兴于《诗》，立于《礼》，成于乐。"言执礼不及乐者，礼主于行，重在执守，行而乐之即乐，以礼统乐也。言兴《诗》不及《书》者，《书》以道事，即指政事，《诗》通于政，以《诗》统《书》也。《易》为礼乐之原，言礼乐，则《易》在其中，故曰"明则有礼乐，幽则有鬼神也。"《春秋》为《诗》《书》之用，言《诗》《书》，则《春秋》在其中，故曰"《诗》亡然后《春秋》作"也。②

"仁"是孔子思想的核心，"孝"是儒家伦理之根基，"政"乃是实现"治国平天下"目标的主要途径。这三者既是孔子与弟子谈论的焦点，也是《论语》所彰显的主要思想。马一浮认为，"仁"乃《诗》教义、"政"乃《书》教义、"孝"乃《礼》《乐》教义，而《春秋》乃是《诗》《书》的具体应用，"今谓《春秋》大义当求之《论语》。《论语》无一章显说《春秋》，而圣人作《春秋》之旨全在

---

① 马一浮：《马一浮全集》第一册上，第23页。
② 马一浮：《马一浮全集》第一册上，第134~135页。

其中"①，这就从宏观上把《论语》的核心思想与"六艺"的主旨在义理层面直接勾连，从而为后文的具体论证奠定了理论基础。

其次，在具体内容上，以"六艺"释《论语》，两者互参互证，相得益彰。按照"六艺"统摄《论语》的基本理路，针对《论语》里的经典章句，马一浮非常娴熟地运用《诗》《书》《礼》《乐》《易》《春秋》中的相关章节进行比附解读，并穿插《论语》其他篇的具体章句来佐证，使"六艺"与《论语》互参互证，有机融合。比如，在对《论语》首篇第一章"学而时习之"诠释时，他先是对"悦""乐""时习"的含义进行了解释，认为"悦""乐"是"自心的受用"，"悦"是自受用，"乐"是他受用，自他一体；"时习"是工夫。由此引申出此意是《礼》《乐》教义之彰显："故悦意深微而乐意宽广，此即兼有《礼》《乐》二教义也"。②由"人不知而不愠"，引出《宪问》篇"不怨天，不尤人""知我者其天乎"来佐证此句"地位尽高"，然后引用"遁世而无闷，不见是而无闷"（《乾·文言》）"遁世不见，知而不悔"（《中庸》），来说明"皆与此同意"，由此推出"此是《易》教义也"。随之，引用《乾》《坤》《易乾凿度》《礼运》关于对"君子"的论述以及郑玄的注解来论证"《易》教之君子"。最后，对此章进行总结，认为学者读此章，要做到"三须"（明确学是学个什么、如何方是时习工夫、自心有无悦怿之意），最终要"认明君子是何等人格，自己立志要做君子，不要做小人"。③再如，在对《为政》篇首章"为政以德"进行阐释时，他说："今观《论语》记孔子论政之言，以德为主，则于本迹之说可以无疑也。尧、舜、禹、汤、文、武、周公、孔子之心，一也。有以得其用心，则施于有政，迹虽不同，不害其本一也。后世言政事者，每规规于制度文为之末，舍本而言迹，非孔子《书》教之旨矣。"④据此，他认为"为政以德"一章"是《书》教要义。德是政之本，政是德之迹"⑤。又如，在阐释"必也正名"（《子路》）时，他认为"约而言之，《春秋》之大用在于夷夏、进退、文质、损益、刑德、贵贱、经权、予夺，而其要则正名而已矣。'必也正名'一语，实《春秋》之要义"⑥。综上可见，在对《论语》具体章句进

---

①　马一浮：《马一浮全集》第一册上，第 160 页。

②　参见马一浮：《马一浮全集》第一册上，第 24 页。

③　参见马一浮：《马一浮全集》第一册上，第 24~25 页。

④　马一浮：《马一浮全集》第一册上，第 138~139 页。

⑤　马一浮：《马一浮全集》第一册上，第 139 页。

⑥　马一浮：《马一浮全集》第一册上，第 165 页。

行解释时，马一浮都贯彻了以"六艺"释《论语》的基本理念，并结合《论语》中的相关章句相互印证，以此证明《论语》是"六艺"教义之彰显。

二、儒释会通：以佛学解《论语》

马一浮学贯中西，尤其在儒释道会通方面造诣深厚。贺麟评价道："马先生兼有中国正统儒者所应具备之诗教、礼教、理学三种学养，可谓为代表传统中国文化的仅存的硕果。"① 在谈到治学经历时，马一浮说："余初治考据，继专攻西学，用力既久，然后知其弊，又转治佛典，最后始归于六经。"② "转治佛典""归于六经"，即"以佛解儒，运用佛学思想资源来深入阐发儒家六艺要旨"③ 在《论语大义》中有集中体现。

（一）宏观理论层面：儒释殊途同归

在《易教下》篇论"易"教时，马一浮说：

> 《乾凿度》云："易者，其德也；变易者，其气也；不易者，其位也。""位"字若改作"理"字，其义尤显。自佛氏言之，则曰：变易者，其相也；不易者，其性也。故《易》教实摄佛氏圆顿教义。三易之义，亦即体、相、用三大：不易是体大，变易是相大，简易是用大也。④

马一浮把儒家哲学中的"气""位"与佛学中的"相""性"相类比，认为"《易》教实摄佛氏圆顿教义"，"不易""变易""简易"与"体大""相大""用大"实质相同。又如：在对"天下同归而殊途，一致而百虑"（《易经·系辞传》）进行阐释时，他说："'一致而百虑'，非匹不行也；'殊途而同归'，非主不止也。又法从缘起为出，一入一切也；法界一性为至，一切入一也。此义当求之《华严》而实具于《论语》。"⑤ 以"华严宗"的"法界缘起"来解释《易经》，并认为儒佛

---

① 宋志明编：《儒家思想的新开展——贺麟新儒学论著辑要》，中国广播电视出版社 1995 年版，第 181 页。
② 马一浮：《马一浮集》第三册，浙江古籍出版社 1996 年版，第 1191 页。
③ 许宁：《马一浮对〈论语〉的现代诠释》，《浙江社会科学》2017 年第 10 期。
④ 马一浮：《马一浮全集》第一册上，第 158～159 页。
⑤ 马一浮：《马一浮全集》第一册上，第 176 页。

"殊途同归"，只有外在形式差异，没有本质区别。由此，这就从理论层面打通了儒释两家经典的界限，为二者相互参照论证奠定了基础。

（二）具体概念层面：儒释比附互证

在《论语大义》里，马一浮借用"空假中"（三谛）、"始终"等佛家概念对《论语》中的思想进行比照阐释。比如，对"加我数年，卒以学《易》，可以无大过矣"（《述而》）一章，他认为"加我数年，卒以学《易》"是工夫，"无大过"是效验，这"亦犹禅家所谓识法者惧也。"① 又如，对"朝闻道，夕死可矣"（《里仁》），他说："佛氏言分段生死，只是'精气为物'；言轮回，只是'游魂为变'；言变易生死，虽较微细，犹在生死边，未至涅槃。须知'夕可'直是涅槃义。见不生灭，见无生死，而后于生死乃能忍可。所言'可'者，犹佛氏言无生法忍也。"② 这便使"夕死可矣"具有了"涅槃"之义，而且与"无生法忍"相同。同时，他还认为"朝夕"如同佛家的"刹那"："《楞伽》云：'一切法不生，我说刹那义，当生则有灭，不为愚者说。'言'朝夕'者，犹刹那义也。"③ 再如，在对"逝者如斯夫"（《子罕》）解释时，他认为"逝者如斯夫"是法、喻并举。"逝"言一切法不住也，"斯"指川流相。一切有为诸法，生灭行相，逝而无住，故非常；大化无为，流而不息，不舍昼夜，故非断。法尔双离断常，乃显真常不易之实理。④ 引用"非常""非断"来诠释"逝者如斯夫"，儒释互参互证、相得益彰，比常规的以儒解儒更具有哲理韵味和理论色彩。

（三）以"四悉檀"诠释"仁""孝"和"为政"

"仁""孝"和"为政"无疑是《论语》的主题，也是孔子与弟子谈论的核心问题。"四悉檀"是天台宗的重要概念。马一浮认为两者具有融通之处，便以"四悉檀"来诠释"仁""孝"和"为政"。在解释"仁"之内涵时，他说："学者第一事便要识仁，故孔门问'仁'者最多。孔子一一随机而答，咸具四种悉檀，此是《诗》教妙义。"⑤ 何谓"四悉檀"？他随之进行了解释："四悉檀者出天台教义，悉言遍，檀言施。华、梵兼举也。一世界悉檀，世界为隔别分限之义，人之根器各有所限，随宜分别，次第为说，名世界悉檀。二为人悉檀，即谓因材施教，专为此一

---

① 马一浮：《马一浮全集》第一册上，第154~155页。
② 马一浮：《马一浮全集》第一册上，第156页。
③ 马一浮：《马一浮全集》第一册上，第156页。
④ 马一浮：《马一浮全集》第一册上，第158页。
⑤ 马一浮：《马一浮全集》第一册上，第136~137页。

类机说，令其得入，名为人悉檀。三对治悉檀，谓应病与药，对治其人病痛而说。四第一义悉檀，即称理而说也。"① 以此为基，他便将《论语》中有关"仁"的章句与"四悉檀"作了对比。他认为"樊迟问仁，子曰'爱人'；问知，子曰'知人'"（《颜渊》）是"世界悉檀"；"已欲立而立人，已欲达而达人，能近取譬，可谓仁之方也"（《雍也》）是"为人悉檀"；答司马牛曰"仁者，其言也讱"（《颜渊》）、答樊迟曰"仁者先难而后获"（《雍也》）是"对治悉檀"；答颜渊曰"一日克己复礼，天下归仁焉"（《颜渊》）是"第一义悉檀"。② 不仅"四悉檀"与"仁"相通，而且"论政亦具四悉檀"③。他认为"既庶矣，富之；既富矣，教之"（《子路》）、"足食，足兵，民信之矣"（《颜渊》）、"谨权量，审法度，修废官""兴灭国，继绝世、举遗民""所重：民、食、丧、祭"（《尧曰》）、"不患寡而患不均，不患贫而患不安"（《季氏》）等是"世界悉檀"；"近者悦，远者来""无欲速，无见小利""先有司，赦小过，举贤才"（《子路》）等是"为人悉檀"；一言"兴邦""丧邦"（《子路》）、"君君、臣臣、父父、子子"（《颜渊》）是"对治悉檀"；"居之无倦，行之以忠"（《颜渊》）、"先之劳之"（《子路》）、"自古皆有死，民无信不立"（《颜渊》）、"修己以敬"（《宪问》）等是"第一义悉檀"。④ 另外，在《礼乐教中》篇，针对孔子对孝的不同回答，他依然用"四悉檀"来作注解。他把"无违"（《为政》）比作"世界悉檀""父母唯其疾之忧"（《为政》）比作"为人悉檀"、"色难"比作"对治悉檀""'知其说者之于天下也，其如示诸斯乎！'指其掌"（《八佾》）比作"第一义悉檀"。⑤ 需要注意的是，在运用"四悉檀"作比儒家思想时，马一浮对"四悉檀"并非等同视之，而是把"世界悉檀""为人悉檀""对治悉檀"最终都归结为"第一义悉檀"。比如，在《书教》篇，他说："以《论语》准之，莫非《书》教义。又一一悉檀，皆归第一义悉檀，学者当知。"⑥

　　简言之，马一浮以释解儒，力求实现儒释会通、两者互参，从达到"一致而百

---

① 马一浮：《马一浮全集》第一册上，第137页。
② 马一浮：《马一浮全集》第一册上，第137页。
③ 马一浮：《马一浮全集》第一册上，第140页。
④ 马一浮：《马一浮全集》第一册上，第140页。
⑤ 马一浮：《马一浮全集》第一册上，第146页。
⑥ 马一浮：《马一浮全集》第一册上，第140页。

虑、殊途而同归"的目的，"'以佛证儒'是他的学术思想上的最大特点"[①]，不仅本儒家经典以立言，而且又融入了佛教思想，凸显了中国传统学术之一贯性与包容性[②]。需要指出的是，马一浮并非将儒佛同等视之，而是有所侧重，认为儒家思想要高于佛家。比如，他在解释"子在川上曰"（《子罕》）时，虽然运用了佛家"不生不灭"等思想来注解，但他最后说："'川上'一语，可抵大乘经论数部。圣人言语简妙亲切如此，善悟者言下便荐，岂在多邪?"[③]他认为圣人之言"简妙深远"，远高于佛家的长篇大论。所以，有学者明确指出："马氏学有宗主，宗主在儒。"[④]

三、人性自有：心性论之彰显

牟宗三、张君劢等人在《为中国文化敬告世界人士宣言》中指出："心性之学，正为中国学术思想之核心，亦是中国思想中之所以有天人合德之说之真正理由所在。"[⑤]无论是"六艺"统摄《论语》，还是以佛释儒，其理论基础依然是儒家的心性论。"心性论是现代新儒学比较主流的思想立场，马一浮的学问也是典型的心性论立场。"[⑥]从根本上来看，马一浮的心性论是以"性德"为核心建构起来的、本体与工夫同一的性善论。

（一）"德性"是本体，道、理、行、事是其外显

在马一浮的心性论体系中，性、德、天、命、道、理等概念处于同等地位，具有同等价值。"马一浮以本体言心。在他看来，此心即性、亦即天、亦即命、亦即理、亦即性德或德性。这是一系列等值等价的范畴，是中心范畴和最高范畴。"[⑦]但如果深加揣摩，这些概念从逻辑上来看仍然有先后主次之分。在《释至德要道》中，马一浮说：

---

① 王凤贤、滕复：《现代新儒学的典范——评马一浮的学术地位与学术思想》，载毕养赛主编：《中国当代理学大师马一浮》，上海人民出版社 1992 年版，第 39 页。
② 参见张刚：《六艺之旨，散在〈论语〉——马一浮〈论语大义〉概述》，《乐山师范学院学报》2014 年第 1 期。
③ 马一浮：《马一浮全集》第一册上，第 159 页。
④ 郭齐勇：《现当代新儒学思潮研究》，人民出版社 2017 年版，第 103 页。
⑤ 张君劢：《新儒家思想史》，中国人民大学出版社 2006 年版，第 567 页。
⑥ 郭齐勇：《现当代新儒学思潮研究》，人民出版社 2017 年版，第 104 页。
⑦ 郭齐勇：《现当代新儒学思潮研究》，第 104 页。

德即是性，故曰性德，亦曰德性。道即是性，故曰性道，亦曰天性，亦曰天道，亦曰天命。德、行对文，则德主内而行主外。道、德对文，则德为隐而道为显。性、道对文，则性为体而道为用。性外无理，道外无事。离性而言理，则理为幻妄；离事而求道，则道为虚无。故六艺之教，总为德教。六艺之道，总为性道。①

这段话除了明确德、性、道、天、命等概念具有同等地位和价值，还有以下几层含义：其一，指明德、行、性、道之区别。"德"与"行"是内外之别，"德"与"道"是隐显之别，"性"与"道"是体用之别。"内""隐""体"决定"外""显""用"，"德""性"显然重于"行""道"，即"德""性"是根本，决定"行""道"。其二，指明"性"与"理"具有同一性。性外无理，理在性中；不能离性而言理，否则理便是"幻妄"，不是真理。这就为"理"的存在找到了根源，即与"性"一体，同为天赋，只能遵循，不能改变。其三，指明"道"与"事"具有同一性。"事"乃人做，是"行"的具体呈现。"事"本身就含有"道"，"道"是"事"之所以成的内在依据，即成"事"之"道"。要在具体的"事"中探寻"道"，不能离"事"求"道"，否则，所求之"道"便会沦为"虚无"。这就指出了求"道"路径，即在社会实践中求"道"。其四，指出了"六艺"的主旨。研习《诗》《书》《礼》《乐》《易》《春秋》的目的在于阐明人之所自有的"德性"，按照"道"去做"事"。简言之，"德性"是本体，理、道、事都是"德性"之外显，"理"与"性"、"道"与"事"根本上具有同一性，不能割裂。

（二）"德性"本具足，"六艺"为"德性"之外化

马一浮认为，"德性"为人所自有，非圣人强加，"六艺"则是"德性"之外化、心性之自然流露。"学者须知六艺本是吾人性分内所具的事，不是圣人旋安排出来。吾人性量本来广大，性德本来具足，故六艺之道即是此性德中自然流出的，性外无道也。"② 以《论语》为代表的儒家经典所彰显的"五常"（仁、义、礼、知、信）、"六德"（知、仁、圣、义、中、和）以及"至诚""至善"无不是"心本具有"。这就把儒家核心理念统摄于"六艺"，而"六艺"则统摄于"一心"。

---

① 马一浮：《马一浮全集》第一册上，第186页。
② 马一浮：《马一浮全集》第一册上，第15页。

"教相多门，各有分齐，语其宗极，唯是一心。"① 具体来说，可以从三个方面来理解：其一，"六经"乃心性之流露。"有六经之迹，有六经之本。六经之本是心性，六经之迹是文字，然六经文字亦全是心性的流露，不是臆造出来。"② 针对程颐所说"性中曷尝有孝弟来"，马一浮批驳道："盖谓孝弟是名相，性分上只是纯然天理，故找不出孝弟之名来，非谓本无孝弟也。人性憧憧往来之时，正是私心习气流转，天理已不存在。若不幸遭父母丧，哀痛已极，则私心顿销。此时心中只知有父母，不知有我，方是天理发露，方见得天理，到此时安有孝弟之名耶？"③ 儒家语境中的"性"，不仅包含"自然之气性"，而且一定包含"道德之觉性"，孟子的性善则是"存在的呈现"。④ 性本身具有孝悌，程颐之所以予以否定，在马一浮看来主要是因为受到情之所蒙蔽。"性是理之存，情是气之发"⑤，受私心习气蒙蔽，孝悌便不能发现，一旦"私心顿销"，孝悌自然显现。由此可知，孝悌是性所固有，也是德性之外显。其二，性不能传授，必须返回本心体究。"性是自具，非可传授，可传授的是教边事。"⑥ "学者为学须向内体究，不可只贵口耳授受。"⑦ 明确指出个体自身的体悟比外在传授重要。这与孔子的"我欲仁，斯仁至矣"（《述而》）、孟子的"行有不得，皆反求诸己"（《离娄上》）一脉相承，强调主体性意识。其三，指出性习不二。"习可变易，性是不易，从变易中见不易，性、习不二也。"⑧ 性是先天，习是后天，性乃决定习，而习彰显性，性从习中见，即习中见性。性与习本质为一，不可割裂。"古人之书固不可不读，须是自己实去修证，然后有入处。否则即读尽圣贤书亦是枉然。"⑨

（三）"德性"：根植于"性善论"

"中国传统的心性之学，则以性善论为主流。"⑩ 从根源来看，马一浮的"德性论"依然根植于孟子的"性善论"。他在论"横渠四句"时说：

① 马一浮：《马一浮全集》第一册下，第 424 页。
② 马一浮：《马一浮全集》第一册下，第 744 页。
③ 马一浮：《马一浮全集》第一册下，第 760~761 页。
④ 参见林安梧：《关于先秦儒学"人性论"的一些讨论——以孟子和荀子为核心的展开》，《齐鲁学刊》2022 年版第 1 期。
⑤ 马一浮：《马一浮全集》第一册下，第 16 页。
⑥ 马一浮：《马一浮全集》第一册下，第 747 页。
⑦ 马一浮：《马一浮全集》第一册下，第 747 页。
⑧ 马一浮：《马一浮全集》第一册下，第 761 页。
⑨ 马一浮：《马一浮全集》第一册下，第 731 页。
⑩ 张君劢：《新儒家思想史》，第 567 页。

　　《易·大传》曰："《复》，其见天地之心乎。"《剥》《复》是反对卦。……伊川《易传》以为动而后见天地之心。天地之心于何见之？于人心一念之善见之。故《礼运》曰："人者，天地之心也。"《程氏遗书》云："一日之运，即一岁之运；一人之心，即天地之心。"盖人心之善端，即是天地之正理。善端即复，则刚浸而长，可止于至善，以立人极，便与天地合德。故"仁民爱物"，便是"为天地立心"。天地以生物为心，人心以恻隐为本。孟子言四端，首举恻隐，若无恻隐，便是麻木不仁，漫无感觉，以下羞恶、辞让、是非，俱无从发出来。故"天地之大德曰生"，人心之全德曰仁。①

　　天地之心便是人之善心。对天地而言，"善"是天地之正理，"天地之大德曰生"（《系辞传》），"生物"是天地之"善"的彰显。对人来说，"善"是人之本性，即"恻隐"之心，亦即"仁心"。这扩充提升了孟子的"四端说"，把"恻隐"等同于"天地之正理"，为"仁"找到了最终的根源。即人之性善来自于天地，等同于天理。这是从超验层面而言，至于经验世界为何有不善，马一浮承袭了宋儒"气质之性"的说法。"义理之性无有不善，气质之性有善有恶，善者为义理之显现，不善者为义理之障蔽。然义理之性虽有隐现，并无增减。"②"善"是义理之性，"不善"则是气质之性，受到后天的蒙蔽。"性是纯理，无有不善，气则有善有不善。"③由此，既然人之本性是善，那么"德性"的彰显就要向内求，反求诸己，而不是向外用力。"今人所谓探求真理，全是向外寻求，如此求真得不到，即有所得，亦不真实。中土圣贤所谓性，即今世所谓真理。此乃人人本具，最为切近简易，反身而求，当下即是。今之人驰心务外，正是舍本追末、舍近求远，可谓枉费工夫。"④由此，"德性"既是本体，也是工夫，只有主体性得到充分的彰显，才能从根本上实现德性、天道、人事的合一。显然，这并没有跳出孟子"尽心—知性—知天"的逻辑理路。

原载《山东社会科学》2022年第12期

---

① 马一浮：《马一浮全集》第一册上，第4~5页。
② 马一浮：《马一浮全集》第一册下，第726页。
③ 马一浮：《马一浮全集》第一册下，第732页。
④ 马一浮：《马一浮全集》第一册下，第740页。

从朱熹、高亨易学看：
传统学术现代化中文化自觉的不在场

王　广

随着清帝的退位，西方现代学术输入，由《周易》等这些曾经作为范导传统中国人经纬宇宙社会人生万世大法的重要经典所构建的经学，也面临着"退位"危机。在二十世纪二三十年代兴起的古史辨学派，受西方现代学术的影响，不再把"谋道""希圣"作为为学的基本信念，也不再像传统士人那样具有强烈而普遍的崇经、崇圣意识，代之以"求真知"的科学研究意识，提出经学研究要实现"从圣道王功的空气中夺出真正的古文籍"。①

在"求真知"意识指导下，《周易》开始了一条不同于传统经学研究的现代学术研究之路。在这条路上，从文字训诂入手，解读像《周易》这样传统文化典籍成了一种选择。其中，高亨先生堪为代表。相较于传统汉学、朴学等经学研究的路子，这种以文字解典籍的路子有着不同于传统学术的现代学术的"前理解"。

一、《易》为卜筮书：公理与道源

著名文化人类学家费孝通先生，晚年曾致力于对其学术思想以及思想所属文化进行反思，提出了"文化自觉"的理念。他解释说："学术反思是对个人而说的，文化自觉是学术反思的扩大和发展。从个人扩大到自己所属的文化，从个人的学术发展扩大到一门学科的演变。学术反思是个人要求了解自己的思想，文化自觉是要

---

① 顾颉刚：《古史辨》（第二册），上海古籍出版社 1982 年版，《自序》第 7 页。

了解孕育自己思想的文化。因为要取得文化自觉到进行文化对话，以达到文化交流，大概不得不从学者本人的学术反思开始，学术反思到文化自觉，我认为是一脉相通的。"①

费先生用"学术反思"和"文化自觉"两个理念，勾勒了自己的学术研究心路。这两个理念可以作为评价从传统经学研究向"求真知"的现代学术研究转型历程的参照系。与致力于通经致用和建构一套体现"圣道王功"经学注解体系的传统学术研究不同，以"科学"名义引进的西方现代学术，体现着"为学术而学术"的"真知"追求和建构一套可以"放之四海而皆准"的"公理"体系的关切。

以追求真知公理的现代学术视野审视弥漫着崇经、崇圣意识的传统经学学术，其就沦为一种无法证实和证伪的玄学、巫术。在五四新文化运动"打倒孔家店"声浪中，如同"庆父不死，鲁难未已"，圣人、玄学和巫术不倒，科学与民主就立不起来。由此，圣人、玄学和巫术都成了被革命的对象，圣人被解构成了孔老二、玄学被解构成了像巫术一样的"玄学鬼"、巫术被解构成了迷信。这三重解构体现在本身就植根于巫史文化里的《周易》研究中尤为明显。

如同金岳霖先生在《论道》指出的那样，"道"是元学的素材。对"道"的研究，"我不仅在研究对象上求理智的了解，而且在研究底结果上求情感的满足。"（《论道·绪论》）《周易》在传统经学中被视为"大道之源、群经之首"，其学术地位一直十分重要。既然"道"是牵扯我们民族"情感的满足"的核心理念，在诠释作为"道源"的《周易》中，不仅仅有"理智的了解"，还有一个维系民族"情感的满足"的中华文化自觉的课题。对"道源"在理智上进行疏解、阐发，同时也是对中华文化慧命的厘定、畅通。如果解构了这种"元学（玄学）"视野，仅仅视为一种以"拿证据来"实证精神去考辨、揭示《周易》文字世界里保存的有关上古史的真知公理。如此，《周易》不再是内蕴中华文化慧命之"道源"的典籍。

同五四新文化运动引起的与中华传统文化"革命"的心态不一样，虽然宋明理学兴起，也同样面对"内忧外患"，外有西来的佛教文化冲击，内有充满质疑精神和追求义理阐发的经学研究新范式即"宋学"革新之需求，但宋儒并没有与中华传统文化"断裂"，而是汲取佛家建构法统、重视心性学和形上学的智慧，对中华传

---

①　费孝通：《全球化与文化自觉：费孝通晚年文选》，外语教学与研究出版社 2013 年版，第 60 页。

统文化进行了"调适上遂"，确立了"圣人可学而至"的中华文化道统、内圣学、道德形上学等智慧。圣人、圣学不是被打倒、解构而是被重光、重构。即使与现代科学相"反对"的最为现代学术所诟病的巫术也并没有被摒弃，而是成了中华文化发展过程中的重要一环。

《周易》是一本卜筮之书。高亨先生与朱熹在这点上是一致的。朱熹主张"易本为卜筮而作"。并以此诠释了《周易》，写成了《周易本义》一书。高亨先生从文字训诂入手，指出："'易'为筮书之通名。"他根据《周礼·太卜》"太卜掌三易之法"的材料，认为："《周易》为一书之专名，因其为周代筮书，故曰《周易》。其名亦甚古。"（《周易琐语》）他主张："《周易》本经简称《易经》，……是西周初年作品。原为筮（算卦）书，要在用卦爻辞指告人事的吉凶。"①

在将《周易》定位在卜筮之书上，两者是一致的。但朱熹并没有因《周易》本为卜筮之书而轻视之，始终以圣人经典视之。

在传统易学看来，整个《周易》经传都由圣人之意所贯穿。《系辞传》指出："子曰：书不尽言，言不尽意，然则圣人之意其不可见乎？"在《系辞传》看来，《周易》卦爻辞的最终指归是如何彰显"圣人之意"。其卦、爻文辞也应该内涵这一"圣人之意"的意蕴。如果解读，须要让这一"意蕴"得以澄明。朱熹指出：

> 只为汉儒一向寻求训诂，更不看圣贤意思，所以二程先生不得不发明道理，开示学者，使激昂向上，求圣人用心处，故放得稍高。②

这里，朱熹指出，像汉儒那种一味寻求外在训诂的方式并不能切己体认圣贤深意，无法知晓圣人之所以成为圣人的道理。应该以"求圣人用心处"的方式，这种方式注重开显经典所深蕴的圣贤生命智慧。《系辞传》还指出："圣人设卦观象，系辞焉而明吉凶，刚柔相推而生变化。"认为圣人通过契合无穷变化之理，而设卦观象，再系卦爻辞，以彰显吉凶之理，实现对民众的教化，引领他们趋吉避凶。

受现代学术影响，卜筮不再作为一种圣人教化民众的活动，而是一种非科学的迷信活动。顾颉刚称《明夷》六五爻辞："箕子之明夷，利贞。""仿佛现在人说的'某人的晦气'而已"，等于现在的"签诀"和"牙牌数"一类的"隐语"，并没

---

① 高亨：《周易大传今注》，齐鲁书社 1998 年版，第 1 页。
② 黎靖德：《朱子语类》，中华书局 1994 年版，第 2748 页。

有什么圣人之意蕴含。高亨也认为：

> 盖上古之世，人类战胜自然之力量甚微，迷信神道之意识甚浓，有所举事，往往探求神之指示。筮即探求神之指示之一种巫术，故筮法之兴起当甚早，筮书之编作亦不能过迟，其用途又广，因而逐渐增多，乃必然之事也。（《周易琐语》）

从人类文明进化角度，巫术属于原始宗教，是人类蒙昧时期的产物。科学是现代文明形态，自然要取代和革新原始的巫术文化。不过，从科学发展史上看，巫术文化和现代科学并不是绝对对立的，就像天文学与占星术、炼丹（金）术与化学等，人类早年的巫术文化虽然从形态上体现着一种不同于逻辑思维的原始思维，但从发生学上，巫术文化、宗教都是孕育现代科学的文化母体。没了文化母体，现代科学的新生儿也无法诞生。即使在科学昌明的今天，也不能说现代科学全部取代了巫术、宗教等"非"科学。

如果说，古史辨派和高亨先生等在西方现代科学冲击下，采取了与孕育现代科学或《周易》思想的文化母体"决断"的"革命"式学术研究，对《周易》等典籍的圣学意蕴进行了遮蔽和解构。那么朱熹等道学家则在外来佛教文化的冲击下，改变了汉唐儒者解读经学中缺乏形上学和心性学的弊端，采取了对孕育《周易》思想的中华文化母体进行"调适上遂"融合创新的研究方式，实现了《周易》学术研究的创新发展。他们把《周易》视为一部内蕴圣人之意以实施教化的经书。

朱熹从把卜筮当作圣人教化民众的方式入手，主张虽然不同时代的圣人有着不同的教化形式，但教化的目标都是一样的，都是对吉凶之理的开示。他指出：

> 《易》之为书，更历三圣，而制作不同。若庖羲氏之象、文王之辞，皆依卜筮以为教，而其法则异。至于孔子之赞，则又一以义理为教，而不专于卜筮也。①

在朱熹看来，整个易学发展，分为以卜筮为教和以义理为教两大阶段。他认为早期圣人教之以卜筮，以开示吉凶之理，使人趋吉避凶。随着文明进步，人的理性

---

① 朱杰人等：《朱子全书》（七），上海古籍出版社、安徽教育出版社 2002 年版，第 3842 页。

能力逐渐觉醒，反映到易学发展过程中，就是朱子所说的孔子"赞"《易》阶段，直接以义理为教，就无须再借助卜筮。可见，《周易》本为卜筮之书，但卜筮彰显着圣人对吉凶之理的开示以及以该理对民众教化之意。朱熹认为，虽然孔子所"赞"《易》道是以义理为教，但孔子所讲的义理也是一种教化民众的吉凶之理。他说："到得孔子，尽是说道理。然犹就卜筮上发出许多道理，欲人晓得所以凶，所以吉。"①

古史辨派和高亨等诸先生将《周易》视为上古史料文献去求真知、建公理的研究之路，在中国古典学术现代化上有着不可磨灭的贡献。然而，与朱熹从人文教化角度，重视巫术在前现代社会中确立、构建社会秩序和人文价值的功能相对比，经过西方现代科学洗礼的古史辨派和高亨先生，诚如近年来学界有些方家指出的那样，他们"求真知"的研究范式存在一些"疑古过勇"的瑕疵。

二、经传相分：史料与玄思

按照教化方式不同，朱熹主张经传相分。这一点也深为高亨先生所认同。他认为："《周易大传》简称《易传》，乃《易经》最古的注解。……均作于战国时代，不是出于一人之手。作者对《易经》一书多加以引申枝蔓甚至歪曲附会地说释，以阐述他们的世界观，可以说《易传》是借旧瓶装新酒。《易传》虽然是算卦书的注解，然而超出算卦书的范畴，进入哲学书的领域。"②

古经被高亨等先生解构掉圣学之蕴后，成为构建真实上古史的"史料"文本。《易传》作为对古经进行哲学性解释的一部书，那么《易传》的哲学思想应该怎么解读呢？高亨先生认为《易传》"是先秦时代相当重要的思想史料，特别是此时代首屈一指之辩证思想史料。"如果从思想"史料"角度研究《易传》哲学，这一研究所持的"标准"是客观、外在的。即使讲《周易》文化固有的"辩证法"，也不是中国传统文化母体所孕育的提倡"变通""研几"的中国式"辩证法"，大多数是一些西方舶来的"辩证法"的知识碎片。

与高亨先生同代的牟宗三先生，浸润西方哲学尤其康德哲学多年，他在解读《周易》哲学时，曾以"生命的学问"一词概括中国传统哲学的特质。这一学问同

---

① 黎靖德：《朱子语类》，第 1630 页。
② 高亨：《周易大传今注》，第 1 页。

西方以"知识"为通孔的哲学形态不同，是以"生命"为通孔，关注我们生命的调适、运转和安顿。如果说"知识"是客观的、外在的，那么"生命"则是主观的、内在的。如果和这种"生命的学问"的义理形态相应，就需要从"主观性原则"出发解读之。牟先生解释说：

> 所谓"主观"的意思，和"主体"的意思相通，绝无不良的含义。科学研究不应主观，而需要客观，在此"主观"便有坏的含义，即世人骂人"主观"所取的意义。主观性原则的"主观"，并非别的，只是从主体来观，详细一点，即是从自己生命的主体来立言。①

可见，这个同"生命的学问"相应的"主观性原则"是一种从自己生命的主体立言的"主体性原则"，所持的是一种"人能弘道"的立场，如同禅宗所讲的"如人饮水，冷暖自知"。牟先生在《中国哲学十九讲》中，又区分出两类真理：外延真理与内容真理。"外延的知识可以脱离我们主观的态度（subjective attitude）。凡是不系属于主体（subject）而可以客观地肯断（objectively asserted）的那一种真理，通通都是外延真理。"②"所谓内容真理，内容命题通通是系属于主体，系属于主观态度上的一些话。"③ 显然，外延的真理大体是指科学的真理，如自然科学的真理或是数学的真理。科学的真理是可以脱离我们主观的态度的，但中国哲学从"主观性原则"出发的"生命的学问"，则属于内容真理。

《易传》作为中国哲学义理形态的重要代表，也是这种作为"生命的学问"的"内容真理"类型的代表。要想呈现这种义理形态，只是运用探求客观性科学知识的路径是不够的。这里并非说这种路径不重要，但它对这种内容真理的开显只是起到助缘，就像我们乘坐的飞机、动车，只是帮助我们走向终点的工具，但不是路径本身。要想更好澄明我们的路径，就需要将这些乘坐工具加个括弧，悬隔起来，存而不论，这种思考方式就是"玄思"，《道德经》称"同谓之玄"。这里的"同"并不是逻辑上的"同"，而是"浑同"。要达到这种"同"，就不能采用非此即彼的逻辑方法，冯友兰先生称这种方法叫"正的方法"；而要采用王弼主张的"得象忘言""得意忘象"的"忘"的方法，冯先生叫"负的方法"。科学逻辑只能"见山

---

① 牟宗三：《中国哲学的特质》，吉林出版社 2010 年版，第 49 页。
② 牟宗三：《中国哲学十九讲》，吉林出版社 2010 年版，第 27 页。
③ 牟宗三：《中国哲学十九讲》，第 27 页。

是山，见水是水"，不能"见山不是山，见水不是水"，但"负的方法"，可以通过"否""忘"这个山水区分的"标准"，实现对"见山就是山，见水就是水"的"浑同"理境的玄思。

当人们看到十字架，这个"十"字形是客观的经验事实。但要想知道、认同这个十字架象征的耶稣救世精神的意义，则不能仅仅限隔在这个层面，而要先将这个外在的事实"忘"掉，用自己内在主体生命去体会这种耶稣的救世精神，如此我们的生命才能和十字架所象征的基督救世精神会"同"，这个十字架就成了调适、运转和安顿自我生命的资粮。显然，我们要真正得"象""意"就要从外在的"言""象"世界出来。如果我们囿限于"言""象"中，就无法从自己生命的主体立言，无法同圣人之道、之意会"同"，将其变为调适、运转和安顿自我生命的资粮。

在这个意义上，虽然朱熹也讲"格物致知"，但其追求的理境是物的"表里精粗无不到"。这种理不仅仅是通过主客二分认识"透过现象看本质"能够实现的，也离不开"心"的修养达到"全体大用无不明"境界。只有达到这一境界，才能真正实现"心与理一"。"格物致知"不仅仅是对"真知识"的探求，更重要的是一种成圣工夫的修养。由此，也不是追求成就人的一种客观公理，而是能使自己生命调适、运转和安顿的"内容之理"。从这出发，他认为到了孔子时代，就采取了"说理为教"的方式，"四书"要比《周易》等这些经典更适合成就这种"内容之理"，他认为《周易》由于本作卜筮之书，与体现孔子"说理为教"的"四书"相比，并不是一部"教人底好书"。可见，朱熹以四书取代五经也是一种学术研究的"革命"，但这个革命有着对中华文化母体固有的"尊德性道问学"传统的自觉。

概而言之，以西方文化孕育的现代科学作为确立真知公理的研究典范，在实现对《周易》等经典研究的"革命"中，存在着"矫枉过正"的问题。第一步以进化论视域遮蔽现代科学与宗教—巫术的"连续性"，巫术文化被简单、绝对地否定。第二步以同传统文化"决裂"的方式进行学术研究、现代化转型，遮蔽了《周易》植根的中华文化母体，与朱熹易学研究相比，易学的现代研究对传统学术文化固有的"人文价值"资源开发不够。

三、易学诠释：去象与因象

在《系辞传》看来，要想体会《易经》中的智慧，单纯靠解读卦爻辞是不够的，因为"书不尽言，言不尽意"。卦爻辞只是体会的阶梯，不能局限于此，并且

《系辞传》称："圣人设卦观象，系辞焉而明吉凶，刚柔相推而生变化。"按照《系辞传》理解，对卦爻辞的解读自然离不开文辞之所以生成的基础，即易象。曾受现代学术洗礼的冯友兰先生认为，《周易》中的"象"是对客观事物的复杂情况的摹拟，是客观世界的形容。他指出："照《系辞传》所说的，整个的《易》，就是一套'象'。它说：'是故易者，象也。象也者，像也。'"① 按照冯先生的解释，《系辞传》所理解的《周易》就是一套象学体系。

冯先生曾举过这样一个例子：《同人》卦的九五爻辞"同人先号咷而后笑，大师克相遇"。如果照字面讲，这是说一支军队先败后胜。但是占得这个爻辞的人不必完全照字面了解。不管他问什么事，都可以解释为这个事大概是先凶后吉。冯先生认为："这个占辞是一个套子，凡先凶后吉的事，都可以套入这个套子。"② 冯先生这里所说的"套子"，就是作为卦爻辞生成的基础，即易象。有鉴于此，要想对卦爻辞进行解读，自然离不开文辞之所以生成的基础即易象的开显，就此唐代孔颖达称"因象明义"。

与冯先生对传统易学之象学的同情了解不一样，古史辨派与高亨等先生致力于"求真知"，既不认同《系辞传》所讲的"观象系辞"解释，也不认同传统易学"因象明义"的解读方式。高亨先生指出："象数乃筮人用以欺世的巫术。我们研究《易经》，目的在考察上古史实。能读通卦爻辞，洞晓它的原意就够了。追求古代巫术没有什么用处，我认为注释《易经》应当排除一切象数说。"③

总之，在传统易学那里，与肯定《易传》的经典权威的立场相应，所以从《周易》经典所内蕴的象世界出发，遵循"因象明义"的解读原则。譬如，在对坤卦第六爻"龙战于野，其血玄黄"解读上，如果我们像传统易学那样"因象明义"，从"象"出发解读这句爻辞，那么这里的"龙""血"并不是实指，而是对某类事物的象征；同样"龙战于野""其血玄黄"也不是实指，而是对某类事件、事理的象征。《周易集解》引用《九家易》，对"其血玄黄"解释为："实本坤体，未离其类，故称'血'焉。血以喻阴也。玄黄，天地之杂，言乾坤合居也。"在《九家易》看来，"血"只是对"阴"类事物的象征，"玄黄"表征天地相杂、阴阳合居的事理。即使被视作义理易学代表的程颐在其对这句爻辞的解读中，也遵循"因象明义"的原则，提出："阴从阳者也，然盛极则抗而争。六既极矣，复进不

① 蔡尚思主编：《十家论易》，岳麓书社 1993 年版，第 404 页。
② 冯友兰：《冯友兰文集：中国哲学史新编》（修订版），吉林出版社 2017 年版，第 224 页。
③ 高亨：《周易大传今注》，第 2 页。

已，则必战，故云'战于野'。'野'，谓进至于外也。既敌矣，必皆伤，故'其血玄黄'。"在程颐这里，"龙战于野"并不是实指，龙为阳类事物象征，何以发生"战于野"事件？程颐认为本来是"阴从阳"之理，然而"盛极则抗而争"，阴类本来是柔顺，但"盛极"之时，也会跟阳类事物"抗而争"，但这种抗争两败俱伤。朱熹《周易本义》中，就是从"象"出发解读这句爻辞，提出"阴盛之极至，与阳争，两败俱伤，其象如此，占者如是，其凶可知"。朱熹在解读《周易》经传时，虽然贯彻《周易》本为占筮之书的诠释"前见"，认为这句爻辞可以表征"占者如是，其凶可知"，但他的占筮所呈现的吉凶之理则是借助于象所发的。

高亨先生在注解"龙战于野"时指出："二龙搏斗于野，流血染泥土，成青黄混合之色。比喻人两方战争，俱有牺牲。（亨又按：玄黄亦可读泫潢，血流甚多之貌。）"高先生解读，不从阴阳符号解读，而是直接描述"二龙于野"的战斗情形以及这一情形的象征意义。并提出另一种声训，解释为"血流甚多的样子"。很显然，高先生不认同"因象明义"。

另外，《周易》通变思想和辩证法都重视变化发展。高亨先生指出，《易传》"是先秦时代相当重要的思想史料，特别是此时代首屈一指之辩证思想史料"①。《易传》认为《周易》有着一个"穷则变，变则通，通则久"的智慧。《周易》整个卦爻画可以被理解成为阴阳两爻所符示的整个宇宙社会人生的无穷变化。这种无穷变化形成了不同格局、时遇，按照王弼说法："卦者，时也；爻者，适时之变者也。"② 整个64个卦、384个爻都体现着不同"时变"的格局、境遇。只有对这些时变格局、境遇采取正当、合理应对，才能趋吉避凶。能够指导人们对这些时变格局、境遇采取正当、合理应对的根据，就是圣人教化民众的吉凶之理。对此，程颐称之为"易，变易也，随时变易以从道也。"③ 总之，在王弼、程颐等传统易学家看来，作为卦、爻辞生成基础的卦、爻象体现着一种应对不同时变格局、境遇的象征，卦、爻辞彰显着圣人如何应对这些时变格局、境遇，从而实现趋吉避凶之意、之道。譬如，程颐对《大过》之名的解释如下：

> "颐者，养也。不养则不可动，故受之以大过。"凡物养而后能成，成则能动，动则有过，《大过》所以次《颐》也。为卦，上兑下巽，泽在木上，灭木

---

① 高亨：《周易大传今注》，第 1 页。
② 〔汉〕王弼：《王弼集校释·周易略例》，中华书局 1980 年版，第 604 页。
③ 〔宋〕程颢、程颐：《二程集》，中华书局 1981 年版，第 689 页。

也。泽者润养于木，乃至灭没于木，为大过之义。大过者，阳过也，故为大者过，过之大，与大事过也。圣贤道德功业，大过于人，凡事之大过于常者皆是也。夫圣人尽人道，非过于理也，其制事以天下之正理，矫时之用，小过于中者则有之，如行过乎恭，丧过乎哀，用过乎俭，是也。盖矫之小过，而后能及于中，乃求中之用也。所谓大过者，常事之大者耳，非有过于理也，惟其大，故不常见。以其比常所见者大，故谓之大过，如尧舜之禅让，汤武之放伐，皆由道也。道无不中，无不常，以世人所不常见，故谓之，大过于常也。①

显然，程颐认为《大过》卦与《颐》卦处于不同时变格局、境遇中，《颐》卦处于养而成时遇中，但《大过》卦则处于动而过的时遇中。造成《大过》这种时变格局、境遇的机制是"阳过"，为此圣人所要采取的应对之道是"夫圣人尽人道，非过于理也"。只有如此，才能趋吉避凶，实现类似"尧舜之禅让，汤武之放伐"之功业。

高亨先生解释"泽灭木"时则指出："按《象传》乃以泽水淹没木舟比庶民起义，覆灭王侯之朝廷或国家。此乃治国者之大过失，是以卦名曰《大过》。"② 总之，没了尽"圣人之意"期许的《周易》解读，六十四卦之卦辞、爻卦、《象传》《彖传》，一概被视为记事之史。

在这种去象的解读方式下，古史辨派以及高先生对被传统易学视为卦爻辞生成基础的卦画、爻画进行一种"去象"化诠释。如此一来，本来作为传统易学之象数学产生基础的卦、爻画则被当成了只是用来标识但没有任何意义的记号，自然也不可能作为卦爻辞生成的基础。对《周易》的解读无须再在象数领域兜圈子，直接在卦爻辞上"明义"即可。

古史辨派代表顾颉刚就是从"故事"入手，对《周易》卦爻辞中反映当时社会生活的历史故事进行了仔细考辨。他把《周易》文本中的故事抽出来看这里边说的故事是哪几件，从何时起，至何时止，然后，"借了这一星的引路的微光，更把它和后来人加上的一套故事比较，来看明白后来人的古史观念"③。与对"故事"的考辨路子不同，高亨先生从文字训诂入手，不是将整部《周易》经传割裂，抽取出几个故事，来作为证明"层累伪史观"的文献材料。史料所揭示的历史的事实是

① 〔宋〕程颢、程颐：《二程集》，第838页。
② 高亨：《周易大传今注》，第203页。
③ 顾颉刚：《周易卦爻辞中的故事》，《燕京学报》，1929年第6期。

客观的，但这些历史事实在文献中是被叙述出来的，这种叙述本身就是"写的历史"，就存在叙写者的"前理解"。就像《周易》卦爻辞所讲，既可以理解成是教化中华民族历代子孙的做人道理、生存智慧的"密码"，也可以解读成是揭示上古社会历史真相的"密码"，这种"前理解"不一样，文献的"意义"和"地位"也不一样。

高亨先生在求真知公理中，开辟了《周易》研究的现代范式。这一现代学术研究范式遮蔽了以"观象""尽意"等意象思维和人文精神对中华文化大传统进行正本清源、守正创新，实现了对《周易》进行去象、去圣化的"革命"化研究。没了圣人的社会历史，彰显了部分唯物史观因素。高亨先生在注解《周易》时，就有着这种"唯物史观"的"前理解"。比如，高先生把"孚"解成俘虏、"剥"解成剥削等即是明证。

毋庸置疑，古史辨派用《周易》等文献构建上古史，高亨先生用文字考训揭示《周易》蕴含的周初到先秦的"唯物史观"印记，完成了对传统圣人、玄学和巫术的"革命"，实现了向现代学术的转化。当然他们深受所处时代影响，在与构建新文化时没能像朱熹代表理学家那样，以对孕育自身的文化母体的自觉，应对外来文化的挑战。崇尚"观象系辞""立象尽意"的传统象思维在中华文化史乃至今天当代人类文化中的价值和意义，也没有被充分重视和进一步深化。

张子和的医易学思想

姚春鹏

张从正，字子和，宋金时（约 1156—1228）睢州考城（今河南民权）人。其原籍在西周所封戴国境内，故自号戴人。出身医学世家，得先世授以医方，幼志岐黄，勤奋好学，精于《素》《难》医典，弱冠之年，悬壶济世。时河间刘完素，医有盛名，从正私淑之，读其书，用其法，揣摩钻研四十余年，深得"用药寒凉"之旨，多所发挥。学益精，术益高，议论渊微，别有法度，"凡所拯疗，如取如携，识者谓长沙、河间复生于斯世"①，名噪一时，于"阴阳之所以造化，运气之所以胜复，风土之异宜，形神之殊禀，无一不究其极"②。其人豪放不羁，好饮酒赋诗，颇有太白遗风。思想上受宋代理学影响较深。

兴定间（1217—1222）时年六十左右，奉诏入金太医院。因性格豪放，看不惯官医迎送长吏，马前唱诺的卑屈之态，不愿受官场束缚，不久辞归故里，游历于河南一带，为民众治病。其间，结识了颇有文名的麻知几和常仲明等人，常在一起讨论医学，"相与讲明奥义，辨析至理，深悼传习之弊，力矫而正绪"③。麻知几既负文名，又好医方，助子和"以平日所著议论，及尝试之效，缉为一卷，命曰《儒门事亲》"④。

一、汗下吐三法治疗学思想与易学三才之道

张从正的医学思想，远则取法乎《素问》《伤寒论》，近则独宗刘完素。观其娴熟于汗下吐三法，并从六气分证，又倡导"三消当从火断"之说，其学宗于河间

---

①②③④ ［日］丹波元胤：《医籍考》，学苑出版社 2007 年 4 月，第 382 页。

者实多。其学说主要内容包括：1. 病由邪生，攻邪已病；2. 攻邪三法。张从正认为病邪是由外传入人体的，或者是由体内变化产生的。病邪留于体内不去，是一切疾病的根本原因。他说：

> 夫病之一物，非人身素有之也。或自外而入，或由内而生，皆邪气也……天之六气，风、暑、火、湿、燥、寒；地之六气，雾、露、雨、雹、冰、泥；人之六味，酸、苦、甘、辛、咸、淡。故天邪发病，多在乎上；地邪发病，多在乎下；人邪发病，多在乎中。此为发病之三也。①

既然疾病是由病邪强加于人身的，那么治疗疾病，就应该攻去病邪。他说："邪气加诸身，速攻之，可也；速去之，可也。揽而留之，可乎？"②张从正从疾病非为"人身素有之物"的观点出发，认为祛除病邪是治疗疾病唯一正确的方法。而具体的驱邪方法，就是张仲景的汗、下、吐三法。但张从正发展了张仲景的三法，其三法包括：方药、针灸、熏洗、按摩、导引等。从当时情况看，充分发挥当时的各种治疗方法治疗疾病，总比单纯用一种方法治疗好得多，这是张从正在临床上的创新。至于其具体的三法，这里就不介绍了。

张从正的汗、下、吐三法思想的渊源除了张仲景的治病三法外，从哲学上说还有易学三才之道思想的奠基。中国传统思想把天地人称为"三才"，三才不仅是一个简单的称谓，而且是古人认识事物的重要思维框架。人们总是把天、地、人作为一个系统的基本要素来思考解决问题的办法。这一思想在《周易》中有着明确的表述。《周易》的八经卦由上、中、下三爻组成，分别代表天、地、人；而六十四别卦则是八卦之加倍，每卦由初、二、三、四、五、上，六爻组成；其中，初、二爻代表地，三、四爻代表人，五、上爻代表天。中国古代哲学认为，人生存于天地之间，人事活动与天地构成了一个复杂的系统。要追求人事之吉，就必须研究天地自身以及人与天地系统之间互动的规律，只有了解天地人的三才之道，才可能获得吉祥的结果。《周易》是由六十四卦组成的复杂系统，古人认为《周易》包罗了整个世界的基本规律。

《系辞下》云："《易》之为书也，广大悉备。有天道焉，有人道焉，有地道焉。兼三才而两之，故六。六者，非它也，三才之道也。道有变动，故曰爻。爻有

---

① ② 张从正：《儒门事亲》，中国医药科学技术出版社 2021 年版，第 43 页。

等，故曰物。物相杂，故曰文。文不当，故吉凶生焉。"《周易》包括了天道、人道和地道即三才之道。三才中的每一才，又包含阴阳两方面，所以，《周易》的卦象由六爻的交错而形成。六爻并不是别的，就是代表了天地人三才的变化之道亦即运动规律。《周易》认为三才之道并不是绝对不变的，道即规律也是有变化的，就是说规律也有个变动的范围，因此称为"变化之道"。这有点类似于现在哲学上讲的普遍规律和特殊规律及个别规律的关系。在普遍规律之下，不同领域有不同的特殊规律及个别规律的表现。这说明，《周易》已经认识到宇宙的规律并不只是干巴巴的几条基本规律，在基本规律之外还有更多的特殊和个别规律，由此而形成了丰富多彩的世界。

《说卦传》也说："昔者圣人之作《易》也，将以顺性命之理。是以立天之道，曰阴与阳；立地之道，曰柔与刚；立人之道，曰仁与义。兼三才而两之，故《易》六画而成卦；分阴分阳，迭用柔刚，故《易》六位而成章。"《周易》已经认识到宇宙的基本规律就是阴阳，但在不同的领域有不同的表现：在天为阴阳，在地为刚柔，在人为仁义，天地人三才之道虽然表现不同又是彼此相通互联的，所以《周易》采用了六画成卦的形式来模拟或象征三才之道。由此可见，阴阳对待和三才并立是《周易》思维的基本模式。《周易》的这一思维模式也成为张从正汗下吐三法治病的哲学基础。他说：

> 天之六气，风、暑、火、湿、燥、寒；地之六气，雾、露、雨、雹、冰、泥；人之六味，酸、苦、甘、辛、咸、淡。故天邪发病，多在乎上；地邪发病，多在乎下；人邪发病，多在乎中。此为发病之三也。处之者三，出之者亦三也。[①]

上述可见，张子和认为天、地、人是构成生生不息的宇宙的主要因素，天以风、暑、火、湿、燥、寒六气，地以雾、露、雨、雹、冰、泥六气，交互作用成为万物生存的基本条件。在古人看来，人之所以能够成为与天地并列的三才之一，在于人具有超出万物的参赞化育的能力。但在生成论的角度，人与万物一样都是天地所生，人的生存依赖于天地。在讨论基本生成问题时无需考虑人（病人）的赞化能力，所以，子和在此没有强调人的能动性问题，而只是讨论了人之生存需要酸、

---

① 张从正：《儒门事亲》，第43页。

苦、甘、辛、咸、淡六味的滋养，而六味最终还是源于天地之生化。从天地人三才的思维模式出发，子和认为疾病的发生也无外乎上、中、下三部。如果把人体看成是宇宙的缩影，则人体的上部属于天，中部属于人，下部属于地。这里的上、中、下三部主要是对躯干的划分。既然疾病的发生分为上、中、下三部，疾病的治疗自然也就分为三部，所谓"处之者三，出之者亦三也"。

　　具体说来，"诸风寒之邪，结搏皮肤之间，藏于经络之内，留而不去，或发疼痛走注，麻痹不仁，及四肢肿痒拘挛，可汗而出之。"[1] 皮肤、经络在人体之表，即上部，故用发汗法，使邪气排出。"风痰宿食，在膈或上脘，可涌而出之。"[2] 在胃脘也就是在躯体中部的疾病，可以用涌吐法排出。"寒湿固冷，热客下焦，在下之病，可泄而出之。"[3] 下焦之病，可以用通泄二便的方法排出。

二、汗下吐三法治疗学思想与易学之"通论"

　　上面讨论的是张从正以汗下吐三法治病，之所以分为三种的根据是易学的三才之道。此外，汗下吐三法之治，从性质来说属于驱邪外出之法，其哲学根据就是易学的通论。"通"是易学中非常重要的概念。在《周易》看来，天地人及万物是一个复杂的巨系统，生成天地万物的最基本的两种势力是阴阳，在卦象说是乾坤，在实体说是天地。阴阳乾坤衍生出八卦，衍生出天、地、水、火、风、雷、山、泽八种事物，再由八卦复合创造更为繁多的万物。易学认为万物之间不是孤立隔绝而是相互联通的，孤立隔绝意味着消亡，而相互联通才可能有生机。《易传》以门户的阖辟来定义"通"，"是故阖户谓之坤，辟户谓之乾；一阖一辟谓之变，往来不穷谓之通"。门户关闭就是坤，门户开张就是乾，门户的一开一合就是变，这种变的无穷往来就是通。由于门户的开通人才能够自由出入，实现与环境的物质、能量和信息的交流，获得生存、发展的基本条件。

　　为了阐释通的重要意义，《易经》专门设立了论通的泰、否两卦。"泰，小往大来，吉，亨。则是天地交而万物通也。"泰卦由乾下☰坤上☷构成，属阴的坤卦为小前往外卦，而属阳的乾卦为大来到内卦，这是吉祥、恒通的象征。因为乾为阳主升，坤为阴主降，阳升阴降而阴阳交通，这就是天地交而万物通。古人认为冬天天地隔绝不通，故万物萧条；到了春天天地之气交通，万物欣欣向荣。相反，否卦

---

　　①②③ 张从正：《儒门事亲》，第43页。

则揭示了另外一番景象。"否之匪人，不利君子贞，大往小来。则是天地不交而万物不通也。"否卦与泰卦相反，由乾上☰坤下☷构成。从卦形看，乾上坤下，天上地下，似乎与正常的天地定位相同；但从发展的角度看，乾升坤降，二者不能交通，阴阳不能和合，就是天地之气不能交流，而万物不得通达的闭塞时期。在《周易》看来，整个宇宙之间的天地万物是一个统一的整体，彼此相互联通、相互为用，无论整个宇宙还是其中的微小个体都以"通"作为其存在发展的前提。

同样，无病健康的人也以通为其生命活动的基本前提，而疾病总是在某些方面或多或少地出现了不通的状态。张子和说："夫病之一物，非人身素有之也。或自外而入，或由内而生，皆邪气也。"疾病这种东西不是人身本有之物，或者外入，或者内生，无论其有形无形，都是身体系统出现的异常因素，必然影响或破坏生命活动的正常运行。如一粒微尘飞入眼睛里，一点芒刺刺入皮肤中，都是非常难受的，必须祛除。既然疾病是由病邪强加于人身的，那么治疗疾病，就应该攻去病邪。张子和说：

> 邪气加诸身，速攻之，可也；速去之，可也。揽而留之，可乎？虽愚夫愚妇，皆知其不可也。及其闻攻则不悦，闻补则乐之。今之医者曰："当先固其元气，元气实，邪自去。"世间如此妄人，何其多也？夫邪之中人，轻则传久而自尽，颇甚则传久而难已，更甚则暴死。若先论固其元气，以补剂补之，真气未胜，为邪已较驰横骛而不可制矣。惟脉脱下虚，无邪无积之人，始可议补，其余有邪积之人而议补者，皆鲧堙洪水之徒也。今予论吐汗下三法先论攻其邪，邪去而元气自复也。[①]

子和认为外邪侵入身体，迅速地攻除是可以的；相反，把病邪保留在体内，可以吗？当然，这个道理即便是愚笨的人也能够接受。但是，他们一听到攻邪就不高兴了。在子和看来，病邪侵入，必须攻除，使身体恢复到原本自然的畅通状态，但是，世俗之人和庸俗的医家认为生病了身体虚弱，就应该补益，而且还有一番道理，先巩固元气，元气充实了，邪气自然离去。子和认为这种理论是错误的，这些都是像鲧一样不懂得五行之理的人。五行之理也就是"通"之理，五行之间通过生克制化的关系实现了系统整体的平和，实质上就是通。而鲧不明白这

---

① 张从正：《儒门事亲》，第43页。

个道理，用水来土掩而不是疏导的办法，导致治水失败。

子和把自然界的基本生化规律称为造化、五行胜复之理。而五行胜复造化之理的核心则是通，五行平和而通达。他说："《内经》一书，惟以气血通流为贵。世俗庸工，惟以闭塞为贵。"①《内经》从生命的本源出发，认为生命能够保持旺盛的活力之关键在于气血之流通，气血能够自由流通则身体各部器官组织都能得到气血之温煦濡养而充满生机。世俗庸医迷信补药，而补药具有壅塞之性，则可能导致经络闭塞、气血不通，这就是庸工以闭塞为贵的意思。

子和以生命活力在于气血流通的思想除了《内经》的根据外，还以《易经》的泰、否、既济、未济四卦所揭示的易理为基础。泰卦所揭示的基本易理就是"通"。《序卦传》说："泰者，通也。"易学认为只有天地交通，万物才能欣欣向荣。"通"是世界充满生机活力的前提。而"否"则是相反的状态，"否"是"天地不交，万物不通"，万物失去生机和活力。否的意义可以分别从天地宇宙整体和生物个体来看。从整体的意义上说，这种状况虽然难免出现，但并不是天地万物的常态，而是暂时一过性的，是需要克服的；在个体意义上看，个体的否闭在其生命周期内虽然可以克服，但个体生命终有其极限，否塞是生命终结的机制。旧生命的终结为新生命的开始开辟道路。而在个体生命的存续期间，是以气血的通流为存在前提的，由于各种原因导致的气血不畅，皆应以恢复其通流为治疗目标。

在子和看来，易学所揭示的泰、否的基本哲学原理也适用于人体自然生理。《易经》的既济和未济两卦最适合说明人体自然生理的规律。既济卦由离下☲坎上☵构成，离为火，坎为水，卦象为水在火上，由此火升水降，形成水火既济的格局。这一卦类似于泰卦的坤上乾下。天为阳，地为阴；火为阳，水为阴，都是阳下阴上阴阳相交之卦。不过，从性质说，乾坤属于先天，坎离属于后天。所以，中医以坎离构成的既济卦说明人体正常生理，而以未济卦说明异常的人体病理。中医认为人体生命活动的基本要素也不外阴阳水火。在五脏以心、肾为代表，心属于火，为阳；肾属于水，为阴。在正常的生理状态下，心火下降，肾水上升，形成水火交济，人体既不热也不寒，处于温暖的常态。相反，在疾病时，心肾水火不交，而形成各种疾病。就如同未济卦。未济卦与既济卦相反，是离上☲坎下☵，阳上阴下，阴阳水火不能相交的一种异常状态。在人体就是心肾水火不能交通的状态。

关于心肾水火的交济问题，子和虽然没有专门论述过，但在其论述病理时经常

---

① 张从正：《儒门事亲》，第52页。

论及这一问题。可见，他是以心肾的交济流通作为人体生理的常态的。他说：

> 凡尸厥、痿厥、风厥、气厥、酒厥，可一涌而醒，次服降心火，益肾水、通血和气之药，使粥食调养，无不瘥者。①
>
> 心火既降，中脘冲和，阴道必强。②
>
> "妇人大产之后，心火未降，肾水未升，如黑神散补之，轻则危，甚则死。老人目暗耳聩，肾水衰而心火盛也。若峻补之，则肾水弥涸，心火弥盛。"③

可见，子和汗下吐三法治疗的理论根据之一就是易学的"通论"，而具体的易理根据则是泰、否、既济、未济四卦所揭示的易理。

子和以"疝"病为例，在具体疾病的治疗中直接强调"通"的重要意义。其《疝本肝经宜通勿塞状十九》认为，"诸疝皆归肝经"。子和通过对《内经》等古代文献的整理归纳得出结论："惟厥阴言疝独多，为疝之主也。其余经穴，虽亦言治疝，终非受疝之地，但与足厥阴相连耳。"④ 疝症是小腹部及生殖器周围突起如山一类病症的总称，现在称为疝气。古人根据症状不同有很多不同的称谓。当时之人多把疝症归之脬、肾、小肠而用雍补之法，子和认为是错误的。他说："隐蔽委曲之事，了不干脬、肾、小肠之事，乃足厥阴肝经之职也。奈俗方止言脬、肾、小肠，殊不言肝木一句，惑人甚矣！且肝经，乙木也。木属东方，为心火之母也。凡疝者，非肝木受邪，则肝木自甚也，不可便言虚而补之。《难经》所谓东方实，西方虚，泻南方，补北方，此言泻火，木自平，金自清，水自旺也。"⑤ 子和认为疝症的根本病理归之肝经，而肝经属乙木，肝经之病不能用补法。根据《难经》泻南补北的原则，通过泻火达到木平、金清、水旺的目的。而泻肝火的方法根据病位之上下有吐泻两种。子和说："《内经》曰：木郁则达之。达，谓吐也，令条达。肝之郁，本当吐者，然观其病之上下，以顺为贵，仲景所谓上宜吐，下宜泻者，此也。"⑥

---

① 张从正：《儒门事亲》，第 16 页。
② 张从正：《儒门事亲》，第 48 页。
③ 张从正：《儒门事亲》，第 57 页。
④ 张从正：《儒门事亲》，第 63 页。
⑤ 张从正：《儒门事亲》，第 64 页。
⑥ 张从正：《儒门事亲》，第 65 页。

三、援易理卦象以释医理

除了一般的易学哲理之外，张从正又援引具体易理卦象入医，以阐释医理。《七方十剂绳墨订一》就引易理释组方之理。"方有七，剂有十，旧矣。虽有说者，辨其名而已，敢申昔人已创之意而为之订。夫方者，犹方术之谓也。《易》曰：'方以类聚。'是药之为方也，类聚之义也。"

"方以类聚"出自《周易·系辞传上》："方以类聚，物以群分，吉凶生矣"。这里的"方"很多注家都作比较抽象意义的理解。吕绍刚认为"方是事，物是物。方与物指世间的万事万物，亦即事物。"[1] 张善文注："方，《集解》引《九家易》曰：'道也'，《正义》：'《春秋》云："教子以义方"，注云："方，道也"，是"方"谓性行法术也'，《本义》：'方，谓事情所向'据诸家说，"方"字犹言"意识观念"属抽象的范畴。物，指具体的事物，如动植物等。"[2] 张善文引古代注家的解释得出结论认为"方"的意思是"意识概念"，属于抽象范畴。张善文对古代注家的理解没有错。但是古代注家本身不一定符合原意。

我认为"方"字在《易传》中的意思还是相对具体的，指具体的方位，就是四方或如子和所云五方的方。古代注家之所以把"方"字往相对抽象的意义方面引申在于后面的"类聚"一语。"类"是指具有相同性质的事物成为一类，而这种相同性质是共同的抽象的而非个别的具体的。这种理解自有其道理，但他们并不了解《周易》的分类原则。

按照中国古代元气论哲学的观点，五方并不是单纯地把空间划分五个方位，而是在每个方位都是有其具体内容。东方属木，于时为春；南方属火，于时为夏；中央属土，于时为长夏；西方属金，于时为秋；北方属水，于时为冬。五方由于其不同的五行属性而聚集了不同的事物。属于木的事物聚集于东方，属火的事物聚集于南方，属土的事物聚集于中央，属金的事物聚集于西方，属水的事物聚集于北方。这就是"方以类聚"，五方分别聚集属于其类的各种事物。

这样，在形质构成上不同的事物由于其五行属性的一致而聚集在一起，因为具有共同的性质而发生共同的作用。子和由此而悟出："是药之为方也，类聚之义也。

---

① 金景芳、吕绍刚：《周易全解》，吉林大学出版社 1989 年版，457 页。
② 黄寿祺、张善文：《周易译注》，上海古籍出版社 1989 年版，528 页。

或曰：方，谓五方也。其用药也，各据其方。"药物汇聚成"方"正是类聚之义。组成方剂的各种药物虽然形质各不相同，但它们是为了一个共同的目的组合在一起的，而它们之所以能组合在一起也是与它们各自的性质有关的。

子和善于以卦象之理来阐释病理，可见其是谙熟《周易》的。在《证口眼㖞斜是经非窍辨十八》中，子和说：

> 七窍惟口目㖞斜，而耳鼻独无此病者，何也？盖动则风生，静则风息，天地之常理也。考之《易》象，有足相符者。震巽主动，坤艮主静。动者皆属木，静者皆属土。观卦者，视之理也。视者，目之用也。目之上纲则眨，下纲则不眨，故观卦上巽而下坤。颐卦者，养之理也。养者，口之用也。口之下颔则嚼，上颔则不嚼，故颐卦上艮而下震。口目常动，故风生焉。耳鼻常静，故风息焉。①

子和以观、颐两卦来论证"七窍惟口目㖞斜，而耳鼻独无此病"的道理。动生成风，静则风止，这是自然的常理。子和认为从卦象考察也是符合的。在八卦中，震为雷，主动；巽为风，主入。入也就是动，总起来看，震巽都主动。坤为地，主顺；艮为山，主止。地和山都是安静的，故坤艮都主静。巽为风属木，震为雷，也属木，所以动的都属于木。坤为地属土，艮为山，也属土，所以静的都属于土。

观卦是讲视觉的道理的卦，视觉就是眼睛的功用。观卦是由上卦巽和下卦坤构成。上卦巽为风，主动；下卦坤为地，主静。所以说"目之上纲则眨，下纲则不眨"，所以"观卦上巽而下坤"。颐卦是讲营养之理的卦，营养是口的功用。颐卦的构成是上卦为艮，下卦为震。艮为山，主静；所以，上颔不嚼不动。震为雷，主动；所以，口之下颔则嚼则动。所以，颐卦是上艮而下震。"口目常动，故风生焉。耳鼻常静，故风息焉。"由此，子和论证了"七窍惟口目㖞斜，而耳鼻独无此病"的道理。因为在代表口目的观、颐两卦中都有主动的震、巽，所以，会发生口目㖞斜的风动之病。

子和在论妇人带下病理时引《内经》经文并蛊卦以释之。"《内经》曰：思想无穷，所愿不得，意淫于外，入房太甚，宗筋弛纵，发为筋痿，淫衍白物。如精之

---

① 张从正：《儒门事亲》，第61~62页。

状，男子因溲而下，女子绵绵而下。《左传》曰：少男惑长女，风落山之象，是为惑蛊之疾。其文三虫同皿曰蛊。乃是思慕色欲，内生后蚀，甚不可便用燥热之药攻之。"① 子和认为根据《内经》观点，带下的成因是色欲过度所致，并引《左传》以蛊卦论病的典故来说明。

据《左传·昭公元年》记载：晋平公患病，向秦国求医，秦景公派医和去诊病。医和认为晋平公的病是因为沉迷女色所致内热惑蛊之疾。出来后，晋国的宰相赵孟问医和什么是"蛊"。医和说："淫溺惑乱之所生也。于文，皿虫为蛊。谷之飞亦为蛊。在《周易》，女惑男，风落山，谓之蛊。皆同物也。"这个病是沉迷女色所致。从文字学上说，蛊字是皿字与三虫组合而成，表示器物为虫子损坏。谷物中生飞虫也是蛊。《周易》说，长女迷惑少男，如疾风吹落山上的草木，谓之蛊。这些说的都是同一个道理。

蛊卦的构成是艮上巽下。艮为山，为少男；巽为风，为长女。在《周易》八卦象征家庭，乾坤为父母，其余六卦为子女。其中，震为长男，坎为中男，艮为少男；巽为长女，离为中女，兑为少女。从婚配说，长男配长女，中男配中女，少男配少女是正当的婚配，而少男长女则不是正当婚配。所以说，"女惑男，风落山，谓之蛊"，医和以此解释晋平公沉迷女色之疾。子和引证这一典故，来论证带下病的根本病因是"思慕色欲，内生后蚀"。

在说明走马喉痹的治疗最宜砭针出血时，子和引了《易经》小畜卦的六四爻辞。"喉痹暴发暴死者，名走马喉痹。……至于走马喉痹，何待此乎？其生死人，反掌之间耳。其最不误人者，无如砭针出血，血出则病已。《易》曰：'血去惕出'，良以此夫！"② 走马喉痹是急暴之疾，必须迅速解除病患，所以最好的方法就是砭针刺血，排除瘀阻的毒血，就可以打破病理循环，渐次恢复正常。小畜卦六四爻辞曰："有孚，血去惕出，无咎。"只要诚心，就能够远离血、惕，没有灾祸。惕，是小心、忧虑。走马喉痹只要把毒血祛除就不会有大碍了。

刘完素在论证火热病机时多次引用《易传》的"燥万物者，莫熯乎火"之论。子和私淑刘完素，也认同其火热为病的病机，特别是对"三消"的认识更是如此。子和引离卦说明火的功用。"八卦之中，离能烜物。五行之中，惟火能焚物。六气之中，惟火能消物。故火之为用。燔木则消而为炭，焚土则消而为伏龙肝，炼金则

① 张从正：《儒门事亲》，第26页。
② 张从正：《儒门事亲》，第71~72页。

消而为汁，煅石则消而为灰，煮水则消而为汤，煎海则消而为盐，干汞则消而为粉，熬锡则消而为丹。故泽中之潦，涸于炎晖，鼎中之水，干于壮火。"① 离为日、为火，火热具有烘干实物的性质。子和列举了火对木、土、金、水等物的作用，说明火具有使万物销毁变性的功能，因此，人身之邪火也有消耗精气津液的作用。"三消"证的根本病机就是火热消耗津液，即火之消物，故称"消"。

即便在与人论辩中，子和也时常引用易学为自己张目。"或言戴人汗下吐三法，欲该天下之医者，非也。夫古人医法未备，故立此三法。后世医法皆备，自有成说，岂可废后世之法而从远古？譬犹上古结绳，今日可废书契而从结绳乎？戴人闻之曰：《易》之法虽多，不离八卦五行；刑章虽多，不过笞杖徒流。岐伯曰：知其要者，一言而终。然则岐伯亦诳人乎？大抵举纲则简，计目则繁。"② 子和从易学的具体方法虽然很多，但基本都离不开八卦五行，说明虽然现在治病的具体方法虽多，但其根本不外乎汗下吐三法。

---

① 张从正：《儒门事亲》，第 87 页。
② 张从正：《儒门事亲》，第 208 页。